AMBIENTE JURÍDICO

AMBIENTE JURÍDICO

Del Rey editora

Belo Horizonte
2018

EDITORA DEL REY LTDA
www.editoradelrey.com.br

Editor: Arnaldo Oliveira

Editor Adjunto: Ricardo A. Malheiros Fiuza

Editora Assistente: Sirlene Santos Simões

Diagramação: Alfstudio

Revisão: Responsabilidade do autor

Capa: Alfstudio

Editora
Rua dos Goitacases, 71 – Loja 24A – Centro
Belo Horizonte-MG – CEP 30190-909
Comercial:
Tel.: (31) 3293 8233
vendas@editoradelrey.com.br
Editorial:
editorial@editoradelrey.com.br

A492 Ambiente jurídico / Álvaro Luiz Valery Mirra ...[et al.]. – Belo Horizonte : Del Rey, 2018.

xvi, 369 p. – Inclui bibliografia.
ISBN: 978-85-384-0530-6

1. Direito ambiental – Brasil 2. Meio ambiente – legislação 3. Desenvolvimento sustentável 4. Mudanças climáticas - legislação 5. Recursos hidrícos – desenvolvimento 6. Patrimônio Cultural I. Mirra, Álvaro Luiz Valery II. Títulos

CDU(1976) 34:577.4(81)

Ficha catalográfica elaborada pela bibliotecária Meire Luciane Lorena Queiroz CRB 6/2233

APRESENTAÇÃO

Cinco valorosos profissionais do Direito inauguram, em 7 de maio de 2016, uma coluna denominada "Ambiente Jurídico", na Revista Eletrônica do site Consultor Jurídico, o mais acessado na América Latina. A uni-los, a paixão pelo Direito Ambiental e o fato de pertencerem quase todos à mesma geração, ou seja, a dos que hoje se encontram entre os 40 e os 45 anos de idade e que, por isso, possuem o vigor físico aliado à experiência de vida.

Oriundos de diferentes profissões e estados, trazem os autores pontos de vista que, por vezes, podem divergir quanto à via mais adequada, mas que convergem no objetivo único de proteger o meio ambiente no Brasil.

Álvaro Mirra, respeitado Juiz de Direito em São Paulo, dedica-se ao Direito Ambiental há décadas, tendo na bagagem ter sido advogado da SOS Mata Atlântica. Gabriel Wedy, Juiz Federal em Porto Alegre, RS, traz consigo, além da jurisdição, a base teórica sustentada na defesa de dissertação de mestrado e de tese de doutorado na PUC/RS, ambas sobre Direito Ambiental. Eduardo Coral Viegas, Promotor de Justiça em Porto Alegre, dedica-se desde 1999 ao Direito Ambiental, firmando seu nome, especialmente, na proteção das águas subterrâneas. Marcos Paulo Souza Miranda, membro do Ministério Público de Minas Gerais, é hoje o nome mais reconhecido na área da proteção histórica e cultural do Brasil. Talden Farias complementa, trazendo a experiência de advogado, professor doutor da pós-graduação da UFPB.

Os estudos estão na forma de artigos concisos, diretos, fundamentados na melhor doutrina e jurisprudência. Este tipo de redação é a que mais atinge o leitor. O discurso do Presidente Abraham Lincoln, "Second Inaugural

Address", em 4 de março de 1865, terceiro mais lido na história dos Estados Unidos da América, tem apenas quatro parágrafos. Se a concisão já era a melhor via de atingir o leitor em 1865, imagine-se agora, quando o tempo se torna cada vez menor e mais precioso na vida de todos.

Vamos à análise da visão de cada autor, exposta nos vários artigos escritos ao longo de pouco mais de um ano.

Álvaro Mirra opta por estudos que informem e forneçam soluções aos seus leitores. Começou pelo que pode ser considerado o mais didático, ou seja, "Os regimes jurídicos do meio ambiente e dos bens ambientais no Brasil". Nele, analisa as normas ambientais a partir da Lei da Política Nacional do Meio Ambiente, de 1981, e foca na Constituição Federal de 1988, elogiando a possibilidade de, no Brasil, o meio ambiente ser defendido diretamente na via judicial, sem necessidade de prévia intervenção administrativa ou mesmo de legislação específica. No artigo "O custeio das perícias no processo coletivo ambiental", o autor mostra a sua preocupação com a efetividade da mais importante das provas nas ações ambientais, buscando apontar caminhos para que ela se concretize, evitando a lenta morte das ações em que ela não se realiza.

Gabriel Wedy tem mantido o foco de seus artigos, predominantemente, nas questões climáticas. Por isso, o seu primeiro artigo, que inaugurou a série de publicações, tinha por título "Política Nacional de Mudança do Clima precisa avançar", mostrando a sua preocupação com o tema. A este, muitos outros se sucederam, vendo-se, neles, a rica experiência colhida pelo autor em estudos de doutorado como "Visiting Scholar" na Columbia Law School, nos Estados Unidos. A título de exemplo, cita-se "Ações discutem as consequências das mudanças climáticas nos EUA", onde descreve as mais importantes ações judiciais relacionadas com a questão climática.

Eduardo Coral Viegas começou seus artigos com "Mitos envolvendo poços artesianos". Por modéstia, ele não explicou que a jurisprudência existe por sua intensa atuação na defesa das águas subterrâneas, propondo ações judiciais que resultaram nos julgados. No artigo "População precisa colaborar com o sistema de coleta e tratamento de esgoto", o autor aponta para aquele que me parece o principal problema da efetividade das normas ambientais ⊠ mas não só delas ⊠, ou seja, a omissão da sociedade. Com efeito, continuamos em pleno século XXI aguardando que um Messias nos livre de nossos problemas, sofrendo a moléstia conhecida como "Sebastianismo" que, na história de Portugal, significa a morte de Dom Sebastião, cuja volta foi esperada por séculos, na batalha de Alcácer-Quibir, em 1578, contra os mouros.

Marcos Paulo de Souza Miranda escreve sobre o tema de sua predileção e transmite, nos seus artigos, sua rica experiência em anos da Promotoria de Defesa do Patrimônio Histórico, Artístico e Turístico do Estado de Minas Gerais. Seu conhecimento prático, aliado ao teórico, torna-o, hoje, a voz mais respeitada na área. Nem todos possuem suficiente sensibilidade para dar a devida importância à nossa história e à nossa cultura. No entanto, na Itália, Paulo Salvi e outros registram que "*A valorização daquelas áreas, daqueles lugares que foram os locais físicos de desenvolvimento das comunidades urbanas no curso dos séculos precedentes, poderá ser o instrumento idôneo para a satisfação de um componente importante: o senso de "enraizamento individual", necessário para cada impulso adiante, na perspectiva de uma contribuição não irrelevante à felicidade ou serenidade dos indivíduos* (Patrimonio dei beni culturali..., *in* Ambiente e cultura, Ed. Scientifiche Italiane, Napoli, 1999, p. 902).

Talden Farias traz a experiência da região nordeste do Brasil. Conheço-o desde quando, pouco mais do que um adolescente, encontrava-o em São Paulo nos Congressos do "Instituto O Direito por um Planeta Verde". Acompanhei de longe a sua ascensão profissional. Passo a passo, tornou-se um advogado de sucesso, publicou livros, exerceu funções públicas relevantes e ingressou na área acadêmica, sendo hoje professor da graduação e da pós-graduação (mestrado e doutorado) do Centro de Ciências Jurídicas da Universidade Federal da Paraíba, com atuação nas áreas de Direito Ambiental e Urbanístico. É com base nessa rica experiência que escreve seus artigos, dando ênfase ao tema Licenciamento Ambiental, que conhece por dentro (da administração pública) e por fora (como advogado). Não se deixa, contudo, encantar pelos deleites acadêmicos, busca sempre transformar a realidade, tornando-a melhor. Por exemplo, em "Licenciamento corretivo tem papel necessário na administração pública", finaliza observando, com acerto, que "*... à Administração Pública não cabe apenas vigiar e punir, mas sobretudo apontar caminhos, ensinar e propiciar oportunidades*".

Mais não é preciso dizer. Fácil é ver que se trata de obra alinhada com os nossos tempos, onde os problemas ambientais se acumulam e as soluções devem ser tomadas com a rapidez que o momento exige. De forma inteligente, os autores evitam as longas e inúteis citações do que já é, por todos, conhecido, optando pelo enfrentamento das teses mais complexas com objetividade. Neste propósito, valendo-se de suas múltiplas experiências na vida profissional, alcançam pleno sucesso.

À vista de tudo o que foi afirmado, só me resta registrar a honra de apresentar os estudos condensados nesta obra, certo de que ela trará uma grande contribuição para a evolução do Direito Ambiental brasileiro.

Curitiba, 12 de julho de 2017.

Vladimir Passos de Freitas
Professor doutor de Direito Ambiental e Sustentabilidade de PUC/PR, Presidente da "International Association for Court Administration – IACA",
Desembargador Federal aposentado, ex-Presidente do Tribunal Regional Federal da 4ª. Região,
ex-Promotor de Justiça nos Estados do Paraná e São Paulo

SUMÁRIO

CURRÍCULOS

Álvaro Luiz Valery Mirra - Juiz de Direito em São Paulo, Doutor em Direito Processual pela USP, Diplomado em Estudos Superiores Especializados em Direito Ambiental pela Faculdade de Direito da Universidade de Estrasburgo (França), coordenador adjunto da área de Direito Urbanístico e Ambiental da Escola Paulista da Magistratura e membro do Instituto "O Direito Por Um Planeta Verde" e da Associação dos Professores de Direito Ambiental do Brasil. Autor dos livros Impacto ambiental: aspectos da legislação brasileira (Editora Juarez de Oliveira), Ação civil pública e a reparação do dano ao meio ambiente (Editora Juarez de Oliveira) e Participação, processo civil e defesa do meio ambiente (Editora Letras Jurídicas), dentre outras publicações.

Eduardo Coral Viegas – Promotor de Justiça no Rio Grande do Sul, Mestre em Direito Ambiental (UCS), Especialista em Direito Civil (URI) e Graduado em Direito pela Universidade Federal do Rio Grande do Sul (UFRGS). Foi professor de graduação universitária, e atualmente ministra aulas em cursos preparatórios para concurso, pós-graduação e extensão. Integra a Associação Brasileira do Ministério Público do Meio Ambiente (ABRAMPA). *É p*arecerista na Revista de Direito Ambiental da Editora RT, e autor dos livros Visão Jurídica da Água e Gestão da Água e Princípios Ambientais.

Gabriel Wedy - Juiz Federal. Doutor e Mestre em Direito pela Pontifícia Universidade Católica do Rio Grande do Sul, com estágio doutoral na *Columbia Law School*- EUA. *Visiting Scholar* pela *Columbia Law School* (*Sabin Center for Climate Change Law*). Professor Coordenador de Direito Ambiental na Escola Superior da Magistratura Federal- Esmafe. Diretor do *Instituto O Direito por Um Planeta Verde*. Autor, entre outros, do livro *O princípio constitucional da precaução como instrumento de tutela do meio ambiente* e de diversos artigos publicados no Brasil e no exterior em revistas especializadas sobre a matéria.

Marcos Paulo de Souza Miranda - Promotor de Justiça do Estado de Minas Gerais. Especialista em Direito Ambiental (UGF). Professor de Direito do Patrimônio Cultural em cursos de pós-graduação. Coordenador do Caderno de Direito do Patrimônio Cultural da Revista Magister de Direito Ambiental. *Membro do International Council of Monuments and Sites* – Brasil. Autor, entre outros, dos livros *Tutela do Patrimônio Cultural Brasileiro* e Lei *do Tombamento Comentada*.

Talden Farias – Advogado e professor da graduação e da pós-graduação (mestrado e doutorado) do CCJ/UFPB. Doutor em Direito da Cidade pela UERJ com estágio de doutoramento sanduíche realizado junto à Universidade de Paris 1 – Pantheón-Sorbonne (bolsa CAPES/COFECUB), doutor em Recursos Naturais pela UFCG e mestre em Ciências Jurídicas pela UFPB. Autor dos livros *Introdução ao Direito Ambiental* e *Licenciamento Ambiental*, dentre outras publicações.

POLÍTICA NACIONAL DE MUDANÇA DO CLIMA PRECISA AVANÇAR

7 de maio de 2016

Gabriel Wedy

É com muita honra e alegria que inauguro este importante espaço do direito ambiental brasileiro, Ambiente Jurídico. Relevante tema que tem preocupado a comunidade global e jurídica é o fenômeno da mudança climática e os seus nefastos efeitos e, obviamente, como o direito deve postar-se ante esta realidade de modo efetivo e não reacionário. Iniciaremos, hoje, a tratar sobre o tema.

A plenária da 21ª Conferência do Clima das Nações Unidas (COP 21), aprovou, em dezembro de 2015, em Paris, com anuência de 195 países, responsáveis por mais de 90% das emissões dos gases de efeito estufa na Terra, acordo de extensão global que, nos seus termos, apresenta efeitos *legalmente vinculantes*, pela primeira vez, diga-se, desde a assinatura do Protocolo de Quioto. Ao contrário de Quioto, outrossim, agora as nações decidiram de modo unânime pela assinatura de um documento. Os países comprometeram-se em organizar estratégias para limitar o aumento médio da temperatura da Terra abaixo dos 2,0º C, envidando esforços para atingir um aumento de 1,5º C, até 2100, trazendo como referência inicial o período pré-industrial.[1]

Superou-se em parte o obstáculo do *princípio das responsabilidades comuns, mas diferenciadas,* uma vez que as nações desenvolvidas e em desenvolvimento devem promover a redução das emissões em igual proporção. Durante muito tempo países em desenvolvimento defenderam um maior prazo e uma maior cota para a emissão de gases de efeito estufa para que pudessem atingir níveis de desenvolvimento similares aos países desenvolvidos, responsáveis por um passado de emissões intensas, causadoras de poluição atmosférica.

Posner e Weisbach, antes da COP 21, afirmavam que "as nações ricas estavam atentas às emissões de gases de efeito estufa e expressavam a disposição de reduzir estas". Em sentido oposto, referiam que "países em desenvolvimento avaliavam a redução das emissões, como uma prioridade relativamente baixa". [2] A COP 21, contudo, demonstrou que esta afirmação estava equivocada, pois todas as nações, ricas e pobres, comprometeram-se no corte das emissões com igual objetivo e prazo final.

De fato, todos os países devem diminuir as suas emissões, pois estas aumentam as temperaturas globalmente e causam catástrofes e danos ambientais transfronteiriços. De outro lado, é evidente, como reconhecido na COP 21, que os países ricos devem contribuir com a grande maioria dos recursos financeiros e tecnológicos necessários para a diminuição das emissões e a adoção de medidas de adaptação e resiliência pelas nações em desenvolvimento.

O *princípio das responsabilidades comuns, mas diferenciadas,* foi adotado em uma versão *soft* pela COP 21. Ao tempo em que refere que os Estados Unidos e União Europeia devem prover com recursos fundos verdes para o financiamento de medidas de resiliência e adaptação a serem adotadas pelos países em desenvolvimento, por outro lado prevê que todas as nações, ricas e pobres, devem buscar alcançar igualmente um aumento de temperatura ideal menor de 2,0º C, aproximando-se ou alcançando o objetivo de 1,5º C até o ano de 2100.

O documento não torna o compromisso de corte nas emissões obrigatório e verificável, tampouco traça metas percentuais de transição e periódicas de corte nas emissões até que se atinja o aumento de temperatura final almejado no ano de 2100.

Será alocada a quantia mínima de U$ 100 bilhões por ano, a partir de 2020, para *fundos verdes*, até o ano de 2025, com a finalidade de custear projetos de adaptação e resiliência necessários para o enfrentamento dos efeitos da mudança climática em curso pelos países em desenvolvimento. Estes recursos deverão ser disponibilizados pelos Estados Unidos e União Europeia, com o encorajamento das demais nações para fazer o mesmo. A China declarou, por exemplo, que vai contribuir com o Fundo Climático Verde da ONU com a quantia de U$ 3,1 bilhões.

Multinacionais, governos e investidores, que participaram do evento como assistentes, se mostraram mobilizados pelo combate ao aquecimento global. Cerca de 500 investidores, que representam cerca de US$ 3,4 trilhões do PIB Mundial anunciaram que vão retirar suas aplicações e investimentos dos projetos de combustíveis fósseis.[3]

Este procedimento, chamado de *divestment*, tem sido objeto de grande debate também nas ricas Universidades que compõe a *Ivy League* nos Estados Unidos. Alunos, ativistas e professores tem protestado contra o investimento de recursos por estas instituições de ensino em ações de companhias que produzem combustíveis fósseis, que não raras vezes fazem grandes doações para estas *Ivy Leagues*.[4]

Importante grifar que o próprio FMI divulgou relatório, poucos meses antes da COP 21, com um forte apelo para que as nações parassem de subsidiar a indústria dos combustíveis fósseis. De acordo com o Fundo, esta medida pode salvar milhões de vidas em todo o planeta. O aumento da taxação sobre combustíveis fósseis e a eliminação dos subsídios para esta indústria poderiam reduzir mortes prematuras de seres humanos causadas pela poluição em até 55%, o que seria um grande avanço. Apenas no ano de 2012, de acordo com a Organização Mundial de Saúde, 3,7 milhões de pessoas perderam suas vidas prematuramente em decorrência da poluição. Dentre as práticas condenáveis dos países, de acordo com o FMI, está a não taxação e a comercialização dos combustíveis abaixo do preço, em virtude dos subsídios públicos. Globalmente, os subsídios estatais para a energia suja alcançam U$ 5,3 trilhões, ou 6,5% do PIB mundial. Estes valores seriam suficientes, por exemplo, para a construção de cinco cidades semelhantes a Boston anualmente. A China, como maior emissora de gases de efeito estufa, é responsável por quase metade deste valor total, U$ 2,3 trilhões, e os Estados Unidos por U$ 699 bilhões, como o segundo maior emissor. Apenas com o corte dos subsídios estatais alocados para a indústria dos combustíveis fósseis, seria possível diminuir as emissões de CO2, em patamares superiores a 20% ao ano.[5]

Outro benefício para os governos seria o consequente aumento da receita com a tributação sobre os combustíveis fósseis, o que possibilitaria maiores investimentos na saúde, energia renovável, transportes públicos de massa e outros serviços de amplo acesso à população. Alguns países, como a Índia, já estão implementando políticas públicas como a sugerida, com a finalidade de conter o déficit orçamentário e diminuir a poluição, como no exemplo do corte do subsídio ao óleo diesel no varejo.

De acordo com o decidido na COP 21, outrossim, o compromisso firmado deve ser revisto pelas nações a cada cinco anos e as metas de cortes de cada país *INDCSs* são voluntárias. Esta, aliás, foi uma condição política imposta pelos Estados Unidos, uma vez que a administração Obama enfrenta dificuldades para aprovar legislação para o corte de emissões no Congresso dominado pelo partido republicano cujos parlamentares recebem grandes contribuições financeiras da indústria do petróleo e carvão.

Pode-se afirmar que os pontos principais do acordo são: a- Objetivos de longo prazo; b- Descarbonização; c- Metas nacionais de corte das emissões; d- Financiamento aos países pobres; e- Reparação dos danos; f- Proteção de florestas e combate ao desmatamento.

De acordo com o Painel Intergovernamental de Mudanças Climáticas de 2014 (*Fifth Assesment Report*), o uso de combustíveis fósseis gera 32 gigatons de dióxido de carbono por ano. Outras fontes, como o vazamento de metano, fábricas de cimento e outros processos industriais são responsáveis por 5 a 7 gigatons de dióxido de carbono anuais. O desmatamento e a agricultura, monocultura especialmente, adicionam 10 a 12 gigatons ao ano de dióxido de carbono na atmosfera. A soma destas atividades humanas emite na atmosfera 49 gigatons de carbono.

Os sumidouros de carbono, por sua vez, removem apenas 18 gigatons por ano, 8.8 vão para os oceanos e 9.2 para a terra. Para alcançar o equilíbrio entre as emissões e a capacidade de absorção dos sumidouros de carbono seria necessário se acabar completamente com as emissões.[6] Como este é um objetivo difícil e o acordo demonstrou-se abstrato, pois o objetivo de redução das emissões e o consequentemente limite de temperatura a ser atingido pode ocorrer em um período de espaço vago, de 2050 até 2099, novas medidas precisam ser adotadas.

De acordo com o *World Resources Institute*, para se alcançar o objetivo previsto no artigo 2º do Acordo de Paris[7], seria fundamental trazer as emissões de dióxido de carbono para a produção de eletricidade em valores aproximados a zero e, também, elevar para cerca de 25% o número de veículos movidos com energia elétrica.[8]

Gerrard, por sua vez, sugere que existem apenas três formas de se continuar a usar combustíveis fósseis para a produção de energia elétrica na segunda metade deste século:

- Captura do carbono antes que ele seja emitido na atmosfera;
- Elaborar e criar, em massiva escala, novas tecnologias para remover e sequestrar o carbono do ar;
- Criar sumidouros de carbono, assim como acabar com o desmatamento em todo o Mundo.[9]

Todas as três alternativas levantam a questão de como o carbono será armazenado. Não se sabe quanto tempo o carbono ficará nos reservatórios. Por exemplo, qual o período de vida das árvores que o armazena? Impossível saber, o que é certo e que quando árvores são queimadas, cortadas e morrem, elas liberam o carbono armazenado.

De outro lado, as tecnologias para captura, sequestro e remoção do carbono do ar estão sendo desenvolvidas lentamente e sem grande incentivo e concessão de subsídios pelos governos.

Não há dúvida, igualmente, que a precificação do carbono criaria um incentivo para estas pesquisas na busca de novas tecnologias de captura e armazenamento do carbono.[10]

Com a finalidade de solucionar o problema, Gerrard sugere a combinação de programas agressivos de eficiência e de conservação energética, com a instalação de novas usinas de energia renovável (e talvez nuclear) e a substituição dos veículos movidos a petróleo por carros elétricos ou movidos a hidrogêneo.[11]

E o Brasil como fica neste cenário?

De acordo com o próprio governo, o desmatamento na Amazônia aumentou este ano 16%.[12] Segundo fonte independente, o mês de fevereiro de 2015 teve um aumento de 282% no desmatamento na Amazônia se comparado ao mês de fevereiro de 2014.[13] O país possui uma economia calcada nos combustíveis fósseis e poucos investimentos orçamentários e científicos em energias renováveis. A participação da energia eólica e solar é, em matéria de produção, muito pequena, se comparada com os países desenvolvidos, especialmente os países nórdicos.

Cabe ao Estado brasileiro virar este jogo e optar pela sustentabilidade. Será preciso governança e transparência na gestão dos recursos que serão alocados pelos fundos verdes ao Brasil, que necessita superar a cultura da corrupção, do patrimonialismo e da má gestão dos recursos públicos por políticos populistas e burocratas sem maior qualificação técnica. O Estado e todos os setores da sociedade tem uma grande responsabilidade a assumir, a Amazônia é, em parte, brasileira, mas vital para toda a humanidade. É o pulmão do Mundo.

Existe, com muitas omissões e imperfeições técnicas, a Lei 12.187/09, que cria a Política Nacional da Mudança do Clima. Referida lei já nasceu velha. É preciso implementá-la onde é possível, suprir as suas evidentes omissões e complementá-la. Os instrumentos reconhecidamente mais eficazes para o combate à mudança climática estão longe de ser implementados, mas precisam ser regulamentados, como a tributação, a precificação do carbono e o *cap-and-trade* (este último por uma legislação que possa lhe dar concretude).

Não se pode pensar em concretizar o direito fundamental ao desenvolvimento sustentável se o país não estiver engajado no compromisso jurídico assumido pelas nações na COP 21 para o combate ao aquecimento global e os seus trágicos efeitos.

Referências

1 UNITED NATIONS. Fonte: http://unfccc.int/meetings/paris_dec_2015/session/9057.php. Acesso em: 20.12.2015.

2 POSNER, Eric A; WEISBACH, David. *Climate Change Justice*. Princeton University Press, 2010.P. 189.

3 NICOLLETTI, Mariana; HISAMOTO, Bruno Toledo. Regras para um jogo colaborativo. Jornal Folha de São Paulo, 17, 12,2015. Fonte: http://m.folha.uol.com.br/opiniao/2015/12/1720987-cop21-trara-avancos-no-combate-ao-aquecimento-global-sim.shtml?mobile. Acesso em: 20.12.2015.

4 Pode-se observar a preocupação do Presidente da Universidade de Harvard com o aquecimento global de um lado, mas de outro a intenção de continuar por hora investindo nestas companhias emissoras de gases de efeito estufa. Ver: Fossiel Fuel Divestment Statement. Fonte: http://www.harvard.edu/president/news/2013/fossil-fuel-divestment-statement. Acesso em: 20.12.2015.

5 The high cost of dirty fuels. *The New York Times*. Fonte: http://www.nytimes.com/2015/05/21/opinion/the-high-cost-of-dirty-fuels.html?_r=0. Acesso em: 20.12.2015.

6 INTERGOVERNMENTAL PANEL ON CLIMATE CHANGE. *Fifth Assesment Report*. Fonte: https://www.ipcc.ch/report/ar5/. Acesso em: 20.12.2015.

7 Emissões bem abaixo de 2ºC e tentativa de limitá-las em 1,5oC.

8 WORLD RESOURCES INSTITUTE. Fonte: http://www.wri.org/our-work/project/cop-21. Acesso em: 20.12.2015.

9 GERRARD, Michael. What the Paris Agreement Means Legally for Fossil Fuels. Energy Policy. Columbia Law School. New York City: Sipa, 2015. Fonte: http://energypolicy.columbia.edu/sites/default/files/energy/Gerrard_What%20the%20Paris%20Agreement%20Means%20Legally%20for%20Fossil%20Fuels.pdf. Acesso: 20.12.2015.

10 Sobre captura e armazenamento do carbono ver: JACOBS, Wendy. Carbon Capture and Sequestration. In: GERRARD, Michael; FREEMAN, Jody (Editors). *Global Climate*

Change and U.S. Law. Second Edition. New York: American Bar Association, 2014. Págs. 581-520.

11 GERRARD, Michael. *What the Paris Agreement Means Legally for Fossil Fuels. Energy Policy*. Columbia Law School. New York City: Sipa, 2015. Fonte: http://energypolicy.columbia.edu/sites/default/files/energy/Gerrard_What%20the%20Paris%20Agreement%20Means%20Legally%20for%20Fossil%20Fuels.pdf. Acesso: 20.12.2015.

12 O desmatamento atingiu 5831 Km2 segundo o próprio governo, com um aumento de 16% medido de agosto de 2014 a julho de 2015. *O Estado de São Paulo*. Fonte:http://sustentabilidade.estadao.com.br/noticias/geral,desmatamento-na-amazonia-sobe-16-em-um-ano-e-atinge-5831-km,1802729. Acesso em: 20.12.2015.

13 Um novo mapeamento do Instituto do Homem e Meio Ambiente da Amazônia (Imazon) detectou 42 km^2 de desmatamento no bioma em fevereiro de 2015. Isso representa um aumento de 282% em relação ao índice constatado no mesmo mês em 2014. *Jornal O Globo*. Fonte: http://oglobo.globo.com/sociedade/sustentabilidade/desmatamento-da-amazonia-aumentou-282-em-um-ano-15653073#ixzz3v6bfxBZ3. Acesso em: 20.12.2015.

MEIO AMBIENTE E AVALIAÇÃO DE IMPACTOS AO PATRIMÔNIO CULTURAL

14 de maio de 2016

Marcos Paulo de Souza Miranda

Não são poucos os que confundem meio ambiente com natureza, concluindo de maneira equivocada que somente os bens naturais (recursos hídricos, fauna, flora, ar etc.) integram o conjunto de elementos componentes do meio ambiente.

Entretanto, o meio ambiente é a interação do conjunto de todos os elementos naturais, artificiais e culturais que propiciam o desenvolvimento equilibrado da vida em suas variadas formas, constituindo a ambiência na qual se move, desenvolve, atua e se expande a vida humana.

Por isto, para os fins de proteção, a noção de meio ambiente é muito ampla, abrangendo todos os bens naturais e culturais de valor juridicamente protegido, desde o solo, as águas, a flora, a fauna, as belezas naturais e artificiais, o ser humano, o patrimônio histórico, artístico, turístico, paisagístico, monumental, arqueológico, espeleológico, paleontológico além das disciplinas urbanísticas contemporâneas. [1]

No Brasil, esse conceito amplo e unitário de meio ambiente é expressamente reconhecido pelo ordenamento positivado (Capítulo V, Seção IV da Lei 9.605/98; artigo 2º, XII da Lei 10.257/2001 e Anexo I, XII da Resolução Conama 306/2002), pela doutrina e por remansosa jurisprudência, havendo, inclusive, precedentes explícitos do Supremo Tribunal Federal [2] e do Superior Tribunal de Justiça [3].

Assim, decompondo os elementos integrantes do meio ambiente (*lato sensu*), podemos falar em: a) Meio Ambiente Natural ou Físico — formado pelo solo, recursos hídricos, ar, fauna, flora e demais elementos naturais responsáveis pelo equilíbrio dinâmico entre os seres vivos e o meio em que vivem, sendo objeto dos artigos 225, *caput*, e § 1º da CF/88; b) Meio Ambiente do Trabalho — integrado pelo conjunto de bens, instrumentos e meios, de natureza material e imaterial, em face dos quais o ser humano exerce suas atividades laborais, recebendo tutela imediata do artigo 200, VIII, da CF/88; c) Meio Ambiente Artificial — integrado pelo espaço urbano construído pelo homem, na forma de edificações (espaço urbano fechado) e equipamentos tais como praças, parques e ruas (espaço urbano aberto), recebendo tratamento não apenas no artigo 225 mas ainda dos artigos 21, XX e 182, todos da CF/88; d) Meio Ambiente Cultural — integrado pelo patrimônio histórico, artístico, arquitetônico, paisagístico, arqueológico, espeleológico, geológico, paleontológico, turístico, científico e pelas sínteses culturais que integram o universo das práticas sociais das relações de intercâmbio entre o homem e a natureza ao longo do tempo, recebendo proteção dos artigos 215 e 216 da CF/88.

A Constituição Federal vigente, em seu artigo 225, § 1º, IV, da CF, dispõe que: "Incumbe ao Poder Público exigir, na forma da lei, para instalação de obra ou atividade potencialmente causadora de significativa degradação do meio ambiente, estudo prévio de impacto ambiental, a que se dará publicidade".

Segundo José Afonso da Silva [4], o estudo prévio de impacto ambiental (EPIA) tem como objetivo avaliar as proporções das possíveis alterações que um empreendimento, público ou privado, pode vir a ocasionar ao meio ambiente. Tem a função de compatibilizar o desenvolvimento econômico-social com a preservação da qualidade ambiental, sendo pressuposto constitucional da efetividade do direito ao meio ambiente ecologicamente equilibrado e um dos instrumentos legais da Política Nacional de Meio Ambiente (Lei 6.938/81, artigo 9º, III e IV).

Para Luiz Roberto Tommasi, objetiva-se com os estudos fazer com que os impactos ambientais de projetos, programas, planos ou políticas sejam considerados, fornecendo informações ao público, fazendo-o participar e adotando medidas que eliminem ou reduzam a níveis toleráveis esses impactos.[5]

Herman Benjamim [6], a seu turno, elenca como principais objetivos do EIA: a) prevenção do dano ambiental; b) transparência administrativa; c) consulta aos interessados; d) decisões administrativas informadas e motivadas.

Importante ressaltar que, tecnicamente, os Estudos Ambientais (*lato sensu*) "são todos e quaisquer estudos relativos aos aspectos ambientais relacionados à localização, instalação, operação e ampliação de uma atividade ou empreendimento, apresentado como subsídio para a análise da licença requerida, tais como: relatório ambiental, plano e projeto de controle ambiental, relatório ambiental preliminar, diagnóstico ambiental, plano de manejo, plano de recuperação de área degradada e análise preliminar de risco". [7]

Entre esses estudos ambientais o mais conhecido, por redundar na análise mais completa e efetiva dos impactos, é o chamado Estudo de Impacto Ambiental (EIA), que é seguido do Relatório de Impacto Ambiental (RIMA).

No presente trabalho nos referiremos mais especificamente ao EIA/RIMA, conquanto o que aqui escrevemos se aplique, basicamente, a todos os demais estudos ambientais, uma vez que a variável relativa ao patrimônio cultural deverá ser considerada em todos eles.

Como instrumento jurídico composto por elementos técnicos interdisciplinares, o Estudo de Impacto Ambiental (EIA) tem como objetivo prever e prevenir danos ambientais, norteando a escolha da melhor alternativa para se evitar, eliminar ou reduzir os efeitos prejudiciais decorrentes do empreendimento proposto.

Tendo em vista que o patrimônio cultural integra o conceito amplo de meio ambiente, obviamente que todos os impactos sobre os bens culturais materiais (tais como cavernas, sítios arqueológicos e paleontológicos, prédios históricos, conjuntos urbanos, monumentos paisagísticos e geológicos) e imateriais [8] (tais como os modos de viver, de fazer e se expressar tradicionais, os lugares e referenciais de memória) devem ser devidamente avaliados para se averiguar a viabilidade do empreendimento e para se propor as correspondentes medidas preventivas, mitigadoras e compensatórias. Em razão disso, podemos afirmar que o processo de licenciamento ambiental é um instrumento de acautelamento e proteção também do patrimônio cultural, encontrando fundamento constitucional no artigo 216, § 1º, *in fine*, combinado com artigo 225, § 1º, IV da nossa Carta Magna.

A destruição de ruínas históricas para a abertura de uma rodovia; a alteração dos modos de vida tradicionais e das relações socioculturais em decorrência do reassentamento de uma comunidade inteira para a construção de uma hidrelétrica; os impactos paisagísticos e a perda de referenciais geográficos e de memória da cultura popular provocados em uma montanha por atividades minerárias; a supressão de uma cachoeira que constitui importante atrativo turístico e ponto de convivência social para a construção de uma barragem, são alguns casos concretos em que restam evidentes danos em detrimento do chamado meio ambiente cultural.

Nos Estados Unidos, segundo o CEQ, Guidelines, 36 CFR 800.9, são considerados entre os efeitos adversos aos sítios históricos: a) destruição ou modificação de todo ou de parte do sítio; b) isolamento ou modificação do ambiente adjacente; c) introdução de elementos visuais, audíveis ou atmosféricos, que são estranhos ou que modificam o sítio; d) transferência ou venda de propriedade do governo, sem que tenham sido tomadas providências restritivas, visando a preservação, a manutenção ou o uso; e) esquecimento do sítio, levando à sua deterioração ou destruição [9].

Não são raros, ainda, impactos indiretos ao patrimônio cultural decorrentes da implantação de empreendimentos poluidores que acabam por acelerar o processo natural de deterioração de bens culturais, ocasionando danos somente perceptíveis ao longo dos anos.

Como assinala Eloisa Waemberg García [10]:

> *materiales pétreos, metálicos, vidrio y madera entran em gran volumen a formar parte de la arquitectura histórica. Su mera permanencia secular en um determinado medio ambiental o su envejecimiento natural son, de por si, causas evidentes de deterioro. Pero es una realidad que, em poco tiempo, los daños experimentados por el patrimônio a causa de la degradación del medio ambiente resultan enormemente mayores que lo que el patrimônio podia haber sufrido em siglos em otras circunstancias ambientales.*

Por tais razões, a exigência da análise dos impactos aos bens integrantes do patrimônio cultural no âmbito dos estudos ambientais está presente nos ordenamentos jurídicos dos mais diversos países do planeta.

Na Comunidade Europeia, por exemplo, a Directiva 85/337/ CEE [11] relativa à avaliação das repercussões de projetos públicos e privados sobre o meio ambiente, depois de registrar em seu preâmbulo que:

> *la mejor política de medio ambiente consiste en evitar, desde el principio, la creación de contaminaciones o daños, más que combatir posteriormente SUS efectos, y afirmar la necesidad de tener en cuenta, lo antes posible, las repercusiones sobre el medio ambiente de todos los procesos técnicos de planificación y decisión..." establece em seu artigo 3º. que "la evaluación de las repercusiones sobre le médio ambiente identificará, describirá y evaluará de forma apropiada en función de cada caso particular los efectos directos e*

> *indirectos sobre los factores siguientes: – El hombre, la fauna y la flora; El suelo, el agua, el aire, el clima, y el paisaje; La interacción entre los factores mencionados en los puntos primero y segundo; Los bienes materiales y el patrimônio cultural.*

No Canadá, a Lei de Avaliação Ambiental exige que cada estudo ambiental deve considerar os efeitos sobre os recursos do patrimônio cultural (incluindo os eventuais efeitos cumulativos), resultante de uma mudança no ambiente causada por um empreendimento proposto. [12]

O Banco Mundial tem apregoado que o desenvolvimento econômico deve preservar e estimular o estudo sobre bens culturais, sendo adotada por aquele órgão uma política geral para ajudar a preservar cultura e evitar a sua eliminação. Por isso, recomenda-se um levantamento prévio e exaustivo de toda a área a ser impactada por um empreendimento econômico, mesmo que se pense, a princípio, que nada de significativo valor cultural exista no local. [13]

No Brasil não é diferente, pois a Resolução Conama 01/86 estabelece em seu artigo 6º, I, c, que o estudo de impacto ambiental desenvolverá obrigatoriamente o diagnóstico ambiental da área de influência do projeto, com completa descrição e análise dos recursos ambientais e suas interações, tal como existem, de modo a caracterizar a situação ambiental da área, antes da implantação do projeto, considerando o meio socioeconômico, o uso e ocupação do solo, os usos da água e a sócio economia, destacando os sítios e monumentos arqueológicos, históricos e culturais da comunidade, as relações de dependência entre a sociedade local, os recursos ambientais e a potencial utilização futura desses recursos.

Álvaro Mirra ensina que todos os dados mencionados no artigo 6º da Resolução 01/86 devem necessariamente constar do EIA, por serem pontos mínimos absolutamente indispensáveis à correta avaliação dos impactos ambientais de empreendimentos sujeitos a essa modalidade de estudo [14].

Entretanto, apesar da expressa previsão legal, percebe-se que, em geral, os estudos de impacto ambiental negligenciam a análise dos impactos negativos causados aos bens culturais, relegando-os a uma condição de segunda importância, o que além de ser lamentável sob o ponto de vista prático, é condenável sob o ponto de vista jurídico.

Com efeito, uma vez comprovada a omissão ou negligência na análise dos impactos ao patrimônio cultural, tal fato pode redundar na suspensão ou cassação administrativa da licença ambiental indevidamente concedida (artigo 19, II, da Resolução Conama 237/97 [15]).

Érika Bechara preconiza a necessidade de o empreendedor zelar pela completude do EIA/RIMA produzido no âmbito do licenciamento ambiental, sob pena de ele próprio dar causa à nulidade das licenças outorgadas ou, na melhor das hipóteses, ao prolongamento indesejável do procedimento licenciatório em razão de questionamentos judiciais ou administrativos sobre a escassez ou a insuficiência de informações. [16]

Destaca-se que omissões ou inconsistências podem redundar no reconhecimento judicial de nulidade dos estudos de impacto ambiental, porque pode e deve o Poder Judiciário efetuar o controle sobre o conteúdo do EIA, inclusive no tocante à consistência técnica e científica das análises empreendidas pela equipe que o elaborou, uma vez que a ausência do EIA, quando exigível, ou a sua inadequada realização, pela inobservância do seu conteúdo mínimo obrigatório, aí incluída a avaliação de impactos ao patrimônio cultural, acarreta a possibilidade de invalidação de todo o processo de licenciamento em andamento ou já concluído e, por via de consequência, da instalação, da entrada em operação e do prosseguimento da obra ou atividade licenciada. [17]

Ademais disso, tal conduta pode ainda implicar na responsabilização penal dos empreendedores e profissionais incumbidos dos estudos de impacto ambiental (artigo 69-A da Lei 9.605/98, com pena de reclusão de três a seis anos e multa), sem prejuízo da responsabilização cível, na modalidade objetiva, pelos danos materiais e morais eventualmente causados.

O servidor público que expedir autorizações ou licenças sem o embasamento em estudos ambientais completos pode, de igual sorte, ser responsabilizado criminalmente nos termos do artigo 67 da Lei 9.605/98, sem prejuízo da responsabilização por ato de improbidade administrativa e por eventuais danos em âmbito cível.

Por tudo isso, como exigência indeclinável dos princípios da prevenção e do desenvolvimento sustentável, no *processo de licenciamento ambiental deverão ser obrigatoriamente analisados* todos os impactos sobre os bens culturais materiais e imateriais para se averiguar a viabilidade do empreendimento, prevenir danos e se propor as correspondentes medidas mitigadoras e compensatórias.

Referências

1 SILVA, José Afonso da. Direito Ambiental Constitucional. 4. Ed. São Paulo: Malheiros, 2003, p. 20-21.

2 A incolumidade do meio ambiente não pode ser comprometida por interesses empresariais nem ficar dependente de motivações de índole meramente econômica, ainda mais se se tiver presente que a atividade econômica, considerada a disciplina constitucional que a rege, está subordinada, dentre outros princípios gerais, àquele que privilegia a «defesa do meio ambiente» (CF, art. 170, VI), que traduz conceito amplo e abrangente das noções de meio ambiente natural, de meio ambiente cultural, de meio ambiente artificial (espaço urbano) e de meio ambiente laboral. (STF - ADI-MC 3540 / DF - Rel. Min. CELSO DE MELLO. J. 01/09/2005)

3 (STJ – RESP 115599 – RS – 4ª T. – Rel. Min. Ruy Rosado de Aguiar – DJU 02.09.2002).

4 SILVA, José Afonso da. Direito Ambiental Constitucional. p. 286-287.

5 TOMMASI, Luiz Roberto. Estudo de Impacto Ambiental. São Paulo: CETESB: 1993, p. 04.

6 BENJAMIN, Antônio Herman de Vasconcelos e. Os estudos de impacto ambiental como limites da discricionariedade administrativa. Revista Forense, Rio de Janeiro, n. 317, p. 25-45, jan./mar. 1992. p. 30.

7 Resolução CONAMA 237/97, art. 1º. III.

8 Em meados da década de 1980 analistas do Banco Mundial escreviam: "o número extremamente pequeno de projetos nos quais se reconheceu a necessidade de examinar fenômenos culturais mostra que a questão não se resume a desenvolver uma política ou um conjunto adequado de diretrizes para tratar do tema, mas é necessária maior conscientização sobre a importância do patrimônio cultural na formulação de projetos" GOODLAND, R. e WEBB, M. *The management of cultural property in World-Bank assisted projects Archaelogical, historical, religious, and natural unique sites. World Bank Technical paper*, n. 62, p. 102, 1987.

9 TOMMASI, Luiz Roberto. Estudo de Impacto Ambiental. p. 75.

10 Impacto Ambiental y Patrimonio. In: Ordenación del território y desarrollo sostenible. APARICIO, José Millaruelo. REBOLLO, Enrique Orduña. Coord. Buenos Aires - Madri, Ciudad Argentina, 2004. p. 189.

11 Diario Oficial de las Comunidades Europeas 5-7-1985. Directiva del Consejo de 27 de junio de 1985 relativa a la evaluación de las repercusiones de determinados proyectos públicos y privados sobre medio ambiente (85/337/CEE). Otero Pastor I, et al. La evaluación de impacto ambiental en Europa.

12 Canadian Environmental Assessment Agency. Reference Guide on Physical and Cultural Heritage Resources. Disponível em: www.ceaa-acee.gc.ca

13 World Bank Technical Paper Number 62. The Management of Cultural Property in World Bank-Assisted Projects. Archaeological, Historical, Religious and Natural Unique Sites. Robert Goodland and Maryla Webb. Washington, D.C. September 1987.

14 MIRRA, Álvaro Luiz Valery. Impacto Ambiental, Aspectos da Legislação Brasileira. São Paulo: Juarez de Oliveira, 2008. 4. Ed. p. 99.

15 Art. 19 – O órgão ambiental competente, mediante decisão motivada, poderá modificar os condicionantes e as medidas de controle e adequação, suspender ou cancelar uma licença expedida, quando ocorrer: I - Violação ou inadequação de quaisquer condicionantes ou

normas legais; II - Omissão ou falsa descrição de informações relevantes que subsidiaram a expedição da licença; III - superveniência de graves riscos ambientais e de saúde.

16 BECHARA, Érika. Licenciamento e Compensação Ambiental na Lei do SNUC. São Paulo: Atlas, 2009.p. 125.

17 MIRRA, Álvaro Luiz Valery. O controle judicial do conteúdo dos estudos de impacto ambiental. In: Direito Ambiental em Evolução 4. Coord: FREITAS, Vladimir Passos de. Curitiba: Juruá, 2005. p. 47.

A TRAJETÓRIA DE PAULO AFFONSO LEME MACHADO E O DIREITO AMBIENTAL BRASILEIRO

21 de maio de 2016

Talden Farias

A construção de um ramo da Ciência Jurídica – assim como a de qualquer ramo do conhecimento científico – é sempre uma obra coletiva. São sempre muitos operadores do Direito ajudando a sedimentar a doutrina, a jurisprudência e a legislação daquela área específica. Entretanto, o papel de alguns deles se sobressai em função da importância da contribuição teórica e/ou prática. Esse é o caso do professor Paulo Affonso Leme Machado, que é apontado como um dos grandes nomes do Direito Ambiental brasileiro.

O currículo de Paulo Affonso na área é deveras extenso. Promotor de Justiça aposentado pelo estado de São Paulo, atualmente é professor titular da Universidade Metodista de Piracicaba. Dentre os seus títulos acadêmicos, destaca-se o mestrado em Direito Ambiental pela Universidade Robert Schuman de Estrasburgo, na França, o doutorado em Direito pela Pontifícia Universidade Católica de São Paulo, o doutorado honoris causa pela Universidade Estadual Paulista e o pós-doutorado pela Universidade de Limonges, também na França.

Além do curso Direito Ambiental brasileiro, verdadeiro clássico cuja 24ª edição foi lançada recentemente, publicou os livros Recursos hídricos: direito brasileiro e direito internacional (Malheiros, 2002) e Direito à informação e meio ambiente (Malheiros, 2006), Legislação Florestal (Lei 12.651/2012) e Competência e Licenciamento Ambiental (Lei Complementar 140/2011) (Malheiros, 2012), Estudos de Direito Ambiental (2ª edição, Malheiros, 2014) e Ação civil pública: tombamento (2ª edição, editora Revista dos Tribunais, 1987) – afora as obras que organizou e os inúmeros capítulos de livro e artigos científicos que escreveu.

Professor visitante da Universidade de Quebec, no Canadá, da Universidade de Milão, na Itália, da Universidade de Bucareste, na Romênia, da Universidade

Internacional de Andaluzia, na Espanha, e das Universidades Lyon III, Córsega e Limoges, na França, além de pesquisador na Universidade de Louisiana, nos Estados Unidos. É convidado para ministrar conferências e para participar de bancas de pós-graduação nas mais respeitadas universidades do planeta, a exemplo de Coimbra, Salamanca e Paris 1 (Pantheón-Sorbonne).

Atuou como consultor da Organização das Nações Unidas para Agricultura e Alimentação e do Programa de Meio Ambiente de Organização das Nações Unidas, na África. Foi o único brasileiro agraciado com o "Elizabeth Haub", o grande prêmio internacional do Direito Ambiental, concedido pela Universidade de Bruxelas, na Bélgica. Foi agraciado com a medalha e o título de Cavaleiro da Ordem Nacional da Legião de Honra, ele recebeu a maior homenagem que o Estado francês pode conferir, tanto que somente o Presidente da República pode oficializar a honraria, o que foi feito à época por Nicolas Sarkozy.

Contudo, Paulo Affonso é muito mais do que alguém que simplesmente leciona e escreve sobre Direito Ambiental. Cuida-se de uma pessoa que, em certo sentido, também construiu a legislação e a própria política ambiental brasileira.

O primeiro livro específico sobre a matéria publicado no país é de autoria dele. Quando a Secretaria Nacional do Meio Ambiente – o primeiro órgão propriamente ambiental brasileiro – foi criada em 1973, à época ligada diretamente à Presidência da República, o professor assumiu a Procuradoria do órgão a convite do então recém nomeado secretário Paulo Nogueira Neto.

A Lei 6.938/81, que dispõe sobre a Política Nacional do Meio Ambiente e instituiu o Sistema Nacional do Meio Ambiente, e que até hoje é tida como a norma ambiental infraconstitucional mais importante, teve o seu projeto originalmente redigido em grande parte por ele. Considerada o marco de afirmação do Direito Ambiental brasileiro, essa lei porque previu a responsabilidade objetiva em matéria ambiental, previu a responsabilidade das instituições bancárias públicas no financiamento de atividades poluidoras, previu um conselho público de direitos com poder decisório e participação da sociedade civil e porque previu a possibilidade de o Ministério Público ingressar com uma ação coletiva em defesa do meio ambiente tanto na esfera cível quanto criminal, entre várias outras coisas. Várias outras normas ambientais importantes também sofreram a influência dele.

O professor colaborou com a Assembleia Constituinte de 1988, e vários dos muitos dispositivos constitucionais que versam sobre a questão ambiental são de redação dele. Consta que ele foi o primeiro a usar e a defender a terminologia "Direito Ambiental" como a mais adequada, já que na década de 1970 a expressão "Direito Ecológico" estava mais em voga. Ou seja, é um dos raros juristas que batizou um ramo da Ciência Jurídica. Por isso, atribuem a ele uma certa "paternidade" do Direito Ambiental brasileiro.

Mas a importância do professor Paulo Affonso Leme Machado não se resume a isso. Na minha opinião, o seu legado mais importante é a forma como ele lida com o Direito Ambiental, que para ele é uma missão, um sacerdócio mesmo. É por isso que, mesmo cansado e idoso, ele continua a viajar pelo país e pelo mundo a proferir palestras e a distribuir os seus ensinamentos. Com o jeito gentil de falar e de tratar as pessoas, o professor é exemplo como intelectual e como ser humano. Daí a admiração dos alunos e orientandos, que foram e são muitos.

São quase 50 anos de carreira dedicados incansavelmente à defesa do meio ambiente e da qualidade de vida da coletividade, sem nunca abrir mão de suas convicções. Seus posicionamos são sempre muito bem embasados juridicamente, tanto que é sempre citado nos julgados do Supremo Tribunal Federal e do Superior Tribunal de Justiça em matéria ambiental. Vez por outra deixa o seu abrigo em Piracicaba e parte para os tribunais, patrocinando as causas que tem como justas.

É possível afirmar que o professor Paulo Affonso Leme Machado é o doutrinador mais importante na área de Direito Ambiental no país, haja vista a obra e a vida dedicada à matéria. Que os seus ensinos e os seus exemplos possam servir de inspiração na busca pelo meio ambiente equilibrado e por um Direito Ambiental responsável.

MITOS ENVOLVENDO POÇOS ARTESIANOS

28 de maio de 2016

Eduardo Coral Viegas

A água é um recurso natural existente nos mais diversos lugares onde habitam seres vivos. Isso porque sem ela não há vida, nunca houve, tampouco haverá! A relação entre o homem e os recursos hídricos nos proporciona incontáveis histórias pessoais.

O rio da infância, uma praia onde o amor de sua vida surgiu, um marcante passeio de barco, seu batismo ou o de alguém importante, a enchente que vivenciou, aquele esporte radical! Cada um tem suas lembranças, e ainda outras tantas experiências poderão suceder.

Quem é ou foi do meio rural, em particular, normalmente convive ou conviveu com *poços artesianos*. Em muitas localidades no interior, são utilizados poços escavados, aqueles de onde se extrai água com o auxílio de uma corda e balde – ou algo do gênero.

Já os poços tubulares são os mais empregados na zona urbana, apesar de também serem corriqueiros no meio rural. Eles contêm pequeno diâmetro e são de natureza mais profunda do que os escavados, variando de algumas dezenas a centenas de metros.

Em 2005, a Companhia de Saneamento do Rio Grande do Sul buscou resolver um problema de abastecimento de água na Cidade de Erechim construindo um poço no Aquífero Guarani, que alcançou 929 metros. Na obra de perfuração, foram gastos mais de R$ 1 milhão. Todavia, a água não pode ser utilizada para o consumo humano em razão de suas (im)propriedades naturais – excesso de sais.

Um mito existe quando algo está arraigado no senso comum, que lhe dá vida. Normalmente é repassado verbalmente de uns a outros, até que alguém o conteste e demonstre se tratar de uma lenda, de algo falso, que apenas parece verdadeiro. A água envolve vários mitos e, no tocante aos poços, sua persistência vem acarretando prejuízos a direitos fundamentais como à vida, à saúde humana e ao meio ambiente.

O primeiro dos mitos diz respeito ao próprio nome comumente dado aos poços, que sugere sejam eles artesianos. Embora essa incorreção realmente exista, não origina consequências maléficas. Outro mito bastante propalado dá conta de que o dono da área onde se localiza o poço também é proprietário da água existente abaixo do solo. Aqui já temos implicações jurídicas importantes, com repercussão no uso e abuso dos recursos hídricos situados no subsolo.

Ainda, costuma-se ouvir que a água de poços é sempre de qualidade superior do que a superficial, e que os aquíferos são fontes intermináveis de armazenamento e fornecimento de água. Será que essas assertivas de fato correspondem à realidade?

A captação de água ocorre na superfície ou abaixo dela. No subterrâneo, as águas podem estar localizadas em camadas próximas do solo, no nível freático. Em tais situações, seu aproveitamento é facilitado, embora mais arriscado. As infiltrações atingem os lençóis freáticos e, juntamente com a água superficial que percola, seguem os elementos impróprios, que podem ser nocivos à saúde e à vida de quem venha a utilizar o líquido contaminado. Esses poços, ainda que tubulares, não são artesianos do ponto de vista técnico.

Poços artesianos são aqueles onde existe artesianismo, fenômeno que se observa quando a água jorra do poço sem a necessidade de bombeamento. São pouco comuns e ocorrem em perfurações profundas que atingem aquíferos confinados, nos quais camadas de rochas de menor permeabilidade confinam as águas, que ficam sujeitas a pressão inferior do que a atmosférica.

No Guarani, porções significativas de águas estão armazenadas nos poros da rocha arenítica, que está sob o basalto. Mesmo nos poços profundos e quando atingem aquíferos confinados, a regra é que a extração da água se dê com o emprego de bombeamento elétrico.

Então, a água subterrânea é captada de lençóis freáticos ou de aquíferos; ou seja, tecnicamente de poços de captação. Nada impede, contudo, que se continue a chamá-los de poços artesianos, pois a locução faz parte do cotidiano da linguagem brasileira, sendo adotada tanto pela doutrina especializada quanto pelos tribunais, como pelo STJ no julgamento do AgRg no REsp 1235194/RJ.

A tradição do Direito pátrio, estampada na redação do art. 526 do Código Civil de 1916 (revogado), era de que o dono do terreno também o era em relação ao que estava acima e abaixo da superfície, onde se incluíam as águas.

A CF/88 mudou completamente esse paradigma, estabelecendo que as águas superficiais são da União e dos Estados, enquanto as subterrâneas tão somente dos Estados.

O Decreto 24.643/34, conhecido como Código de Águas, tratou das águas públicas, comuns e particulares. Essa norma continua em vigor apenas naquilo que não afronta a CF ou a legislação infraconstitucional superveniente, com destaque para a Lei 9.433/97, que se popularizou como Lei das Águas, e dispõe ser "a água um bem de domínio público" (art. 1º).

Nesse contexto, o art. 96 do Código de Águas, ao estabelecer que o "dono de qualquer terreno poderá apropriar-se por meio de poços, galerias, etc.", sem exigir autorização do poder público, está revogado. A captação e os lançamentos de águas superficiais dependem de outorga da União ou dos Estados, conforme sejam federais ou estaduais.

Quanto às águas do subsolo, é igualmente vital a outorga para as captações, conforme vem sustentando o STJ: "É firme a orientação desta Corte Superior no sentido de ser necessária a outorga do ente público para a exploração de águas subterrâneas através de poços artesianos." (AgRg no AREsp 263253/RS).

Desse modo, mantém-se apenas como mito a ideia de que as águas são do dono do terreno, que poderia delas se apropriar como bem entendesse, até mesmo perfurando poços a qualquer profundidade sem anuência estatal.

A propósito, convém pontuar a diferença entre licença para perfuração de poços e outorga para captação de água subterrânea. Ambas são resultantes de ato administrativo que autoriza o interessado a fazer algo. Na primeira hipótese, a desenvolver atividade potencialmente poluidora. Na segunda, a usar o bem público "água".

Na Lei 9.433/97, estão listadas as infrações administrativas, importando para os fins desta coluna as seguintes: "Art. 49. Constitui infração das normas de utilização de recursos hídricos superficiais ou subterrâneos: I - derivar ou utilizar recursos hídricos para qualquer finalidade, sem a respectiva outorga de direito de uso; V - perfurar poços para extração de água subterrânea ou operá-los sem a devida autorização;".

Vê-se que a lei federal não deixa dúvidas, sendo reforçada por algumas decisões judiciais. Nesse sentido: "A necessidade de prévio licenciamento para a perfuração de poços artesianos é inquestionável..." (TJRGS, AC n. 70047159538). Apesar disso, temos acompanhado discussões acerca da exigibilidade da licença ambiental para a perfuração de poços, sobretudo na esfera criminal.

De fato, se a atividade exige licença, e sendo realizada sem a sua obtenção, configura-se o crime do art. 60 da Lei 9.605/98, independentemente de a ação não figurar na Resolução CONAMA 237/97, já que seu rol de atividades potencialmente poluidoras é exemplificativo.

Contudo, não localizamos qualquer condenação criminal pela prática desse ilícito penal, apesar de a perfuração de poços ser das atividades mais corriqueiras e ilegalmente praticadas. Os julgados que foram encontrados referem a atipicidade da conduta sob o argumento de que a Lei das Águas apenas a prevê como infração administrativa (TJMS, HC 14024876020148120000), no que se equivocam, porque as responsabilidades civil, administrativa e penal são independentes, nos termos do art. 225, § 3º, e normalmente cumulativas.

Registre-se que o Ibama, na Instrução Normativa 06/2013 (item 22.9), incluiu na tabela das atividades potencialmente poluidoras a sondagem e perfuração de poços artesianos.

Superexploração

Afirmamos sem risco de errar que são incontáveis as perfurações diárias e ilegais no território brasileiro, sem que haja fiscalização efetiva ou controle dos impactos em razão das construções, que normalmente não levam em consideração as técnicas adequadas da geologia de engenharia, estabelecidas pela ABNT (NBR 12.212 e 12.244).

Mas é sobre a abundância e a qualidade da água subterrânea que se concentram os mitos mais incrustados na sociedade. É certo afirmar que as águas localizadas no subsolo são vastas e, como regra, de melhor qualidade do que a superficial. Ainda, concordamos com sua importância crucial para o Brasil e o mundo.

Para exemplificar, elas foram e têm sido essenciais na minimização da estiagem que afligiu o Sudeste até 2015, e que já castiga o Nordeste pelo 5º ano, tanto que a seca nordestina vem sendo comparada àquela retratada no clássico livro O Quinze, de Rachel de Queiroz.

Em contrapartida, sua superexploração em situações de normalidade vem fazendo com que os níveis das reservas se rebaixem significativamente, pois as captações são descontroladas, mal geridas e, não raro, excedem as recargas naturais dos aquíferos.

É o caso de Ribeirão Preto, que é 100% abastecida pelas águas do Guarani. A população da cidade paulista está aumentando rapidamente, razão pela qual há um incremento na demanda por água. Ainda que se trate de área de recarga do Aquífero, as captações são progressivamente mais intensas e ocorrem em profundidades maiores, ante o rebaixamento visto, prevendo-se sérios riscos ao abastecimento público em um futuro não muito distante.

Como bem adverte o ministro Herman Benjamin, em importante julgamento do STJ, "é evidente que a perfuração indiscriminada e desordenada de poços artesianos tem impacto direto no meio ambiente e na disponibilidade de recursos hídricos para o restante da população, de hoje e de amanhã." (REsp 994.120/RS).

Ao lado do mito da abundância está o de que a água de poços é melhor do que a fornecida pela rede pública. Ledo engano! Os riscos não compensam sua utilização quando existe rede geral. Tanto é assim que o uso de água de fontes alternativas – que inclui os poços – nessa circunstância é vedado (art. 45 da Lei 11.445/97).

A relação entre água e saúde vem retratada em relatório de 2015 da Unicef e OMS, o qual dá conta de que o acesso a água própria, saneamento e higiene é determinante para prevenir 16 das 17 doenças tropicais negligenciadas.

Diversas podem ser as causas de impropriedade das águas do subsolo para o consumo humano. As mais comuns e decorrentes de atividades antrópicas são resultantes da infiltração de agentes contaminantes presentes na superfície, podendo ser de natureza biológica ou química, tais como chorume, agrotóxicos, esgotos a céu aberto e oriundos de fossas, líquidos da mineração, descartes da indústria, vazamentos em postos de combustíveis. E os poços mal projetados e executados contribuem para a interação entre os poluentes e a água subterrânea.

As causas biológicas provocam doenças de veiculação hídrica que aparecem rapidamente, tais como diarreia, disenteria, cólera, febre tifoide e hepatite, esta constatada no julgamento da Apelação 70024474223, do TJRS.

Já as químicas podem nem ser de diagnóstico associado ao consumo de água e aparecer ao longo do tempo, podendo-se citar alguns resultados danosos para o homem: transtornos neurológicos, reprodutivos, imunológicos, insuficiência renal e hepática, doenças pulmonares e respiratórias, cânceres.

Por vezes, quem perfura um poço faz o exame inicial de natureza bacteriológica e, não sendo constatada a presença de coliformes, conclui que a água é excelente. Comete, assim, dois erros: a um, não fazer investigações amplas, a exemplo da química, que realmente torna o custo mais elevado; a dois, acreditar que aquela análise é invariável, quando se sabe que somente é válida por um curto período de tempo, tal qual um exame de sangue.

Reforça-se: o consumo da água oriunda do abastecimento público é mais seguro para todos: indivíduo e poder público. As empresas de saneamento são obrigadas as fazer as análises previstas na Portaria 2.914/2011, do Ministério da Saúde, com a periodicidade ali estabelecida. Então, se a população consome água da rede pública, os riscos de um surto de doença de veiculação hídrica são sempre inferiores.

Para citar um caso, no julgamento da Apelação 70017326430, o TJ-RS constatou danos concretos à saúde humana pelo consumo de água de poço, verbis: "Responsabilidade solidária do explorador do poço artesiano e do município. Dever de indenizar. Comprovada nos autos a impropriedade da água fornecida pelos réus, a qual, segundo laudos técnicos da CORSAN e da UNISC, apresentava teor de flúor acima do permitido e bactérias, cujo consumo deu causa aos danos suportados pelos autores, acometidos de fluorose dental, resta evidente o dever de indenizar".

Não se propõe a vedação do uso de água subterrânea. O que se preconiza é sua utilização na forma da lei, com a perfuração de poços somente mediante prévio licenciamento, com técnica construtiva adequada e a extração de água condicionada à obtenção de outorga. Nos locais onde há rede pública, deve ser impedida a perfuração dos poços e o consumo humano de água subterrânea.

Afinal, de acordo com o posicionamento institucional do Ministério Público gaúcho, "somente deveria ser autorizada a abertura de poço artesiano quando houvesse efetiva necessidade, dado que a água subterrânea é recurso natural de reserva e, se possível, deve ser mantida intocável, bastando, para o indeferimento do pedido de outorga/licenciamento, que a autoridade pública exerça seu poder ordenador, mediante ato administrativo fundamentado" (Enunciado 6.2/2005).

DESENVOLVIMENTO SUSTENTÁVEL E SUA EXPRESSÃO JURÍDICA

4 de junho de 2016

Álvaro Mirra

O desenvolvimento sustentável, em termos atuais, é uma ideia consagrada tanto no plano internacional quanto no plano da ordem interna dos países.

Com efeito, desde as discussões iniciais a respeito da matéria no início dos anos 1970, quando se começou a falar em ecodesenvolvimento, por ocasião da Conferência das Nações Unidas sobre o Meio Ambiente Humano (Estocolmo, 1972), até a sua consagração definitiva na Conferência da ONU sobre Meio Ambiente e Desenvolvimento (Rio de Janeiro, 1992), a noção de desenvolvimento sustentável foi se afirmando no âmbito internacional e no âmbito interno dos países, tendo sido reafirmada, mais recentemente, em outra conferência das Nações Unidas sobre o tema (Rio de Janeiro, 2012)[1]. Pode-se, inclusive, dizer que, hoje, o desenvolvimento sustentável constitui um verdadeiro programa de ação, a ser implementado pelas diversas nações.

E esse é, sem dúvida, o principal desafio, no presente, na matéria: implementar e tornar efetivo o desenvolvimento sustentável, com atenção aos seus três pilares fundamentais já conhecidos — pilar social, pilar ambiental e pilar econômico —, ao qual se agregou, ainda, o pilar cultural[2].

Nesse ponto, a maior dificuldade está, segundo se tem entendido, na indeterminação do conceito de desenvolvimento sustentável, que se presta a interpretações diversas e variadas, frequentemente não coincidentes.

De fato, aquela conceituação inicial do desenvolvimento sustentável, trazida pela Comissão Mundial sobre Meio Ambiente e Desenvolvimento, como o desenvolvimento capaz de satisfazer as necessidades do presente sem comprometer a capacidade das gerações futuras de satisfazerem as suas próprias necessidades, com a busca de um estado de harmonia entre os seres humanos e entre o homem e a natureza, sempre com destaque àquelas dimensões aludidas (social, ambiental, cultural e econômica)[3], não se mostra mais satisfatória, já que ela deu lugar a visões antagônicas do mesmo fenômeno.

Basta lembrar, aqui, a título ilustrativo, que a visão sobre o desenvolvimento sustentável dos ambientalistas, que tendem a privilegiar o pilar ambiental, não é a mesma dos empresários, os quais tendem a privilegiar o pilar econômico, na vertente crescimento econômico, e tampouco é a mesma visão, em geral, dos governos, que tendem ora a privilegiar o pilar social, se tiverem um programa mais voltado às questões sociais, ora a privilegiar o pilar econômico, se tiverem um perfil mais liberal ou neoliberal.

Daí as inúmeras incertezas e controvérsias na concretização do ideal subjacente à noção de desenvolvimento sustentável e na implementação de programas de ação a ele relacionados, bem como os diversos conflitos que surgem na prática, quando se está diante de atividades, obras e empreendimentos, públicos ou privados, de alcance social e econômico, mas potencialmente causadores de degradações ambientais.

Isso explica, inclusive, em larga medida, a razão pela qual os juízes e tribunais, com frequência cada vez maior, têm sido chamados a dirimir os conflitos que evidenciam, na prática, essa tensão que no final das contas acaba existindo entre as variadas dimensões do desenvolvimento sustentável (social, ambiental, cultural e econômica).

Porém, para que se possa obter a tão desejada implementação concreta do desenvolvimento sustentável, notadamente nas hipóteses de litígios judiciais que dizem respeito ao tema, é preciso um mínimo de objetividade e coerência na análise da matéria.

Bem por isso, duas questões importantes, sob o prisma jurídico, necessitam ser discutidas e definidas.

A primeira questão diz respeito à discriminação daquilo que se poderia denominar de *estatuto jurídico do desenvolvimento sustentável*. Vale dizer: do ponto de vista jurídico, o desenvolvimento sustentável é um simples conceito operacional, é um programa de ação ou é um verdadeiro princípio?

A segunda questão refere-se ao *significado jurídico do conceito ou princípio do desenvolvimento sustentável*, que vai repercutir na forma como deve ser tratada, na prática, sob a ótica do Direito, a relação entre as suas dimensões já mencionadas.

Com relação à primeira questão — definição do *estatuto jurídico do desenvolvimento sustentável* —, é interessante observar que, no Brasil, o Supremo

Tribunal Federal já se pronunciou no sentido de que o desenvolvimento sustentável é um *princípio jurídico* e de *natureza constitucional*, à luz do disposto nos artigos 170, VI, e 225, da Constituição Federal, representando, na visão da nossa corte suprema, fator de justo equilíbrio entre as exigências da economia e da ecologia[4].

Dessa forma, o princípio do desenvolvimento sustentável, como princípio constitucional, tem valor jurídico autônomo, do que resulta a possibilidade de sua aplicação direta sem o suporte de qualquer regulamentação específica que discrimine o seu conteúdo e as condições de sua incidência. Consequentemente, o princípio do desenvolvimento sustentável deve ser direta e obrigatoriamente aplicado por todos aqueles que se encontram na posição de tomadores de decisões, sejam agentes públicos (incluindo os juízes e tribunais), sejam as pessoas privadas, notadamente no âmbito das atividades empresariais[5].

No tocante à segunda questão — *significado jurídico do princípio do desenvolvimento sustentável* —, o que parece importante compreender, desde logo, é que se trata de um princípio acima de tudo ligado à necessidade de proteção jurídica do meio ambiente, aqui sempre incluído o patrimônio cultural.

Embora o desenvolvimento sustentável esteja fundado em três, ou agora quatro, pilares fundamentais — social, ambiental, cultural e econômico —, o princípio do desenvolvimento sustentável é acima de tudo um princípio de *integração* da questão ambiental nas estratégias e políticas de ordem social e econômica[6]. Tanto é assim que, na Conferência das Nações Unidas sobre Meio Ambiente e Desenvolvimento, em que se deu a consagração oficial do desenvolvimento sustentável, ficou estabelecido, no princípio 4 da declaração então emitida, que, "para alcançar o desenvolvimento sustentável, a proteção ambiental deve constituir parte integrante do processo de desenvolvimento e não pode ser considerada isoladamente deste".

Essa parece ser a visão original, autêntica, do princípio do desenvolvimento sustentável, que é, essencialmente, vale insistir, um princípio de integração da questão ambiental no processo de desenvolvimento, e não, propriamente, um princípio de conciliação entre meio ambiente e economia.

É claro que o desenvolvimento é sempre social, ou seja, é sempre voltado às necessidades da população no concernente à saúde, à alimentação, à educação, ao trabalho e, no caso dos países periféricos como o Brasil, no tocante à luta contra a pobreza. É certo, ainda, que o desenvolvimento pressupõe, igualmente, o crescimento econômico, com o progresso material de todos.

Contudo, o desenvolvimento somente pode ser sustentável se ele integrar, na devida medida, a variável ambiental. Nesse contexto, *a proteção do meio ambiente é a base do desenvolvimento sustentável*[7].

Portanto, o significado jurídico do princípio do desenvolvimento sustentável se extrai, na realidade, da sua função, que é garantir, pela via do Direito, a proteção do meio ambiente em face das pressões, sobretudo de ordem econômica, que pesam sobre a qualidade ambiental[8].

Não por outra razão, o Supremo Tribunal Federal, no julgamento antes referido, decidiu que a aplicação do princípio do desenvolvimento sustentável, quando presente situação de conflito entre valores constitucionais relevantes, está subordinada a uma condição inafastável, qual seja, a de que a observância do princípio em questão não comprometa nem esvazie o conteúdo essencial de um dos mais significativos direitos fundamentais, que é o direito à preservação do meio ambiente. Por outras palavras, na visão do STF, a aplicação do princípio do desenvolvimento sustentável não pode, em hipótese alguma, comprometer a efetividade do direito ao meio ambiente ecologicamente equilibrado, sinal claro de que, para a nossa suprema corte, *a proteção do meio ambiente é o elemento central do desenvolvimento sustentável.*

Essa é, também, a visão do Superior Tribunal de Justiça, que, inegavelmente, nos últimos 15 anos, tem sido cada vez mais enfático e rigoroso na aplicação do Direito Ambiental. De fato, o exame da jurisprudência do STJ ao longo da última década e meia — com repercussão evidente sobre os demais tribunais do país e a atuação dos órgãos e agentes públicos e privados — permite verificar que existe, cada vez mais, a compreensão de que o Direito Ambiental é um direito voltado à efetiva proteção do meio ambiente e que o tão desejado desenvolvimento sustentável pressupõe o reforço na aplicação desse conjunto de normas protetivas do meio ambiente.

Nesses termos, a aplicação em todas as esferas — judicial e extrajudicial, pública e privada — do princípio do desenvolvimento sustentável, com a preeminência que assume a integração da proteção do meio ambiente no processo de desenvolvimento social e econômico do país, faz com que haja a necessidade do *reforço na aplicação do Direito Ambiental.* Somente com o fortalecimento da aplicação do Direito Ambiental é que se terá a realização concreta do desenvolvimento sustentável.

Eis, portanto, a realidade da qual não se pode fugir: sem o reforço na aplicação do Direito Ambiental não se pode falar em proteção do meio ambiente e sem adequada proteção do meio ambiente não se pode falar em desenvolvimento sustentável. Daí o enorme desafio que se tem na atualidade no sentido de tornar cada vez mais efetiva a aplicação do direito ambiental, a fim de que se possa implementar o quanto antes, e antes que seja tarde, o desenvolvimento sustentável.

Referências

1 SACHS, Ignacy. *La troisième rive*: à la recherché de l'écodéveloppement. Paris: Bourin Éditeur, 2007, p. 247 e ss; BRUNEL, Sylvie. *Le développement durable*. 5ª ed. Paris: PUF, 2004, p. 43 e ss.; FREITAS, Juarez. *Sustentabilidade*: direito ao futuro. 2ª ed. Belo Horizonte: Fórum, 2012, p. 31 e ss.; VEIGA, José Eli da. *Para entender o desenvolvimento sustentável*. São Paulo: Editora 34, 2015, p. 09 e ss; entre outros.

2 Sobre o aspecto cultural como um quarto pilar do desenvolvimento sustentável, ver DRON, Dominique. Origine du développement durable. In: EUZEN, Agathe; EYMARD, Laurence; GAILL, Françoise (Coord.). *Le développement durable à découvert*. Paris: CNRS Éditions, 2013, p. 24; PRIEUR, Michel. *Droit de l'environnement, droit durable*. Bruxelles: Bruylant, 2014, p. 20; MIRANDA, Marcos Paulo de Souza. *Meio ambiente e avaliação de impactos ao patrimônio cultural* (artigo veiculado na coluna *Ambiente Jurídico*, da Revista Eletrônica Consultor Jurídico, em 14.5.2016)".

3 COMISSÃO MUNDIAL SOBRE MEIO AMBIENTE E DESENVOLVIMENTO. *Nosso futuro comum*. Rio de Janeiro: Editora da Fundação Getúlio Vargas, 1988, p. 09-10.

4 STF – Tribunal Pleno – MC na ADI 3.540-1 – j. 01.09.2005 – rel. min. Celso de Mello. Na doutrina, ver, entre outros, NUSDEO, Ana Maria de Oliveira. *Pagamentos por serviços ambientais*: sustentabilidade e disciplina jurídica. São Paulo: Atlas, 2012, p. 135-137, e SARLET, Ingo Wolfgang; FENSTERSEIFER, Tiago. *Princípios do Direito Ambiental*. São Paulo: Saraiva, 2014, p. 89-103.

5 Nesse sentido, também, NUSDEO, Ana Maria de Oliveira, op. cit., p. 136-137; FREITAS, Juarez, op. cit., p. 67-68.

6 PRIEUR, Michel, op. cit., p. 20, 32 e 51; MALJEAN-DUBOIS, Sandrine. Le role du juge dans le développement des principes d'intégration et de développement durable – presentation. In: LECUCQ, Olivier; MALJEAN-DUBOIS, Sandrine. *Le rôle du juge dans le développement du droit de l'environnement*. Bruxelles: Bruylant, 2008, p. 195-199.

7 WINTER, Gerd. Um fundamento e dois pilares: o conceito de desenvolvimento sustentável 20 anos após o relatório Brundtland. In: WINTER, Gerd. *Desenvolvimento sustentável, OGM e responsabilidade civil na União Europeia*. trad. Carol Manzoli Palma. Campinas: Millennium, 2009, p. 04. Para o autor, no contexto do desenvolvimento sustentável a proteção da biosfera é a base sobre a qual se assentam os dois pilares do bem-estar social e da

economia. No mesmo sentido: VEIGA, José Eli da, op. cit., p. 21, e NUSDEO, Ana Maria de Oliveira, op. cit., p. 136-137.

8 PAPAPOLYCHRONIOU, Sophia. Le rôle du juge dans la consécration d'un droit fondamental à l'environnement: le cas Grec. In: LECUCQ, Olivier; MALJEAN-DUBOIS, Sandrine. *Le rôle du juge dans le développement du droit de l'environnement.* Bruxelles: Bruylant, 2008, p. 135.

UM HISTÓRICO SOBRE O DIREITO AMBIENTAL NOS ESTADOS UNIDOS

11 de junho de 2016

Gabriel Wedy

Embora muitos afirmem que o Direito Ambiental americano foi criado no âmbito do Congresso nos anos 1970, na verdade ele é fruto do desenvolvimento de séculos das doutrinas da *common law* que buscam, ainda hoje, a proteção das pessoas e da propriedade contra danos causados pela ação de outros. Notadamente, a *common law* está embasada nas doutrinas do *nuisance* para resolver questões ambientais, embora condutas que resultem em invasão física das propriedades possam ser analisadas com base na doutrina do *trespass*. A doutrina do *nuisance* é aplicada para proteger o proprietário nos seus direitos de uso e gozo da terra, enquanto a doutrina do *trespass* protege a posse exclusiva da terra contra perturbações e invasões[1].

Pode-se dizer que a complexa estrutura do Direito Ambiental norte-americano é composta de doutrinas da *common law* e de leis federais e estaduais que levam as agências federais emitirem diversas regulações e, ainda, intermediarem acordos entre os estados. Agências federais nos Estados Unidos têm competência para julgar administrativamente, executar políticas públicas e regulamentar leis por delegação do Congresso, em determinadas circunstâncias, como decidido e firmado pela Suprema Corte no célebre caso *Chevron*[2].

De acordo com Tarlock, o Direito Ambiental nos Estados Unidos, como hoje definido, é a síntese das regras da era pré-ambiental da *common law*, de princípios de outras áreas do Direito e das leis da era pós-ambiental aprovadas no Congresso. As últimas são influenciadas pela aplicação de conceitos derivados dos campos da ecologia, da ética, da ciência e da economia[3].

Pode-se organizar cronologicamente a legislação ambiental mais relevante no sistema americano do seguinte modo:

1. *National Environmental Policy Act (NEPA)*: em vigor desde 1970, estabelece amplos objetivos para a política ambiental nacional e determina que as

agências federais providenciem avaliações de impactos ambientais quando as ações que puderem causá-los forem relevantes.

2. *Clean Air Act*: as emendas do *Clean Air Act* de 1970 estabelecem uma moldura de regulações federais para o controle da poluição do ar e substituem o *Clean Air Act* de 1963. Preveem um conjunto de prazos para a EPA promulgar *standards* de qualidade do ar a serem implementados pelos estados e *standards* nacionais para poluentes do ar perigosos. Restou previsto na legislação o *citizen suit*, para que o cidadão tenha um instrumento processual de tutela da qualidade do ar. A lei foi emendada em 1977, para exigir controles mais rigorosos nas regiões que falharem em obedecer os *standards* nacionais de poluentes do ar perigosos, com o objetivo principal de combater o grave problema da chuva ácida. Sofreu nova emenda em 1990, criando nova modulação regulatória para verificação da qualidade do ar.

3. *Federal Water Pollution Control Act (Clean Water Act)*: aprovada em 1972, a lei proíbe descargas de poluentes na superfície das águas, exige a utilização de tecnologia baseada em controles sobre as descargas e estabelece um programa nacional, o *National Pollutant Discharge Elimination System (NPDES)*, que deve ser implementado pelos Estados sujeito à supervisão da EPA. Autoriza subsídios e concessões para a construção de usinas de tratamento de esgoto e prevê o *citizen suit* para que os cidadãos possam promover a defesa da qualidade da água. Foi substancialmente emendada esta legislação pelo *Clean Water Act Amendments* de 1977 e pelo *Water Quality Act* de 1987.

4. *Federal Insecticide, Fungicide and Rodenticide Act (FIFRA)*: essa lei, de controle de pesticidas, emendou a legislação originária de 1947 e passou a exigir o registro dos pesticidas, além de autorizar a EPA a proibir estes quando perigosos. A legislação foi emendada no ano de 1988, para exigir uma revisão mais célere e periódica dos registros de pesticidas e, em 1996, com a aprovação do *Food Quality Protection Act*, passou a ser exigir mais rigorosa proteção contra resíduos destes sobre os alimentos.

5. *Marine Protection, Research, and Sanctuaries Act of 1972 (Ocean Dumping Act):* aprovado em 1972, proíbe o despejo de resíduos no oceano, exceto com a permissão e nos locais designados pela EPA.

6. *Endangered Species Act (ESA)*: aprovada em 1973, essa legislação proíbe as ações federais que coloquem em risco os *habitats* das espécies em risco de extinção e proíbe a apropriação de qualquer animal dessas espécies por qualquer pessoa.

7. *Safe Drinking Water Act (SDWA)*: aprovada em 1974, exige que a EPA fixe os limites máximos permitidos de poluentes nos sistemas públicos da água potável. Foi emendada em 1996, para exigir uma mais rápida promulgação de *standards* para flexibilizar os *standards* já fixados.

8. *Toxic Substances Control Act of 1976 (TSCA):* confere à EPA abrangente autoridade para regular ou proibir a manufatura, distribuição ou o uso de substâncias químicas que representam riscos não razoáveis. Exige a notificação da EPA antes da manipulação, de novos produtos químicos ou de novos usos dos produtos químicos existentes.

9. *Resource Conservation and Recovery Act of 1976 (RCRA):* determina que a EPA estabeleça regulações assegurando a segura gestão de resíduos perigosos. A lei foi emendada pelo *Hazardous and Solid Waste Amendaments* em 1984 *(HSWA)* que impõe novas tecnologias baseadas nos *standards* relativos aos aterros sanitários que possuem resíduos perigosos e aumentou a autoridade federal sobre o despejo de resíduos sólidos não perigosos.

10. *Comprehensive Environmental Response, Compensations, and Liability Act of 1980 (CERCLA):* estabelece o sistema de responsabilidade objetiva para liberação de substancias perigosas e cria um superfundo para financiar ações para despoluição. Foi emendada em 1986 para expandir o superfundo e impôs objetivos numéricos e prazos para a limpeza das zonas poluídas. Especifica *standards* e procedimentos a serem seguidos e determina o nível e o escopo das ações de limpeza.

11. *Emergency Planing and Community Right-to-Know Act (EPCRA):* aprovada em 1986, essa legislação exige que as corporações e companhias informem detalhadamente as autoridades locais a respeito do uso de qualquer substância tóxica e que elaborem a relatoria anual das quantidades das substancias químicas liberadas no meio ambiente[4].

Relevante doutrina norte-americana, por sua vez, divide o Direito Ambiental nacional em seis etapas históricas: a era da *common law* e da conservação (anterior ao ano de 1945); da assistência federal aos problemas dos estados (1945-1962); do crescimento do moderno movimento ecológico (1962-1970); da construção da infraestrutura federal regulatória (1970-1980); da expansão e refinamento das estratégias regulatórias (1980-1990); e a atual fase do recuo e reinvenção regulatória[5]. Evolução que passa por séculos de construção do Direito com os precedentes e evoluções doutrinárias da *common law*, pelo Estado keynesiano e assistencialista, pela conscientização da comunidade internacional sobre questões vinculadas ao desenvolvimento e crise ambiental, pela era do neoliberalismo recente e sua derrocada e, evidentemente, pelos tempos atuais de busca da promoção do desenvolvimento sustentável na era das mudanças climáticas.

A tutela do meio ambiente nos Estados Unidos não é, portanto, apenas promovida pelo Estado e agências federais, mas também pelos cidadãos com o ajuizamento de ações judiciais. Existem vários requisitos para o reconhecimento do *standing* do demandante ambiental nos Estados Unidos, que tornam a Justiça nem sempre acessível a este. O cidadão deve demonstrar:

- possuir legitimidade, a ser analisada no caso em concreto, para impugnar ato ou omissão estatal ou de agência federal;
- o esgotamento da via administrativa antes da ação judicial;
- que o caso está instruído e em condições de ser julgado;
- que está presente um dano atual ou futuro, não necessariamente econômico, que afete direitos individuais do demandante[6].

Existe vasta legislação estatal em matéria ambiental que autoriza qualquer cidadão, ou qualquer pessoa, propor um *citizen suit* por violação à lei ou por desacordo com os *standards* na emissão de poluentes. Embora a previsão do *citizen suit*, no parágrafo 304 do *Clean Air Act*, sirva de modelo para a maioria dessas ações, é a previsão do *citizen suit* no *Clean Water Act* que tem embasado a maioria das demandas do estilo[7].

O *citizen suit* pode ser promovido contra o Estado, ente estatal ou corporação que esteja violando um *standard* de efluentes ou limitando o previsto na legislação de regulação ou, ainda, descumprindo ordem emitida pela agência federal e pelo próprio Estado referente aos níveis de emissões. O *citizen suit* também pode ser promovido contra a agência federal quando existir alegada falha no cumprimento de lei ou dever previsto no *Clean Water Act*[8].

Cidadão no sentido da lei "é qualquer pessoa que tenha um interesse ou direito que possa ser adversamente afetado pelo dano ambiental"[9]. Como já reconhecido pela jurisprudência, o *citizen suit* é apenas um suplemento, e não um suplante da ação estatal em matéria de proteção ambiental. O Poder Legislativo não pretendeu que o cidadão seja sempre um potencial intruso sobre a discricionaridade das agências federais[10]. Tanto na regulação da poluição da água, quanto do ar, o cidadão não pode demandar se o administrador ou o Estado ajuizaram previamente uma ação civil ou criminal em uma corte estadual ou federal, de acordo com a doutrina da *diligent prosecution*[11].

Em suma, algumas demandas judiciais ambientais nos Estados Unidos são propostas com base nas antigas doutrinas da *common law* e, a sua maioria, ao contrário do que algumas vezes se afirma, são fundadas na legislação ambiental aprovada no Congresso. Estado, agências federais e cidadania têm legitimidade para a tutela ambiental judicial, desde que violados direitos e interesses privados, uma vez que a Constituição de 1787, as emendas do *Bill of Rights* e demais emendas constitucionais, assim como os precedentes da Suprema Corte, não elevaram o meio ambiente a bem autônomo e merecedor de tutela constitucional específica como no Brasil.

Existe expectativa, entre os ambientalistas, de que a Suprema Corte, que tem sido refratária em decidir a favor do meio ambiente nas últimas décadas — EPA *v.* Massachusetts (2007) foi uma exceção —, possa mudar de posição após a morte do conservador *justice* Scalia, fulminado por um infarto em uma estação de caça no início do ano. A eventual nomeação de um *justice* liberal em sua substituição é a esperança para a formação de precedentes favoráveis ao meio ambiente nas próximas décadas. Importante referir que a corte conta agora com oito membros, quatro liberais e quatro conservadores, e que a recente indicação do *judge* Merrick Garland pelo presidente Obama para ser o nono *justice* encontra-se pendente de aprovação no Senado, dominado pela maioria republicana fortemente financiada pela indústria dos combustíveis fósseis. Se essa indicação para a Suprema Corte não for aprovada até o final do ano, Hillary Clinton ou Donald Trump poderá revê-la no próximo ano. Em caso de vitória de Trump, as perspectivas da causa ambiental e, em especial, do combate as mudanças climáticas nos Estados Unidos são sombrias e muito possivelmente, por hora, a *América won't be green again.*

Voltarei a este tema, com maior profundidade, futuramente.

Referências

1 PERCIVAL, Robert; SCHROEDER, Christopher; MILLER, Alan; LEAPE, James. *Environmental Regulation*. Law, Science and Policy. 7 th ed. New York: Wolters Kluwer Law & Business, 2013.p. 89.

2 Sobre o caso Chevron U.S.A v Natural Resources Defense Council, ver: FARBER, Daniel; FREEMAN, Jody; CARLSON, Ann. *Cases and Materials on Environmental Law.* 8 ed. Saint Paul: West Publishing, 2006. Pags. 450-455.

3 TARLOCK, A. Dan. Is there in Evironmental Law?, 19. J. *Land Use & Envtl.* L 213, 222(2004).

4 PERCIVAL, Robert; SCHROEDER, Christopher; MILLER, Alan; LEAPE, James. *Environmental Regulation.* Law, Science and Policy. 7 th ed. New York: Wolters Kluwer Law & Business, 2013.p. 93-94.

5 PERCIVAL, Robert; SCHROEDER, Christopher; MILLER, Alan; LEAPE, James. *Environmental Regulation.* Law, Science and Policy. 7 th ed. New York: Wolters Kluwer Law & Business, 2013.p. 62.

6 WEINBERG, Philip; REILLY, Kevin. *Understanding Environmental Law.* 2nd ed. Newark: LexisNexis, 2008. P.5.

7 DOREMUS, Holly; LIN, Albert; ROSENBERG, Ronald; SCHOENBAUM, Thomas. Environmental Policy Law: Problems, Cases and Readings. Fith Edition. New York: Foundation Press, 2008. [P. 863-875].

8 *Clean Water Act* [33 U.S.C. § 1251-1387. Sec. 505].

9 DOREMUS, Holly; LIN, Albert; ROSENBERG, Ronald; SCHOENBAUM, Thomas. *Environmental Policy Law*: Problems, Cases and Readings. Fith Edition. New York: Foundation Press, 2008. [p. 863-875].

10 Supreme Court of the United States. Gwaltney of Smithfield v. Chesapeake Bay Found., 484 U.S. 49, 60 (1987).

11 Ver: Clean Water Act §505 (b)(1)(B) (found in Section 4 deste capítulo]; ver, também 42 U.S.C. §7604 [b](1)(B)(CLEAN AIR ACT); 42 U.S.C. §6972 (b)(1)(B)(RCRA).

DIREITO À PROPAGANDA ELEITORAL DEVE SE HARMONIZAR COM AMBIENTE URBANO

18 de junho de 2016

Marcos Paulo de Souza Miranda

A recente Lei 13.165, de 29 de setembro de 2015, impôs diversas mudanças nas leis 4.737/65 (Código Eleitoral), 9.096/95 (Lei dos Partidos Políticos) e 9.504/97 (Lei das Eleições).

Com o advento das alterações, a propaganda eleitoral no ano de 2016 fica autorizada a partir do dia 15 de agosto próximo, quando todos os municípios do país certamente passarão a contar com adesivos, folhetos, faixas, cartazes e inscrições em seus logradouros, alterando inevitavelmente o padrão cotidiano da ambiência urbana e expondo o patrimônio cultural a situação de risco, pois como adverte Eduardo Yázigi[1]:

> *Os estudiosos do patrimônio já sabem há mais de meio século: tais bens só adquirem significado com suas ambiências: arquitetônica, urbanística e social. No entanto, quando os bens, tombados ou não, ficam impunemente rodeados de fatores avessos à sua nobreza, seu valor é diminuído.*

Entretanto, a fim de conciliar o direito dos candidatos e dos partidos de divulgarem seus nomes, siglas e propostas, com o direito de todos a um ambiente urbano hígido, há normas, tanto na própria legislação eleitoral, quando na legislação de defesa da ordem urbanística e do patrimônio cultural, que vedam ou condicionam a colocação de propagandas eleitorais em determinados bens, com o intuito de acautelar a paisagem das cidades.

Um dos maiores objetivos de tal normatização é a preservação da estética urbana, sobre a qual Hely Lopes de Meirelles[2] ensina:

> *A estética urbana tem constituído perene preocupação dos povos civilizados e se acha integrada nos objetivos do moderno urbanismo, que não visa apenas às obras utilitárias, mas cuida também*

> *dos aspectos artísticos, panorâmicos, paisagísticos, monumentais e históricos, de interesse cultural, recreativo e turístico da comunidade. Na realidade, nada compromete mais a boa aparência de uma cidade que o mau gosto e a impropriedade de certos anúncios em dimensões avantajadas e cores gritantes, que tiram a vista de belos sítios urbanos e entram em conflito estético com o ambiente que os rodeia.*

Nessa linha de raciocínio, o artigo 243 do Código Eleitoral é explícito ao estabelecer que não será tolerada propaganda: *VIII - que prejudique a higiene e a estética urbana ou contravenha a posturas municiais ou a outra qualquer restrição de direito.* Tal disposição se mostra em consonância com o Estatuto da Cidade, que define como uma das diretrizes gerais das políticas urbanas a proteção, preservação e recuperação do meio ambiente natural e construído, do patrimônio cultural, histórico, artístico, paisagístico e arqueológico (artigo 2º, XII, Lei 10.257/2001).

Mas para além dos comandos gerais acima enunciados, a Lei 9.504/97, com as recentes alterações introduzidas, detalha diversas formas de propagandas eleitorais vedadas, a exemplo das abaixo destacadas.

No *caput* do artigo 37, de início, é vedada a veiculação de propaganda de qualquer natureza, inclusive pichação, inscrição a tinta e exposição de placas, estandartes, faixas, cavaletes, bonecos e assemelhados nos bens cujo uso dependa de cessão ou permissão do poder público, ou que a ele pertençam, e nos bens de uso comum, inclusive postes de iluminação pública, sinalização de tráfego, viadutos, passarelas, pontes, paradas de ônibus e outros equipamentos urbanos.

A veiculação de propaganda em desacordo com o disposto no *caput* do artigo acima mencionado sujeita o responsável, após a notificação e comprovação, à restauração do bem e, caso esta não seja cumprida no prazo, a multa no valor de R$ 2 mil a R$ 8 mil.

Em continuidade, segundo o artigo 37, parágrafo 5º nas árvores e nos jardins localizados em áreas públicas, bem como em muros, cercas e tapumes divisórios, não é permitida a colocação de propaganda eleitoral de qualquer natureza, mesmo que não lhes cause danos.

Ademais, conforme o artigo 37, parágrafo 8º, é vedada a propaganda eleitoral mediante *outdoors*, inclusive eletrônicos, sujeitando-se a empresa responsável, os partidos, as coligações e os candidatos à imediata retirada da propaganda irregular e ao pagamento de multa no valor de R$ 5 mil a R$ 15 mil.

Uma indagação que normalmente surge diante das regras eleitorais sobre o tema é a seguinte: seria legalmente possível a veiculação de propaganda eleitoral mediante, por exemplo, pichação, inscrição a tinta e exposição de placas, estandartes, faixas, cavaletes, bonecos e assemelhados em bens protegidos, individualmente ou em conjunto, pelo instituto do tombamento?

A resposta é negativa.

É de se ressaltar que a finalidade do tombamento, regulamentado pelo Decreto-Lei 25/37, é a conservação da integridade dos bens acerca dos quais haja um interesse público pela proteção em razão de suas características especiais.

É indiscutível a existência de um caráter funcional de que é dotado o bem cultural, enquanto voltado intrínseca e originariamente à aptidão de satisfazer um público interesse e, portanto, reconduzível à categoria geral de bens de interesse público, em relação aos quais a Administração exerce poderes *ob rem*.[3]

Com efeito, os bens tombados ficam submetidos a um especial regime jurídico de proteção e integram expressamente o conceito de "patrimônio público" (*lato sensu*), nos termos do artigo 1º, parágrafo 1º, da Lei de Ação Popular[4] sendo expressamente equiparados, para fins de fruição, a bens de propriedade da nação pelo artigo 21 do Decreto-Lei 25/37[5].

José Afonso da Silva, invocando ensinamentos de doutrinadores italianos, afirma sobre o regime jurídico diferenciado dos bens culturais[6]:

> *A doutrina vem procurando configurar outra categoria de bens – os 'bens de interesse público' – na qual se inserem tanto bens pertencentes a entidades públicas como bens dos sujeitos privados subordinados a uma particular disciplina para a consecução de um fim público. Ficam eles subordinados a um peculiar regime jurídico relativamente a seu gozo e disponibilidade e também a um particular regime de polícia, de intervenção e de tutela pública. Essa disciplina condiciona a atividade e os negócios relativos a esses bens, sob várias modalidades, com dois objetivos: controlar-lhes a circulação jurídica ou controlar-lhes o uso – de onde as duas categorias de bens de interesse público: os de circulação controlada e os de uso controlado.*

Em razão de tudo o que foi exposto, a doutrina eleitoral entende que: *"o bem tombado, ainda que continuando bem particular, transforma-se em bem posto sob regime público".*[7]

Incorporando tal entendimento, segundo orientações da própria Justiça Eleitoral Brasileira[8]:

> *Os bens materiais ou imateriais integrantes do patrimônio cultural brasileiro encontram-se sob a proteção do artigo 216, V, § 1º, da Lei Maior. Por isso, é proibida a realização de propaganda em bem ou conjunto arquitetônico ou paisagístico tombados, pois poderia prejudicar a estética do ambiente que se quis preservar com o tombamento.*

Em conclusão, uma vez que a partir do tombamento os bens protegidos ficam sujeitos a um especial regime de proteção e vigilância por parte do Poder Público (artigos 17, 18, 20 e 21 do Decreto-Lei 25/37), incidindo sobre eles restrições quanto à integral disposição e modificabilidade da coisa, evidente a aplicabilidade da vedação do artigo 37, *caput,* da Lei 9.504/97 em relação ao bens tombados.

Sobre o assunto a jurisprudência eleitoral está sedimentada de maneira pacífica, sendo de se destacar os seguintes julgados, a título de exemplo:

> *Propaganda eleitoral. Fixação de placa luminosa em imóvel particular. Prejuízo ao patrimônio histórico e artístico nacional. Violação ao art. 243, VIII, do CE. Recurso provido." (TSE, Ac. nº 15.609, de 29.6.99, Rel. Min. Nelson Jobim.)*
>
> *RECURSO DE REPRESENTAÇÃO. PROPAGANDA ELEITORAL IRREGULAR. BEM TOMBADO PELO PATRIMÔNIO HISTÓRICO E ARTÍSTICO NACIONAL. IMPROVIMENTO. Embora o prédio onde a propaganda irregular foi veiculada seja bem particular, tratando-se de cidade tombada como patrimônio histórico, utiliza-se da interpretação sistemática das Leis 9.504/97 e 9.605/98. (TRE-SE, RECEL 1310; Ac. 1226/2000; São Cristóvão; Rel. Juiz José Jefferson Correia Machado; Julg. 24/10/2000);*
>
> *RECURSO - PROPAGANDA ELEITORAL IRREGULAR - Bem tombado pelo patrimônio histórico, artístico e cultural do município. Inscrição a tinta. Vedação. Art. 216 da Constituição c/c arts.*

37 da Lei nº 9.504/97, 62 da Lei nº 9.605/98, 243, VIII, do Código Eleitoral, Lei Municipal nº 1.058 e Decreto-Lei nº 25/37. 1. O tombamento constitui procedimento administrativo vinculado, através do qual o poder público impõe restrições parciais ao direito de propriedade, em nome do interesse público e do bem estar social. É uma forma de preservação de bens de interesse da coletividade. 2. Embora o bem onde foi feita a propaganda seja de propriedade particular, encontra-se, em razão do tombamento, sob tutela do poder público, não podendo nele ser veiculada propaganda eleitoral, nos termos do disposto no art. 37 da Lei nº 9.504/97. Recurso a que se nega provimento. (TRE/MG - RE n. 33782000 - (302/2001) - Iguatama - Rel. p/o Ac. Des. Orlando Adão - DJMG 16.05.2001 - p. 47)

O tombamento produz efeitos sobre a esfera jurídica dos proprietários privados, impondo limitações ao direito de propriedade de bens particulares, transformando-os em bens de interesse público. Proteção do art. 216, V, § 1º, da Constituição da República, e do art. 37 da Lei n. 9.504/97. Ordem denegada. (TRE-MG - MS-78 – Rel. GUTEMBERG DA MOTA E SILVA – j. 30/09/2008)

Por todas as razões acima, conclui-se que o patrimônio cultural tombado deve ser preservado de maneira incólume, não podendo ser conspurcado pela veiculação de qualquer tipo de propaganda eleitoral.

O descumprimento de tal mandamento, além das sanções administrativas previstas na Lei 9.504/97, pode implicar em responsabilidade criminal, por violação à norma proibitiva inserta no artigo 63 da Lei 9.605/98[9].

Por derradeiro, a lesão à ambiência urbana pode repercutir também na esfera cível, impondo ao poluidor o dever de reparar monetariamente os danos causados durante a permanência ilícita das propagandas no cenário da cidade, nos termos do artigo 14, parágrafo 1º da Lei 6.938/81[10], considerando a menos-valia imposta à higidez do patrimônio cultural e a obtenção de vantagem ilícita, mediante uso de bem de fruição coletiva em benefício próprio.

Enfim, se a propaganda eleitoral é um direito dos candidatos, tal direito não é absoluto e deve se harmonizar com normas de interesse geral cuja observância voluntária é o mínimo que se espera daqueles que pretendem ser mandatários do povo brasileiro.

Referências

1 YÁZIGI, Eduardo. Reencantamento da cidade. Miudezas geográficas e devaneio. São Paulo: Scortecci. 2013. p. 217.

2 MEIRELLES, Hely Lopes de. Direito de Construir. 9. Ed. São Paulo: Malheiros, 2005. p. 139.

3 MARCHESAN, Ana Maria Moreira. A tutela do patrimônio cultural sob o enfoque do direito ambiental. Porto Alegre: Livraria do Advogado. 2007. p. 150, citando Alibrandi, Ferri e Sandulli,

4 Lei nº 4.717/65, com redação dada pela Lei nº 6.513, de 1977.

5 MIRANDA, Marcos Paulo de Souza. Lei do tombamento comentada. Doutrina, jurisprudência e normas complementares. Belo Horizonte: Del Rey, 2014. Responsabilidade civil objetiva. p. 100

6 Direito Ambiental Constitucional. 4. ed. 2. Tiragem. São Paulo: Malheiros, 2003. p. 83.

7 AMARAL, Roberto; CUNHA, Sérgio Sérvulo da. Manual das Eleições, Editora Saraiva, 2ª edição, 2002, pág. 173.

8 Propaganda Eleitoral e Poder de Polícia. Orientações. Eleições de 2014. Corregedoria Eleitoral - TRE-CE. p. 17. Disponível em: http://www.justicaeleitoral.jus.br/arquivos/tre-ce-eleicoes-2014-orientacoes-da-cre-propaganda-eleitoral Acesso em 14 de junho de 2016.

9 Art. 63. Alterar o aspecto ou estrutura de edificação ou local especialmente protegido por lei, ato administrativo ou decisão judicial, em razão de seu valor paisagístico, ecológico, turístico, artístico, histórico, cultural, religioso, arqueológico, etnográfico ou monumental, sem autorização da autoridade competente ou em desacordo com a concedida: Pena — reclusão, de um a três anos, e multa.

10 APELAÇÃO CÍVEL - AÇÃO CIVIL PÚBLICA - MUNICÍPIO DE SÃO JOÃO DEL-REI - DANO AMBIENTAL - ENGENHOS DE PUBLICIDADE - POLUIÇÃO VISUAL - PERSISTÊNCIA DA IRREGULARIDADE - INDENIZAÇÃO - CABIMENTO - PRECEDENTES - «QUANTUM» INDENIZATÓRIO - PROPORCIONALIDADE E RAZOABILIDADE - PROVIMENTO. Comprovado nos autos que, embora ciente da nova regulamentação, a ré não regularizou o imóvel no prazo fixado, perpetuando o dano e omitindo-se em preservar e conservar o patrimônio histórico cultural, impõe-se o dever de indenizar. (TJMG - Apelação Cível 1.0625.12.005032-7/001, Relator(a): Des.(a) Vasconcelos Lins , 5ª CÂMARA CÍVEL, julgamento em 11/02/2016, publicação da súmula em 22/02/2016)

LICENCIAMENTO AMBIENTAL EM UM ÚNICO NÍVEL DE COMPETÊNCIA

25 de junho de 2016

Talden Farias

A LC 140 foi editada no dia 8 de dezembro de 2011 no intuito de regulamentar os incisos III, VI e VII do *caput* e do parágrafo único do artigo 23 da Constituição Federal, fixando regra para a cooperação entre a União, os estados, o Distrito Federal e os municípios nas ações administrativas decorrentes do exercício da competência comum relativas à proteção do meio ambiente. Várias novidades surgiram, a exemplo do reconhecimento da competência licenciatória municipal em lei federal, da substituição do critério do impacto ambiental direto pelo da localização e da vinculação da competência sancionatória à competência para licenciar.

Entretanto, nenhuma das inovações da citada lei foi tão questionada quanto o estabelecimento da obrigatoriedade do licenciamento ambiental em um único nível de competência. Isso fez com que deixasse de ser possível pleitear a licença ambiental junto a dois ou três órgãos ambientais de forma simultânea, fato que ocorria com certa frequência anteriormente:

> Artigo 13. Os empreendimentos e atividades são licenciados ou autorizados, ambientalmente, por um único ente federativo, em conformidade com as atribuições estabelecidas nos termos desta Lei Complementar.
>
> § 1º. Os demais entes federativos interessados podem manifestar-se ao órgão responsável pela licença ou autorização, de maneira não vinculante, respeitados os prazos e procedimentos do licenciamento ambiental.

Isso aponta que a legislador quer resguardar a autonomia do ente responsável para conduzir o licenciamento ambiental, independentemente de ser a União, o estado, o Distrito Federal ou o município, cabendo somente a ele a última palavra. É claro que essa limitação diz respeito ao âmbito administrativo apenas, visto que o órgão ambiental meramente fiscalizador tem a obrigação de provocar o Ministério Público e/ou o Poder Judiciário diante de irregularidades.

Não é que se trate exatamente de uma novidade, uma vez que essa unicidade já estava prevista no artigo 7º da Resolução 237/97 do Conama. O problema é que essa norma não tinha o respaldo jurídico nem político necessário, dado que o parágrafo único do artigo 23 da Constituição Federal exigia uma lei complementar. De mais a mais, não é papel de resolução criar obrigações, mormente em se tratando de repartição de competência.

Esse entendimento também poderia ser inferido da Constituição da República, a partir de uma interpretação que buscasse a maior efetividade possível. Daí a Cartilha de Licenciamento Ambiental do Tribunal de Contas da União afirmar que a previsão do licenciamento ambiental múltiplo do artigo 2º da Resolução 006/87 do Conama não foi recepcionada pela nova ordem constitucional, de maneira que os órgãos ambientais passaram a atuar de forma integrada e o licenciamento ambiental a ser feito em um único procedimento[1]. Em última análise, isso decorreria não apenas dos artigos 23 e 225 da Lei Maior, mas também da Lei 6.938/81, que instituiu o SISNAMA na tentativa de integrar a atuação dos órgãos ambientais nos três níveis federativos. Por isso, doutrinadores importantes defendiam essa tese, a exemplo de Andreas J. Krell[2], Édis Milaré[3] e Daniel Roberto Fink e André Camargo Horta de Macedo[4].

Não obstante, a maior parte da doutrina e da jurisprudência defendia a constitucionalidade do licenciamento múltiplo em função de uma interpretação literal da competência comum estabelecida no artigo 23 da Carta Magna, bem como da ausência da lei complementar regulamentadora prevista no parágrafo único do dispositivo. Portanto, é possível afirmar que essa exigência configura sim uma novidade.

Aliás, não é por outra razão que o parágrafo 2º do artigo 13 dispõe que a autorização para supressão vegetal deve ser concedida pelo próprio órgão licenciador e não mais pelo órgão estadual de meio ambiente, como antes exigia o artigo 19 da Lei 11.284/06. Em última análise, essa vinculação visa impedir a supressão vegetal de um empreendimento cujo licenciamento não for viável, sendo o órgão licenciador o mais hábil para fazer tal juízo. Isso significa que a concepção de unicidade do licenciamento permeia a LC 140/2011, que tem por escopo a busca por mais eficiência e racionalidade, pois além do caput do artigo 13 também fazem referência ao licenciamento exclusivo ou não compartilhado os seguintes dispositivos: artigos 7º, XIII, XIV, 8º, XIII, XIV, XV e 9º, XIII, XIV.

A despeito da previsão legal, parte da doutrina ainda rejeita a ideia sob o argumento de que esta lei seria inconstitucional por restringir a competência comum dos entes federativos[5]. Trata-se, no entanto, de uma interpretação meramente literal do artigo 23 da Lei Fundamental, que não leva em conta a concepção federativa nem a sistemática constitucional adotada. De fato, a compreensão de que a competência comum não pode sofrer regulamentação não parece gozar do necessário embasamento constitucional, dado que o federalismo cooperativo pressupõe a organização de tarefas. Admitir a responsabilidade comum absoluta seria não apenas aceitar, mas sobretudo estimular as atuações sobrepostas e contraditórias entre os entes, alimentando os tão recorrentes conflitos positivos e negativos de competência. Versando sobre matéria ambiental, o próprio ministro Barroso[6], do STF, defende que a sobreposição desnecessária de atuações é incompatível com o federalismo cooperativo:

(...) o dever compartilhado não significa (...) que o propósito da Constituição seja a superposição completa entre a atuação dos entes federados, como se todos detivessem competência irrestrita em relação a todas as questões. Na realidade, a divisão de competências ambientais é realizada não apenas em respeito à autonomia federativa — o que já seria fundamento bastante — mas também para assegurar efetividade à tutela do meio ambiente e harmonizá-la com outras finalidades igualmente protegidas pela Constituição.

Com efeito, é um equívoco confundir o dever de proteger o meio ambiente com a obrigatoriedade da concomitância de ações, pois isso muito mais atrapalha do que ajuda. O próprio STF já proferiu esse juízo na ADI 2.544/RS[7]:

2. A inclusão de determinada função administrativa no âmbito da competência comum não impõe que cada tarefa compreendida no seu domínio, por menos expressiva que seja, haja de ser objeto de ações simultâneas das três entidades federativas: donde, a previsão, no parágrafo único do art. 23 CF, de lei complementar que fixe normas de cooperação (v. sobre monumentos arqueológicos e pré-históricos, a L. 3.924/61), cuja edição, porém, é da competência da União e, de qualquer modo, não abrange o poder de demitirem-se a União ou os Estados dos encargos constitucionais de proteção dos bens de valor arqueológico para descarregá-los ilimitadamente sobre os municípios.

Vale dizer que, se essa possibilidade de regulamentação não existisse, o parágrafo único do artigo 23 da Lei Fundamental não teria previsto a edição da lei complementar. Afinal de contas, sob o ponto de vista jurídico, não havia qualquer óbice à cooperação voluntária, com base nos instrumentos tradicionais, a exemplo do convênio administrativo e do consórcio público, faltando apenas talvez a maturidade política para isso. Por certo, não existe outra forma de regulamentar tal competência senão delimitando as responsabilidades específicas de cada ente federativo. Além do mais, foi exatamente a ausência dessas regras que causou uma série de conflitos, resultando em prejuízos de ordem econômica, ecológica, jurídica e social.

Por outro lado, a autonomia federativa é que parece estar em jogo com a multiplicidade, dado que o órgão ambiental verdadeiramente competente poderia sucumbir à atuação dos demais[8]. O próprio STF já se pronunciou a respeito do assunto no caso da transposição do rio São Francisco, quando decidiu que o estado de Minas Gerais não poderia interferir decisivamente no licenciamento[9]. Ademais, é claro o desrespeito ao princípio da predominância do interesse, critério constitucional para a repartição de competências. Daí Paulo de Bessa Antunes[10] e Romeu Thomé[11] defenderem que a questão do único nível já está sacramentada.

É importante lembrar que o objetivo da a repartição de competência no Estado federativo é garantir eficiência e impedir a ocorrência de conflitos[12]. Logo, não faria sentido interpretar a novel ordem jurídica com olhares de antanho, notadamente porque a nova lei não dá margem a outros entendimentos nesse quesito.

Outro argumento contra a unicidade seria que o licenciamento múltiplo tornaria o controle ambiental mais rígido, pois a atuação de um maior número de órgãos ambientais diminuiria a possibilidade de falhas. É nesse contexto que Paulo Affonso Leme Machado[13] vislumbra uma melhor proteção do meio ambiente, o que guardaria consonância com os ditames constitucionais.

Essa convicção, contudo, também parece equivocada, pois não é possível esquecer que os padrões de qualidade a serem exigidos no licenciamento são os mesmos, de maneira que não pode interferir no controle ambiental o fato de o processo ser conduzido junto à União, ao Distrito Federal, aos Estados ou aos Municípios. Em que pesem as boas intenções, a prática demonstrou que foi exatamente essa indefinição que gerou a maioria dos conflitos, até porque existe a tendência dos órgãos ambientais disputarem as atividades mais interessantes do ponto de vista econômico, político e de mídia, deixando de lado o que não é atrativo. É essa a lição de Eduardo Fortunato Bim:

O licenciamento ambiental único, efetuado por um só órgão licenciador não é apenas um capricho legal, mas se funda na eficiência e na melhor proteção do meio ambiente. Não faria sentido que se duplicassem ou triplicassem os esforços para licenciar o mesmo empreendimento, com comprometimento dos escassos recursos humanos e materiais estatais, se o licenciamento por um só ente é suficiente para proteger o meio ambiente.

Ademais, esse desperdício de recursos humanos e materiais significa que o meio ambiente, em outras frentes ficará desprotegido pela ausência de Estado para fiscalizar e/ou operar os diversos instrumentos da Política Nacional do Meio Ambiente[14].

Com certeza, admitir a interpretação literal da competência comum em matéria de licenciamento ambiental sem qualquer ressalva é entregar os órgãos ambientais e os empreendedores à própria sorte, sem garantir necessariamente a melhoria da proteção ao meio ambiente. Não se vislumbra nenhum benefício para o meio ambiente em uma arena política dominada pela insegurança jurídica, conjuntura em que todos os interesses saem prejudicados, seja de forma mediata ou imediata. Certamente foi por isso que o licenciar em um único nível não foi objeto de questionamento na ADI 4.757 proposta pela ASIBAMA em face da lei em tela.

É possível apontar como fundamento do único nível de licenciamento a eficiência, que é um dos princípios da administração pública, e a razoabilidade, já que dessa maneira o administrado perderia menos tempo, e o poder público, menos tempo e dinheiro. Não é razoável que dois entes federativos se proponham a licenciar um mesmo tipo de atividade enquanto uma série de outras atividades não está sendo licenciada por falta de alcance e de estrutura desses mesmos órgãos, problema esse que é de conhecimento público.

Se há um grande número de atividades que deveriam estar submetidas ao licenciamento, mas que não o estão por conta da falta de estrutura estatal, é recomendável que o mecanismo seja utilizado somente em um único nível de competência. A lógica é que os entes administrativos atuem em suas respectivas jurisdições, cada um trabalhando com determinados tipos de atividades, porque a atuação integrada tende a ser mais objetiva na consecução do objetivo maior do licenciamento, que é a concretização do direito fundamental ao meio ambiente equilibrado. Não é à toa que o licenciamento único é acolhido em todas as federações democráticas, consoante relembra Andreas J. Krell[15].

Por fim, calha lembrar que o parágrafo 1º do dispositivo transcrito dispôs sobre a participação não vinculante dos demais entes federativos, seja por meio dos órgãos ambientais ou de outros órgãos públicos interessados, que são os chamados órgãos intervenientes (Funai, ICMBio, Iphan etc.). Há autores que entendem que essa participação é vinculante, de forma que estaria a atuação do órgão licenciador condicionada aos demais órgãos. Entretanto, além de atentar contra a autonomia federativa, admitir a interferência vinculante seria invalidar a unicidade do licenciamento, premissa que permeia toda a lei em questão[16]. Ademais, isso seria um estímulo à permanência dos conflitos federativos, exatamente a situação que se pretendeu combater, uma vez que o ente não licenciador poderia tentar determinar o que poderia ou não poderia ser feito.

Existe uma lacuna, que é a falta de disciplinamento do momento e da forma dessa participação. Com efeito, até hoje não se sabe ao certo se a manifestação dos órgãos públicos interessados será antes, durante ou após a finalização do estudo ambiental, nem se deverá ocorrer um convite ou edital de convocação específico ou se a simples publicação do requerimento da licença será o suficiente. Como as interpretações têm resultado em insegurança jurídica, em virtude das divergências entre os órgãos interessados, é preciso regulamentar tais procedimentos por meio de decreto.

Referências

1 BRASIL. Cartilha de Licenciamento Ambiental. Brasília: Tribunal de Contas da União, Secretaria de Fiscalização de Obras e Patrimônio da União, 2004, p. 32.

2 KRELL, Andreas J. Discricionariedade Administrativa e Proteção Ambiental: o controle dos conceitos jurídicos indeterminados e as competências dos órgãos ambientais: um estudo comparativo. Porto Alegre: Livraria do Advogado, 2004, p. 112.

3 MILARÉ, Édis. Direito do Ambiente. 3. ed. São Paulo: Revista dos Tribunais, 2004, p. 489.

4 FINK, Daniel Roberto; MACEDO André Camargo Horta de. Roteiro para licenciamento ambiental e outras considerações. In: FINK, Daniel Roberto; ALONSO JÚNIOR, Hamilton; DAWALIBI, Marcelo (orgs). Aspectos jurídicos do licenciamento ambiental. 2. ed. Rio de Janeiro: Forense Universitária, 2002, p. 20-22.

5 MACHADO, Paulo Affonso Leme. Legislação florestal (Lei 12.651/2012) e competência e licenciamento ambiental (LC 140/2011). São Paulo: Malheiros: 2012, p. 66.

6 BARROSO, Luís Roberto. Transporte ferroviário, Federação e competências em matéria ambiental. In: Temas de Direito Constitucional: tomo IV. Rio de Janeiro: Renovar, 2009, p. 432-433. No mesmo sentido: BARROSO, Luís Roberto. Temas de Direito Constitucional: tomo III. Rio de Janeiro: Renovar, 2003, p. 128.

7 ADI 2.544/RS. relator: min. Sepúlveda Pertence. Publicado no Diário da Justiça em 17/11/2006.

8 SILVA, Bruno Campos. O licenciamento ambiental único e outros aspectos relevantes da LC 140/2011. Questões Controvertidas: Direito Ambiental, Direitos Difusos e Coletivos e Direito do Consumidor. Salvador: JusPodivm, 2013, p. 238.

9 Reclamação 3.074/MG, relator ministro Sepúlveda Pertence, DJ de 30-9-2005.

10 ANTUNES, Paulo de Bessa. Direito Ambiental. 14. Ed. São Paulo: Atlas, 2012. P. 202-203.

11 THOMÉ, Romeu. Manual de Direito Ambiental. 2. Ed. Salvador: JusPodivm, 2012, p. 255-256.

12 BRANCO, Paulo Gustavo Gonet; MENDES, Gilmar Ferreira. Curso de Direito Constitucional. 6. ed. São Paulo: Saraiva, 2009, p. 849.

13 MACHADO, Paulo Affonso Leme. Legislação florestal (Lei 12.651/2012) e competência e licenciamento ambiental (LC 140/2011). São Paulo: Malheiros: 2012, p. 81-82.

14 BIM, Eduardo Fortunato. Licenciamento Ambiental. 2. ed. Lumen Juris: 2015, p. 89-90.

15 KRELL, Andreas J. Licença ou autorização ambiental? Muita discussão em torno de um falso dilema. Revista de Direito Ambiental. São Paulo v. 49, 2008, p. 60.

16 MILARÉ, Édis. Direito do Ambiente. 8. ed. Revista dos Tribunais: São Paulo, 2013, p. 794.

TESES MOSTRAM JURISPRUDÊNCIA AMBIENTAL CONSOLIDADA NO STJ

9 de julho de 2016

Eduardo Coral Viegas

O Superior Tribunal de Justiça publicou em 18 de março de 2015 o "Jurisprudência em Teses" de número 30, contendo 11 teses elaboradas pela Secretaria de Jurisprudência, mediante pesquisa na base de decisões do Tribunal, exclusivamente em matéria ambiental. Nossa ideia nesta coluna é fazer alguns comentários sobre os enunciados ambientais, dada sua relevância para o operador do Direito.

O novo Código de Processo Civil inovou sobre o papel da jurisprudência no país. O artigo 489, parágrafo 1º, inciso VI, dispõe que não se considera fundamentada qualquer decisão que deixar de seguir jurisprudência ou precedente invocado pela parte, sem demonstrar a existência de distinção no caso ou a superação do entendimento. E o artigo 927 determina que os juízes e tribunais observarão, dentre outros, os acórdãos de resolução de demandas repetitivas e julgamentos de recursos extraordinário e especial repetitivos.

Nesse contexto, como ainda há poucas decisões vinculantes dos tribunais superiores na temática ambiental, crescem em valor as teses publicadas pelo STJ como fruto de seu entendimento pacificado, as quais passam a ser objeto das seguintes reflexões.

> **Tese 1:** Admite-se a condenação simultânea e cumulativa das obrigações de fazer, de não fazer e de indenizar na reparação integral do meio ambiente.

O artigo 225, parágrafo 3º, da Constituição tem a seguinte redação: "As condutas e atividades consideradas lesivas ao meio ambiente sujeitarão os infratores, pessoas físicas ou jurídicas, a sanções penais e administrativas, independentemente da obrigação de reparar os danos causados".

Esse dispositivo constitucional estabelece a tríplice responsabilidade ambiental, inserindo também a responsabilidade penal da pessoa jurídica. Pois bem, a tese comentada está focada na última parte da norma transcrita, ou seja, na responsabilidade civil pelo dano ambiental.

A Lei 6.938/1981 dispõe o seguinte: "Art. 4º - A Política Nacional do Meio Ambiente visará: VII - à imposição, ao poluidor e ao predador, da obrigação de recuperar e/ou indenizar os danos causados e, ao usuário, da contribuição pela utilização de recursos ambientais com fins econômicos".

Um dos princípios norteadores do Direito Ambiental é o da prevenção. Isso porque, uma vez ocorrido o dano, o restabelecimento do status quo ante é, como regra, inviável. Destruída uma floresta, rompida uma barragem, poluída uma praia, provocada a morte de animais em extinção, como promover a restauração in natura?

É inegável, portanto, que o Direito deve priorizar medidas preventivas. Porém, não pode descurar das reparatórias, para quando o ser humano já degradou o meio em que habita. Baseada nos princípios do poluidor-pagador e da reparação integral do dano, a ordem a ser buscada é a reparação in natura, compensação e indenização.

Essas medidas podem ser impostas isoladamente, mas, não raro, devem ser conjugadas. Com efeito, ainda que não se meçam esforços para que o degradador faça algo (obrigação de fazer), no sentido de recuperar ou compensar a lesão ambiental, e se comprometa a não repetir conduta semelhante (obrigação de não fazer), por vezes tais medidas serão insuficientes.

Como analisa o ministro Herman Benjamin no julgamento do REsp 1.328753/MG, a obrigação de pagar "põe o foco em parcela do dano que, embora causada pelo mesmo comportamento pretérito do agente, apresenta efeitos deletérios de cunho futuro, irreparável ou intangível", como o dano interino entre a deterioração e o restabelecimento da natureza ou o dano moral coletivo.

> **Tese 3:** Não há direito adquirido a poluir ou degradar o meio ambiente, não existindo permissão ao proprietário ou posseiro para a continuidade de práticas vedadas pelo legislador.

> **Tese 7:** Os responsáveis pela degradação ambiental são co-obrigados solidários, formando-se, em regra, nas ações civis públicas ou coletivas litisconsórcio facultativo.

> **Tese 9:** A obrigação de recuperar a degradação ambiental é do titular da propriedade do imóvel, mesmo que não tenha contribuído para a deflagração do dano, tendo em conta sua natureza propter rem.
>
> **Tese 10:** A responsabilidade por dano ambiental é objetiva, informada pela teoria do risco integral, sendo o nexo de causalidade o fator aglutinante que permite que o risco se integre na unidade do ato, sendo descabida a invocação, pela empresa responsável pelo dano ambiental, de excludentes de responsabilidade civil para afastar sua obrigação de indenizar.

Ainda no tocante à responsabilidade civil pela prática de condutas atentatórias ao direito fundamental ao meio ambiente ecologicamente equilibrado (artigo 225 da CF), podemos relacionar as teses 3, 7, 9 e 10, deixando a tese pertinente à responsabilidade do Estado por omissão (tese 8) para exame em separado, dadas suas particularidades.

O artigo 2º, parágrafo 2º, do Código Florestal em vigor (Lei 12.605/2012) tem a seguinte redação: "As obrigações previstas nesta Lei têm natureza real e são transmitidas ao sucessor, de qualquer natureza, no caso de transferência de domínio ou posse do imóvel rural". Ou seja, a legislação ambiental brasileira consagrou expressamente a natureza propter rem da responsabilidade civil ambiental.

Logo, quem adquire um imóvel com alguma degradação, aparente ou não, assume a obrigação por seu passivo ambiental. Se iniciada e não concluída a ofensa à natureza, o adquirente não faz jus a finalizar a atividade ilícita. E, uma vez ocorrida, tem o dever de recuperar a área. Por esse motivo, é essencial muita cautela antes de se adquirir um imóvel, especialmente no meio rural, realçando-se a função da advocacia preventiva.

Embora a Constituição estabeleça a tríplice responsabilidade ambiental, o adquirente não pode ser punido nas esferas administrativa e criminal por fatos que precederam sua posse ou propriedade sobre o bem. Tratando-se de medidas punitivas, somente podem ser impostas a quem praticou as atividades que culminaram com a degradação ambiental.

Situação diversa é a concernente à responsabilidade civil, que era de natureza objetiva quando da ofensa ao bem jurídico tutelado e que mantém essa característica em face do novo proprietário do imóvel, independentemente de sua boa-fé. Sobre o tema: "Ao adquirir a área, o novo proprietário assume o ônus de manter a preservação, tornando-se responsável pela reposição, mesmo que não tenha contribuído para o desmatamento" (REsp 926.750/MG).

Muito se discutiu sobre o alcance da responsabilidade objetiva ambiental (art. 14, § 1º, da Lei 6.938/1981), até se concluir pela adoção, no direito pátrio, da teoria do risco integral. Estabelecido o nexo causal entre o fato e o agente, dificilmente será reconhecida causa de exclusão da responsabilidade. A usual invocação da responsabilidade de terceiro, de caso fortuito ou força maior somente é acolhida pela jurisprudência em situações excepcionais.

O STJ sintetiza essa posição da seguinte forma: "Para o fim de apuração do nexo de causalidade no dano ambiental, equiparam-se quem faz, quem não faz quando deveria fazer, quem deixa fazer, quem não se importa que façam, quem financia para que façam, e quem se beneficia quando outros fazem." (REsp 650.728/SC)

Por fim, são co-obrigados solidários todos que concorreram para a degradação ambiental. Essa obrigação, que é objetiva e fundada na teoria do risco integral, do ponto de vista processual enseja litisconsórcio facultativo.

> **Tese 4:** O princípio da precaução pressupõe a inversão do ônus probatório, competindo a quem supostamente promoveu o dano ambiental comprovar que não o causou ou que a substância lançada ao meio ambiente não lhe é potencialmente lesiva.

O princípio da precaução foi tratado pela Declaração do Rio/92 sobre Meio Ambiente e Desenvolvimento Sustentável (ECO-92). Seu Princípio 15 afirma: "Para que o ambiente seja protegido, serão aplicadas pelos Estados, de acordo com as suas capacidades, medidas preventivas. Onde existam ameaças de riscos sérios ou irreversíveis, não será utilizada a falta de certeza científica total como razão para o adiamento de medidas eficazes, em termos de custo, para evitar a degradação ambiental".

A Lei da Política Nacional de Resíduos Sólidos (Lei 12.305/2010) elencou uma série de princípios no artigo 6º, estando a precaução ao lado da prevenção. A distinção básica consiste no fato de que, no primeiro caso, os riscos são incertos e o perigo de danos é abstrato ou potencial; no segundo, os riscos são certos e o perigo de danos é concreto.

A partir dessas noções, a jurisprudência do STJ solidificou-se no sentido de que quem explora atividade que sujeita a população a riscos deve arcar com o ônus de comprovar que eles não existem, ou que não foi ela a causadora de eventual dano. A fundamentação jurídica para a inversão do ônus da prova decorre da interpretação do artigo 6º, VIII, da Lei 8.078/1990 combinado com o artigo 21 da Lei 7.347/1985 (REsp n. 972.902/RS).

> **Tese 8:** Em matéria de proteção ambiental, há responsabilidade civil do Estado quando a omissão de cumprimento adequado do seu dever de fiscalizar for determinante para a concretização ou o agravamento do dano causado.

Viu-se acima que a tese 7 dispõe ser solidária a responsabilidade dos co-obrigados pela degradação ambiental. Na tese 8, a responsabilidade do Estado decorre da omissão de seu poder de polícia fiscalizatório. Quando ocorrente, ela será subsidiária.

Nesse sentido já decidiu o STJ: "Trata-se, todavia, de responsabilidade subsidiária, cuja execução poderá ser promovida caso o degradador direto não cumprir a obrigação, 'seja por total ou parcial exaurimento patrimonial ou insolvência, seja por impossibilidade ou incapacidade, por qualquer razão, inclusive técnica, de cumprimento da prestação judicialmente imposta, assegurado, sempre, o direito de regresso (art. 934, do Código Civil), com a desconsideração da personalidade jurídica, conforme preceitua o art. 50 do Código Civil'" (REsp n 1.071.741/SP).

> **Tese 6:** O emprego de fogo em práticas agropastoris ou florestais depende necessariamente de autorização do Poder Público.

O novo Código Florestal trata do assunto da seguinte forma: "Art. 38. É proibido o uso de fogo na vegetação, exceto nas seguintes situações: I - em locais ou regiões cujas peculiaridades justifiquem o emprego do fogo em práticas agropastoris ou florestais, mediante prévia aprovação do órgão estadual ambiental competente do Sisnama, para cada imóvel rural ou de forma regionalizada, que estabelecerá os critérios de monitoramento e controle;". Essa regra não difere substancialmente do que estabelecia o art. 27 do Código Florestal anterior (Lei n. 4.771/65).

Desse modo, não há vedação ao uso de fogo nas práticas agropastoris ou florestais. Todavia, em razão dos impactos que a técnica provoca, somente será lícita se preenchidos os requisitos legais, com autorização do órgão estadual competente. Para elucidar, a queima de palha de cana-de-açúcar igualmente depende de prévia autorização pública, consoante entendimento consolidado no STJ (AgRg no EREsp n. 738.031/SP).

> **Tese 11:** Prescreve em cinco anos, contados do término do processo administrativo, a pretensão da Administração Pública de promover a execução da multa por infração ambiental.

A tese 11 tem a mesma redação da Súmula 467 do STJ. Conforme noticiado pelo Conjur em publicação de 22/10/2010, a Súmula teve como base o REsp 1.112.577, que envolvia a Fazenda Estadual de São Paulo e uma usina de açúcar e álcool. O caso foi processado e julgado na forma de recurso repetitivo.

A usina havia sido multada pela Cetesb em razão da queima irregular de palha de cana-de-açúcar. O processo acabou no STJ, que foi instado a se manifestar sobre o prazo de prescrição para a cobrança. Diante da falta de previsão legal específica, a controvérsia estabeleceu-se entre a aplicação do prazo quinquenal, previsto no art. 1º do Decreto 20.910/1932, ou o decenal, disposto no art. 205 do Código Civil.

O Tribunal da Cidadania concluiu que o prazo é de 5 anos, fluindo a partir do encerramento do processo administrativo que levou à aplicação da multa, momento em que se constitui definitivamente o crédito da fazenda pública.

Sublinhe-se que o prazo prescricional referido diz respeito à ação para execução da multa administrativa, o que não se confunde com a imprescritibilidade da reparação civil pela degradação ao meio ambiente, consoante a jurisprudência do STJ, verbis: "Esta Corte tem entendimento no mesmo sentido de que, tratando-se de direito difuso — proteção ao meio ambiente —, a ação de reparação é imprescritível." (AgRg no REsp n. 1150479/RS).

> **Tese 2:** é vedado ao Instituto Brasileiro do Meio Ambiente e dos Recursos Naturais Renováveis (Ibama) impor sanções administrativas sem expressa previsão legal.

> **Tese 5:** é defeso ao (Ibama) impor penalidade decorrente de ato tipificado como crime ou contravenção, cabendo ao Poder Judiciário referida medida.

A base dos enunciados relacionados à atuação do Ibama é o princípio da legalidade. O STJ entende, por um lado, que o Ibama não tem como punir alguém pela prática de infração ambiental sem que a sanção esteja estabelecida em lei stricto sensu; assim, portarias do Instituto não podem embasar autos de infração. Por outro, ainda que um fato configure infração penal e administrativa, ao Ibama é vedado dispor da sanção estabelecida pela norma penal para punir administrativamente o degradador. Trata-se de tarefa da competência do Poder Judiciário.

Em conclusão, a jurisprudência é fonte tradicional do Direito. Sua importância não é tão relevante no Brasil como em países que adotam o sistema da Common Law, a exemplo da Inglaterra e Estados Unidos, mas vem ganhando cada vez mais destaque. O novo Código de Processo Civil evidenciou essa tendência. Em verdade, os sistemas da Civil Law e da Common Law paulatinamente vêm aproximando-se e, por isso, pensamos ser fundamental adentrar no exame dos julgamentos que consolidam posições nos tribunais superiores, os quais nortearão as sentenças e acórdãos ao longo do território nacional.

OS REGIMES JURÍDICOS DO MEIO AMBIENTE E DOS BENS AMBIENTAIS NO BRASIL

18 de julho de 2016

Álvaro Mirra

A evolução dos estudos em Direito Ambiental evidenciou a distinção entre meio ambiente e bens ambientais, sujeitos a qualificações e regimes jurídicos próprios e específicos[1].

Meio ambiente, nos termos da Lei 6.938/1981, é "o conjunto de condições, leis, influências e interações de ordem física, química e biológica, que permite, abriga e rege a vida em todas as suas formas". Trata-se de um conjunto de relações e interações que condiciona a vida em todas as suas formas, humana e não humana. O meio ambiente, nesses termos, é um bem essencialmente *incorpóreo* e *imaterial*[2].

No entanto, embora bem incorpóreo, o meio ambiente é composto de elementos corpóreos e incorpóreos — espécimes da flora e da fauna, ar, água, solos, ecossistemas, processos ecológicos, bens e valores culturais — que têm existência própria e autônoma e se submetem a proteção específica, por representarem a base material sobre a qual se assenta a preservação da qualidade ambiental em nível amplo e global. Tais elementos integrantes do meio ambiente são os *bens ambientais*[3].

Evidente, porém, que meio ambiente e bens ambientais comportam proteção integrada.

De fato, da mesma forma que não se pode falar na proteção dos bens ambientais materiais e imateriais individualizados desvinculada da proteção do meio ambiente globalmente considerado, tampouco se pode ignorar que a efetividade da proteção do meio ambiente como um todo, na sua dimensão incorpórea, pressupõe necessariamente a preservação e a conservação das espécies e dos espécimes da fauna e da flora, das águas, dos solos, do ar e do patrimônio cultural, já que imprescindíveis à manutenção do equilíbrio ambiental global. São, sem dúvida, aspectos indissociáveis de uma mesma realidade.

A Constituição de 1988 atribuiu ao meio ambiente, como bem incorpóreo e imaterial, a qualificação jurídica de *bem de uso comum do povo* (artigo 225, *caput*), vale dizer, bem que pertence a todos (*res communes omnium*). O titular do bem é a coletividade, o povo, à administração pública estando confiada a sua guarda e gestão. O meio ambiente, dessa maneira, pertence, indivisivelmente, a todos os indivíduos da coletividade e não integra o patrimônio disponível do Estado. Para o poder público e para os particulares o meio ambiente é sempre *indisponível*[4].

Observe-se que essa ideia de indisponibilidade do meio ambiente vem reforçada pela própria norma do artigo 225, *caput*, da Constituição Federal, que prevê a necessidade de preservação da qualidade ambiental em atenção às *gerações futuras*. Sob essa ótica, se existe, imposto pela Carta Magna, o dever de as gerações atuais transferirem o meio ambiente ecologicamente equilibrado às gerações futuras, parece certo não poderem dele dispor, no sentido da sua destruição ou degradação.

Além disso, por pertencer a todos indistintamente e ser indisponível, o meio ambiente, como bem imaterial, é igualmente insuscetível de apropriação, seja pelo Estado, seja pelos particulares. O Estado, com efeito, em matéria ambiental, atua como simples administrador de um bem que pertence à coletividade, e não como proprietário desse bem. E, muito embora a sua atuação seja necessária e irrenunciável nesse domínio, não exerce o Estado o monopólio da gestão da qualidade ambiental, devendo administrá-la com a participação da sociedade.

De outra banda, não podem os particulares tampouco apropriar-se do meio ambiente como bem imaterial, ou seja, como aquele conjunto de condições, relações e interdependências que condicionam, abrigam e regem a vida. O que pode eventualmente ser apropriado, o que pode eventualmente ser utilizado pelos particulares, sobretudo para fins econômicos, são determinados elementos corpóreos que compõem o meio ambiente e os bens ambientais (as florestas, os solos, as águas, em certos casos os exemplares da fauna e da flora, determinados bens móveis e imóveis integrantes do patrimônio cultural) e, mesmo assim, de acordo com condicionamentos, limitações e critérios previstos em lei e *desde que essa apropriação ou utilização dos bens materiais não leve à apropriação individual (exclusiva) do meio ambiente como bem imaterial.*

Por essa razão, o "uso comum" previsto na Constituição para o meio ambiente deve ser entendido não no sentido de utilização econômica individual, de consumo individual partilhado entre todos, mas no sentido de fruição coletiva, de gozo coletivo, sob o prisma da preservação da qualidade ambiental propícia à vida no presente e no futuro. Em termos atuais, portanto, não se admite mais a visão clássica e tradicional que tolera e permite a utilização dos bens de uso comum do povo por quem quer que seja, indiscriminadamente, de forma livre e competitiva, orientando-se, ao contrário, o ordenamento jurídico para o gozo coletivo do meio ambiente pelas gerações atuais, de maneira solidária com as gerações futuras.

No tocante aos bens ambientais, integrantes do meio ambiente como bem de uso comum do povo, impõe-se anotar que, apesar de frequentemente estarem enquadrados em categorias jurídicas variadas e sujeitos a regimes jurídicos diversos — como bens imóveis, no caso do solo[5]; bens de domínio público, no caso da água[6]; propriedade do Estado, no caso dos exemplares da fauna silvestre[7]; bens de interesse comum a todos os habitantes do país, no caso das florestas e demais formas de vegetação[8] —, a verdade é que, sob o prisma do Direito Ambiental, à luz da realidade ecológica a que se submetem, receberam eles qualificação jurídica única como *recursos ambientais* (artigo 3º, V, da Lei 6.938/1981), do que resulta um regime jurídico igualmente unitário para sua proteção, de *preservação e restauração com vistas à utilização racional e disponibilidade permanente para manutenção do equilíbrio ecológico propício à vida* (artigo 4º, VI, da Lei 6.938/1981)[9].

Isso tudo significa que o Direito brasileiro, por intermédio das qualificações e dos regimes jurídicos do meio ambiente e dos bens ambientais, esteve atento à realidade ecológica e ambiental específica da proteção do meio ambiente, permitindo, com tal orientação, a discriminação adequada, para fins de adoção de medidas protetivas, de situações que envolvem o meio ambiente como bem unitário global, os bens ambientais e os elementos corpóreos e incorpóreos que os integram, com observância da relação de interdependência existente entre todos eles.

E não é só: ao proteger o meio ambiente, como bem incorpóreo, e os bens ambientais que o compõem, sujeitando-os a regimes jurídicos específicos próprios dos bens de uso comum do povo e dos recursos ambientais respectivamente, o sistema jurídico brasileiro concebeu, na sua generalidade, um regime que não apenas permite uma verdadeira proteção da qualidade ambiental como também *impede a aplicação ou a incidência, sobre os mesmos elementos que integram o meio ambiente e os bens ambientais, de outros regimes eventualmente destruidores ou degradadores, paralisando os efeitos perversos destes*[10].

Dito de outra maneira, pode-se afirmar, com absoluta segurança, que o regime protetor do meio ambiente adotado no Brasil, além de direcionar-se aos bens que na sua dimensão ecológica pertencem a todos indistinta e indivisivelmente, incide igualmente sobre todos os elementos corpóreos configuradores do seu substrato material, qualquer que seja a sua titularidade, e em relação a todas as atividades ou práticas que de alguma forma estão relacionadas com o meio ambiente e com os bens ambientais, para orientá-los e condicioná-los — uns e outras — à preservação da qualidade ambiental propícia à vida.

Essas peculiaridades dos regimes jurídicos do meio ambiente e dos bens ambientais não deixam de ter repercussões de relevo na prática[11].

Com efeito, ainda que admissível a utilização ou a apropriação de determinados elementos corpóreos que fazem parte do meio ambiente e dos bens ambientais, o uso que eventualmente deles se fizer, sobretudo para fins econômicos, está balizado pela necessidade de preservação dos recursos ambientais em função da manutenção do equilíbrio ecológico e, em qualquer hipótese, não poderá levar à apropriação individual ou exclusiva do meio ambiente como bem imaterial e nem à disposição da qualidade ambiental necessária à sadia qualidade de vida[12].

Nessa linha de raciocínio, a poluição, por exemplo, seja do ar, seja de um curso de água, caracteriza desvio de finalidade ou abuso na utilização de elementos corpóreos do meio ambiente e dos bens ambientais, pois conduz a verdadeira apropriação individual pelo poluidor do meio ambiente como bem incorpóreo e de bens ambientais coletivos (como o ecossistema aquático ou os elementos da atmosfera), já que o desequilíbrio ecológico provocado pela atividade poluidora impede a fruição por parte da coletividade de adequadas condições ambientais, indispensáveis à sadia qualidade de vida. O mesmo se diga da utilização e da supressão de matas e florestas, promovidas em condições ecologicamente inadequadas, ainda que levadas a efeito pelo próprio titular do domínio da área, na medida em que conduzem à disposição de ecossistemas, que, como recursos ambientais, são indisponíveis, e à exclusão de toda a coletividade do gozo de um ambiente saudável.

De outra parte, é importante salientar, também, que esse regime protetor próprio do meio ambiente e dos bens ambientais basta, por si só, para autorizar a imposição coativa de medidas de proteção em relação aos elementos corpóreos que os integram e às atividades a eles relacionadas, *diretamente pela via judicial*, para compatibilizá-los com a preservação da qualidade ambiental, sem necessidade de prévia intervenção administrativa ou legislativa específica, e mesmo na superveniência de retrocessos na atuação da administração pública e na legislação. Na verdade, os regimes jurídicos do meio ambiente, como bem de uso comum do povo, e dos diversos bens ambientais, como recursos ambientais, *são em si mesmos protetores*, independentemente de qualquer declaração ou reconhecimento por parte do poder público ou da adoção por este último de medidas de preservação e resguardo[13].

Essa especificidade do Direito Ambiental brasileiro é de extrema importância, notadamente em casos de retrocessos administrativos e legislativos na proteção do meio ambiente.

De fato, sem embargo de violarem o princípio constitucional da não regressão ou da proibição de retrocesso — e de terem, por isso, de ser combatidos —, tais retrocessos administrativos e legislativos são, a bem dizer, inócuos, sob a ótica *qualitativa* da proteção jurídica, à vista dos regimes jurídicos incidentes sobre o meio ambiente e os bens ambientais, como referido em si mesmos protetores da qualidade ambiental. A diferença, na prática, é de ordem *quantitativa*, devido ao menor grau de proteção, resultante do recuo na disponibilização de instrumentos específicos de tutela legislativa e administrativa para determinados bens ambientais.

Contudo, ao contrário do que se poderia imaginar, essa redução no grau de proteção jurídica não inviabiliza a adequada preservação da qualidade ambiental. Na realidade, ela apenas tem como consequência o aumento da litigiosidade e o incremento da judicialização das questões ambientais, a fim de que se possa fazer valer, perante os tribunais, a proteção ampla e integral recusada pelo legislador e pelo administrador público, que, repita-se, à luz das normas constitucionais e infraconstitucionais, decorre por si só e automaticamente dos regimes jurídicos incidentes sobre o meio ambiente e os bens ambientais[14].

Referências

1 BENJAMIN, Antônio Herman V. Função ambiental. In: BENJAMIN, Antônio Herman V. (Coord.). *Dano Ambiental*: prevenção, reparação e repressão. São Paulo: Revista dos Tribunais, 1993, p. 75; MIRRA, Álvaro Luiz Valery. *Ação Civil Pública e a Reparação do Dano ao Meio Ambiente*. 2ª ed. São Paulo: Juarez de Oliveira, 2004, p. 13 e ss.; LEITE, José Rubens Morato, AYALA, Patryck de Araújo. *Dano Ambiental*: do individual ao coletivo extrapatrimonial — teoria e prática. 6ª ed. São Paulo: Revista dos Tribunais, 2014, p. 84-91.

2 MIRRA, Álvaro Luiz Valery. Op. cit., p. 13; GOULART, Marcelo Pedroso. *Elementos para uma teoria geral do Ministério Público*. Belo Horizonte: Arraes Editores, 2013, p. 240-241.

3 MIRRA, Álvaro Luiz Valery. Op. cit., p. 14-15.

4 Sobre a qualificação e o regime jurídicos do meio ambiente como bem de uso comum do povo, ver MIRRA, Álvaro Luiz Valery. Op. cit., p. 37-41.

5 Art. 79 do Código Civil.

6 Art. 1º, I, da Lei 9.433/1997.

7 Art. 1º da Lei 5.197/1967.

8 Art. 2º da Lei 12.651/2012.

9 Sobre as qualificações e regimes jurídicos dos bens ambientais, ver MIRRA, Álvaro Luiz Valery. Op. cit., p. 41-49.

10 No ponto, DE KLEMM, Cyrille; MARTIN, Gilles; PRIEUR, Michel; UNTERMAIER, Jean. Les qualifications des éléments de l'environnement. In: KISS, Alexandre (Org.). *L'écologie et la loi*: le statut juridique de l'environnement. Paris: L'Harmattan, 1989, p. 97-100.

11 Sobre todos esses aspectos, ver MIRRA, Álvaro Luiz Valery. Op. cit., p. 49-54.

12 SILVA, José Afonso da. *Direito Ambiental Constitucional*. São Paulo: Malheiros, 1994, p. 56.

13 MIRRA, Álvaro Luiz Valery. Op. cit., p. 53-54.

14 Esse aspecto dos regimes jurídicos do meio ambiente e dos bens ambientais foi percebido com grande acuidade por Marcelo Pedroso Goulart, ilustre membro do Ministério Público de São Paulo, que, há muito tempo, em seus estudos como doutrinador e em sua atuação como promotor de Justiça do Meio Ambiente, tem insistido na prevalência da proteção acordada pela Constituição Federal e pela Lei 6.938/1981 ao meio ambiente como bem de uso comum do povo e aos bens corpóreos e incorpóreos que o compõem como recursos ambientais, mesmo diante da insuficiência da ação administrativa e da disciplina normativa da matéria ou de retrocessos administrativos e legislativos no tratamento de temas específicos.

BREVES NOTAS SOBRE A JURISPRUDÊNCIA AMBIENTAL CANADENSE

24 de julho de 2016

Gabriel Wedy

A Suprema Corte[1], na qualidade de intérprete da recente Constituição[2], e demais cortes do Canadá, país vinculado ao sistema jurídico da *common law*, tem apreciado, faz muitos anos, casos de violações a direitos individuais que poderiam facilmente ser reconhecidos como ambientais. Do mesmo modo que nos Estados Unidos, a tutela do meio ambiente ocorre via reflexa, vinculada à violação de direitos individuais.

Exemplos deste fato são as antigas doutrinas, também reconhecidas nos Estados Unidos e aplicáveis ao direito ambiental[3] canadense, como *nuisance claims*, *negligence*, *strict liability*, *trespass* e *riparian rights*. Essas doutrinas têm sido invocadas – ocasionalmente em combinação – em nome daqueles que estão buscando proteção judicial dos efeitos da conduta que resultou, ou que poderia resultar no futuro, em alguma forma de dano ambiental.[4]

Decisões do Poder Judiciário canadense podem servir para proteger e reparar o ambiente de danos já ocorridos ou, em alguns casos, que possam ocorrer no futuro mas, na maioria das vezes, não de modo independente.

O sistema da *comon law* oferece proteção às pessoas cujo uso e aproveitamento da terra sofre interferência não razoável pela ação de outros, geralmente, embora não necessariamente, de um vizinho. Causas que levam os autores a ingressar em juízo invocando o instituto do *nuisance* são a emissão de gases tóxicos, químicos ou fumaça; maus odores e luzes ou ruídos excessivos. Esta interferência deve causar dano físico ou à propriedade, lesões ou riscos para a saúde ou segurança e desconforto ou inconveniências[5] aos seres humanos.

Elucidativos exemplos colacionados da jurisprudência canadense bem caracterizam o *nuisance*. A doutrina foi invocada com sucesso contra a emissão de fumaça que danificou jardim comercial de cultivo de plantas e flores[6] e por proprietário de pomar cujas árvores frutíferas sofreram danos atribuídos ao sal utilizado para derreter o gelo em rodovia[7]. Ou no caso do locador que teve diminuição no valor dos seus aluguéis e prejuízos nos seus negócios pelo barulho e vibração causado pela introdução de um novo equipamento por uma fábrica em uma bairro misto, residencial e industrial.[8]

Também, no caso de proprietária de imóvel residencial em Quebec, que invocou, com êxito, dispositivo do Código Civil do Estado argumentando, com base na *nuisance doctrine,* contra empresa operadora de telecomunicações que, ao construir uma torre, atraiu bando de pássaros para as imediações de sua casa.

A combinação do barulho e do cheiro do excremento dos pássaros sobre a sua propriedade prejudicou o uso e depreciou o valor do imóvel.[9] No mesmo sentido, o barulho, a fumaça, o lixo e o mau odor emanado de um aterro sanitário rural motivou uma ordem judicial e uma reparação substancial de danos a indivíduo com base no *nuisance.*[10]

Importante verificar que embora o *standing* do autor esteja vinculado a uma violação de direito individual, a defesa do réu não é facilitada. Este deve provar, segundo a Suprema Corte do Canadá, que não existia outro modo de exercer a sua atividade, sem causar o dano e que era impossível de impedir o *nuisance*, sendo-lhe insuficiente ainda utilizar o argumento com base na mera negativa de negligência. No caso da dúvida acerca de determinado fato, o ônus da prova deve ser invertido contra o réu.[11]

Existe a doutrina do *public nuisance* que é base para ações contra danos ambientais perceptíveis, quando estes danos decorrem da violação de direitos públicos. Nesta situação, litigantes individuais não tem *standing* para ajuizarem uma ação.[12] Nos casos do *public nuisance*, o procurador-geral é considerado a parte mais adequada para litigar em nome dos interesses gerais da comunidade.

Aos indivíduos que buscam ajuizar ação com base no *public nuisance*, em nome da coletividade, tem sido exigida como condição para obter o *standing* uma permissão do procurador-geral para demonstrar que as pessoas sofreram danos especiais resultantes de uma específica interferência dos réus sobre direitos públicos.[13]

A jurisprudência canadense tem sido restritiva nestes casos, como demonstrado pelo decidido em *Sutherland v. Vancouver International Airport Authority*. Moradores de *Richmond*, em *British Columbia*, ajuizaram uma demanda com base no *public nuisance,* alegando transtornos e danos gerados pelo barulho das aeronaves que prejudicavam o diálogo fora das residências, afetando o uso dos pátios, jardins e outras atividades dos moradores.

Os cidadãos obtiveram vitória no julgamento monocrático, quando o magistrado entendeu que o barulho das aeronaves transcendia o mero aborrecimento. Todavia, a Corte de *British Columbia* entendeu que os autores não possuíam legitimidade para invocar o *public nuisance* e que este poderia ser invocado apenas com o consentimento do procurador-geral.[14]

No caso da *negligence*, deve o autor da ação demonstrar que faltou ao réu o dever de um padrão de cuidado na sua conduta e que esta falha acabou por causar um dano ambiental, sempre conectado com danos físicos ou a propriedade da parte autora[15]. Esta doutrina geralmente é invocada quando o dano possui a sua origem no manuseio de substâncias contaminantes ou tóxicas. Deve o demandante demonstrar, para o prosseguimento e desenvolvimento do processo judicial, a existência do dever de cuidado negligenciado pela ré.

Como consta em *Donogue v. Stevenson*, o dever de cuidado é caracterizado pelo dever de respeito ao vizinho e pela obrigação de tomar cuidados razoáveis no sentido de evitar atos ou omissões que possam, previsivelmente, causar danos.[16] Ou seja, deve ser demonstrado que a conduta do réu esteve abaixo do padrão médio de cuidado razoavelmente esperado para as circunstâncias. Ao contrário dos institutos do *riparian claims* e do *trespass action*, a doutrina da *negligence* exige que o autor desincumba-se com o ônus da prova.[17]

A limitação do reconhecimento do *standing* apenas para casos em que ocorrem danos físicos ou a propriedade, com base na *negligence,* tem sido atenuada pela Suprema Corte do Canadá que decidiu que os gastos efetuados para a garantia de segurança da propriedade e para preservar a integridade corporal das pessoas podem ser reparados, ainda que não tenha ocorrido danos à propriedade ou físicos à pessoa.[18] A doutrina pode ser invocada, portanto, para indenizar gastos do particular para a prevenção de riscos de danos causados por terceiros.

No caso *Sevidal v. Chopra*, o instituto da *negligence* foi aplicado para responsabilizar pelo dano o proprietário-adquirente de imóvel que havia comprado o mesmo do antigo dono causador de contaminação originária do solo da propriedade com rejeitos radioativos. A Suprema Corte entendeu que o novo proprietário, com atos e omissões, havia exposto os autores da ação a perdas econômicas, mesmo que a contaminação do solo tivesse ocorrido décadas antes[19] e a esta o réu não tivesse dado causa.

No caso *Heighington v. Ontario*, servidores públicos foram responsabilizados por negligência ao não impedir a contaminação de solo por radiação. Referidos servidores eram funcionários do Departamento de Saúde e tinham o dever, de acordo com o *Public Health Act*, de impedir riscos à saúde pública. Foi reconhecida a violação do *Public Health Act*, pois os servidores falharam em tomar medidas razoáveis na remoção de materiais radioativos, contaminando o solo e colocando em perigo a saúde dos futuros ocupantes da terra. [20]

Demonstra-se uma tendência em acolher a *negligence* nos casos de regulação. Quando funcionários públicos são negligentes e as suas condutas ou decisões aparecem conectadas causalmente com alguma forma de dano ambiental, a responsabilidade destes é reconhecida. [21]

A doutrina do *strict liability*, ou responsabilidade sem culpa, originou-se da aplicação dos princípios do *nuisance* ficando bem estabelecida no direito canadense em *Rylands v. Fletcher* [1866]. Caracteriza-se quando substâncias perigosas ou poluentes escapam das terras do réu e danificam as terras do autor como o esgoto, produtos químicos, pesticidas, combustíveis e gases.

Para a doutrina da *strict liability*, o réu tem o dever do uso razoável da propriedade e de impedir referidos vazamentos causadores de contaminação. No mesmo sentido, todo o indivíduo que traz para a sua propriedade qualquer coisa que possa causar dano deve fazê-lo por sua total conta e risco. Adotando o voto condutor do *Justice* BLACKBURN, a *House of Lords*[22] determinou que a regra era aplicável apenas para os casos em que estivesse presente o uso não natural da terra.[23]

Várias gerações de juízes canadenses têm aplicado este antigo precedente. Como referido por *Lord Moulton's*, não é em todo uso da terra que este princípio é aplicado, mas apenas naquele uso especial [anormal] que traz o aumento do perigo para as outras pessoas e as propriedades vizinhas, jamais no uso próprio e adequado da terra [de acordo com os padrões do homem médio] que gera benefícios a toda a comunidade.[24] A *House of Lords* reconsiderou o precedente *Rylands v. Flecther*, no caso de uso de solvente por um curtume que contaminou o aqüífero subterrâneo explorado pela *Cambridge Water Company* para fornecer água a municipalidade. O argumento central utilizado foi de que o uso e armazenamento de substancial quantidade de produtos químicos era um uso natural e regular da terra na qual o curtume estava instalado.[25]

Foi este um notável retrocesso da *House of Lords* na tutela, ainda que indireta, do meio ambiente. A Suprema Corte canadense, contudo, não está, há décadas, submetida ao decidido pela *House of Lords* em Londres, em especial após a publicação da Constituição de 1982.

Doutrina do *trespass* igualmente é aplicada no Canadá em matéria de danos ambientais. Consiste na entrada intencional nas terras de outra pessoa, ou o depósito de alguma substância ou material em terras alheias, sem uma devida justificação legal como licença, consenso do proprietário, estado de necessidade ou autorização legislativa.

No caso *Hole v. Chard Union,* foi reconhecida a responsabilidade dos réus por descarregar lixo e esgoto em córrego que passava pela propriedade do autor.[26] O *trespass*, apesar de ser uma doutrina medieval, tem sido recentemente utilizada no oeste do Canadá para impedir o cultivo de determinados transgênicos como observa-se nos casos *Monsanto Canada Inc. v. Schmeiser*[27] e *Hoffman v. Monsanto*[28].

É invocada no Canadá a doutrina do *riparian rights*. Proprietários, cujas propriedades fazem fronteira com cursos de água, possuem direito de ação para preservar a quantidade natural e a qualidade das águas adjacentes cuja exploração está sempre sujeita ao uso razoável das populações ribeirinhas. O princípio foi reconhecido pioneiramente em *John Young v. Bankier Distillery Co.*, em que foi estabelecido que o proprietário ribeirinho possui o direito à água e sua corrente com fluxo natural, sem diminuição ou aumento sensíveis, ou alterações significativas em suas características e qualidade.[29]

Conclui-se que a defesa do bem ambiental no Canadá ocorre prioritariamente na esfera administrativa com a realização de políticas ambientais, sendo a tutela jurisdicional do bem ambiental viabilizada supletivamente em casos em que estiver presente lesão a direitos individuais do autor.

Referências

1 A Suprema Corte do Canadá é de 1875, mas pode ser considerada de fato uma Suprema Corte após a abolição dos recursos de apelação para o Privy Council[Corte situada em Londres] pelo Parlamento no ano de 1949. Ver:LASKIN, Bora. *The Supreme Court of Canada*: The first onde hundred years. Canadian Bar Review 53(1975), pp. 459-468. Ver também: HERMAN, Michael. *The founding of the Supreme Court of Canada*. Otawa Law Review 8 (1976), pp. 102-160.

2 Em 1982, o Canadá e sua mais alta Corte tiveram uma alteração jurídica estrutural definitiva com a Constituição Canadense [*Canadian Charter of Rights and Liberties*]. Foram incorporadas cláusulas constitucionais ao direito canadense como o direito dos aborígenes e, em especial, uma cláusula de supremacia declarando que "a Constituição é a Suprema Lei do Canadá e qualquer outra lei que seja incompatível com as suas previsões é destituída em toda a sua extensão de força e efeitos". E, ainda, que as Cortes Canadenses, como intérpretes da Constituição, possuem o poder de anular leis que conflitem com a *Charter of Rights and Liberties* e o seu amplo leque de novos direitos e liberdades constitucionais. Ver: Hunter v. Southan Inc. [1984] 2 S.C.R 145 at 149.

3 Ver: WEINBERG, Philip; REILLY, Kevin. *Understanding Environmental Law.* 2nd ed. Newark: LexisNexis, 2008. P. 37-43.

[4 BENIDICKSON, Jamie. *Environmental Law.* Third Edition. Toronto: Irwin Law, 2009. P. 100.

[5 BENIDICKSON, Jamie. *Environmental Law.*Third Edition. Otawa: Irwing Law, 2009. P. 101.

6 Walker v. McKinnon Industries Ltd., [1949] O.R. 549 [H.C.J], var´d[1950] O.W.N. 309 [C.A.].

7 Shenck v. Ontario [1981], 34 O.R. [2d] 595 [H.C.J] aff'd[1984]49º.R. [2d] 556 [C.A]. aff'd (sub nom. Schenck v. Ontario [Minister of Transportation & Comunications], 1987 2S.C.R

8 340909 Ontario Ltd v. Huron Steel Products [1990], 73 O.R. [2d] 641 [H.C.J].

9 Bolduc v.Bell Mobilité Cellulaire [1994], 17 C.E.L.R. [N.S] 102 [C.Q].

10 Nippa v. C.H. Lewis [Lucan] Ltd. [1991], 7 C.E.L.R. [N.C] 149 [Ont. Gen. Div], [1991], 7 C.E.L.R. [N.S] 163 [C.A].

11 Ryan v. Victoria [1999] S.C.R. 201 at para.

12 BENIDICKSON, Jamie. *Environmental Law.*Third Edition. Otawa: Irwing Law, 2009. P. 105.

[13 BENIDICKSON, Jamie. *Environmental Law.*Third Edition. Otawa: Irwing Law, 2009. P. 105.

14 Sutherland v. Vancouver International Airport Authority, 2002 BCCA 416 at para.34.

15 Rivtow Marine Ltd. V. Washington Iron Works [1973], [1974] S.C.R. 1189.

16 Donogue v. Stevenson. [1932] A.C. 562 at 580 [H.L.]

17 BENIDICKSON, Jamie. *Environmental Law.*Third Edition. Otawa: Irwing Law, 2009. P. 106.

18 Winnipeg Condominiun Corp. No. 36 v. Bird Construction Co.[1995] S.C.R.85.

19 Sevidal v. Chopra. (1987), 64 O.R. (2d) (169) (H.C.J.).

20 Heighington v. Ontario. (1989), 69 O.R. (2d) 484 at 486 (C.A.)

21 Torrup v. Alberta(Minister of Environmental Protection), [2000] A.J. No. 435 (C.A.); Quebec (A.G.) v. Girard, [2004] J.Q. no. 13624 (C.A.).

22 Devido a histórica conexão entre o Canadá e o Reino Unido as decisões da *House of Lords*, anteriores a 1867, são tecnicamente ainda aplicáveis no Canadá, a menos que elas tenham sido substituídas pela Suprema Corte, o mesmo ocorre com as decisões do *Privy Council*, Corte para a qual as apelações deixaram de ser enviadas em 1949. Ver: MORTON, Frederick

Lee. *Law, politics and the judicial process in Canada*. Calgary: University of Calgary Press, 2002. P. 389.

23 Rylands v. Fletcher. (1866), L.R. Ex. 265, confirmed by 1868, L.R. 3 H.L. 330.

24 Richards v. Lothian, [1913] A.C. 263 at 280(P.C).

25 Cambridge Water Co Ltda. V. Eastern Counties Leather Plc, [1994] e A.C. 264 (H.L).

26 Hole v. Chard Union[1894] 1 Ch. 293(C.A).

27 Monsanto Canada Inc. v Schmeiser, [2004] 1 S.C.R. 902.

28 Hoffman v. Monsanto Canada Inc., 2005 skbq, aff'd (2007), 28 C.E.L.R (3D) 165 (Sask. C.A).

29 John Young v. Bankier Distillery Co. (1893) A.C. 691 AT 698 (H.L.)

CAVERNAS, PATRIMÔNIO CULTURAL E LICENCIAMENTO AMBIENTAL

30 de julho de 2016

Marcos Paulo de Souza Miranda

As primeiras regras de proteção ao patrimônio espeleológico brasileiro (no qual se incluem as cavidades naturais subterrâneas) foram estabelecidas pelo Conselho Nacional de Meio Ambiente (Conama), que, por meio de sua Resolução 09/1986, criou uma comissão especial para tratar do tema. Os trabalhos da Comissão culminaram na publicação da Resolução Conama 05/1987, que aprovou o Programa Nacional de Proteção do Patrimônio Espeleológico.

Na sequência, a Constituição Federal de 1988 instituiu as cavidades naturais como bens da União (artigo 20, X), elevando o *status* do patrimônio espeleológico brasileiro.

Em 1990, o Ibama publicou a Portaria 887, que instituiu a desafiadora limitação de uso das cavidades apenas aos estudos de ordem técnico-científica, bem como às atividades de cunho espeleológico, étnico-cultural, turístico, recreativo e educativo.

Em seguida, ocorreu a publicação do Decreto Federal 99.556, de 1º de outubro de 1990, que revestiu de maior segurança jurídica as regras da Portaria Ibama 887/90 e elevou as cavidades naturais subterrâneas à condição de "patrimônio cultural brasileiro", em harmonia com a regra inserta no artigo 216, V, da Carta Magna.

É importante mencionar, ainda, a Resolução Conama 347/2004, decorrente da necessidade de incorporação de instrumentos de gestão do patrimônio espeleológico aos processos de licenciamento ambiental.

O regime estabelecido pelo Decreto Federal 99.556/1990 perdurou até as alterações introduzidas pelo polêmico Decreto Federal 6.640/2008. Até então, não havia normatização a respeito da classificação do grau de relevância das cavidades (critérios de seletividade), o que implicava na obrigação de proteção integral de todas elas, gerando alta conflituosidade em face de interesses de grandes empreendimentos econômicos, sobretudo das áreas de mineração e produção de energia elétrica.

De acordo com o regime jurídico vigente, as cavidades naturais subterrâneas devem ser classificadas segundo atributos fixados na normatização e, dependendo do seu grau de relevância, poderão ou não sofrer impactos negativos.

Na sequência, a Instrução Normativa 02, de 2009, do Ministério de Meio Ambiente, estabeleceu em seu artigo 3º que entende-se por cavidade natural subterrânea com grau de relevância máximo aquela que possui pelo menos um dos atributos nela elencados, entre os quais se encontra a "destacada relevância histórico-cultural ou religiosa".

Nessa toada, elemento de primeira necessidade para se definir o grau de relevância de uma cavidade é a existência, na equipe multidisciplinar formada para tanto, da presença de técnicos com habilitação profissional e curricular para a adequada avaliação dos atributos relacionados à possível relevância histórico-cultural ou religiosa da ocorrência espeleológica, como arqueólogo, historiador, antropólogo e paleontólogo; pois a multidisciplinariedade é um dos princípios reitores dos estudos de impacto ambiental[1].

Não se concebe que uma cavidade possa ter seus atributos aferidos de forma adequada e válida sem que existam especialistas para verificar a existência de elementos que possam definir a sua preservação para sempre ou a sua destruição.

Durante os estudos de valoração das cavidades, devem ser buscados, por exemplo, vestígios materiais que denotem usos particulares ao longo dos tempos; realizado levantamento historiográfico exaustivo, como a busca de referências em relatos de naturalistas e viajantes; revisão dos estudos sobre patrimônio cultural feitos em processos de licenciamento ambiental na mesma região; verificação da influência da cavidade na toponímia local; levantamento da história oral sobre o bem; verificação de eventuais atos protetivos (inventário, tombamento, unidade de conservação etc.) nos níveis municipal, estadual e federal.

Sem tais informações, inviável a análise e aprovação dos estudos espeleológicos para fins de classificação do grau de relevância, que pressupõem a apresentação de informações suficientes à compreensão global da ocorrência cavernícola, nos termos do artigo 16 – IN MMA 02/2009.

Ultrapassada a necessidade de análise técnica dos impactos ao patrimônio cultural, é de se perguntar: o que seriam cavidades de destacada relevância histórico-cultural ou religiosa?

Em termos normativos, a resposta está na própria IN MMA 02/2009, Anexo I, Tabela I, que traz o seguinte conceito: "Cavidades que apresentam testemunho de interesse arqueológico da cultura paleoameríndia do Brasil, tais como: inscrições rupestres, poços sepulcrais, jazigos, aterrados, estearias, locais de pouso prolongado, indícios de presença humana através de cultos e quaisquer outras não especificadas aqui, mas de significado idêntico a juízo da autoridade competente".

E qual seria essa tal autoridade competente?

A resposta não pode ser encontrada expressamente na norma referida, que limita-sea estatuir: "Art. 17. O atributo referente à destacada relevância histórico-cultural ou religiosa de uma cavidade, previsto no inciso XI do § 4º do art. 2º. do Decreto no 99.556, de 1990, será objeto de avaliação pelo órgão competente".

Eis a anotação explicativa constante abaixo do dispositivo acima, segundo publicação oficial:

> Comentário: Considerando que o Decreto 6.640/08 estabelece o atributo "relevância histórico-cultural ou religiosa de uma cavidade", e que durante reunião com representantes do Iphan para a elaboração desta I.N. foi argumentado que a análise e definição de tal atributo competem àquele Instituto, resta estabelecer os procedimentos para se obter a manifestação do referido instituto no âmbito dos processos de licenciamento ambiental.

Em razão dessa singela anotação, até o presente momento sabe-se que, na prática, os atributos relacionados à destacada relevância histórico-cultural ou religiosa, na grande maioria dos casos de empreendimentos envolvendo o patrimônio espeleológico, simplesmente não estão sendo analisados sob o pretexto da incerteza quanto ao órgão que seria responsável pela análise.

No entanto, o argumento não se sustenta, e o "jogo de empurra" precisa ser finalizado.

Ora, desde a Resolução Conama 347/2004 que temos dispositivo expresso sobre a matéria dispondo que cabe ao órgão licenciador a análise do grau de impacto sobre as cavidades, incluindo os aspectos relacionados a ocorrência de vestígios arqueológicos, paleontológicos e relevância histórico-cultural (artigo 5º, parágrafo único).

Logo, é obrigação do órgão ambiental analisar a relevância cultural das cavernas. Nesse cenário, o aperfeiçoamento técnico dos órgãos ambientais licenciadores sobre a temática patrimônio espeleológico é medida *sine qua non* para a adequada verificação da consistência dos estudos apresentados pelos empreendedores.

Quanto à aventada e suposta competência do Iphan, é preciso destacar que a existência de bens arqueológicos no interior de uma caverna é apenas uma das hipóteses que poderá justificar a presença de atributos de relevância cultural.

Em assomo, conquanto tenha instado formalmente tanto pela Sociedade Brasileira de Espeleologia quanto pelo Ministério Público do Estado de Minas Gerais durante a fase de discussão e consulta da normatização sobre a intervenção do Iphan em processos de licenciamento ambiental, aquele órgão deixou expresso na Instrução Normativa Iphan 01/2015 que somente se manifestaria em relação a bens: tombados, arqueológicos, registrados e valorados como patrimônio ferroviário. Logo, o Iphan já se expressou no sentido de que não se manifesta quanto a cavidades que não sejam tombadas em nível federal ou que não tenham vestígios arqueológicos.

De se lembrar que, em sendo considerada a cavidade como de relevância máxima no âmbito do processo de licenciamento, o bem deve ser protegido como cavidade testemunho, sem obrigatoriedade de resgate de eventuais bens arqueológicos e paleontológicos, que, via de regra, devem ser preservados *in situ.*

Quanto aos atributos que justificariam a classificação de uma cavidade como de relevante valor histórico-cultural ou religioso, ante a ausência de uma definição normativa fechada, façamos algumas reflexões com o intuito de contribuir para a preservação do patrimônio espeleológico nacional.

Como sabido, existem cavidades que estão associadas a episódios memoráveis da história, como a Gruta dos Angicos, em Poço Redondo (SE), ligada aos momentos finais da vida de Virgulino Ferreira, o Lampião, elemento que lhe atribui destacado significado histórico, fazendo-a merecedora da classificação como de relevância máxima, a nosso pensar.

Por força constitucional (artigo 216, parágrafo 5º), os sítios detentores de reminiscências históricas dos antigos quilombos também devem ser colocados a salvo de danos, razão pela qual sempre se deve perquirir sobre a relação do patrimônio espeleológico com atividades pretéritas de quilombolas. A cavidade do Morro do Vigia, no Distrito de Miguel Burnier, em Ouro Preto (MG), local que era utilizado pelos quilombolas como ponto de observação do trânsito de pessoas e comboios pela Estrada Real, poderia ser citada como exemplo de tal hipótese.

Há cavernas, a seu turno, que foram palcos de descobertas científicas notáveis, como a Lapa do Sumidouro, em Pedro Leopoldo (MG), onde Peter Wilhelm Lund descobriu, em 1843, restos de esqueletos humanos associados a vestígios da megafauna extinta[2], revolucionando o pensamento científico sobre o assunto à época. Também em tal contexto podemos citar o abrigo da Lapa Vermelha IV, em Pedro Leopoldo, onde, na década de 1970, foi descoberto por Annete Emperaire o crânio de "Luzia", de 11,5 mil anos de idade, considerado o vestígio humano mais antigo do Brasil.

Outras ocorrências se destacam por sua beleza cênica e integração com a paisagem circundante, a exemplo da Caverna do Janelão, no Vale do Peruaçu, em Januária (MG), portadora de atributo para ser considerada como de relevante valor paisagístico. Também a Gruta de Maquiné, em Cordisburgo (MG), descrita com admiração por Lund[3] e laudada por sua beleza por Guimarães Rosa[4], seria outro exemplo.

Em determinadas ocorrências espeleológicas podem estar presentes vestígios arqueológicos de destacada relevância ou singularidade. O abrigo da Toca do Índio, em Andrelândia, sul de Minas, com mais de 600 representações rupestres da Tradição São Francisco, cuja ocorrência era conhecida apenas na região do norte do Estado, poderia ser citado como exemplo[5].

Outro elemento que pode conferir a uma cavidade o atributo de destacada relevância cultural é a presença de vestígios paleontológicos singulares, como estromatólitos, esqueletos ou registros da atividade da megafauna pleistocênica[6]. A paleotoca da Serra do Gandarela, em Santa Bárbara (MG), resultante possivelmente da atividade de uma extinta preguiça-gigante, parece-nos um bom exemplo.

Fato de relevo a ser perquirido é, ademais, a influência da ocorrência espeleológica na formação da toponímia, ou seja, a sua importância como fator motivador da denominação de um local. O interesse humano pelo meio circundante, quando destacado, normalmente faz com que o traço ambiental especialmente significativo se perpetue como signo linguístico, marcando, assim, o idioma com as sequências dessas tipologias identificadoras[7].

Em Minas Gerais, temos localidades com séculos de história e cuja denominação se deve exatamente à existência de ocorrências espeleológicas. Funil (Bom Jardim de Minas), Sumidouro (Pedro Leopoldo), Itaboca (Rio Preto), Casa de Pedra (Tiradentes) e Lapinha (Lagoa Santa) são alguns exemplos.

Quanto ao aspecto religioso, sabe-se que as cavidades, desde a antiguidade até os dias atuais, não raras vezes despertam medo, respeito, admiração ou se revestem de peculiaridades que as tornam lugares de "forças e valores" ligando-as mundo espiritual, seja do divino ou do malévolo. A Lapa do Sapezal, em Unaí (MG), onde se faz anualmente a Festa de Santa Cruz e São José Operário[8]; a Lapa de Antônio Pereira, em Ouro Preto (MG), onde foi implantada, ainda no século XVIII, uma igreja dedicada à Nossa Senhora da Conceição da Lapa, para onde se destinam milhares de romeiros anualmente[9], são alguns exemplos de cavidades de destacado valor religioso.

Importante destacar que o aspecto religioso da cavidade deve ser verificado sob a ótica do multiculturalismo, onde crenças ou religiões dos mais diversos matizes (africana, indígena, europeia, asiática, popular, erudita etc.) e o significado da ocorrência como local de culto ao sagrado sejam interpretados e valorados sem qualquer tipo de preconceito. Ademais, o uso religioso não pressupõe, necessariamente, a presença de inserções materiais, como altares, bancos, cruzes etc. A simples utilização do espaço cavernícola para tal finalidade pode ser o bastante, a exemplo do recolhimento de gotejamento de água considerada benta ou sagrada.

Por derradeiro, as cavernas podem estar associadas a lendas, mitos, celebrações, fazeres ou saberes tradicionais que necessitam ser analisados sob a ótica da imaterialidade cultural, que compreende práticas, representações, expressões, conhecimentos e técnicas que as comunidades reconhecem como parte integrante de seu patrimônio, sendo transmitido de geração em geração[10].

Enfim, a história humana não pode ser contada sem referir-se às cavernas[11], as primeiras moradas do ser humano

Por isso, o ordenamento jurídico as protege de forma especial no Brasil, que tem a ventura de ser detentor de um dos mais importantes patrimônios espeleológicos do mundo.

Cabe a cada cidadão e, em especial, aos operadores do Direito o dever de cumprir os mandamentos legais sobre as cavidades naturais subterrâneas, contribuindo para o alcance do chamado desenvolvimento sustentável.

Referências

1 MIRANDA, Marcos Paulo de Souza. CHIODI, Cristina Kistemann. *Proteção jurídica do patrimônio espeleológico.* IN: RUCHKYS, Úrsula de Azevedo et. all. *Patrimônio espeleológico em rochas ferruginosas.* Campinas: SBE. 2015. p. 69.

2 NEVES, Walter Alves. PILÓ, Luis Beethoven. *O povo de Luzia.* São Paulo: Globo. 2008. p. 113.

3 HOLTEN, Birgitte. STERLL, Michael. P. W. *Lund e as grutas com ossos em Lagoa Santa.* Belo Horizonte: Editora UFMG. 2011. p. 137.

4 VALLE, Célio Murilo de Carvalho. *A Lapa Nova do Maquiné.* Belo Horizonte: Lucca. 2012. p. 19-20.

5 MIRANDA, Marcos Paulo de Souza. *Andrelândia: 3.500 anos de história.* Juiz de Fora: Juizforana. 2014.

6 LOBO, Heros Augusto Santos. TRAVASSOS, Luiz Eduardo Panisset. *O ser humano e a paisagem cárstica.* Campinas: SBE. 2012. p. 13.

7 DICK, Maria Vicentina de Paula do Amaral. *Toponímia e Antroponímia no Brasil.* São Paulo. USP. 1990. p. 41.

8 MAGALHÃES, Edgard Dias. *A festa da Lapa do Sapezal: o catolicismo popular e o uso simbólico de cavernas no Brasil.* In: TRAVASSOS, Luiz Eduardo Panisset et. all. *Cavernas, rituais e religião.* Ilhéus: Editora UESC.2011. p. 286.

9 TRAVASSOS, Luiz Eduardo Panisset. RODRIGUES, Éder Romagna. *O imaginário e as tradições ligadas a Nossa Senhora da Lapa em Antônio Pereira e Vazante, Minas Gerais.* In: TRAVASSOS, Luiz Eduardo Panisset et. all. *Cavernas, rituais e religião.* Ilhéus: Editora UESC.2011. p. 329.

10 Decreto 5753/2006 – Promulga a Convenção para a Salvaguarda do Patrimônio Cultural Imaterial.

11 LINO, Clayton. *Cavernas: o fascinante Brasil subterrâneo.* São Paulo: Editora Rios, 1989.

BREVE ANÁLISE DA NOVA LEI DE COMPETÊNCIA ADMINISTRATIVA AMBIENTAL

6 de agosto de 2016

Talden Farias

É sabido que a competência administrativa em matéria ambiental demorou mais de 23 anos para ser regulamentada. Nesse meio tempo os conflitos positivos e negativos de competência foram recorrentes: ou os entes lutavam para assumir uma atribuição, ou lutavam para não assumi-la. Haviam vários critérios normativos para a resolução de conflitos, a exemplo da Lei 6.938/81, da Resolução 237/97 do Conama e da titularidade do bem etc. Entretanto, como o parágrafo único do artigo 23 da Constituição Federal exigia uma lei complementar, é evidente que apenas essa modalidade de norma poderia resolver o problema.

No dia 8 de dezembro de 2011, finalmente foi editada a Lei Complementar 140, que regulamentou os incisos III, VI e VII do dispositivo constitucional citado, disciplinando a competência comum nessa seara. Essa lei foi inspirada em parte na Resolução 237/97 do Conama, e em parte foi fruto de inovações ou de adaptação de outros textos normativos. Em vista disso, o objetivo deste trabalho é analisar de forma objetiva as principais características da novel lei. Para ficar mais didático, analisar-se-á primeiro as características que remontam à citada resolução e, em seguida, as demais.

1. Manutenção dos critérios da Resolução 237/97 do Conama

a) Único nível de licenciamento ambiental

Na esteira do que determinava o artigo 7º da Resolução 237/97 do Conama, a LC 140/2011 consagrou a tramitação do licenciamento ambiental em um único nível de governo:

> Art. 13. Os empreendimentos e atividades são licenciados ou autorizados, ambientalmente, por um único ente federativo, em

> conformidade com as atribuições estabelecidas nos termos desta Lei Complementar.
>
> (...)

b) Participação não vinculante dos demais entes federativos no licenciamento ambiental

A exemplo do que determinavam o parágrafo 1º do artigo 4º, o parágrafo 1º do artigo 5º e o artigo 6º da Resolução 237/97 do Conama, a LC 140/2011 consagrou a participação não vinculante dos demais entes federativos no licenciamento ambiental:

> Art. 13.
>
> (...)
>
> § 1º. Os demais entes federativos interessados podem manifestar-se ao órgão responsável pela licença ou autorização, de maneira não vinculante, respeitados os prazos e procedimentos do licenciamento ambiental.

c) Reconhecimento da competência licenciatória dos municípios

Nos moldes do que estabelecia o artigo 6º da Resolução 237/97 do Conama, a LC 140/2011 consagrou a competência licenciatória dos municípios:

> Art. 9.
>
> (...)
>
> XIV – observadas as atribuições dos demais entes federativos previstas nesta Lei Complementar, promover o licenciamento ambiental das atividades ou empreendimentos:
>
> a) que causem ou possam causar impacto ambiental de âmbito local, conforme tipologia definida pelos respectivos Conselhos Estaduais de Meio Ambiente, considerados os critérios de porte, potencial poluidor e natureza da atividade; ou
>
> b) localizados em unidades de conservação instituídas pelo Município, exceto em Áreas de Proteção Ambiental (APAs);

Isso acabou de uma vez por todas com a tese de que o ente local não poderia licenciar em face da ausência de previsão legal de lei federal nesse sentido.

d) Regulamentação da possibilidade de delegação de atribuições e de ações administrativas

A LC 140/2011 procurou regulamentar a possibilidade de delegação de atribuições e de ações administrativas entre os entes federativos, tendo em vista o cumprimento dos objetivos da lei. É por isso que o inciso V do artigo 3º classifica essa delegação como um instrumento de cooperação institucional, que deve funcionar da seguinte forma:

> Art. 5º. O ente federativo poderá delegar, mediante convênio, a execução de ações administrativas a ele atribuídas nesta Lei Complementar, desde que o ente destinatário da delegação disponha de órgão ambiental capacitado a executar as ações administrativas a serem delegadas e de conselho de meio ambiente.

Parágrafo único. Considera-se órgão ambiental capacitado, para os efeitos do disposto no caput, aquele que possui técnicos próprios ou em consórcio, devidamente habilitados e em número compatível com a demanda das ações administrativas a serem delegadas.

O inciso IV do artigo 5º e o artigo 6º da Resolução 237/97 do Conama previam a possibilidade de celebração de convênio entre a União e os estados e entre os estados e os municípios, respectivamente. A redação da lei transcrita é mais ampla, a ponto de permitir qualquer transação neste sentido, seja com a União repassando atribuições aos municípios ou estes aos estados.

2. Inovações trazidas pela LC 140/2011

a) Adoção do critério da localização ao invés do critério da extensão geográfica dos impactos ambientais diretos como regra geral do licenciamento federal

Enquanto a Resolução 237/97 do Conama tomava como referência pra a definição do órgão licenciador os impactos ambientais diretos da atividade efetiva ou potencialmente poluidora, a LC 140/2011 adota o critério da localização da atividade. As alíneas a, b, c, d e e do inciso XIV do artigo 7º sempre se referem à promoção do licenciamento ambiental dos empreendimentos conforme sua localização ou desenvolvimento.

É que o conceito de impacto ambiental direto envolve certa subjetividade, tornando complexa a identificação do órgão licenciador, o que certamente pode gerar mais conflitos de competência. Por vezes, a delimitação do impacto ambiental direto da atividade só poderá ser feita ao longo do licenciamento ambiental, mormente quando da discussão e da aprovação dos estudos ambientais.

É por essa razão que a lei complementar optou pelo critério da localização da atividade a ser licenciada, não sendo mais relevante a extensão geográfica dos seus impactos ambientais diretos. Como o lugar de localização é onde se situa a atividade, conceito que de certa forma é autoexplicativa, cabe explicar que o lugar de desenvolvimento é aquele que é essencial à implementação ou operação da mesma, embora nele ela não se situe — o exemplo mais corriqueiro seria o de um canteiro de uma obra de infraestrutura.

Vale dizer que nem os incisos XIV e XV do artigo 8º nem inciso XIV do artigo 9º, que dispõem respectivamente sobre a competência licenciatória dos estados e dos municípios, fazem menção ao critério da localização. Contudo, o fato de o inciso XIV do artigo 7º fazê-lo no que diz respeito à competência licenciatória da União gera efeitos imediatos sobre a competência dos estados, posto que a adoção do critério da localização aumenta as atribuições estaduais e restringe as federais.

b) Possibilidade de avocação de competências por parte da União

É possível verificar o desrespeito ao federalismo cooperativo instituído pelo artigo 23 e pelo caput do artigo 225 da Constituição da República no seguinte dispositivo da LC 140/2011, que permite na prática a possibilidade de avocação de competências licenciatórias por parte da União em prejuízo dos estados e dos municípios:

> Art. 7º. São ações administrativas da União:
>
> (...)
>
> XIV - promover o licenciamento ambiental de empreendimentos e atividades:
>
> (...)
>
> h) Atividades que atendam tipologia estabelecida por ato do Poder Executivo, a partir de proposição da Comissão Tripartite Nacional, assegurada a participação de um membro do CONAMA, e considerados os critérios de porte, potencial poluidor e natureza da atividade ou empreendimento.
>
> (...)

> Parágrafo único. O licenciamento dos empreendimentos cuja localização compreenda concomitantemente áreas das faixas terrestre e marítima da zona costeira será de atribuição da União exclusivamente nos casos previstos em tipologia estabelecida por ato do Poder Executivo, a partir de proposição da Comissão Tripartite Nacional, assegurada a participação de um membro do Conselho Nacional do Meio Ambiente (Conama) e considerados os critérios de porte, potencial poluidor e natureza da atividade ou empreendimento.

Na prática, a despeito da referência aos critérios de porte, potencial poluidor e natureza da atividade ou empreendimento, isso significa que o Poder Executivo federal poderá avocar atividades específicas para fazer o licenciamento (o Decreto 8.437/2015 fez isso com atividades da área de infraestrutura). É nítida a inconstitucionalidade do dispositivo, que afronta a autonomia administrativa dos estados, do Distrito Federal e dos municípios prevista no artigo 18 e no artigo 60 da Carta Magna, já que na prática isso acaba criando uma hierarquia e estabelecendo uma superioridade entre a União e os demais entes federativos.

c) Submissão da competência sancionatória à competência licenciatória

É sabido que o parágrafo 3º do artigo 17 da LC 140 abre margem para que qualquer ente federativo possa fiscalizar e aplicar sanções administrativas. Contudo, o mesmo dispositivo determina que deverá prevalecer a sanção administrativa aplicada pelo ente federativo responsável pelo licenciamento ambiental. Dessa forma, a competência sancionatória está submetida à competência licenciatória, ainda que em um primeiro momento possa ocorrer uma desvinculação.

d) Tríplice divisão da competência administrativa em matéria ambiental

A LC 140/2011 estabeleceu a tríplice divisão da competência administrativa em matéria ambiental, visto que a responsabilidade para fiscalizar, para sancionar e para licenciar passaram a seguir regimes jurídicos distintos. À primeira vista o que parece ter ocorrido é uma vinculação da fiscalização ao licenciamento ambiental, o que por certo incluiria também a imposição de sanções (embora isso não tenha ficado expresso), haja visto o que determinam o inciso XIII do artigo 7º, o inciso XIII do artigo 8º e o inciso XIII do artigo 9º da citada lei.

Isso significa que em tese os entes federativos só poderiam fiscalizar e aplicar sanções nas atividades de sua competência licenciatória, nos moldes do que determinam o inciso XIV do artigo 7º, o inciso XIV do artigo 8º, o inciso XIV do artigo 9º e o caput do artigo 17. Entretanto, a própria lei complementar no parágrafo 3º do artigo 17 aponta um caminho diferente ao determinar que todos podem fiscalizar e impor sanções administrativas, embora a sanção administrativa ou o entendimento do ente licenciador é que deva prevalecer. Com isso, a competência fiscalizatória é comum e irrestrita, a sancionatória é comum mas sujeita à definição do ente responsável pelo licenciamento ao passo que a competência licenciatória é privativa.

e) **Vinculação da competência para conceder autorizações à competência licenciatória**

Em compasso com o reconhecimento do único nível de competência para o licenciamento ambiental, a LC 140/2011 estabeleceu que cabe ao órgão responsável pela concessão da licença ambiental analisar o pedido da autorização ambiental. A alteração foi inteligente ao vincular a autorização para supressão de vegetação ao órgão competente pelo licenciamento ambiental, no intuito de impedir que seja suprimida a vegetação de um empreendimento cujo licenciamento ambiental não for viável.

f) **Incumbência do estado para autorizações florestais nos imóveis rurais**

De acordo com a LC 140/2011, as autorizações para supressão e gestão florestal são de competência do órgão estadual de meio ambiente:

> Art. 8º. São ações administrativas dos Estados:
>
> (...)
>
> XVI - aprovar o manejo e a supressão de vegetação, de florestas e formações sucessoras em:
>
> a) florestas públicas estaduais ou unidades de conservação do Estado, exceto em Áreas de Proteção Ambiental (APAs);
>
> b) imóveis rurais, observadas as atribuições previstas no inciso XV do art. 7º; e
>
> c) atividades ou empreendimentos licenciados ou autorizados, ambientalmente, pelo Estado;

É claro que o comando transcrito diz respeito apenas às situações em que não há licenciamento ambiental vinculado, o que é uma situação comum na zona rural. Caso contrário, o órgão competente será sempre o ente licenciador em função do que reza o parágrafo 2º do artigo 13 da lei citada.

g) Submissão da competência licenciatória municipal aos conselhos estaduais de Meio Ambiente

A definição da competência licenciatória municipal foi em regra delegada aos conselhos estaduais de Meio Ambiente:

> Art. 9º. São ações administrativas dos Municípios:
>
> XIV - observadas as atribuições dos demais entes federativos previstas nesta Lei Complementar, promover o licenciamento ambiental das atividades ou empreendimentos:
>
> a) que causem ou possam causar impacto ambiental de âmbito local, conforme tipologia definida pelos respectivos Conselhos Estaduais de Meio Ambiente, considerados os critérios de porte, potencial poluidor e natureza da atividade;

Com efeito, inexistem garantias de que o Poder Executivo estadual não caia na tentação de estadualizar ou de não municipalizar atribuições de interesse local com o intuito de facilitar ou de dificultar o controle ambiental ou de simplesmente concentrar poder. Importa salientar que os órgãos estaduais de meio ambiente quase sempre têm a maioria no seu respectivo conselho.

A citada lei complementar desrespeitou o pacto federativo e resvalou em inconstitucionalidade ao colocar em xeque a autonomia administrativa dos municípios. Ressalte-se também a falta de legitimidade política, porque não caberá ao parlamento estadual liberar, e sim a um órgão integrante do Poder Executivo estadual.

h) Adoção dos instrumentos de cooperação

A LC 140/2011, no intuito de colaborar para a concretização do federalismo cooperativo em matéria ambiental, dispôs sobre os instrumentos de cooperação institucional. A ideia é que os entes federativos possam discutir e celebrar compromissos diretamente, notadamente para levar em consideração as peculiaridades estaduais e locais:

> Art. 4º. Os entes federativos podem valer-se, entre outros, dos seguintes instrumentos de cooperação institucional:

> I - consórcios públicos, nos termos da legislação em vigor;
>
> II - convênios, acordos de cooperação técnica e outros instrumentos similares com órgãos e entidades do Poder Público, respeitado o art. 241 da Constituição Federal;
>
> III - Comissão Tripartite Nacional, Comissões Tripartites Estaduais e Comissão Bipartite do Distrito Federal;
>
> IV - fundos públicos e privados e outros instrumentos econômicos;
>
> V - delegação de atribuições de um ente federativo a outro, respeitados os requisitos previstos nesta Lei Complementar;
>
> VI - delegação da execução de ações administrativas de um ente federativo a outro, respeitados os requisitos previstos nesta Lei Complementar.

i) Regulamentação da atuação subsidiária

O inciso III do artigo 2º da LC 140/2011 classifica a atuação subsidiária como a "ação do ente da Federação que visa a auxiliar no desempenho das atribuições decorrentes das competências comuns, quando solicitado pelo ente federativo originariamente detentor das atribuições definidas nesta Lei Complementar". A matéria foi disciplinada da seguinte maneira:

> Art. 16. A ação administrativa subsidiária dos entes federativos dar-se-á por meio de apoio técnico, científico, administrativo ou financeiro, sem prejuízo de outras formas de cooperação.
>
> Parágrafo único. A ação subsidiária deve ser solicitada pelo ente originariamente detentor da atribuição nos termos desta Lei Complementar.

j) Regulamentação da atuação supletiva

Pela leitura do artigo 10 da Lei 6.938/81, somente o Ibama era distinguido com esse tipo de competência. O inciso II do artigo 2º da LC 140 conceitua a atuação supletiva como a "ação do ente da Federação que se substitui ao ente federativo originariamente detentor das atribuições, nas hipóteses definidas nesta Lei Complementar". A matéria foi disciplinada da seguinte maneira:

> Art. 15. Os entes federativos devem atuar em caráter supletivo nas ações administrativas de licenciamento e na autorização ambiental, nas seguintes hipóteses:
>
> I - inexistindo órgão ambiental capacitado ou conselho de meio ambiente no Estado ou no Distrito Federal, a União deve desempenhar as ações administrativas estaduais ou distritais até a sua criação;
>
> II - inexistindo órgão ambiental capacitado ou conselho de meio ambiente no Município, o Estado deve desempenhar as ações administrativas municipais até a sua criação; e
>
> III - inexistindo órgão ambiental capacitado ou conselho de meio ambiente no Estado e no Município, a União deve desempenhar as ações administrativas até a sua criação em um daqueles entes federativos.

l) Atribuição de responsabilidade à Comissão Tripartite Nacional

A LC 140/2011 atribuiu à CTN a condição de instrumento de cooperação institucional:

> Art. 4º. Os entes federativos podem valer-se, entre outros, dos seguintes instrumentos de cooperação institucional:
>
> (...)
>
> III - Comissão Tripartite Nacional, Comissões Tripartites Estaduais e Comissão Bipartite do Distrito Federal;

A lei em questão atribuiu à CTN o poder de propor tipologias para deslocar ao âmbito federal casos de licenciamento ambiental de competência estadual:

> Art. 7º. São ações administrativas da União:
>
> (...)
>
> XIV - promover o licenciamento ambiental de empreendimentos e atividades:
>
> (...)
>
> h) Atividades que atendam tipologia estabelecida por ato do Poder Executivo, a partir de proposição da Comissão Tripartite Nacional, assegurada a participação de um membro do CONAMA,

> e considerados os critérios de porte, potencial poluidor e natureza da atividade ou empreendimento.
>
> (...)
>
> Parágrafo único. O licenciamento dos empreendimentos cuja localização compreenda concomitantemente áreas das faixas terrestre e marítima da zona costeira será de atribuição da União exclusivamente nos casos previstos em tipologia estabelecida por ato do Poder Executivo, a partir de proposição da Comissão Tripartite Nacional, assegurada a participação de um membro do Conselho Nacional do Meio Ambiente (Conama) e considerados os critérios de porte, potencial poluidor e natureza da atividade ou empreendimento.

Daí se atribuir à institucionalização da CTN a tentativa de enfraquecer o Conama, que teria mais legitimidade para desempenhar esse papel. Por outro lado, cabe dizer que no âmbito estadual essas comissões ficaram sem um papel de importância.

TEMOS DIREITO A UM MEIO AMBIENTE VERDADEIRAMENTE OLÍMPICO

13 de agosto de 2016

Eduardo Coral Viegas

A pegação geral nas vilas onde ficam os atletas é regra nos Jogos Olímpicos. A revista Superinteressante publicou reportagem sobre o assunto, entrevistando quem já habitou temporariamente as vilas, e destacou que até mais de 70% dos competidores fazem sexo no período, inclusive muitas vezes ao dia, e que a "sacanagem" é homérica. Os relatos são confirmados com números: o Comitê Olímpico de 2016 está distribuindo aos atletas toneladas de camisinhas, uma média de seis para cada pessoa por dia. Realmente, são dados de fôlego!

Mas não é sobre esse "ambiente olímpico" que vamos focar esta coluna. Chegaremos ao ponto logo após lembrar o que estão dizendo de nós ao redor do mundo. Depois de críticas e mais críticas pela falta de organização, obras mal executadas ou inacabadas, promessas descumpridas, parece tudo ter sido superado por uma abertura encantadora. O que dizem é que, com pouco dinheiro — se comparado aos eventos anteriores —, se fez algo original, impecável, com a marca do Brasil em termos de alegria, cores, arte, musicalidade. Enfim, que o Maracanã estava digno de receber Gisele Bündchen para seu último desfile; um ambiente top para a mais Top das tops.

Embalados pelo voo do 14 Bis, podemos dar um giro pela opinião da imprensa estrangeira, que se pautou por análises negativas pontuais, especialmente sobre a fase de preparação da Olimpíada, mas se rendeu aos encantamentos brasileiros da abertura das festividades. O americano The New York Times definiu a cerimônia como deslumbrante. A rede BBC, em um tuíte, destacou a reação positiva de seus leitores nas redes sociais e disse que estavam impressionados com o que estavam assistindo. Na manhã seguinte, o espanhol El País disse que o Maracanã reinava absoluto nos jornais, estampando a palavra "sucesso" em seu periódico. O francês Le Figaro descreveu o clima como alegre, emocionante e musical.

Sim, a organização focou a cultura, os povos que escravizaram os índios nativos, os africanos que aqui foram escravizados, as cores, a música, a dança, o gingado tipicamente brasileiro, o esporte — como não poderia deixar de ser —, mas concentrou boa parte do precioso tempo fazendo um alerta para a quase metade do planeta que estava ligada na cerimônia de abertura: os riscos ambientais.

Talvez a melhor expressão não seja riscos ambientais, pois ela nos leva à ideia de algo provável, possível. De fato, estamos vivendo em uma sociedade de risco — conforme preconizou o sociólogo alemão Ulrich Beck; porém, os impactos de nossas ações são evidentes e irreversíveis, são reais, e não apenas potenciais.

Enquanto na etapa pré-olímpica o centro do problema ambiental foi o saneamento e, por consequência, a poluição das águas do Rio de Janeiro, a cerimônia de abertura deu mais atenção ao aquecimento global e às suas repercussões. Ambos são assuntos sensíveis. Tanto no tocante à poluição dos recursos hídricos mundiais quanto ao aquecimento atmosférico, ultrapassamos o tempo de alerta para os riscos, que foram muitos, reiterados, mas pouco levados a sério por quem detinha o poder de fazer algo para mudar os fatos.

Como o homem não tomou atitudes preventivas, os danos implementaram-se. Com isso, é possível afirmar que, apesar das eventuais medidas futuras para a redução na emissão de gases de efeito estufa, o planeta já é mais quente do que antes. E em que isso nos atinge? É, estamos sempre preocupados conosco, com o nosso; com o meu, com os meus! Bom, a festa de inauguração dos jogos mostrou o derretimento das calotas polares, o aumento do nível dos mares, a simulação de alagamento das cidades.

O que se pode ainda fazer, para ontem e seriamente, é reduzir as formas e graus de agressão à natureza. No plano ideal, espera-se da humanidade também a restauração dos processos ecológicos afetados, como determina a Constituição brasileira (artigo 225, parágrafo 1º, I).

Ainda assim, é bom reforçar, o restabelecimento da natureza em sua forma original é anseio utópico. Não é à toa que os princípios da prevenção e da precaução são dos mais importantes no Direito Ambiental. Diferenciam-se porque no primeiro há certeza científica sobre os danos ambientais; no último, há incerteza na ciência sobre os danos. A propósito, é interessante lembrar que foi justo no Rio de Janeiro, na ECO-92, que o princípio da precaução acabou sendo oficialmente conhecido e reconhecido no plano internacional (Princípio 15 da Declaração do Rio).

A reparação dos danos, por meio da tríplice forma de responsabilização — civil, penal e administrativa —, só deve ser buscada quando os esforços de evitação do resultado danoso tiverem sido inexitosos. Isto é, a responsabilidade pelos danos ambientais (artigo 225, parágrafo 3º, CF) representa o fracasso humano na implementação dos princípios da prevenção e da precaução, que são primordiais para a preservação ambiental, para o desenvolvimento sustentável.

O reconhecimento de que vivemos em uma sociedade de risco nos leva a também admitir que o mundo está interligado, pelo que as repercussões do que se decide em algum lugar do planeta não respeitam fronteiras. Os riscos já não se limitam a lugares ou grupos, contendo uma tendência à globalização.

Por causa disso, a mensagem dos organizadores da Olimpíada é moderna, atual e atinge a todos. Ela repercute na vida dos presentes no estádio, das autoridades, dos brasileiros e estrangeiros que acompanham os jogos, dos três bilhões que assistiram à abertura, assim como na vida daqueles que estão por vir, as futuras gerações de que trata o artigo 225 da CF. Aí está, o Direito Ambiental é intergeracional, e essa é mais uma de suas peculiaridades.

Que alerta importante! Ponto para quem organizou a abertura dos jogos. Outros tantos pontos por terem planejado a Olimpíada com foco em três pilares: uso eficiente de recursos, baixa emissão de carbono e gestão de resíduos. Houve preocupação com o aproveitamento da água da chuva, iluminação com luminárias de led que economizam até 90% de energia, sistema inteligente de controle de ar condicionado, utilização de placas de energia solar.

Essas atitudes estão em plena convergência com as conclusões da mais recente Conferência Ambiental das Nações Unidas, igualmente realizada no Rio de Janeiro, a Rio+20 (2012), que foi concluída com a elaboração do documento O futuro que queremos, e na qual foi dada grande ênfase à adoção de medidas efetivas para o combate ao aquecimento global e para a adoção de formas de produção de energia limpa em substituição ao padrão usual.

O bom exemplo adotado pela organização da Olimpíada merece ser festejado. Preocupa-me, no entanto, que não seja apenas "para inglês ver", que sirva de norte para os empreendimentos públicos e privados quando os holofotes mundiais não estiverem mais virados para as telas de TV atrás de recordes e medalhas.

Falando em exemplos, o Brasil teve mais uma ideia de destaque internacional: cada atleta presente na cerimônia de abertura dos jogos ganhou uma semente de vegetação nativa e plantou-a em potinhos individuais. Quando brotarem e se transformarem em mudas, serão levadas ao solo, formando uma mata como legado da Olimpíada de 2016. Será a denominada "Floresta dos Atletas". Não há dúvida, trata-se de uma mensagem política impactante de sustentabilidade, partindo do país que detém o último "jardim" do mundo.

Inobstante, as 12 mil árvores — ou as que vingarem — não constituirão floresta alguma. No máximo uma "matinha". Então, é importante olharmos para como temos preservado nossa verdadeira floresta, a Amazônica, que é patrimônio nacional (artigo 225, parágrafo 4º, CF).

O Imazon divulgou agora em julho recente pesquisa que aponta um aumento de 97% no desmatamento da Floresta Amazônica comparando-se os meses de junho de 2015 e 2016. Quais são as causas desse incremento de quase 100%? Pode haver relação com a crise financeira, a "lava jato" e a Olimpíada? Difícil dizer. As causas podem ser muitas, mas até vislumbro a possibilidade de que a "lava jato" e a Olimpíada tenham conexão com o fato. As causas óbvias e rotineiras, como má gestão e a dominação do interesse econômico, não abordarei neste espaço.

Ocorre que os desmatamentos ilegais são coisa de verdadeiros criminosos. Os que devastaram mais de 90% da Mata Atlântica agora estão concentrados em acabar com a Amazônia. Logo, caso de polícia!

Como a Polícia Federal tem um efetivo limitado, que não pode ser ampliado por conta da olímpica crise econômica, e haja vista as necessidades do efetivo para a Copa do Mundo, "lava jato" e Olimpíada, devendo-se considerar ainda as muitas horas despendidas na preparação dos policiais, sobretudo para os eventos mundiais, suponho que o trabalho de combate ao desmatamento amazônico esteja sendo relegado a segundo plano.

Aliás, não raro é assim: surgindo crise econômica ou conflito de prioridades, o ambiente acaba "pagando o pato", assim como a sociedade também paga a conta da corrupção generalizada que assola o Brasil historicamente e de forma mais clara nos últimos anos.

Bem que os brasileiros poderiam ter recebido um legado mais consistente desse encontro esportivo único, como aponta o jornalista André Trigueiro em seu perfil do Facebook (publicação de 6 de agosto):

Quis o destino que a cerimônia de abertura mais ecológica da História dos Jogos acontecesse na cidade que desprezou o legado ambiental mais importante (o avanço do saneamento básico na Baía de Guanabara) e num país ameaçado por vários projetos de Lei que tentam inutilizar a ferramenta do licenciamento ambiental.

Em dado momento da abertura olímpica, surgiu o questionamento: será que tem jeito? Neste ponto reflexivo do texto, assim como fizeram os organizadores da bela festa inaugural dos jogos, reporto-me ao poema A flor e a Náusea, de Drummond, para dizer que devemos nos agarrar à flor que surge do nada para nos dar esperanças de superação das crises que nos alcançam: ambiental, econômica e, especialmente, ética. Eis o que diz o poeta para refletirmos e agirmos:

> *Uma flor nasceu na rua!*
> *Passem de longe, bondes, ônibus, rio de aço do tráfego.*
> *Uma flor ainda desbotada ilude a polícia, rompe o asfalto.*
> *Façam completo silêncio, paralisem os negócios, garanto que uma flor nasceu.*
> *Sua cor não se percebe.*
> *Suas pétalas não se abrem.*
> *Seu nome não está nos livros.*
> É feia. Mas é realmente uma flor.

É hora de dizermos CHEGA! Não toleramos mais corrupção, e estamos mostrando isso de diversas formas, inclusive tomando as ruas para protestar contra o fato danoso que a improbidade administrativa gera, não contra este ou àquele, tanto que todos os envolvidos, independentemente de sua agremiação partidária, têm sofrido com as reações populares.

Nessa linha, não devemos mais produzir ou aceitar um ambiente por metade, um "meio ambiente". A atual e as futuras gerações humanas, de todas as partes do mundo, têm direito a um ambiente verdadeiramente olímpico.

A ORDEM PÚBLICA AMBIENTAL E A SUSPENSÃO DE LIMINARES NAS AÇÕES AMBIENTAIS

20 de agosto de 2016

Álvaro Mirra

A suspensão de liminares contrárias ao poder público é instituto processual disciplinado em diversas leis esparsas — Lei 7.347/1985 (artigo 12, parágrafo 1º), Lei 8.437/1992 (artigo 4º), Lei 9.494/1997 (artigo 1º) e Lei 12.016/2009 (artigo 15) —, destinado a propiciar a suspensão da eficácia de medidas cautelares e de antecipações de tutela concedidas em mandados de segurança, ações sob procedimento comum, ações civis públicas e ações populares movidas em face do poder público ou seus agentes, em caso de manifesto interesse público, para evitar grave lesão à ordem, à saúde, à segurança e à economia públicas. De natureza jurídica controvertida, a suspensão de liminares pode ser considerada como contracautela incidental ao processo[1], cujo julgamento é de competência privativa do presidente do tribunal ao qual se atribui o conhecimento do recurso passível de interposição contra a decisão impugnada.

Por intermédio da medida em questão, busca-se a salvaguarda de interesses públicos *privilegiados*[2] — a ordem, a saúde, a segurança e a economia públicas —, passíveis de serem lesados pela execução da tutela de urgência deferida pela instância inferior em demandas propostas em face do ente público. No âmbito da suspensão de liminares, não se reexamina a decisão proferida, em virtude de *error in procedendo* ou *error in judicando*, mas unicamente a existência de risco a valores tidos pela lei como superiores (ordem pública etc.), que, independentemente do acerto ou não do *decisum* proferido pela instância inferior, devem, no caso, ser prestigiados[3].

Registre-se, no ponto, que a suspensão de liminares é medida excepcional[4], já que implica a sumária retirada da eficácia de decisão judicial por autoridade diversa daquela incumbida do reexame da matéria pela via recursal própria e adequada prevista em lei, unicamente em vista da tutela do interesse público[5].

Questão interessante na matéria diz respeito à possibilidade de enquadramento da proteção do meio ambiente no conceito de ordem pública passível de tutela pela via da suspensão de liminares. Vale dizer: pode-se falar em uma ordem pública ambiental a ser preservada pela via do instituto processual em questão?

Em termos gerais, a ordem pública está relacionada aos valores mais importantes para a sociedade, necessários à promoção e à manutenção da organização e da harmonia sociais e do bem-estar de todos[6]. Noção variável no tempo, tem se expandido consideravelmente, desde a sua concepção tradicional, que a restringia à tranquilidade, à segurança e à salubridade públicas, para abarcar valores outros que passaram a ser reconhecidos com a marca da sua prevalência na sociedade[7]. Significa a ordem pública, pura e simplesmente, a ausência de perturbações ou desordens[8] ou, em um sentido mais amplo, a ordenação harmoniosa da vida social a cargo do Estado[9]. Por seu intermédio, limita-se o exercício de direitos e liberdades, não só a fim de evitar ou fazer cessar condutas contrárias à ordem, como também para assegurar o próprio exercício pleno dos direitos e das liberdades, em busca da obtenção do equilíbrio necessário à tranquilidade social[10].

Considerada a relevância da proteção do meio ambiente para o funcionamento da sociedade humana e para a vida e a qualidade de vida dos serem humanos presentes e futuros, reconhecida, inclusive, constitucionalmente (artigo 225 da CF), não é difícil de integrar a dimensão ambiental ou ecológica na noção de ordem pública, como forma de promover a organização e a harmonia sociais e o bem-estar de todos[11]. A ordem pública ambiental, nesses termos, deve ser compreendida como a ausência de perturbações ou degradações ambientais[12] ou, se se preferir, como o estado de equilíbrio harmônico entre o homem e o seu ambiente, a ser assegurado pelo Estado[13].

Por meio da ordem pública ambiental ou ecológica limitam-se direitos e liberdades fundamentais, a fim de garantir a realização do direito, igualmente fundamental, de todos ao meio ambiente ecologicamente equilibrado[14], consagrado na Constituição. Ademais, a necessidade de preservação da ordem pública ambiental ou ecológica pode ir até o ponto de impor coativamente — mesmo pela via judicial — à autoridade incumbida do exercício do poder de polícia ambiental o dever de agir no sentido de controlar e fiscalizar as atividades degradadoras do meio ambiente[15], tarefa irrenunciável do poder público para evitar a ocorrência de lesões à qualidade ambiental[16].

Nesses termos, admitida a existência de uma ordem pública ambiental pelo ordenamento jurídico brasileiro, não há como afastar a sua consideração e a sua tutela na utilização do instituto da suspensão de liminares concedidas em face dos entes públicos.

Interessante mencionar, aqui, que a jurisprudência dos tribunais superiores parece, de fato, caminhar nessa direção, já que, segundo se tem entendido, a ordem pública protegida no âmbito da suspensão de liminares pelos presidentes dos tribunais não se limita mais à ordem administrativa ou aos "altos interesses administrativos", expressos na normal execução do serviço, no regular andamento das obras e no devido exercício das funções da administração[17], passando a abarcar, por igual, a proteção do meio ambiente como valor autônomo[18].

Portanto, admite-se, hoje, no âmbito do Supremo Tribunal Federal e do Superior Tribunal de Justiça, a existência de uma dimensão ambiental ou ecológica na noção atual de ordem pública, com a consagração no ordenamento jurídico nacional de uma ordem pública ambiental a ser preservada, suscetível de autorizar a proteção da qualidade ambiental como valor em si mesmo meritório de especial tutela, pela via do instituto da suspensão de liminares. Dito de outra maneira, as nossas mais altas cortes de Justiça têm reconhecido que a proteção do meio ambiente configura interesse público privilegiado, de tal sorte que a degradação ambiental pode implicar, e no mais das vezes implica realmente, grave lesão à ordem pública, em sua vertente ecológica ou ambiental, suscetível de justificar a tutela por intermédio da medida judicial excepcional em questão.

Disso tudo resulta que a necessidade de tutela da qualidade ambiental pode levar, em muitas circunstâncias, à suspensão, pelo presidente do tribunal, da eficácia de liminares — cautelares ou antecipatórias — concedidas pelas instâncias inferiores em benefício de interesses privados, a fim de assegurar o exercício do poder de polícia ambiental pela autoridade administrativa, com base, notadamente, nos princípios da prevenção e da precaução, assumindo a proteção do meio ambiente posição preponderante, frente ao risco de grave lesão à ordem pública, em sua dimensão ambiental[19].

E não é só. Admitido que a ordem pública a ser salvaguardada pelo instituto processual da suspensão de liminares é, igualmente, a ordem pública ambiental, torna-se possível, ainda, a prevalência da proteção do meio ambiente nas hipóteses de decisões proferidas em ações civis públicas ambientais ajuizadas em face do poder público por algum dos legitimados ativos discriminados no artigo 5º da Lei 7.347/1985 (Ministério Público, Defensoria Pública, associações civis).

Nesses casos, pleiteada a suspensão da execução de liminar favorável ao meio ambiente, concedida em ação civil pública, sob o fundamento do risco de grave lesão à ordem público-administrativa e/ou à economia pública, como normalmente se dá na prática, a necessidade de preservação da ordem pública ambiental, também protegida pelo instituto, levará o presidente do tribunal, obrigatoriamente, no mínimo, à realização da ponderação de interesses públicos privilegiados[20] — ordem pública ambiental *versus* ordem público-administrativa ou economia pública —, com ampla possibilidade de preponderância do interesse relacionado à proteção do meio ambiente, notadamente em função da natureza e da frequente irreversibilidade do dano temido à qualidade ambiental. Em tal circunstância, evidenciado o risco de grave lesão inverso, pelo atentado potencial à ordem pública ambiental, fica autorizada a manutenção da eficácia da decisão proferida em favor do meio ambiente, relegada a discussão aprofundada da matéria, quanto ao acerto ou desacerto do *decisum*, para o âmbito do recurso próprio cabível, sujeito a exame pelo órgão recursal competente[21].

Referências

1 DINAMARCO, Cândido Rangel. Suspensão do mandado de segurança pelo presidente do tribunal. In: DINAMARCO, Cândido Rangel. *Fundamentos do processo civil moderno*. 5ª ed. São Paulo: Malheiros, 2002, tomo I, p. 613-614. Ainda: STF – Tribunal Pleno – AgRg na SS/DF n. 846 – j. 29.05.1996 – rel. min. Sepúlveda Pertence.

2 STF – Tribunal Pleno – AgRg na SS n. 1149/PE – j. 03.04.1997 – rel. min. Sepúlveda Pertence.

3 STJ – Corte Especial – AgRg na SS n. 1642/CE – j. 07.02.2007 – rel. min. Barros Monteiro; STJ – Corte Especial – AgRg na SLS n. 1071/SC – j. 18.08.2010 – rel. min. Cesar Asfor Rocha; STJ – Corte Especial – AgRg na SLS n. 1753/MG – j. 07.08.2013 – rel. min. Felix Fischer. Em doutrina: DINAMARCO, Cândido Rangel, op. cit., p. 62; ZAVASCKI, Teori Albino. *Antecipação de tutela*. 6ª ed. São Paulo: Saraiva, 2008, p. 209; RODRIGUES, Marcelo Abelha. A suspensão de segurança. In: SUNDFELD, Carlos Ari; BUENO, Cássio Scarpinella. *Direito processual público*: a Fazenda Pública em Juízo. São Paulo: SBDP /

Malheiros, 2003, p. 152; BUENO, Cássio Scarpinella. *Curso sistematizado de direito processual*: direito processual coletivo e direito processual público. São Paulo: Saraiva, 2010, v. 2, tomo III, p. 71; VENTURI, Elton. *Suspensão de liminares e sentenças contrárias ao Poder Público*. 2ª ed. São Paulo: Revista dos Tribunais, 2010, p. 48.

4 STF – Sessão Plenária – AgRg na SS n. 4.242/RJ – j. 18.05.2011 – rel. min. Cezar Peluso.

5 VENTURI, Elton, op. cit., p. 28; ZAVASCKI, Teori Albino, op. cit., p. 210-211. Parte-se, aqui, da orientação ainda prevalente nos tribunais a respeito da constitucionalidade do instituto da suspensão de liminares e sentenças contrárias ao Poder Público, o que é contestado por parcela expressiva da doutrina. Ver, a propósito, VENTURI, Elton; ROTHENBURG, Walter Claudius. O controle de constitucionalidade das decisões de suspensão de provimentos judiciais contrários ao Poder Público (RePro, n. 256, junho/2016, p. 257-291), em que os autores analisam a inconstitucionalidade do instituto, com ampla referência à doutrina.

6 BELAIDI, Nadia. Droits de l'homme, environnement et ordre public: la garantie du bien être. In: BOUTELET, Marguerite; FRITZ, Jean-Claude (coord.). *L'ordre public écologique*: towards an ecological public order. Bruxelles: Bruylant, 2005, p. 58; VINCENT-LEGOUX, Marie-Caroline. L'ordre public écologique en droit interne. In: BOUTELET, Marguerite; FRITZ, Jean-Claude (coord.). *L'ordre public écologique*: towards an ecological public order, cit, p. 82-83.

7 PRIEUR, Michel. *Droit de l'environnement*. 2ª ed. Paris: Dalloz, 1991, p. 57; BELAIDI, Nadia, op. cit., p.76; VINCENT-LEGOUX, Marie-Caroline, op. cit., p. 82.

8 CABALLERO, Francis, *Essai sur la notion juridique de nuisance*. Paris: LGDJ, 1981, p. 20.

9 VINCENT-LEGOUX, Marie-Caroline, op. cit., p. 82; CARLIN, Volnei Ivo. *Direito administrative*: doutrina, jurisprudência e Direito Comparado. Florianópolis: OAB/SC Editora, 2001, p. 145.

10 BELAIDI, Nadia, op. cit., p. 58, 77-78; VINCENT-LEGOUX, Marie-Caroline, op. cit., p. 82-85.

11 No Brasil, fazem alusão a uma ordem pública ambiental, a ser preservada pelo exercício do poder de polícia ambiental, DINO, Flávio e DINO NETO, Nicolao. In: DINO NETO, Nicolao; BELO FILHO, Ney; DINO, Flávio. *Crimes e infrações administrativas ambientais*. 3ª ed. Belo Horizonte: Del Rey, 2011, p. 397. No sentido de uma ordem pública ambiental constitucionalizada, BENJAMIN, Antônio Herman V. Constitucionalização do ambiente e ecologização da Constituição brasileira. In: CANOTILHO, José Joaquim Gomes; LEITE, José Rubens Morato. *Direito ambiental constitucional brasileiro*. 6ª ed. São Paulo: Saraiva,

2015, p. 100; MILARÉ, Édis. *Direito do ambiente.* 9ª ed. São Paulo: Revista dos Tribunais, 2014, p. 263.

12 CABALLERO, Francis, op. cit., p. 20 e 35.

13 PRIEUR, Michel, op. cit., p. 57-58.

14 VINCENT-LEGOUX, Marie-Caroline, op. cit., p. 91 e 104.

15 VINCENT-LEGOUX, Marie-Caroline, op. cit., p. 95-96.

16 STJ – 2ª T. – REsp n. 1.071.741/SP – j. 24.03.2009 – rel. min. Herman Benjamin; STJ – 1ª T. – AgRg no REsp n. 1.001.780/PR – j. 27.09.2011 – rel. min. Teori Zavascki.

17 MEIRELLES, Hely Lopes. *Mandado de segurança, ação popular, ação civil pública, mandado de injunção "habeas data".* 12ª ed. São Paulo: Revista dos Tribunais, 1989, p. 58.

18 STF – Sessão Plenária – AgRg na SS n. 209/SP – j. 16.03.1988 – rel. min. Rafael Mayer, com voto vencedor nesse mesmo sentido do min. Moreira Alves; STF – Sessão Plenária – AgRg na STA n. 118-6/RJ – j. 12.12.2007 – rel. min. Ellen Gracie.

19 STJ – Corte Especial – AgRg na SS n. 1642/CE – j. 07.02.2007 – rel. min. Barros Monteiro; STJ – Corte Especial – AgRg na SLS n. 1.419/DF – j. 01.08.2013 – rel. min. Ari Pargendler; rel. p/ acórdão min. João Otávio de Noronha.

20 RODRIGUES, Marcelo Abelha, op. cit., p. 164-165; VENTURI, Elton, op. cit., p. 278-279.

21 STJ – Corte Especial – AgRg na SLS n. 1648/SP – j. 03.10.2012 – rel. min. Felix Fischer; STJ – Corte Especial – AgRg na SLS n. 1071/SC – j. 18.08.2010 – rel. min. Cesar Asfor Rocha; STJ – Corte Especial – AgRg na SLS n. 1753/MG – j. 07.08.2013 – rel. min. Felix Fischer; TJSP – Órgão Especial – AgRg n. 2113499-40.2014.8.26.0000/50000 – j. 03.09.2014 – rel. des. Renato Nalin.

ANÁLISE DO CUSTO-BENEFÍCIO EVITA ERROS EM DECISÕES AMBIENTAIS REGULATÓRIAS

27 de agosto de 2016

Gabriel Wedy

O procedimento da análise do custo-benefício é utilizado pelo governo norte-americano e agências federais, em sede de regulação ambiental, para que se evitem decisões equivocadas, enviesadas e causadoras de prejuízos. É um poderoso antídoto contra *biases* comportamentais que afetam o processo decisório.

Exemplos dessa prática nefasta ocorrem em decisões burocráticas e intuitivas, não apenas do Poder Executivo federal, estadual e municipal no Brasil, mas do próprio Poder Judiciário. Enfim, aplica-se a lei, ou executa-se a medida, sem considerarem-se os custos dessa. Clássico exemplo é a aplicação dos princípios da precaução e da prevenção para a tutela do meio ambiente sem uma análise acurada do custo-benefício da medida.

A implementação do procedimento da análise do custo-benefício foi iniciada pelo governo Ronald Reagan com a criação da *White House Office of Information and Regulatory Affairs (Oira)* e a publicação da Ordem Executiva 12.291, de 1981[1]. Foi expedida pelo presidente Bill Clinton a Ordem Executiva 12.866, no ano de 1993, atualizando a regulamentação da matéria.

Ganhou maior importância o referido procedimento na administração do presidente Barak Obama que nomeou como diretor da Oira, o professor da *Harvard Law School*, Cass Sunstein, especialista em Direito Administrativo e práticas regulatórias, sendo um dos grandes defensores da análise do custo-benefício. Orientado por Sunstein, o presidente Barack Obama publicou a Ordem Executiva 13.563, de 18 de janeiro de 2011, com premissas básicas de análise do custo-benefício para serem observadas pelas agências federais e demais setores do governo[2].

Sunstein defende o *compliance* desse procedimento regulatório e o estímulo, armazenamento e circulação de informações dentro das agências federais norte-americanas nos processos decisórios. Agências federais não podem exercer o seu papel regulatório, em causas que envolvem elevadas somas em dinheiro, a menos que os benefícios da medida superem os custos e, também, que a medida regulatória seja capaz de maximizar os benefícios líquidos[3]. Observa-se, por outro lado, preocupação em humanizar o *Estado Regulatório*, pois existem valores que o dinheiro não pode quantificar (o direito à vida, à saúde, à dignidade humana e ao meio ambiente equilibrado, entre outros), sendo essa talvez, a mais consistente e justa crítica que pesa sobre a análise do custo-benefício[4] que possui versões fortes e fracas.

Referida Ordem Executiva minutada por Sunstein e sua equipe tornou possível, apenas para exemplificar, compelir a indústria americana a fabricar refrigeradores, máquinas de lavar louças, máquinas de lavar roupas e outros eletrodomésticos mais eficientes em termos energéticos e, de modo mais abrangente, limitar as emissões de poluentes do ar e dos gases de efeito estufa pelas usinas de energia, o que tem salvo milhares de vidas anualmente[5] e preservado o meio ambiente.

A Suprema Corte Norte-Americana reconheceu recentemente a constitucionalidade e necessidade da adoção do procedimento da análise do custo-benefício em matéria de regulações por parte da *Environmental Protection Agency (EPA)* em *Administration of Environmental Protection Agency v. Eme Homer City Generation* e, também, no caso *Michigan et Al. v. Environmental Protection Agency et Al.*

No último caso, a corte entendeu que embora o *Clean Air Act* determine que a *Environmental Protection Agency (EPA)* regule as emissões de poluentes do ar emitidos pelas usinas energéticas, esta regulação deve ser procedida apenas quando *apropriada e necessária*. A Suprema Corte considerou a conclusão da análise do estudo de impacto regulatório no sentido de que a estimativa do custo da regulação pretendida por parte das usinas de energia seria de US$ 9,6 bilhões por ano, e os benefícios da redução das emissões ficariam entre US$ 4 milhões e US$ 6 milhões. Os custos das usinas energéticas, deste modo, seriam de 1.600 a 2.400 vezes maiores dos que os benefícios quantificáveis com a redução das emissões dos poluentes do ar. Com base no resultado da análise do impacto regulatório, a Suprema Corte, por escassa maioria de 5 a 4 (em um dos últimos julgamentos de que participou o falecido *justice* Scalia), entendeu que a regulação não era apropriada e necessária[6].

Pasmem, em outro caso, pretendeu-se evitar a criação de parque eólico no estado da Califórnia para pretensamente não se colocar em risco a vida de alguns pássaros e morcegos[7], não fosse o procedimento da análise do custo-benefício provavelmente a indústria poluente do carvão e do petróleo continuaria a ser responsável por essa parcela de produção energética.

Importante, com prudência e viés crítico, importar para o Direito brasileiro a ideia da análise do custo-benefício nas decisões regulatórias ambientais: legislativas, judiciais ou administrativas. Dificuldade para se proceder a análise do custo-benefício, no caso brasileiro, é a falta de dados e números para que se possa avaliar quantitativamente custos e benefícios, em especial, em matéria ambiental.

O Estado, talvez via ministérios do Meio Ambiente e da Fazenda, IBGE, Ipea e porque não do CNJ (quando a regulação depender de decisões judiciais), com participação da sociedade, faça a apuração desses números e os três poderes passem a contar com dados ambientais, sociais e econômicos robustos para um procedimento informado de tomada de decisão mais seguro, sustentável, menos intuitivo e liberto de nefastas heurísticas.

Feitas as críticas ao procedimento da análise do custo-benefício, não é nos dado o direito de ignorá-lo sob pena de tomarmos decisões enviesadas[8], "pró-ambiente", "pró-desenvolvimento econômico" e "pró-misero" que, por certo, fogem da equilibrada definição de desenvolvimento sustentável construída, para além dos diplomas internacionais, pelo próprio Poder Constituinte de 1988, nos artigos 170 e 225.

Este, talvez, seja o grande desafio para o futuro de nosso país em matéria regulatória, preparar servidores públicos e juízes para uma análise do custo-benefício ambientalmente responsável e que respeite os direitos fundamentais nos processos decisórios, sem causar paralisia e estagnação econômica[9], além de notáveis retrocessos na proteção ambiental. Em suma, é essencial menos intuição e mais informação nos processos decisórios para que sejam alcançados resultados ambientais, sociais e econômicos positivos em um Estado rico em recursos naturais, mas com escassos recursos econômicos em virtude da permanente pobre e má governança.

Referências

1 SUNSTEIN, Cass; HASTIE, Reid. *Wiser*: Getting Beyound Groupthink to make groups smarter. Cambridge: Harvard Business Review Press, 2015. P. 157-158.

2 Idem. P.105.

3 Idem. P. 140.

4 Uma boa e consistente crítica sobre valores e bens que não podem ser monetarizados pode ser verificada em: SANDEL, Michael. *What's money can't buy?* The moral limits of market. New York: Farrar, Straus and Giroux, 2012.

5 SUNSTEIN, Cass. *Simpler*: The Future of Government. New York: Simon & Schuster, 2013.p.7.

6 United States Supreme Court U.S. 14-46 (2015). Michigan et Al. v. Environmental Protection Agency et All. Fonte: http://supremecourt.gov. Acesso em: 5/8/2015.

7 GERRARD, Michael. *Save birds now or birds later.* Columbia University: New York, 2015. Disponível em: http://web.law.columbia.edu/sites/default/files/microsites/climate-change/gerrard_sidebar_forum_2015_may-june_1.pdf. Acesso em: 20/8/2016.

8 Ver: FREITAS, Juarez. *Hermenêutica jurídica e a ciência do cérebro*: como lidar com automatismos mentais. v. 40 n 130, ano 2013. Revista da Ajuris. Porto Alegre.

9 Sobre os nefastos efeitos paralisantes de decisões, em especial na aplicação do princípio da precaução, ver: SUNSTEIN, Cass. The paralyzing principle. *Chicago Law Review*, 25 Regulation 32 (2003). Fonte: Http://object.cato.org/sites/cato.org/files/serials/files/regulation/2002/12/v25n4-9.pdf. Acesso em: 1/1/2016.

BENS TOMBADOS COMO ESPAÇOS TERRITORIAIS ESPECIALMENTE PROTEGIDOS

3 de setembro de 2016

Marcos Paulo de Souza Miranda

A Constituição Federal Brasileira estabelece em seu artigo 225, *caput*, que todos têm direito ao meio ambiente ecologicamente equilibrado, bem de uso comum do povo e essencial à sadia qualidade de vida, impondo-se ao Poder Público e à coletividade o dever de defendê-lo e preservá-lo para as presentes e futuras gerações.

Para assegurar a efetividade desse direito, segundo o parágrafo 1º, inciso III, do dispositivo citado, incumbe ao Poder Público definir, em todas as unidades da Federação, espaços territoriais e seus componentes a serem especialmente protegidos, sendo a alteração e a supressão permitidas somente através de lei, vedada qualquer utilização que comprometa a integridade dos atributos que justifiquem sua proteção.

Em resumo, as normas constitucionais em análise estabelecem:

a) Que o direito ao meio ambiente pertence a todos (natureza difusa) e que é dever do Poder Público e da coletividade preservá-lo (princípio da intervenção obrigatória), para as presentes e futuras gerações (princípio da solidariedade intergeracional);

b) Que incumbe ao Poder Público definir espaços territoriais e seus componentes a serem especialmente protegidos (princípio da proteção);

c) Que a alteração e supressão de tais espaços somente pode ocorrer através de lei (reserva legal para alteração ou supressão de áreas protegidas);

> d) Que é vedada qualquer utilização que comprometa a integridade dos atributos que justificaram a proteção do espaço territorial (princípio do uso compatível).

Os comandos acima elencados guardam pertinência com o pensamento conservacionista mundial, cabendo-nos lembrar que, de acordo com a União Internacional para Conservação da Natureza (UICN), a instituição de áreas protegidas constitui uma das mais importantes estratégias, em âmbito nacional e internacional, de preservação ambiental, inclusive para a proteção de comunidades humanas e de lugares de grande valor cultural e espiritual[1].

No Peru, por exemplo, o Sistema Nacional de Áreas Naturais Protegidas (Sinanpe), prevê a categoria específica dos Santuários Históricos, que além de proteger espaços naturais relevantes, abrigam mostras do patrimônio cultural monumental do país (como o Santuário Histórico de Machu Picchu) e das reservas paisagísticas, que protegem ambientes cuja integridade geográfica mostra uma relação harmônica entre o homem e a natureza, abrigando valores naturais, culturais e estéticos.[2]

Em consonância, no Brasil, incorporando o conceito holístico de meio ambiente (que não se resume aos elementos meramente naturalísticos) o Sistema Nacional de Unidades de Conservação (que abrange parte significativa das modalidades de áreas protegidas do país) tem como um de seus objetivos exatamente "proteger as características relevantes de natureza geológica, geomorfológica, espeleológica, arqueológica, paleontológica e cultural" (Lei 9.985/2000, art. 4º, VII).

De acordo com definição da UICN, uma área protegida compreende: um espaço geográfico claramente definido, reconhecido formalmente, destinado e gerido mediante meios legais ou outros tipos de meios eficazes para alcançar a conservação a longo prazo da natureza, de seus serviços ecossistêmicos e seus valores culturais associados.

Por tal definição, são características essenciais de uma área especialmente protegida: 1) Espaço geográfico definido; 2) Reconhecimento oficial; 3) Submissão a regime jurídico especial de proteção com fins de conservação; 4) Presença de atributos naturais ou culturais que justifiquem o reconhecimento[3].

Nessa toada, uma pergunta de grande relevo prático e importantes consequências jurídicas se coloca ante tal panorama: os imóveis tombados em razão de seus atributos históricos, culturais e paisagísticos podem ser considerados, segundo o ordenamento jurídico brasileiro, como espaços territoriais especialmente protegidos?

A resposta nos afigura como positiva. Por primeiro, é preciso ressaltar que a melhor doutrina nacional reconhece que os espaços territoriais especialmente protegidos (ETEPs) não se resumem às unidades de conservação nominadas pela Lei 9.985/2000, que estabelece o Sistema Nacional de Unidades de Conservação. Com efeito, como bem ressalta Antônio Herman Benjamin:

> *... toda Unidade de Conservação é área especialmente protegida, mas a recíproca não é verdadeira, pois a própria Constituição Federal traz exemplos de biomas que recebem tutela especial (Amazônia, Mata Atlântica, Pantanal) e, nem por isso, são, na sua totalidade, Unidades de Conservação. Bem a cabo a lição abalizada do mestre José Afonso da Silva para quem: "Nem todo espaço territorial especialmente protegido se confunde com unidades de conservação, mas estas são também espaços especialmente protegidos".* [4]

Em assomo, importante perceber que os bens tombados são individuados mediante a localização e delimitação da coisa protegida, que é inscrita no Livro do Tombo; são reconhecidos formalmente pelo Poder Público por meio de um procedimento administrativo; estão submetidos a um regime jurídico especial de proteção que veda a destruição ou mutilação da coisa, impondo a sua conservação, vigilância, além de outras limitações; e se voltam para a proteção de conservação de atributos culturais ou naturais, tais como núcleos históricos, sítios arqueológicos, paisagens notáveis etc.[5]

Por tudo isso, os bens imóveis tombados inserem-se no conceito amplo de espaços territoriais especialmente protegidos e estão ao abrigo da norma constitucional estabelecida no art. 225, 1º., III da Carta Magna.

Nesse cenário, duas consequências jurídicas lógicas essenciais resultam do entendimento exposto:

- Somente lei formal pode retirar a proteção de um bem imóvel tombado;
- O uso do bem imóvel tombado não pode comprometer a integridade dos atributos que justificaram a sua proteção.

Quanto ao primeiro aspecto, a imposição constitucional não admite exceções, como se extrai da seguinte doutrina de Herman Benjamin:

> *Como nota Paulo Affonso Leme Machado, autor intelectual deste particular segmento da Constituição (inspirado na Convenção*

*Africana sobre a Conservação da Natureza, de 1968), "a norma constitucional não abriu qualquer exceção à modificação dos espaços territoriais e, assim, mesmo uma pequena alteração só pode ser feita por lei". Nesse ponto, mais do que alterações pontuais ou físicas no interior de uma Unidade de Conservação, o legislador teve em mente a modificação de status jurídico, quer pela redução física do espaço de aplicação do regime especial, quer pela descaracterização de seus elementos normativos de controle da fruição.***[6]**

O pensamento que sustentamos sobre a extensão do dispositivo constitucional referido às áreas protegidas por tombamento, já havia sido perfilhado, conquanto com enfoque mais restrito, pelo eminente doutrinador e saudoso amigo José Eduardo Ramos Rodrigues, que escreveu[7]:

Concluindo, os bens naturais tombados pelo seu valor ecológico, paisagístico ou científico, de forma individual ou em conjunto, ocupando espaços territoriais como uma Serra do Mar, um parque como o Ibirapuera, uma praça ou de tamanho a abrigar uma única árvore, já que a Carta Magna não distinguindo dimensões não autoriza o intérprete da lei a fazê-lo, podem ser compreendidos como unidades de conservação em sentido amplo e, como tal, espaços territoriais especialmente protegidos, sendo a alteração e a supressão permitidas somente através de lei, vedada qualquer utilização que comprometa a integridade dos atributos que justifiquem a sua proteção, conforme o art. 225, § 1º., inc. III.

Em razão disso, por evidente incompatibilidade hierárquica, o texto do Decreto-lei nº 3.866, de 1941, que prevê que o Presidente da República, atendendo a motivos de interesse público, poderá determinar, de ofício ou em grau de recurso, interposto pôr qualquer legítimo interessado, seja cancelado o tombamento de bens culturais, não foi recepcionado pela novel Carta Magna.

Por simetria, o mesmo não pode ser feito por governadores ou prefeitos em relação a bens protegidos por tombamento em nível estadual ou municipal, evidentemente.

No âmbito da Constituição do Estado do Espírito Santo, verifica-se que o entendimento acima exposto, fulcrado na inteligência do art. 225, § 1°, III da CF/88, foi plenamente adotado e encontra-se plasmado no art. 182, que dispõe: *Os bens culturais sob a proteção do Estado somente poderão ser alterados ou suprimidos através de lei, vedada qualquer utilização que comprometa a integridade dos atributos que justifiquem a sua proteção.*

Com efeito, não pode mais o chefe do Poder Executivo decidir solitariamente sobre o destombamento de bens, posto que a supressão protetiva pressupõe, hodiernamente, a edição de lei em sentido estrito, como cláusula de garantia da análise democrática e fundamentada da retirada da proteção de um bem cultural, evitando retrocessos casuísticos motivados por interesses nem sempre confessáveis.

E mesmo o âmbito da produção legislativa sobre a hipótese de alteração ou supressão dos espaços culturais protegidos não é ilimitado. A exceção à perenidade protetiva almejada pela Constituição, sob pena de violação à segurança jurídica, à proteção da confiança, e aos direitos adquiridos coletivos (vedação de retrocesso), só comporta aplicação em casos muito específicos, como o desaparecimento da coisa protegida (soterramento irreversível de uma ocorrência geomorfológica singular em razão de catástrofe natural, v.g.) ou comprovação de erro essencial sobre a motivação da proteção anteriormente conferida (descoberta de que um jardim botânico centenário, protegido em razão de ter sido supostamente projetado por determinado paisagista de renome internacional, foi de fato, criação de um reles cidadão, v.g.).

Quanto ao segundo aspecto acima exposto, conquanto não se possa tombar o uso específico de determinado bem, a utilização do bem tombado deve se dar de maneira conforme[8] à preservação dos atributos que justificaram o ato protetivo, não se admitindo usos abusivos ou que coloquem em risco a integridade do imóvel ou sua ambiência.[9]

Evidentemente, seria um rematado contrassenso impor a preservação de um bem por determinados motivos e colocá-lo sob ameaça em razão de usos que comprometam os atributos que serviram de justificativa para a própria intervenção estatal protetiva.

Assim, não é possível se admitir a realização de manobras militares, com uso de artilharia pesada, em uma ilha tombada por sua beleza cênica e paisagística; a instalação de depósitos de explosivos ou combustíveis no núcleo histórico de uma cidade colonial tombada por sua relevância arquitetônica; ou a realização de *rally* de veículos pesados em um caminho histórico calçado com pedras há séculos, por exemplo.

Na dúvida sobre a compatibilidade de determinado uso em relação ao bem tombado, deve ser adotado o princípio da prevenção (*in dubio pro cultura*) e exigida a realização de estudos de impacto ao patrimônio cultural para que o órgão competente, com base em sólidos elementos técnicos de convicção, possa autoriza-lo ou não, pois, em termos de patrimônio cultural, nosso ordenamento está orientado para uma posição de caráter fundamentalmente preventiva, voltada para o momento anterior à consumação do dano — o do mero risco.

Referências

1 DUDLEY, Nigel. Directrices para la aplicación de las categorías de gestión de áreas protegidas. UICN. Gland, Suiza: UICN, 2008, p. VII.

2 Guía Oficial de Áreas Naturales Protegidas por el Estado. Servicio Nacional de Áreas Naturales Protegidas por El Estado. Ministério del Ambiente. Lima, 2010.

3 No mesmo sentido, de acordo com o art. 2º. da Convenção da Biodiversidade Biológica, aprovada pelo Decreto Legislativo nº 2, de 1994: Área protegida significa uma área definida geograficamente que é destinada, ou regulamentada, e administrada para alcançar objetivos específicos de conservação.

4 O regime brasileiro de unidades de conservação. In: CD ROM - Juris Síntese IOB nº. 51. São Paulo. Jan-Fev 2005.

5 MIRANDA, Marcos Paulo de Souza. Lei do Tombamento Comentada. Belo Horizonte: Del Rey, 2014.

6 BENJAMIN. Antônio Herman. O Regime Brasileiro de Unidades de Conservação. Revista da Faculdade de Direito da UFF Vol. 5 - 2001, pág. 53.

7 RODRIGUES, José Eduardo Ramos. Unidades de conservação não integrantes do sistema nacional de unidades de conservação (SNUC). p. 29.

8 Trata-se do princípio do uso compatível com a natureza do bem, que veda a conspurcação patrimonial por meio de usos que envilecem o patrimônio cultural, desnaturando seus objetivos. MARCHESAN, Ana Maria Moreira. A tutela do patrimônio cultural sob o enfoque do direito ambiental. Porto Alegre: Livraria do Advogado. 2007. p. 178-179. [9] Nesse sentido, já decidiu o TJSP: AÇÃO POPULAR TOMBAMENTO. Ação ajuizada para assegurar a originalidade de imóvel público de valor histórico e cultural. Direito Administrativo. Tutela do meio ambiente cultural. Prova que revela a descaracterização de imóvel tombado, mediante utilização irregular do espaço urbano para fins comerciais. Inadmissibilidade. Meio Ambiente. Conjunto arquitetônico protegido. Incumbe ao Poder Público definir espaços territoriais e seus componentes a serem especialmente protegidos, vedada qualquer utilização que comprometa a integridade dos atributos que justifiquem sua proteção CF, art. 225, § 1º, inciso III Sentença mantida Recursos improvidos. (TJSP; APL 0021583-56.2004.8.26.0566; Ac. 5731143; São Carlos; Quinta Câmara de Direito Público; Rel. Des. Xavier de Aquino; Julg. 05/03/2012; DJESP 22/05/2012).

OBRIGAÇÃO DE RECUPERAR ÁREAS DEGRADADAS POR MINERAÇÃO TEM CONTORNOS PECULIARES

10 de setembro de 2016

Talden Farias

O *caput* do artigo 225 da Constituição Federal alçou o direito ao meio ambiente ecologicamente equilibrado à condição de direito fundamental da pessoa humana, ao classificá-lo como bem de uso comum do povo e essencial à sadia qualidade de vida. Com isso, desenhou-se o núcleo do Direito Ambiental brasileiro[1], para onde precisam convergir todos os institutos e instrumentos relacionados ao controle e à proteção ecológica, a despeito de previsão constitucional, infraconstitucional ou mesmo infralegal.

Os incisos III e IV do artigo 170 elencaram a função social da propriedade e a defesa do meio ambiente como princípios da ordem econômica, de maneira que toda atividade comercial deverá observar os preceitos legais relacionados. É nesse diapasão que o parágrafo único do dispositivo assegura o livre exercício das atividades econômicas independentemente da autorização de órgãos públicos, a não ser quando a lei o exigir.

Os minerais estão incluídos entre os recursos naturais elencados no inciso V do artigo 3º da Lei 6.938/81 (Lei da Política Nacional do Meio Ambiente), sendo evidente que a atividade minerária também é regida pela legislação ambiental. Prova disso é que, embora a preocupação com o meio ambiente não ocupe um lugar de maior destaque entre os seus dispositivos, o Código de Mineração não deixou de dispor sobre o assunto:

> Art. 47 – Ficará obrigado o titular da concessão, além das condições gerais que constam deste Código, ainda, às seguintes, sob pena de sanções previstas no Capítulo V:
>
> (...)
>
> V – Executar os trabalhos de mineração com observância das normas regulamentares;

> (...)
>
> VII – Não dificultar ou impossibilitar, por lavra ambiciosa, o aproveitamento ulterior da jazida;
>
> VIII – Responder pelos danos e prejuízos a terceiros, que resultarem, direta ou indiretamente, da lavra;
>
> IX – Promover a segurança e a salubridade das habitações existentes no local;
>
> X – Evitar o extravio das águas e drenar as que possam ocasionar danos e prejuízos aos vizinhos;
>
> XI – Evitar poluição do ar, ou da água, que possa resultar dos trabalhos de mineração;
>
> XII – Proteger e conservar as Fontes, bem como utilizar as águas segundo os preceitos técnicos quando se tratar de lavra de jazida da Classe VIII;

Além da chancela do DNPM, a mineração está sujeita ao licenciamento ambiental, exigência prevista para as atividades efetiva ou potencialmente poluidoras segundo o artigo 10 da Lei 6.938/81. O conceito de poluição foi previsto no artigo 3º desse diploma legal:

> III - poluição, a degradação da qualidade ambiental resultante de atividades que direta ou indiretamente:
>
> a) prejudiquem a saúde, a segurança e o bem-estar da população;
>
> b) criem condições adversas às atividades sociais e econômicas;
>
> c) afetem desfavoravelmente a biota;
>
> d) afetem as condições estéticas ou sanitárias do meio ambiente;
>
> e) lancem matérias ou energia em desacordo com os padrões ambientais estabelecidos;

O licenciamento ambiental é o mecanismo mediante o qual o Poder Público procura controlar as atividades que degradam ou que simplesmente podem degradar, tendo em vista que o inciso V do §1º do art. 225 citado determinar para assegurar a efetividade do direito ao meio ambiente incumbe ao Poder Público "controlar a produção, a comercialização e o emprego de técnicas, métodos e substâncias que comportem risco para a vida, a qualidade de vida e o meio ambiente" [2]. A diferença é que uma parcela significativa dos impactos ambientais negativos da mineração são inevitáveis, cabendo ao órgão ambiental responsável apenas tentar promover a mitigação, compensação, e recuperação.

Inquestionavelmente, a mineração é uma das atividades que mais gera poluição, mormente no que diz respeito ao lugar onde a lavra ocorre, posto que se trata de extração de recurso natural não renovável. Com efeito, da mesma forma não é possível imaginar o desenvolvimento sem o uso de minerários, também não é possível imaginar a mineração sem a ocorrência de poluição[3], tendo em vista as características da atividade.

Entre os principais problemas ambientais causados, é possível ressaltar a poluição atmosférica, a poluição hídrica, a poluição sonora, a poluição visual e a degradação do terreno, o que obviamente inclui o desmatamento e, muitas vezes, a fuga de animais silvestres. Afora isso, também tem ganho destaque a depreciação de imóveis da circunvizinhança, os conflitos relativos ao ordenamento e uso do solo e os transtornos causados ao trânsito, dentre outros[4].

O parágrafo 3º do artigo 225 da Lei Fundamental determina que "as condutas e atividades consideradas lesivas ao meio ambiente sujeitarão os infratores, pessoas físicas ou jurídicas, a sanções penais e administrativas, independentemente da obrigação de reparar os danos causados". Isso significa que existe uma determinação constitucional genérica para que os danos ao meio ambiente sejam reparados pelos causadores ou responsáveis, a despeito do tipo de atividade desenvolvida.

Tal compromisso já se fazia presente no artigo 2º da Lei 6.938/81, segundo o qual "A Política Nacional do Meio Ambiente tem por objetivo a preservação, melhoria e recuperação da qualidade ambiental propícia à vida, visando assegurar, no país, condições ao desenvolvimento socioeconômico, aos interesses da segurança nacional e à proteção da dignidade da vida humana". De fato, não pode existir uma política ambiental séria sem o foco em recuperar, notadamente porque as agressões ecológicas são cada vez mais intensas e frequentes.

Entretanto, no que diz respeito à mineração esse comando assume contornos peculiares, pois é a única atividade econômica cuja responsabilidade ecológica foi estabelecida expressamente pela Carta Magna, pois o parágrafo 2º do mencionado dispositivo estabelece que "aquele que explorar recursos minerais fica obrigado a recuperar o meio ambiente degradado, de acordo com solução técnica exigida pelo órgão público competente, na forma da lei". Realmente, nenhuma outra atividade econômica recebeu menção constitucional expressa em relação a essa ou a qualquer outra obrigação de cunho ecológico.

A despeito da exigência de recuperar a área degradada pela atividade minerária prevista no texto constitucional, faltava um instrumento jurídico que viabilizasse esse objetivo. Por essa razão, foi editado o Decreto 97.632/89 instituindo o Plano de Recuperação de Área Degradada (PRAD):

> Art. 1º. Os empreendimentos que se destinam à exploração de recursos minerais deverão, quando da apresentação do Estudo de Impacto Ambiental - EIA e do Relatório do Impacto Ambiental - RIMA, submeter à aprovação do órgão ambiental competente, plano de recuperação de área degradada.
>
> Parágrafo único. Para os empreendimentos já existentes, deverá ser apresentado ao órgão ambiental competente, no prazo máximo de 180 (cento e oitenta) dias, a partir da data de publicação deste Decreto, um plano de recuperação da área degradada.

O PRAD foi criado para dar concretude ao desiderato constitucional que obriga o explorador de recursos minerais a recuperar o meio ambiente degradado, tendo em vista o direito fundamental ao meio ambiente ecologicamente equilibrado. O objetivo é estabelecer as diretrizes para fazer com que o solo explorado volte a ter utilidade, devolvendo-lhe a função social.

Esse documento estabelece, com base no critério da melhor técnica disponível, de que forma a área degradada deve ser recuperada pelo degradador ou pelo responsável pelo lugar. Cuida-se de exigência para toda e qualquer atividade minerária, independentemente da fase da interrupção da lavra, do porte da jazida ou do tipo de minério a ser extraído.

Tal exigência decorre do fato de a área objeto da mineração ficar muitas vezes imprestável para qualquer outra finalidade, o que torna necessário a adoção de medidas de mitigação e de recuperação. Nesse sentido, Anelise Grehs Stifelman faz o seguinte alerta:

A mineração, contudo, apresenta uma peculiaridade: uma vez retirado de seu local de ocorrência natural, em hipótese alguma o minério pode ser reconstruído ou retorna à sua origem, da mesma maneira como se encontrava no estágio anterior da exploração, motivo pelo qual a mineração impõe ao ambiente em geral uma característica de degradação irreversível[5].

O fato de a atividade minerária independer da vontade do superficiário, pois a titularidade do subsolo é distinta do solo, é um motivo a mais para tamanha cautela, uma vez que os não proprietários tendem a ser bem mais descuidados com a terra[6]. Além do mais, o solo degradado é de difícil e lenta reversão, além de ficar mais vulnerável aos efeitos do aquecimento global[7].

Vale ressaltar que essa é praticamente a única exigência ambiental feita a toda e qualquer atividade minerária, independentemente da extensão da mina e do tipo ou do valor do minério. Hernani Mota de Lima, José Cruz do Carmo Flores e Flávio Luiz Costa discorrem a respeito do papel que esse instrumento deve desempenhar:

A exigência da apresentação obrigatória do PRAD fundamenta-se no princípio de que as áreas ambientalmente perturbadas pelas atividades de mineração devem ser devolvidas à comunidade ou ao proprietário superficiário nas condições desejáveis e apropriadas ao retorno do uso original do solo ou naquelas necessárias para a implementação de outro uso futuro, desde que escolhido por consenso entre as partes envolvidas e afetadas pela mineração[8].

Por se tratar de uma atividade cujo efeito peculiar é a imediata descaracterização do solo e do subsolo em razão da subtração do recurso natural anteriormente existente, o legislador constituinte originário achou por bem consagrar o dever de recuperar o lugar afetado. Tal obrigação é tão relevante que parte significativa da doutrina especializada a equipara a condição de princípio do Direito Minerário[9].

No Direito Ambiental essa incumbência estaria ligada ao princípio do poluidor pagador, o qual estabelece que quem utiliza o recurso ambiental deve suportar seus custos, de maneira que nem o Estado nem terceiros sofram com isso. O seu intuito é forçar a iniciativa privada a internalizar os custos ambientais gerados pela produção e pelo consumo na forma de degradação e de escassez dos recursos naturais [10] – e a recuperação da área degradada na mineração nada mais é do que um exemplo disso.

Além de exigível na esfera cível, em função do parágrafo 1º do artigo 14 da Lei 6.938/81, que adotou a responsabilidade civil objetiva em matéria ambiental, a não recuperação da área degradada também é responsabilizável nas esferas administrativa e criminal. De fato, na esteira do que estabelece o citado parágrafo 3º do artigo 225 da Carta Magna ao dispor sobre a tríplice responsabilização por danos ecológicos, esse descumprimento enseja sanções administrativas e criminais especificas no caso da atividade minerária.

O abandono da área degradada configura uma infração administrativa, o que corresponde a "toda ação ou omissão que viole as regras jurídicas de uso, gozo, promoção, proteção e recuperação do meio ambiente", conforme conceituação do caput do art. 70 da Lei 9.605/98 (Lei dos Crimes e das Infrações Administrativas Ambientais). Por isso, tal conduta está sujeita ao controle dos órgãos administrativos de meio ambiente, que deverão fiscalizar e impor as sanções administrativas ambientais correspondentes, nos moldes do que reza o parágrafo 1º do dispositivo mencionado e os parágrafos 2 e 3 da Lei Complementar 140/2011.

Estabelecidas pelo artigo 72 da Lei 9.605/98 e pelo artigo 3º do Decreto Federal 6.514/08, essas sanções são as seguintes: advertência, multa simples, multa diária, apreensão dos animais, produtos e subprodutos da fauna e flora, instrumentos, petrechos, equipamentos ou veículos de qualquer natureza utilizados na infração, destruição ou inutilização do produto, suspensão de venda e fabricação do produto, embargo de obra ou atividade, demolição de obra, suspensão parcial ou total de atividades, restritiva de direitos e reparação dos danos causados. Além da referência genérica ao descumprimento de condicionantes da licença ambiental ou à geração de poluição, o referido decreto previu tipificação administrativa específica para a conduta sob discussão:

Art. 63. Executar pesquisa, lavra ou extração de minerais sem a competente autorização, permissão, concessão ou licença da autoridade ambiental competente ou em desacordo com a obtida:

> Multa de R$1.500,00 (mil e quinhentos reais) a R$3.000,00 (três mil reais), por hectare ou fração.
>
> Parágrafo único. Incorre nas mesmas multas quem deixa de recuperar a área pesquisada ou explorada, nos termos da autorização, permissão, licença, concessão ou determinação do órgão ambiental competente.

Em sintonia com a importância que o parágrafo 2º do artigo 225 da Lei Maior atribuiu ao assunto, a Lei 9.605/98 também criminalizou essa conduta, de forma a contribuir para efetuar a aplicação da *ultima ratio* do direito às condutas ecologicamente lesivas[11]. Cuida-se de crime de mera conduta, cuja concretização independe da ocorrência de danos específicos ao meio ambiente ou à saúde humana, além da simples não realização da recuperação da área degradada:

> Art. 55. Executar pesquisa, lavra ou extração de recursos minerais sem a competente autorização, permissão, concessão ou licença, ou em desacordo com a obtida:
>
> Pena - detenção, de seis meses a um ano, e multa.
>
> Parágrafo único. Nas mesmas penas incorre quem deixa de recuperar a área pesquisada ou explorada, nos termos da autorização, permissão, licença, concessão ou determinação do órgão competente.

Qualquer pessoa física ou jurídica pode ser sujeito ativo desse crime, que tem como elemento subjetivo o dolo, o qual consiste na consciência de que se age em desobediência às determinações normativas[12]. É importante observar que no caso do parágrafo único do dispositivo transcrito o tipo penal incide nas seguintes situações: i) quando não houver a recuperação da área degradada, ii) quando houver a recuperação apenas de parte da área degradada e iii) quando houver a recuperação errada da área degradada em função da desobediência ao que foi autorizado ou licenciado pelo órgão administrativo de meio ambiente.

Referências

1 BENJAMIN, Antônio Herman. A constitucionalização do ambiente e ecologização da Constituição brasileira. In: CANOTILHO, José Joaquim Gomes; LEITE, José Rubens Morato. Direito constitucional ambiental brasileiro. São Paulo: Saraiva: 2007, p. 104.

2 FARIAS, Talden. Licenciamento ambiental: aspectos teóricos e práticos. 4. ed. Fórum, Belo Horizonte, 2013, p. 21-22.

3 FIGUEIRÊDO, Yuri Jordy. Licenciamento ambiental da mineração: avanços, perspectivas e novos desafios para a efetividade da norma-princípio do "desenvolvimento sustentável". Revista de Direito Ambiental, n. 72, São Paulo, 2013, p. 454-455.

4 FARIAS, Carlos Eugênio Gomes. Mineração e meio ambiente. Relatório preparado para o CGEE, PNUD – Contrato 2002/001604. Disponível em: http://www.cgee.org.br/arquivos/estudo011-02.pdf. Acesso em: 15.ago.2014.

5 STIFELMAN, Anelise Grehs. Alguns aspectos sobre o licenciamento ambiental da mineração no Brasil. In: BENJAMIN, Antônio Herman (org). Paisagem, natureza e direito. São Paulo: Imprensa Oficial, 2005, v. 5, p. 533.

[6] ARAÚJO, Gustavo Henrique de Sousa; ALMEIDA, Josimar Ribeiro de; GUERRA, Antônio José Teixeira. Gestão ambiental de áreas degradadas. Rio de Janeiro: Bertrand Brasil, 2012, p. 50.

[7] ARAÚJO, Gustavo Henrique de Sousa; ALMEIDA, Josimar Ribeiro de; GUERRA, Antônio José Teixeira. Gestão ambiental de áreas degradadas. Rio de Janeiro: Bertrand Brasil, 2012, p. 19-20 e 31.

[8] LIMA, Hernani Mota de; FLÔRES, José Cruz do Carmo; COSTA, Flávio Luiz. Plano de recuperação de áreas degradadas versus plano de fechamento de mina: um estudo comparativo. Revista da Escola de Minas, Ouro Preto, nº 59, 2006, p. 398.

[9] POVEDA, Eliane Pereira Rodrigues. A eficácia legal na desativação de empreendimentos minerários. São Paulo: Signus, 2007, p. 54-56, SILVESTRE, Mariel. Mineração em área de preservação permanente: intervenção possível e necessária. São Paulo: Signus, 2007, p. 14 e SANTOS, Marcus Tullius Leite Fernandes dos. Direito ambiental e minerário: impactos provocados pela mineração de calcário potiguar. Mossoró: UERN, 2009, p. 59-61,

[10] FARIAS, Talden. Introdução ao direito ambiental. Belo Horizonte: Del Rey, 2009, p. 50.

[11] BENJAMIN, Antônio Herman. Crimes contra o meio ambiente: uma visão geral. In: FREITAS, Vladimir Passos de (coord). Direito ambiental em evolução 2. Curitiba: Juruá, 2000, p. 27.

[12] GOMES, Luiz Flávio; MACIEL, Silvio. Crimes ambientais: comentários à Lei 9.605/98. São Paulo: Revista dos Tribunais, 2011, p. 254.

PAGAMENTO POR SERVIÇOS AMBIENTAIS É IMPORTANTE INSTRUMENTO DE CONSERVAÇÃO

17 de setembro de 2016

Eduardo Coral Viegas

A Constituição Federal dispõe que todos têm direito ao meio ambiente ecologicamente equilibrado. Este é o bem ambiental, ou seja, o bem jurídico a ser tutelado pelo Direito Ambiental. E é sobretudo com a conservação e a proteção dos recursos naturais que se obtém o equilíbrio ecológico.

Se, de um lado, todos têm direito ao meio ambiente qualificado, todos também têm o dever de defendê-lo e preservá-lo para as presentes e as futuras gerações, como está expresso no caput do art. 225 da CF. Trata-se de uma responsabilidade intergeracional, que expressa o princípio do desenvolvimento sustentável, segundo o qual a geração atual tem a obrigação de entregar o Planeta às futuras em iguais ou melhores condições que o recebeu.

Especificamente no tocante ao Poder Público, a Carta Magna elenca algumas de suas atribuições, dentre as quais se destacam: "preservar e restaurar os processos ecológicos essenciais e prover o manejo ecológico das espécies e ecossistemas" (art. 225, § 1º, I) e "definir, em todas as unidades da Federação, espaços territoriais e seus componentes a serem especialmente protegidos, sendo a alteração e a supressão permitidas somente através de lei, vedada qualquer utilização que comprometa a integridade dos atributos que justifiquem sua proteção" (art. 225, § 1º, I).

A preservação ambiental não deve ocorrer apenas nos locais indicados pela Lei 9.985/2000, a Lei do Sistema Nacional de Unidades de Conservação. A legislação brasileira igualmente define áreas de preservação permanente e de reserva legal. E fora desses espaços também há outras formas de proteção do meio ambiente natural, podendo-se citar, a título de exemplo, a impossibilidade de corte de determinadas vegetações especialmente protegidas, independentemente de onde estejam situadas.

O princípio da prevenção é, sem dúvida, talvez o mais importante do Direito Ambiental. Isso porque, após a ocorrência da degradação, é muito difícil, quando não impossível, o restabelecimento do status quo ante. Para tornar eficaz a prevenção, o Direito instituiu outros princípios, podendo-se listar o poluidor-pagador, o usuário-pagador e, mais recentemente, o protetor-recebedor.

A Lei 12.305/2010 introduziu a Política Nacional de Resíduos Sólidos e, no seu artigo 6º, inciso II, ao lado do já consagrado princípio do poluidor-pagador, expressamente afirmou o protetor-recebedor. Desse modo, na evolução da legislação ambiental brasileira, percebe-se um avanço no trato às formas de proteção ambiental. A Lei n. 6.938/81 inovou ao prever a responsabilidade civil objetiva pelo dano ambiental. Essa lei estabelece instrumentos econômicos, em seu art. 9º, V e XIII, porém em termos bastante genéricos, e que tiveram pouca eficácia prática. Em 1998, a Lei n. 9.605 tratou amplamente da responsabilidade penal e administrativa por atos ilícitos atentatórios aos interesses difusos ambientais.

Até aí, portanto, o foco das políticas governamentais, espelhadas na legislação federal, estava na punição ao infrator ou, no máximo, na antecipação de medidas para impedir a degradação prestes a ocorrer. São as chamadas políticas de comandos e controles – determinações legais que não dão aos agentes econômicos outras opções para solucionar o problema. Como consequência vemos índices elevados de infringência à legislação especial.

Mais recentemente, as políticas públicas e as novas legislações vêm contemplando com habitualidade o pagamento pelos serviços ambientais, que é ainda bastante tímido no cenário brasileiro.

Nessa esteira, a Lei 12.651/2012, conhecida como Novo Código Florestal, tratou da temática (artigo 41), elencando como linha de ação, dentre outras, o pagamento ou incentivo a serviços ambientais como retribuição, monetária ou não, às atividades de conservação e melhoria dos ecossistemas e que gerem serviços ambientais, tais como a conservação das águas e dos serviços hídricos.

No pagamento por serviços ambientais (PSA), um agente financiador, público ou privado, remunera quem preserva áreas naturais próprias em benefício da sociedade. Como regra, os projetos estão relacionados com a proteção da água ou do solo. Adiante, citamos resumidamente duas iniciativas brasileiras envolvendo o PSA: uma federal (Agência Nacional de Águas) e outra de uma fundação privada (Fundação Grupo Boticário).

A ANA instituiu uma política de PSA dirigida à proteção hídrica no Brasil, denominando-o de Programa Produtor de Água, que orienta e certifica projetos tendentes a reduzir a erosão e o assoreamento de mananciais no meio rural.

A autarquia lida com projetos de adesão voluntária e voltados para produtores rurais que se disponham a adotar práticas e manejos conservacionistas em suas terras, com vistas à conservação do solo e da água, elementos naturais diretamente vinculados e relacionados. Como contraprestação, os aderentes são remunerados pelas externalidades positivas que geram na bacia hidrográfica onde estão situados.

Para a implementação de projetos em determinada localidade, a ANA analisa se, na bacia ou município, há interessados em pagar pelo serviço ambiental, de um lado, e se há, no outro polo, interessados em prestar o serviço. O papel central da ANA é prestar consultoria aos envolvidos, orientando tecnicamente a elaboração do programa de PSA, a fim de que tenha sustentação financeira ao longo do prazo estipulado.

A execução do primeiro projeto iniciou-se em 2006, quando se começou a cobrar pela água nas bacias hidrográficas do Paraíba do Sul e PCJ. Parte dos recursos arrecadados com o instrumento da cobrança foi canalizada para o PSA. A área do projeto engloba 4 mil hectares, nas cidades de Extrema (MG), Joanópolis (SP) e Nazaré Paulista (SP). Esse exemplo evidencia a importância da cobrança pela água, que pode reverter em ganho ambiental e social.

A segunda iniciativa é o Projeto Oásis, capitaneado pela Fundação Grupo Boticário. Por meio dele, proprietários de terras que conservam suas áreas naturais, sobretudo mananciais, recebem premiação financeira. Da mesma forma que no Produtor de Água, os recursos para o pagamento pelas externalidades positivas geradas provêm de diversas fontes, públicas ou privadas, de acordo com o arranjo de cada projeto.

Como exemplo, cita-se o Projeto Oásis Apucarana (PR), no qual a prefeitura faz uso de recursos repassados pelo governo estadual (oriundos do ICMS ecológico) e da empresa de abastecimento de água, Sanepar, que repassa mensalmente 1% de seu faturamento para o Fundo Municipal de Meio Ambiente. Além da presença em Apucarana, o Oasis também já foi implantado em municípios de São Paulo, Santa Catarina e Minas Gerais.

No plano internacional, um modelo bastante referido na literatura é o caso de Nova York. A bacia hidrográfica dessa grande cidade americana atende por dia a demanda de aproximadamente 9 milhões de pessoas. Por sua vez, a prefeitura nova-iorquina investe há longos anos em propriedades rurais situadas a até 200km de distância de sua sede. Os resultados são surpreendentes tanto em termos do aumento de volume de água quanto de sua qualidade.

Atualmente, os moradores e visitantes de Nova York podem tomar água da torneira, sendo que antes ela passa apenas por processo de filtragem e adição de cloro e flúor. Não há outras formas de tratamento. Assim, um investimento na área rural, inclusive em outros municípios, reflete diretamente no ambiente urbano, que é densamente povoado e grande demandante de água de qualidade.

Outro país apontado como referência é a Costa Rica, primeiro da América Latina a instituir um programa de PSA. O objetivo foi reverter as elevadas taxas de desmatamento verificadas entre 1940 e 1980, quando houve uma redução da cobertura vegetal de 75% para 21%. O PSA foi estabelecido pela Lei 7.575/1996 e atualmente está consolidado como instituto, tendo contribuído para a elevação dos índices antes mencionados para 52% em 2012.

Enfim, o meio ambiente compõe um sistema complexo e articulado. Os problemas que o ser humano causou à natureza não podem ser resolvidos com ações simplistas. As intervenções conservacionistas devem ocorrer no campo e na cidade e, sem descurar da punição aos degradadores ambientais, é hora da adoção paralela de novas posturas para incentivar os proprietários rurais a se absterem de cortar mais árvores e a restabelecerem áreas degradadas. Nesse passo, o instrumento econômico do PSA é eficaz para esse propósito, já que o agricultor é remunerado por prestar um serviço difuso, que vai beneficiar a todos, como preconiza nossa Lei Maior.

O ACESSO À JUSTIÇA EM MATÉRIA AMBIENTAL NO CENÁRIO PÓS-RIO + 20

24 de setembro de 2016

Álvaro Mirra

O acesso à justiça na área ambiental é um tema que tem experimentado importante evolução nos últimos 20 anos, tanto na esfera internacional quanto na órbita interna dos países, desde a sua consagração oficial no princípio n. 10 da Declaração do Rio de Janeiro sobre Meio Ambiente e Desenvolvimento, adotada em 1992, por ocasião da Conferência das Nações Unidas sobre Meio Ambiente e Desenvolvimento.

Tanto isso é verdade que, pouco tempo depois da Rio-92, já em 1998, foi elaborada, na cidade de Aarhus, na Dinamarca, a convenção internacional sobre o acesso à informação, a participação do público nos processos decisórios e o acesso à justiça em matéria ambiental, convenção essa que, embora tenha sido adotada em um contexto regional específico — o europeu — está aberta à ratificação por parte de todo e qualquer Estado integrante do sistema das Nações Unidas.

Além disso, no ano de 2002, à época Cúpula Mundial de Joanesburgo sobre o Desenvolvimento Sustentável (a Rio+10) houve, também, uma semana antes desse evento, um grande simpósio de juízes para tratar da implementação, pela via do sistema judiciário, do direito ambiental; mais um sinal da importância do tema do acesso à justiça na área ambiental, na vertente do acesso ao sistema judiciário.[1]

E o próprio PNUMA (Programa das Nações Unidas para o Meio Ambiente), vale ressaltar, vem desenvolvendo, ao longo dos anos, um relevante trabalho de conscientização e capacitação de juízes do mundo todo em relação ao direito ambiental e às questões relativas à proteção do meio ambiente, o que permite concluir que o acesso à justiça em matéria ambiental passou a fazer parte, definitivamente, das preocupações da ONU.[2]

Por essa razão, não é de estranhar que na Conferência do Rio de Janeiro de 2012 sobre o Desenvolvimento Sustentável (a Rio+20) novamente tenha se insistido na importância do acesso às instâncias judiciárias, como elemento indispensável à promoção do desenvolvimento sustentável. De fato, na Declaração do Rio de 2012, emitida na Conferência, ficou expressamente consignado que o desenvolvimento sustentável implica a participação ativa e concreta dos órgãos judiciários (item C, 43), impondo-se aos Estados a adoção de ações tendentes a promover o acesso à justiça em matéria ambiental (item E, 99), dentro do quadro institucional do desenvolvimento sustentável.

Mais recentemente, ainda, no âmbito da América Latina e do Caribe, essa questão também assumiu grande importância, levando a Cepal (Comissão Econômica para América Latina e Caribe) a propor e coordenar a elaboração de um acordo regional precisamente sobre o acesso à informação, a participação pública e o acesso à justiça em assuntos ambientais. [3]

Portanto, não há dúvida a respeito da relevância e da necessidade de um maior aprofundamento da questão do acesso à justiça em matéria ambiental, no sentido da abertura mais ampla e do fortalecimento do acesso à justiça, dentro do quadro institucional do desenvolvimento sustentável e da governança em matéria ambiental, que pressupõem, entre outros aspectos, o acesso ao sistema judiciário para a proteção do meio ambiente. O acesso à justiça — nessa vertente do acesso ao sistema Judiciário — passou a ser uma questão institucional importante para a realização do desenvolvimento sustentável e diz respeito, muito de perto, ao tema da governança ambiental.

E certamente hoje, mais do que nunca, mostra-se imperativa essa discussão a respeito do fortalecimento do acesso à justiça em matéria ambiental, diante da realidade do Brasil e de boa parte dos países periféricos, em que se verificam, cada vez mais, a deficiência e o recuo mesmo na atuação dos poderes públicos no controle das atividades potencialmente degradadoras do meio ambiente e na implementação das políticas públicas ambientais.

Por motivos variados, os quais não precisam ser aqui indicados em detalhe, o que se tem verificado na prática é que os poderes públicos não têm conseguido desempenhar a contento a tarefa de controlar as atividades lesivas ao meio ambiente e de executar e tornar concretos os programas de ação e as políticas públicas ambientais. Basta lembrar os problemas crônicos que envolvem o saneamento básico, a gestão dos resíduos sólidos, a implantação concreta das áreas naturais protegidas, o controle do uso do solo e do parcelamento irregular do solo, o controle da poluição do ar e da água, para ficar com os exemplos mais conhecidos.

Ademais, no caso brasileiro especificamente, tem-se assistido a um evidente retrocesso na legislação e na ação governamental na área do meio ambiente. Os casos mais recentes são as alterações havidas na legislação florestal, que, segundo se tem analisado, diminuíram o grau de proteção das florestas e demais formas de vegetação no país; a não consideração, na devida medida, da variável ambiental nas principais obras de infraestrutura realizadas no Brasil (construção de grandes barragens para fins hidrelétricos, construção e ampliação de portos e aeroportos, construção de estradas e anéis viários); as propostas recentes de mudanças no sistema de licenciamento ambiental, que se destinam a flexibilizar o já deficiente controle das atividades potencialmente degradadoras.

Frente a um quadro como o acima descrito, resulta claro que, cada vez mais, a via judicial aparece, em muitas circunstâncias, como a única via apta a permitir à sociedade civil a realização do necessário controle sobre as atividades e as omissões públicas e privadas lesivas ao meio ambiente. Com efeito, diante da inércia ou da tolerância do administrador e/ou do legislador, o Poder Judiciário surge, muitas vezes, como o único canal de que dispõe a sociedade civil para fazer valer o direito ao meio ambiente consagrado na Constituição Federal.

Daí a importância do reforço do acesso à justiça em matéria ambiental, que, nesse tema, deve ser, necessariamente, um acesso *participativo* à justiça, ou seja, um acesso à justiça aberto aos indivíduos, aos grupos, aos organismos e às instituições sociais secundárias que representam em juízo os interesses da sociedade na proteção do meio ambiente.[4]

Esse reforço do acesso participativo à justiça em matéria ambiental passa necessariamente, em primeiro lugar, pela abertura da titularidade do poder de agir em juízo, pela via das ações coletivas (no Brasil, notadamente, ação popular e ação civil pública), aos indivíduos e aos denominados entes intermediários que atuam como autênticos porta-vozes dos interesses da sociedade na proteção do meio ambiente e pelo fortalecimento da atuação destes em prol da preservação da qualidade ambiental.

Nesse ponto, há um aspecto importante que vale a pena destacar. Diversamente do que se passa, de uma maneira geral, nos países da Europa e nos Estados Unidos, onde entes intermediários habilitados a defender em juízo o meio ambiente são via de regra as organizações não governamentais, no Brasil e em vários outros países sul-americanos os entes intermediários legitimados a agir são não apenas as ONGs como também determinados *entes estatais independentes*. É o caso, por exemplo, do Defensor do Povo, na Argentina, na Colômbia e na Venezuela, do Ministério Público, no Brasil, no Uruguai, no Peru e no Paraguai, e da Defensoria Pública, mais recentemente no Brasil.

Trata-se de uma peculiaridade importante, já que se se atentar, por exemplo, para o tratamento dado à matéria na Convenção de Aarhus, antes referida, que é o principal modelo normativo de acesso à justiça em matéria ambiental, poder-se-á constatar que a abertura do acesso à justiça, na convenção, ficou concentrada nas ONGs e, em certos casos, nos indivíduos, sem qualquer referência expressa aos entes estatais independentes. Ocorre que, no Brasil, diversamente, como se sabe, quem mais atua perante os órgãos jurisdicionais em defesa do meio ambiente é o Ministério Público e, nos últimos tempos, a Defensoria Pública, que o fazem, no entanto, como autênticos Defensores do Povo, ou seja, como instituições estatais independentes, e não como órgãos do governo.

Outro ponto digno de menção é o de que o reforço do acesso à justiça passa, também, pelo reconhecimento da possibilidade de a sociedade civil controlar, por intermédio do Poder Judiciário, as omissões do Poder Público lesivas ao meio ambiente.

Isso implica, por exemplo, a admissão da imposição ao Estado de medidas de natureza injuncional — que no Brasil são tratadas como obrigações ou deveres de fazer — capazes de levar a Administração Pública a cumprir o dever imposto constitucionalmente de defender e preservar o meio ambiente e de implementar as políticas públicas ambientais, tarefa irrenunciável do Poder Público.[5]

Aqui a experiência brasileira na matéria é bastante rica e interessante. De fato, no Brasil, ao longo dos últimos anos, tem-se assistido à ampliação do controle, por intermédio do Judiciário, não só das ações como também das omissões do Poder Público, chegando, em não poucos casos, até mesmo à adoção de providências tendentes à implementação, pela via jurisdicional, de políticas públicas ambientais, inclusive com o controle sobre as disponibilidades financeiras do Poder Executivo. São vários os exemplos da jurisprudência, em que se tem manifestado o controle pela via judicial das omissões do Poder Público em terma de meio ambiente: saneamento básico, tratamento e destinação final de resíduos sólidos, fiscalização da ocupação irregular de áreas protegidas e até mesmo implantação de parques e áreas de proteção ambiental.

Aliás, o próprio Supremo Tribunal Federal já decidiu, de maneira expressa, sobre a admissibilidade do controle judicial de políticas públicas na área ambiental, sem que se possa falar em violação ao princípio da separação dos poderes.[6]

Neste passo, cumpre lembrar um aspecto relevante. Quando se fala em controle jurisdicional de ações e omissões do Poder Público, está se falando, em verdade, de controle *social* realizado *por intermédio* do Poder Judiciário. Refere-se, na realidade, ao controle realizado pela sociedade, representada em juízo pelos entes intermediários, como é o caso do Ministério Público, da Defensoria Pública e das ONGs, que tem nos juízes e tribunais um dos veículos de sua expressão concreta, autorizado pelo sistema constitucional e infraconstitucional em vigor no Brasil.[7]

Não resta dúvida, porém, de que todo esse reforço do acesso à justiça em matéria ambiental, tal como vem sendo preconizado, passa necessariamente, como não poderia ser diferente, pelo aperfeiçoamento dos órgãos jurisdicionais encarregados de dar vazão às iniciativas da sociedade civil na proteção do meio ambiente.

Isso implica, por um lado, um trabalho de sensibilização cada vez maior dos juízes no tocante às questões ambientais e, por outro lado, uma maior especialização dos magistrados, inclusive com a instituição de Cortes de Justiça especializadas em assuntos de meio ambiente, tanto em primeira quanto em segunda instância.[8] As experiências de vários países e, igualmente, do Brasil na especialização de juízos e tribunais na matéria, segundo consta, têm sido, em sua grande maioria, bem sucedidas e, por essa razão, comportam ampliação.

Como se pode perceber, o acesso à justiça em matéria ambiental, pese embora a sua evolução recente, aparece, ainda hoje, como um dos desafios a serem enfrentados pelo direito ambiental, merecedor de discussão mais aprofundada após a Rio+20, que enfatizou a relevância do tema.

O acesso à justiça em tema de meio ambiente, segundo se viu, deve ser fortalecido e ampliado, na direção de um acesso verdadeiramente participativo, sobretudo se se considerarem os grandes temas da Rio+20, que foram o quadro institucional do desenvolvimento sustentável, a governança ambiental e a economia verde, a qual, sobretudo, não se sabe bem como será trabalhada pelos diversos Estados na sequência da Conferência.

Ressalte-se que muitos analistas temem que a ideia de fortalecer uma economia verde seja captada por vários países, e especialmente pelo Brasil, como a consagração definitiva da mercantilização da natureza e dos bens ambientais, com a consequente prevalência dos mecanismos de mercado e de compensação ambiental para a solução dos problemas do meio ambiente, em detrimento da aplicação dos princípios jurídicos da prevenção, da precaução, da intervenção estatal obrigatória e do controle social nessa matéria.

Nesse sentido, o reforço do acesso participativo à justiça seria o necessário contrapeso institucional à adoção do modelo de uma economia verde, para o caso em que a mensagem da Conferência do Rio de 2012 no tema, naquilo que ela tem de positivo[8], seja desvirtuada ou mal trabalhada pelos países. O acesso participativo à justiça em matéria ambiental, reforçado, seria, portanto, o mecanismo que permitiria à sociedade civil controlar as atividades públicas e privadas, na eventualidade de má interpretação ou desvio na implementação da nova concepção de economia verde que emergiu da Rio+20.

Referências

1 FREITAS, Vladimir Passos de. Direito ambiental, da ação internacional à especialização dos tribunais. In: FREITAS, Vladimir Passos de (Coord.). *Direito ambiental em evolução 4*. Curitiba: Juruá, 2005, p. 341.

2 FREITAS, Vladimir Passos de, op. cit., p. 341.

3 Concluída a negociação entre vinte e quatro países latino-americanos e caribenhos, chegou-se à versão final do "Acordo Regional sobre o Acesso à Informação, a Participação Pública e o Acesso à Justiça em Assuntos Ambientais na América Latina e no Caribe", aprovada em 04.03.2018, na cidade de Escazú, Costa Rica. O acordo regional em questão tem natureza vinculante para os países e ficará aberto à assinatura de todos no período de 27.09.2018 a 26.09.2020, com entrada em vigor prevista para noventa dias após a data do depósito do décimo-primeiro instrumento de ratificação.

4 MIRRA, Álvaro Luiz Valery. *Participação, processo civil e defesa do meio ambiente*. São Paulo: Letras Jurídicas, 2011, p. 174 e ss.

5 MIRRA, Álvaro Luiz Valery, op. cit., p. 473-476.

6 STF – AgRg no RE n. 417.408/RJ – j. 20.03.2012 – rel. Min. Dias Toffoli.

7 MIRRA, Álvaro Luiz Valery, op. cit., p. 378-386 e 461-470.

8 FREITAS, Vladimir Passos de, op. cit., p. 344-356. No mesmo sentido, recomendação feita no "Apelo dos Juristas e das Associações de Direito Ambiental", elaborado em Limoges, na França, no dia 01.10.2011, por ocasião da 3ª Reunião Mundial das Associações de Direito Ambiental - CIDCE, encaminhado aos Estados participantes da Rio + 20. [8] Ver, no ponto, o relatório "Rumo a uma Economia Verde", apresentado pelo PNUMA, assinado por Pavan Sukhdev e Achim Steiner, segundo os quais, sem pretender sufocar o crescimento e a prosperidade, a Economia Verde visa a restabelecer a ligação com a verdadeira riqueza, reinvestir em vez de simplesmente explorar o capital natural e beneficiar muitos em lugar de poucos, reconhecendo, ainda, a responsabilidade intergeracional das nações de manter um planeta saudável, funcional e produtivo aos jovens de hoje e aos que estão para nascer (cf. ARINI, Juliana e MARCONDES, Dal. A teoria sustentável, Carta Verde, Revista Carta Capital, 28.09.2011).

AÇÕES DISCUTEM AS CONSEQUÊNCIAS DAS MUDANÇAS CLIMÁTICAS NOS EUA

1 de outubro de 2016

Gabriel Wedy

O direito das mudanças climáticas assumiu, nos últimos anos, posição cada vez mais independente nos Estados Unidos, assim como o direito das energias renováveis, em relação ao direito ambiental. Deste modo, aliás, estas matérias são abordadas no âmbito do *Sabin Center for Climate Change Law* da Columbia Law School capitaneado pelo professor e atuante advogado ambientalista Michael Gerrard. Importante, outrossim, grifar alguns fatos históricos e características do direito das mudanças climáticas nos Estados Unidos.

Embora o ex-vice presidente Al Gore tenha assinado em nome da Administração Bill Clinton o Protocolo de Quioto, ele não foi ratificado pelo Senado. Aliás, o Senado havia aprovado resolução apoiada pelos Senadores Robert Byrd e Chuck Hagel por 95 x 0, compelindo o governo a não apoiar qualquer acordo no âmbito da Convenção-Quadro das Nações Unidas para o Combate às Mudanças Climáticas no sentido do corte das emissões, a menos que o compromisso também fosse assumido igualmente pelas nações em desenvolvimento.[1]

Em março de 2001, o presidente George W. Bush expressamente repudiou o Protocolo de Quioto, sob o argumento de que ele isentava a China e a Índia da obrigação do corte de emissões, o que causaria grandes prejuízos econômicos aos Estados Unidos[2]. Quando o Protocolo entrou em vigor, no ano de 2005, Estados Unidos e Austrália eram os únicos países industrializados que não o haviam firmado. No ano de 2007, a Austrália acabou por firmar o acordo, restando os Estados Unidos isolado.

A política adotada pelo presidente Bush encorajou a redução das emissões de gases de efeito estufa e, no ano de 2001, estabeleceu como objetivo a sua redução em 18% por unidade de atividade econômica até o ano de 2012. Entretanto, a economia americana cresceu em uma taxa acelerada, aumentando justamente 18% nos anos que antecederam a crise de 2008. Nesse período, as emissões também aumentaram, no mesmo ritmo do crescimento da economia.[3]

Durante a administração Bush, os Estados Unidos adotaram vários programas para fazer um levantamento do total das emissões e incentivaram a realização de pesquisas acerca de mudanças climáticas e de tecnologias para contê-las. O Congresso aprovou incentivos fiscais para a produção de energia renovável, para eficiência energética e, de modo contraditório e absurdo, também para a convencional e poderosa indústria dos combustíveis fósseis.[4] Essa administração recusou-se a utilizar o *Clean Air Act* para regular os gases de efeito estufa, posição que se manteve mesmo após a Suprema Corte decidir que essa regulação deveria ser efetuada no âmbito da EPA (*Environmental Protection Agency*).[5]

Obama assumiu e implantou uma política oposta à de George W. Bush. Sob novo comando, a EPA passou a utilizar a sua competência para regular os gases de efeito estufa. No âmbito da *House of Representatives*, o governo conseguiu a aprovação do *American Clean Energy and Security Act*, conhecido como *Waxman-Markey Bill*, que estabelecia um amplo programa de *cap-and-trade* em nível federal.[6] Entretanto, o projeto de lei foi rejeitado no Senado. Ainda que durante a campanha da reeleição o Presidente Obama tenha evitado tocar no tema mudanças climáticas, em junho de 2013, após reeleito, anunciou o *Climate Action Plan*, plano elaborado no âmbito do Poder Executivo. O plano está focado no poder regulatório da EPA, que emitiu um cronograma com importantes regulações sobre as novas e as já existentes usinas de queima de carvão.[7]

Não existe nos Estados Unidos uma legislação específica para regular os gases de efeito estufa, mas várias leis são aplicadas com tal finalidade. O mais importante diploma legal para regulação desses gases é o *Clean Air Act*. Durante a administração do presidente Bill Clinton, dois sucessivos Conselhos Gerais da EPA opinaram que a agência teria autoridade para aplicar o *Clean Air Act* e regular os gases de efeito estufa como poluentes do ar. Os Conselhos da EPA na Administração Bush emitiram pareceres em sentido diametralmente oposto. [8] Essa controvérsia restou resolvida por decisão da Suprema Corte no caso *EPA v. Massachussets*, no ano de 2007, em que por 5 a 4 a Corte decidiu que os Estados possuíam *standing* para processar e compelir a EPA para regular os gases de efeito estufa. Na decisão restou consignado que os gases de efeito estufa podem ser regulados com a aplicação do *Clean Air Act* pela EPA porque são poluentes do ar. Por fim, restou determinado que a EPA deve ou declarar que os gases de efeito estufa são prejudiciais à saúde pública e ao bem-estar e realizar a regulação, ou explicar em detalhes por que essa regulação não será realizada com base em permissivos legais.[9]

Em dezembro de 2009, a EPA definiu os gases de efeito estufa como perigosos. Após, emitiu regulação das emissões por intermédio da fixação de *standards* e tornou mais rigorosos os níveis de regulação para os veículos automotores. A EPA também adotou medidas de regulação referentes às fontes estacionárias de emissões de gases de efeito estufa, como fábricas e usinas. Mais de cem processos foram ajuizados impugnando tais regulações pelos mais diversos argumentos, mas todas essas ações foram desconsideradas pela Corte de Apelação do Distrito de Columbia (*U.S. Court of Appeals for the Disctrict o Columbia*), que sequer apreciou o seu mérito.[10]

O *National Environmental Policy Act* é igualmente aplicado para regular as emissões de gases de efeito estufa, em especial para compelir as agências a elaborarem declarações de impacto ambiental para as ações federais ou submetidas à fiscalização federal de maior vulto e que possam causar danos ao meio ambiente.

Outros argumentam que o *Endangered Species Act* (ESA) também pode ser aplicado para o enfrentamento das mudanças climáticas. Como diz o próprio nome, a lei é utilizada para proteger espécies ameaçadas e em perigo, assim como o seu *habitat*. Proíbe projetos e ações federais que coloquem em risco as espécies ameaçadas. Em teoria, a lei poderia ser estendida para projetos que emitem gases de efeito estufa, mas na prática é muito difícil de se implementar, já que muitos projetos contribuem relativamente pouco com as emissões de gases de efeito estufa e os impactos às espécies não podem ser atribuídos diretamente a tais emissões. A importância do estatuto, nos contextos das mudanças climáticas, é primeiramente proteger espécies atingidas indiretamente pelas mudanças climáticas nos seus *habitats*, com o objetivo de garantir a sua sobrevivência.[11]

Refere Gerrard que as ações ajuizadas nos Estados Unidos discutindo causas associadas às mudanças climáticas podem ser divididas, em sua ampla maioria, em duas categorias básicas.[12] A primeira categoria compreende ações que invocam o direito administrativo com base nas leis existentes para exigir que as agências federais adotem certas ações regulatórias ou parem de adotá-las. *Massachussets v. EPA* é um clássico exemplo dessa categoria de ações. Centenas de ações têm sido ajuizadas impugnando projetos, ações e omissões regulatórias das agências federais referentes aos gases de efeito estufa. Nesse tipo de caso, as partes pleiteiam que o Poder Judiciário aplique as regras estabelecidas pelo Congresso, pelos legislativos estaduais e pelas agências administrativas. A segunda categoria envolve ações típicas da *common law*. Nesse tipo de ação judicial, o pedido é endereçado ao juiz para que ele aplique doutrinas criadas pelas Cortes através dos séculos para responsabilizar a parte *ex-adversa* ou para que um provimento cautelar seja expedido contra as emissões.

Com base na doutrina da *common law public nuisance*, foram ajuizadas quatro demandas alegando mudanças climáticas e pedindo a intervenção judicial. Todas foram desconsideradas e não tiveram o mérito apreciado por Cortes Federais (*Federal District Courts*), porquanto entenderam que tais demandas estavam embasadas em questões políticas e não eram sujeitas ao escrutínio do Poder Judiciário. Também foi invocada, por grupos sem fins lucrativos, a doutrina da *common law* da *public trust* em várias ações judiciais que buscavam compelir os Estados e o Governo Federal a adotarem planos para reduzir as emissões de gases de efeito estufa e preservar a atmosfera. Essa doutrina obriga o governo a proteger certos recursos naturais que devem ser preservados em confiança e em nome do público. A doutrina tem sido aplicada para proteger certas águas costeiras, praias e também parques florestais. Até o momento, no entanto, nenhum processo com esse argumento obteve êxito nas Cortes.[13]

Importante observar, por fim, que não são incomuns demandas envolvendo as mudanças climáticas e as suas nefastas consequências nos Estados Unidos, exemplo de país democrático e de cidadania atuante, a qual está atenta e consciente em relação a essa grave ameaça.

Referências

1 GERRARD, Michael. Introduction and overview. In: GERRARD, Michael; FREEMAN, Jody (Eds.). *Global Climate Change and U.S Law*. New York: American Bar Association, 2014. p. 24.

2 Ver: ROSENCRANZ, Armin. U.S. Climate Change under G.W. Bush. *Golden Gate University Law Review*, v. 32, n. 4, p. 479-491, 2002.

3 GERRARD, Michael. Introduction and overview. In: GERRARD, Michael; FREEMAN, Jody (Eds.). *Global Climate Change and U.S Law*. New York: American Bar Association, 2014. p. 24.

[4] UNITED STATES. EPA. *Inventory of U.S. Greenhouse Gas Emissions and Sinks 1990-2011.* fig. 2-1 (Apr. 12, 2013).

[5] NAT'L ENERGY POLICY DEV. GROUP. Energy Policy: Reliable, Affordable and Environmentally Sound Energy for America's Future (May 2001).

[6] LIZZA, Ryan. As the world burns. *The New Yorker*, New York, 11 out. 2010.

[7] GERRARD, Michael. Introduction and overview. In: GERRARD, Michael; FREEMAN, Jody (Eds.). *Global Climate Change and U.S Law.* New York: American Bar Association, 2014. p. 24.

[8] GERRARD, Michael. Introduction and overview. In: GERRARD, Michael; FREEMAN, Jody (Eds.). *Global Climate Change and U.S Law.* New York: American Bar Association, 2014. p. 24.

[9] GERRARD, Michael. Introduction and overview. In: GERRARD, Michael; FREEMAN, Jody (Eds.). *Global Climate Change and U.S Law.* New York: American Bar Association, 2014. p. 24.

[10] GERRARD, Michael. Introduction and overview. In: GERRARD, Michael; FREEMAN, Jody (Eds.). *Global Climate Change and U.S Law.* New York: American Bar Association, 2014. p. 24.

[11] GERRARD, Michael. Introduction and overview. In: GERRARD, Michael; FREEMAN, Jody (Eds.). *Global Climate Change and U.S Law.* New York: American Bar Association, 2014. p. 26.

[12] GERRARD, Michael. Introduction and overview. In: GERRARD, Michael; FREEMAN, Jody (Eds.). *Global Climate Change and U.S Law.* New York: American Bar Association, 2014. p. 26-27. Para uma análise abrangente acerca dos casos envolvendo mudanças climáticas nos EUA, ver também: ARNOLD & PORTER LLP. *Climate Change Litigation in U.S.* 2015?]. Disponível em: <http://www.climatecasechart.com>. Acesso em: 15 out. 2015.

[13] GERRARD, Michael. Introduction and overview. In: GERRARD, Michael; FREEMAN, Jody (Eds.). *Global Climate Change and U.S Law.* New York: American Bar Association, 2014. p. 27.

PATRIMÔNIOS CULTURAIS, NOMES DE LUGARES TAMBÉM DEVEM SER PRESERVADOS

08 de outubro de 2016

Marcos Paulo de Souza Miranda

A proteção do patrimônio cultural, em âmbito mundial, de há muito afastou seus olhares exclusivamente para objetos materiais excepcionais, monumentais ou grandiloquentes, passando a mirar outros elementos, tangíveis ou não, que, de igual forma, integram o acervo cultural representativo do caminhar da humanidade, mas que antigamente escapavam à percepção de boa parte dos cidadãos e autoridades públicas.

Todos nós, por força de tradição multissecular, logo que nascemos, recebemos um nome, elemento identificador básico do homem. No Brasil, enquanto sucedâneo do direito à própria dignidade da pessoa humana, o Código Civil Brasileiro estabelece que todos têm direito a um nome.

Em continuidade, conforme estabelecido na Lei de Registros Públicos, a alteração do nome da pessoa civil é excepcional e somente admitida, por exemplo, em casos em que houver exposição ao ridículo ou quando necessário para o indivíduo se furtar à coação ou ameaça decorrente de colaboração com a apuração de crime. Ou seja: a imutabilidade do nome é uma regra.

Mas e as coisas e lugares que nos cercam, cujas denominações são seculares e tradicionais? Seriam seus nomes passíveis de alteração ao bel prazer de indivíduos ou grupos que assumem o poder circunstancialmente? Haveria algum limite à possibilidade da alteração do nome, por exemplo, de cidades, logradouros públicos ou acidentes geográficos?

Antes de adentrarmos à análise jurídica da questão que nos propomos a perscrutar, vejamos o pensamento dos literatos sobre o assunto, considerando que os incontáveis episódios de mutilação toponímica (do grego *topos*=lugar; e *onoma*=nome) não escaparam à percepção dos homens das letras. Em *Grande Sertão - Veredas*, João Guimarães Rosa, magistral escritor mineiro, deixou a advertência de Riobaldo[1]:

> *Entre perto de lá tem vila grande - que se chamou Alegres - o senhor vá ver. Hoje, mudou de nome, mudaram. Todos os nomes eles vão alterando. É em senhas. São Romão todo não se chamou de primeiro Vila Risonha? O Cedro e o Bagre não perderam o ser? O Tabuleiro Grande? Como é que podem remover uns nomes assim? O senhor concorda? Nome de lugar onde alguém já nasceu, devia de estar sagrado. Lá como quem diz: então alguém havia de renegar o nome de Belém – de Nosso Senhor Jesus Cristo no Presépio, com Nossa Senhora e São José?! Precisava de se ter mais travação. Senhor sabe: Deus é definitivamente; o Demo é o contrário Dele...*

A imortal Raquel de Queiroz também se expressou sobre o tema, de forma perspicaz e contundente, referindo-se à denominação dos logradouros municipais, talvez as maiores vítimas do abandono da proteção toponímica[2]:

> *É bem conhecido o desrespeito que, em nossa terra, as autoridades municipais manifestam pela toponímia urbana. Nomes tradicionais de logradouros, muitas vezes representando o traço que na memória do povo deixou um fato, um costume, uma figura, são alterados e substituídos por outros de duvidosa significação e sob o pretexto de homenagear personagens algumas vezes de transitória atuação na vida local, quando não lhe sejam de todos estranhos. É por isso sempre interessante recordar e registrar as denominações antigas ou populares dos logradouros de uma comunidade. São designações que evocam imagens do passado.*

Por detrás das palavras dos literatos, há um substrato antropológico, histórico e geográfico que precisa ser igualmente percebido, posto que os nomes tradicionais dados às coisas não surgem ao acaso, mas, ao contrário, estão ligados a escolhas e motivações que precisam ser compreendidas. Suprimi-los implica no ocultamento da história e da identidade de uma gente, viabilizando o distanciamento do significado que se dá a um "pequeno pedaço de mundo"[3].

O respeitado historiador mineiro, Waldemar de Almeida Barbosa[4], em brilhante lição sobre o tema, depois de advertir que "tradição é matéria que está longe de ser compreendida por espíritos ligeiros, superficiais" nos ensina:

> *Quando, ao se proclamar a República, adotou-se aquela bandeira constituída de listas horizontais verdes e amarelas, com um grupo de estrelas em um retangulozinho à esquerda, no alto, o argu-*

> *mento que convenceu Deodoro de tamanha estultícia foi este: a bandeira nacional é qualquer cousa ligada à alma do povo. Que se substitua o emblema da monarquia por outro, mas permaneça a bandeira que a nação se acostumou a admirar e a respeitar, foi o argumento decisivo.*

Da mesma forma, o nome de uma localidade, por mais feio que possa parecer a estranhos, está intimamente ligado à alma do povo que o adotou, à sua história, às suas lendas; não deixa de ser uma forma de crueldade inventar um nome sonoro e poético para substituir o primeiro, sem qualquer consulta aos moradores. Às vezes, uma sede distrital é elevada à categoria de cidade; os chefes políticos do município a que pertencia aquele distrito, julgam-se no direito de criar e impor uma bela denominação para o novo município a ser criado.

Com efeito, nomes como Ibitipoca (do tupi, significando serra furada), Caxambú (do africano, relativo à forma cônica de um tambor), Mantiqueira (do tupi, significando serra que chora, em alusão às muitas nascentes) ou Curral del-Rey (relacionado a antiga estrutura fiscal, de origem lusitana, para controle de animais), não são produtos do acaso. Ao contrário, são verdadeiros fósseis linguísticos[5], carregados de motivações simbólicas e identitárias que nos permitem compreender e interpretar, retrospectivamente, a realidade, as funções e a vida dos lugares e a sua relação com nossos ancestrais.

Nomes de antigos logradouros públicos, como Rua da Cachaça, Rua do Jogo de Bola, Rua do Curtume, Morro da Forca, Largo das Forras, Largo do Pelouro, Beco dos Defuntos e Praça da Liberdade não são designações que surgiram sem motivos. São produtos históricos da vivência do homem e de suas relações com o espaço por ele ocupado, seus usos, valores, acontecimentos e símbolos.

A denominação de "Rua Direita", por exemplo, presente na tessitura urbana de incontáveis arraiais e vilas do Brasil, é um verdadeiro arquétipo da morfologia das cidades lusitanas e a sua designação (aliás, desvinculada da retitude esperada do nome) está, de fato, relacionada aos eixos primordiais dos núcleos urbanos, remontando a conceitos e funções surgidos na Idade Média, relacionados à ligação espacial, em linha direta, dos principais prédios de uso comercial, administrativo e religioso.

Enfim, o nome de um lugar em um mapa ou documento não se restringe a uma informação meramente cartográfica ou onomástica. Há sempre uma carga de valores e motivos de relevo por detrás dele. Segundo Seabra, "nome de lugar é voz, ferramenta e fundamento da experiência humana, já que é um signo linguístico que transmite informações e reflete a história dos povos".[6]

Por isso, segundo o ordenamento jurídico brasileiro, as denominações tradicionais dos lugares, enquanto signos da identidade e da memória de nossa sociedade, podem ser compreendidas e classificadas como partes integrantes do patrimônio cultural imaterial e, portanto, passíveis de tutela pelo poder público, nos termos preconizados pelo art. 216, § 1º. da Constituição da República.

Tal constatação impõe a todos um dever de abstenção (*non facere*) no que pertine à mudança imotivada, arbitrária ou circunstancial dos topônimos, que, inclusive, podem ser protegidos por instrumentos de ordem legislativa, administrativa ou mesmo judicial.

No que tange à denominação de nossas unidades de conservação, por exemplo, o Decreto 4.340/2002, em feliz dispositivo, estabeleceu que: Art. 3º — A denominação de cada unidade de conservação deverá basear-se, preferencialmente, na sua característica natural mais significativa, ou na sua denominação mais antiga, dando-se prioridade, neste último caso, às designações indígenas ancestrais.

Tal mandamento impede, por exemplo, que determinado parque estadual seja denominado, por motivações políticas ou adulatórias, "Governador fulano de tal", abrindo margem, inclusive, para se perquirir sobre possível ato de improbidade administrativa, por violação aos princípios da legalidade, moralidade e impessoalidade, em caso de descumprimento.

Ainda no campo normativo, a Lei Complementar 01/1967, que estabelece os requisitos mínimos de população e renda pública e a forma de consulta prévia as populações locais para a criação de novos municípios, estabelece no artigo 9º, III, que na designação de novos topônimos não serão utilizados designações de datas ou nomes de pessoas vivas. Na mesma toada, a Lei 6.454/77 dispõe que é proibido, em todo o território nacional, atribuir nome de pessoa viva ou que tenha se notabilizado pela defesa ou exploração de mão de obra escrava, em qualquer modalidade, a bem público, de qualquer natureza, pertencente à União ou às pessoas jurídicas da administração indireta.

Em âmbito administrativo, conquanto não previsto expressamente no Decreto 3.551/2000, somos de pensamento que os topônimos podem ser protegidos pelo instrumento do Registro e que seria desejável a criação, conforme cláusula de abertura prevista no artigo 1º, parágrafo 3º.[7], de um "Livro das Denominações", para inscrição dos nomes tradicionais dos lugares.

Outra medida de relevo no âmbito administrativo, e que pode contribuir positivamente para a valorização das antigas denominações, é a educação patrimonial, mediante ações de ensino, promoção e informação, pois a falta de conhecimento sobre as razões que justificaram a atribuição do nome a um determinado lugar pode favorecer a sua mudança, de forma inadvertida. Temos conhecimento de diversos "Dicionários" de nomes de ruas de cidades que revelam, com maestria, as motivações das designações de logradouros e que cumprem os objetivos acima citados.

Em âmbito judicial, considerando a inafastabilidade da apreciação pelo Poder Judiciário de qualquer lesão ou ameaça a direito, e sendo direito de todos a preservação dos bens integrantes do patrimônio cultural brasileiro, instrumentos como a ação popular e a ação civil pública podem e devem ser utilizados para se evitar o mudancismo toponímico.

Importante destacar que as leis que tratam da designação de lugares são de efeito concreto e, materialmente, se equivalem a atos administrativos, cuja motivação não refoge à possibilidade de apreciação judicial a fim de que sejam perquiridos seus requisitos essenciais, a exemplo da motivação, e obediência aos princípios da administração pública, como os da legalidade, moralidade e impessoalidade, viabilizando o combate a atos de autolatria, bajulatória, oportunismo ou arbitrariedade, entre outros.

Em sede de ação civil pública, é digna de nota a iniciativa da Associação dos Moradores e Amigos do Vidigal, da cidade do Rio de Janeiro, que combateu ato do município que mudou a tradicional denominação da "Estrada do Tambá", dando-lhe nome de um presidente da República. Sobre o cabimento do instrumento processual escolhido, assim decidiu o TJ-RJ:

> *AÇÃO CIVIL PÚBLICA – Proteção legal a bens de valor histórico – Restabelecimento de antigo nome de rua – Admissibilidade – Tutela legal que não se limita a bens materiais. A proteção a bens de valor histórico não se limita a bens materiais. Norma constitucional assegurando proteção a locais de valor histórico. Inclui-se no conceito a denominação de ruas e logradouros públicos. Provimento do recurso para admitir o exame do pedido. (TJRJ – Ap. 238/89 - Rel. Semy Glanz – J. 27/06/1989 – RT 657/144-145)*

Por meio de ação popular, registramos o feito do Estado de São Paulo movido em face da Câmara Municipal de Rio Grande da Serra e da Prefeitura local, alegando que em 08 de dezembro de 1999 as ruas Vênus e Mercúrio, ambas localizadas na Vila Albano, haviam sofrido alteração na denominação, passando a ser denominadas ruas Francisco Martin Rueda e João Manoel Fernandes, por força das Leis Municipais 1.239/99 e 1.244/99, respectivamente. A ação, extinta em primeira instância, teve seu trâmite restabelecido pelo TJ-SP, que assim decidiu:

> *AÇÃO POPULAR - Extinção do processo sem exame do mérito - Ausência de lesividade - Art. 267, inciso IV, do CPC - Mudança de nome de rua sem anuência dos moradores - Lesão ao patrimônio histórico e cultural. Inegavelmente, a denominação do logradouro público tem importância histórica e cultural para seus moradores. E se assim não fosse, não se incomodariam com a atual denominação, a ponto de se manifestarem contrariamente à mudança (fls. 24/31). Ante o exposto, dá-se provimento aos recursos para anular a r. sentença, a fim de que a ação tenha seu regular prosseguimento. Sentença reformada. Recursos providos. (Apelação Cível n° 234.298-5/9-00, de Ribeirão Pires, 6ª Câmara Cível do TJSP, Rel. Des. José Elias Habice Filho, Julgado em 15/12/2003).*

Enfim, os nomes tradicionais dos lugares devem ser respeitados e protegidos, por todos, por serem bens integrantes do patrimônio cultural imaterial brasileiro. Alterá-los imotivadamente é ação que não se concebe diante do ordenamento jurídico hoje vigente.

Referências

1 ROSA, João Guimarães. Grande Sertão: Veredas. Rio de Janeiro: Nova Fronteira. 19 ed. 2001. p. 58.

2 *Apud* CINTRA, Sebastião de Oliveira. Nomenclatura de ruas de São João del-Rei. Revista do Instituto Histórico e Geográfico de São João del-Rei. Vol. VI. 1988. p. 05.

3 HISSA, Cássio Eduardo Viana e MELO, Adriana Ferreira de. O lugar e a cidade. Conceitos do mundo contemporâneo. *In*: Saberes ambientais: desafios para o conhecimento disciplinar. Belo Horizonte. UFMG. 2008. p. 299.

4 BARBOSA. Waldemar de Almeida. Dicionário Histórico Geográfico de Minas Gerais. Belo Horizonte: Itatiaia. 1995. p. 11.

5 DICK, Maria Vicentina de Paula do Amaral. Toponímia e antroponímia no Brasi.l Coletânea de estudos. São Paulo. USP. 1987. p. 25

6 SEABRA, Maria Cândida Trindade Costa de. Toponímia do Vale: passado e presente. In: SOUZA, João Valdir de. HENRIQUES, Márcio Simeone (Orgs.). Vale do Jequitinhonha. Formação histórica, populações e movimentos. Belo Horizonte: UFMG. 2010. p. 95

7 O Decreto prevê a existência dos Livros de Registro dos Saberes, das Celebrações, das Formas de Expressão e dos Lugares e prevê que outros livros de registro poderão ser abertos para a inscrição de bens culturais de natureza imaterial que constituam patrimônio cultural brasileiro e não se enquadrem nos livros definidos explicitamente na norma.

CONSIDERAÇÕES SOBRE O PLANO DE RECUPERAÇÃO DE ÁREA DEGRADADA

15 de outubro de 2016

Talden Farias

O Plano de Recuperação de Área Degradada (PRAD) foi criado para dar concretude ao desiderato constitucional que obriga o explorador de recursos minerais a recuperar o meio ambiente degradado, tendo em vista o direito fundamental ao meio ambiente ecologicamente equilibrado. O objetivo é estabelecer as diretrizes para fazer com que o solo explotado volte a ter utilidade, devolvendo-lhe a função social.

A despeito da exigência de recuperar a área degradada pela atividade minerária prevista no § 2º do art. 225 da Constituição da República de 1988, faltava um instrumento jurídico que viabilizasse esse objetivo. Por essa razão, foi editado o Decreto 97.632/89, instituindo o PRAD:

> Art. 1º. Os empreendimentos que se destinam à exploração de recursos minerais deverão, quando da apresentação do Estudo de Impacto Ambiental - EIA e do Relatório do Impacto Ambiental - RIMA, submeter à aprovação do órgão ambiental competente, plano de recuperação de área degradada.

Parágrafo único. Para os empreendimentos já existentes, deverá ser apresentado ao órgão ambiental competente, no prazo máximo de 180 (cento e oitenta) dias, a partir da data de publicação deste Decreto, um plano de recuperação da área degradada.

Esse documento estabelece, com base no critério da melhor técnica disponível, de que forma a área degradada deve ser recuperada pelo degradador ou pelo responsável pelo lugar. Cuida-se de exigência para toda e qualquer atividade minerária, independentemente da fase da interrupção da lavra, do porte da jazida ou do tipo de minério a ser extraído. Entretanto, apesar de ser um instrumento de gestão ambiental típico da mineração, com o tempo o PRAD passou a ser solicitado também em relação a outras atividades.

Rodrigo Jorge de Moraes[1] cita como exemplo de atividades sujeitas a essa obrigação os canteiros para a construção de hidrelétricas, rodovias, usinas de açúcar e álcool etc. Isso implica dizer que, afora a mineração, podem se submeter ao PRAD qualquer atividade que degrade o solo, como a agricultura, a construção civil, a pecuária, a piscicultura, a silvicultura etc.

Existe uma discussão a respeito dos fins que a execução da recuperação da área degradada deve almejar. Beatriz Lopes de Oliveira e Fernando Reverendo Vidal Akaoui[2], por exemplo, defendem que o PRAD deve zelar sempre pelo retorno da área degradada pela mineração às suas condições primitivas.

Ocorre que essa obrigatoriedade de procurar o retorno ao status quo ante é um equívoco, pois não há qualquer texto normativo que imponha tal exigência, uma vez que somente a partir das peculiaridades do caso concreto é que se definirão as medidas a serem tomadas. Não é outra a perspectiva do Decreto 97.632/89:

> Art. 3º. A recuperação deverá ter por objetivo o retorno do sítio degradada a uma forma de utilização, de acordo com um plano preestabelecido para o uso do solo, visando à obtenção de uma estabilidade do meio ambiente.

Com efeito, recuperar é fazer com que uma área degradada volte a ter as características ambientais anteriores ou compatíveis com a sua função social. Esse também é o entendimento da Lei 9.985/2000 (Lei do Sistema Nacional de Unidades de Conservação da Natureza):

> Art. 2º. Para os fins previstos nesta Lei, entende-se por: (...)
> XIII - recuperação: restituição de um ecossistema ou de uma população silvestre degradada a uma condição não degradada, que pode ser diferente de sua condição original;
> XIV - restauração: restituição de um ecossistema ou de uma população silvestre degradada o mais próximo possível da sua condição original;

Luís Enrique Sánchez defende que a recuperação é "o conjunto de ações que visam tornar a área apta para algum uso produtivo, não necessariamente idêntico ao que antecedeu a atividade de mineração" [3]. Em igual sentido é o conceito utilizado pelo Ibama[4]:

> Recuperação significa que o sitio degradado será retornado a uma forma e utilização de acordo com um plano preestabelecido para o uso do solo. Implica que uma condição estável será obtida em conformidade com os valores ambientais, estéticos e sociais da circunvizinhança. Significa, também, que o sitio degradado terá condições mínimas de estabelecer um novo equilíbrio dinâmico, desenvolvendo um novo solo e uma nova paisagem.

A justificativa disso é que na maioria dos casos o retorno ao status quo ante é de difícil ou mesmo impossível implementação, tendo em vista a natureza extrativa da atividade minerária. Essa discussão parte do pressuposto de que o retorno da área degradada pela mineração às condições originais seria sempre o mais adequado, o que não é verdadeiro.

Por vezes tal medida nem é preferível, pois nem sempre essa será a solução técnica mais adequada. A depender do caso concreto, é possível que após a execução do PRAD a área passe a ser mais rica do ponto de vista ecológico.

De acordo com Marcelo Ribeiro Tunes[5], é provável que a origem da polêmica tenha sido a opção do legislador pela terminologia "recuperação" ao invés de "reabilitação", que é mais adequada sob o ponto de vista técnico. No entanto, o uso daquela terminologia prevaleceu tanto em razão do maior uso linguístico quanto da expressa referência constitucional[6].

A definição sobre como e quando a recuperação ambiental ocorrerá na mineração pertence ao órgão ambiental competente para fazer o licenciamento ambiental, nos moldes do que reza o art. 17 da LC 140/2011. É claro que essa decisão deve ser justificada tanto jurídica quanto tecnicamente, na medida em que a discricionariedade administrativa é mitigada pelo critério da melhor técnica disponível.

Nada impede, todavia, que o empreendedor ou responsável contribua com sugestões, que poderão ser ou não acatadas. Na verdade, em homenagem ao princípio da participação, qualquer cidadão ou instituição pode se manifestar a esse respeito, sendo recomendável que a população do entorno seja instada a apresentar as suas considerações.

Por se tratar de uma determinação constitucional, tal recuperação deve ser a mais efetiva possível, seja do ponto de vista qualitativo ou quantitativo. Isso implica dizer que a área a ser recuperada deve corresponder exatamente à área que sofreu a degradação.

É evidente que o planejamento da recuperação ambiental deve ocorrer antes da pesquisa ou da lavra, pois o empreendedor tem de se comprometer a executá-lo antes de sua liberação – até porque se trata de um pré-requisito para isso. Porém, é possível que o PRAD sofra alterações quando chegado o momento de sua execução.

Isso se dá, sobretudo, em função das inovações técnicas e tecnológicas que precisam ser incorporadas ao instituto[7], com o intuito de torná-lo mais eficiente. Por conseguinte, a atualização do PRAD poderá ocorrer para facilitar a atuação do empreendedor ou responsável, desde que não comprometa a eficiência ecológica, bem como para aumentar a qualidade ambiental do trabalho.

Na hipótese de identificação de lavra clandestina a obrigação remanesce, não obstante a incidência sobre os responsáveis das demais cominações legais. O texto constitucional é claro no sentido de que toda área degradada por mineração deve ser recuperada, independentemente de qualquer coisa, cabendo ao órgão administrativo de meio ambiente apenas definir a escolha técnica mais pertinente.

Na realidade, a mineração ilegal exige ainda maiores cuidados, porquanto a degradação tendo a ser maior em função da ausência de planejamento e de controle. Na hipótese de não identificação do minerador o proprietário do solo será responsabilizado por omissão, dado que a responsabilidade civil por danos ambientais é objetiva e *propter rem* quando se versa questões imobiliárias.

No que tange ao momento de execução, a prática demonstra que na maioria dos casos a recuperação da área degradada só começa quando da finalização completa da lavra. Contudo, não é prudente aguardar o esgotamento da jazida ou a interrupção das atividades, conquanto nessa fase o empreendedor ou responsável deixe de auferir lucros e, por isso, muitas vezes se sente tentado a simplesmente abandonar a mina.

É por essa razão que Paulo Affonso Leme Machado[8] defende que a recuperação deve ocorrer de forma simultânea à própria explotação da área. De fato, a exceção de minerações territorialmente restritas, não faz mesmo sentido esperar o encerramento da lavra para começar a recuperação, especialmente porque são atividades de longa duração temporal. Isso implica dizer que a demora somente se justifica se a recuperação ambiental impedir ou dificultar a atividade minerária, uma vez que os valores ambientais não podem ser relegados ao segundo plano quando não houver uma justificativa de força maior.

O DNPM ou os órgãos administrativos de meio ambiente poderão paralisar a atividade durante a lavra caso a recuperação da área degradada não esteja ocorrendo, não precisando aguardar o final da lavra para tomar medidas mais efetivas. Nessa situação o prejuízo à coletividade e ao meio ambiente será definitivamente menor, pois o empreendedor que não segue o cronograma durante a lavra dificilmente o fará depois.

Quanto à natureza jurídica, impende dizer que o PRAD é um estudo ambiental que deve ser utilizado como meio de se atingir o cumprimento de uma obrigação constitucional de relevante interesse ambiental. Cuida-se, portanto, de uma modalidade de avaliação de impactos ambientais (AIA) típica – mas não exclusiva – da atividade minerária, e que deve prever como e quando a área degradada deve ser recuperada.

Não é pertinente classificar o PRAD como condição de validade da licença ambiental na atividade minerária, já que a condicionante é a execução e não o estudo em si. Ademais, a exigência é cabível mesmo se a lavra nunca foi legalizada, seja do ponto de vista da legislação ambiental ou minerária.

Assim como qualquer AIA, as diretrizes do PRAD devem ser estabelecidas no Termo de Referência – TR determinado pelo órgão administrativo de meio ambiente responsável pelo licenciamento ambiental, que estabelecerá nesse documento a abrangência, os procedimentos e os requisitos gerais a serem seguidos pelo proponente da atividade. Normalmente, o TR básico da atividade minerária requer ao menos as seguintes informações:

1 – Descrição geral do empreendimento
- 1.1 – Identificação do empreendimento
  - – Razão Social
  - – Endereço
  - – CNPJ
  - – Situação legal, etc.
- 1.2 – Localização e vias de acesso
- 1.3 – Coordenadas geográficas e seu ponto de amarração com mapa em escala 1:20.000
- 1.4 – Objetivo
- 1.5 – Justificativa (justificar a alternativa de reabilitação, em termos de importância no contexto ambiental e socioeconômico da região).

2 – Dados da área a ser reabilitada
   2.1 – Volume da cava final
   2.2 – Volume de rejeito
   2.3 – Dimensão da área a ser reabilitada
   2.4 – Declividade dos taludes
   2.5 – Concepção esquemática da área pós-lavra
   (apresentação de desenho em perspectiva da área pós-lavra).

3 – Conformação topográfica e paisagística (apresentação de proposta de adequação paisagística e topográfica para as áreas de influência direta).

4 – Metodologia (descrição da metodologia para o desenvolvimento do projeto).

Ex. Em caso de revegetação, informar todas as espécies a serem introduzidas, bem como método de plantio, irrigação, etc.

– Cronograma de execução

Anexos:

– Documentação fotográfica.

– Documentação cartográfica (em escala 1:20.000).

– Planta de situação da Área do projeto.

– Detalhe da Área de lavra (enfatizando a topografia).

– ART do responsável técnico.

Cumpre observar que esse é o conteúdo mínimo, podendo e até devendo o empreendedor inserir outras informações que se mostrarem relevantes para a feitura e execução do PRAD. O TR precisa considerar as peculiaridades de cada atividade minerária, especialmente em função das características geológicas do terreno, da circunvizinhança, do método de lavra e do tipo de minério a ser explotado.

Com efeito, não é possível comparar a dimensão ecológica e econômica da extração de areia a outras indústrias minerárias, a exemplo do ferro. Por isso, não é adequado a recomendação do mesmo modelo de TR de PRAD para toda e qualquer atividade minerária, devendo o Poder Público levar em consideração as particularidades do caso concreto.

O órgão responsável pelo licenciamento ambiental pode pedir esclarecimentos ou complementações na hipótese de inadequação do PRAD ao TR, conforme determina o inciso IV do art. 10 da Resolução n. 237/97 do CONAMA e o § 1º do art. 14 da LC 140/2011. Entretanto, somente a ele cabe aprovar o PRAD, atuando o DNPM, os demais órgãos ambientais e o Ministério Público como instâncias de fiscalização.

Da mesma forma que o PRAD só pode ser executado depois de aprovado, sob pena de causar prejuízos ao meio ambiente, a sua execução deverá ser aprovada pelo órgão responsável pelo licenciamento ambiental. É que o fato de estar bem feito não garante a sua execução correta, sendo essa a fase que exige maior fiscalização.

Em vista disso, os problemas relacionados ao PRAD podem ocorrer tanto na fase de elaboração quanto na de execução. Na fase de elaboração é possível constatar casos adaptações mal feitas ou mesmo de plágio, afora a incompletude e a superficialidade de alguns estudos[9].

Tais falhas técnicas normalmente reduzem o estudo a um mero plano de reconformação topográfica e de revegetação, ficando na prática as empresas livres para agirem como entenderem. Inobstante a responsabilidade profissional do autor do estudo, não se pode deixar de observar o erro do órgão administrativo de meio ambiente e dos servidores envolvidos, que aprovaram um estudo inconsistente e que deverão ser responsabilizados por isso.

Contudo, é realmente na fase de execução que ocorrem os maiores problemas, porque muitas vezes não se implementa ou se implementa apenas parte daquilo que foi planejado. Anelise Grehs Stifelman[10] atribui o insucesso dessa determinação constitucional à ausência de uma constante fiscalização por parte dos órgãos administrativos de meio ambiente e do DNPM. A dificuldade de fiscalização é, lamentavelmente, uma realidade explicada pela falta de estrutura dos órgãos encarregados, quadro presente em praticamente todo o país.

O problema é que muitas vezes a atividade minerária ocorre em lugares recônditos, distantes das concentrações populacionais e do Poder Público, o que gera empecilhos à fiscalização e à participação popular. É óbvio que somente o engajamento popular, juntamente com atuação do Ministério Público e com a melhor estruturação do DNPM e dos órgãos administrativos de meio ambiente, é que se poderá garantir a efetividade dos PRADs da atividade minerária.

A despeito disso, impõe esclarecer que o Poder Público poderá exigir o cumprimento do PRAD se constatada a sua execução insuficiente, inexistindo prescrição quanto a essa obrigação. Na verdade, ainda que o minerador tenha cumprido fielmente o PRAD, poderá ainda dele ser exigida algum tipo de adequação ou complementação, pois o seu dever constitucional é recuperar a área degradada.

Em outras palavras, se o PRAD é um instrumento para a recuperação da área degradada, ele perde a razão de existir caso não contribua efetivamente para o atingimento desse desiderato constitucional. De mais a mais, cuida-se de um dever imprescritível, pois a qualquer momento se poderá exigir que o solo explorado/explotado volte a ter relevância social.

Referências

1 MORAES, Rodrigo Jorge. Setor sucroalcoleiro: regime jurídico e ambiental das usinas de açúcar e álcool. São Paulo: Saraiva, 2011, p. 124.

2 OLIVEIRA, Beatriz Lopes de; AKAOUI, Fernando Reverendo Vidal. Plano de recuperação de área degradada ou plano de restauração de área degradada? Disponível em: http://www.mp.sp.gov.br/portal/page/portal/cao_urbanismo_e_meio_ambiente/biblioteca_virtual/bv_teses_congressos/Dra%20Beatriz%20Lopes%20de%20Oliveira-Dr%20Fernando%20Reverendo%20Vida.htm. Acesso em: 20.mar.2014.

3 Sánchez, Luis Enrique. Desengenharia: o passivo ambiental na desativação de empreendimentos industriais. São Paulo: Edusp, 2001, p. 48.

4 IBAMA. Manual de recuperação de áreas degradadas pela mineração: técnicas de revegetação. Brasília, IBAMA, 1990, p. 13.

5 TUNES, Marcelo Ribeiro. O zoneamento ecológico-econômico como fator de viabilização da mineração em áreas de preservação permanentes. Areia e brita, n 26, 2005, p. 21-23.

6 IBAMA. Manual de recuperação de áreas degradadas pela mineração: técnicas de revegetação. Brasília, IBAMA, 1990, p. 14.

7 POVEDA, Eliane Pereira Rodrigues. A eficácia legal na desativação de empreendimentos minerários. São Paulo: Signus, 2007, p. 121.

8 MACHADO, Paulo Affonso Leme. Direito ambiental brasileiro. 16. ed. São Paulo: Malheiros, 2009, p. 693.

9 LIMA, Hernani Mota de; FLÔRES, José Cruz do Carmo; COSTA, Flávio Luiz. Plano de recuperação de áreas degradadas versus plano de fechamento de mina: um estudo comparativo. Revista da Escola de Minas, Ouro Preto, nº 59, 2006, p. 399.

10 STIFELMAN, Anelise Grehs. Alguns aspectos sobre o licenciamento ambiental da mineração no Brasil. In: BENJAMIN, Antônio Herman (org). Paisagem, natureza e direito. São Paulo: Imprensa Oficial, 2005, v. 5, p. 548-549.

VAQUEJADA, FARRA DO BOI E BRIGA DE GALO NA PAUTA DO SUPREMO

22 de outubro de 2016

Eduardo Coral Viegas

A Lei cearense 15.299/2013 regulamentou a vaquejada, conceituando-a da seguinte forma: "Para efeitos desta Lei, considera-se vaquejada todo evento de natureza competitiva, no qual uma dupla de vaqueiro a cavalo persegue animal bovino, objetivando dominá-lo" (artigo 2º). Ocorre que, por trás dessa suposta manifestação cultural inocente, há maus-tratos aos bovinos e até aos cavalos, como descreveu em seu voto o ministro Marco Aurélio, relator da ADI 4.983, julgada em 6/10/2016:

> *Consoante asseverado na inicial, o objetivo é a derrubada do boi pelos vaqueiros, o que fazem em arrancada, puxando-o pelo rabo. Inicialmente, o animal é enclausurado, açoitado e instigado a sair em disparada quando da abertura do portão do brete. Conduzido pela dupla de vaqueiros competidores vem a ser agarrado pela cauda, a qual é torcida até que caia com as quatro patas para cima e, assim, fique finalmente dominado.*

O autor juntou laudos técnicos que demonstram as consequências nocivas à saúde dos bovinos decorrentes da tração forçada no rabo, seguida da derrubada, tais como fraturas nas patas, ruptura de ligamentos e de vasos sanguíneos, traumatismos e deslocamento da articulação do rabo ou até o arrancamento deste, resultando no comprometimento da medula espinhal e dos nervos espinhais, dores físicas e sofrimento mental. Apresentou estudos no sentido de também sofrerem lesões e danos irreparáveis os cavalos utilizados na atividade: tendinite, tenossinovite, exostose, miopatias focal e por esforço, fraturas e osteoartrite társica.

A Constituição garante a todos (artigo 225, caput) o direito ao meio ambiente ecologicamente equilibrado, incumbindo também a todos — poder público e coletividade — sua defesa intergeracional. E impõe alguns deveres ao poder público, dentre os quais o de proteger fauna e flora, vedando, na forma da lei, práticas que submetam os animais à crueldade (artigo 225, parágrafo 1º, VII).

Pela leitura desse regramento constitucional, parece não haver margem a controvérsias. Porém, há outro elemento fundamental a ser considerado, que é o direito estampado no artigo 215 da CF, consistente na obrigação do mesmo poder público de garantir a todos o pleno exercício dos direitos culturais, com proteção das manifestações das culturas populares.

Estamos, pois, frente a um conflito aparente de normas constitucionais que protegem interesses coletivos. De um lado, a vaquejada é uma manifestação cultural consolidada em diversas regiões do Nordeste. Por outro, trata-se de atividade que impinge sofrimento físico aos animais nela envolvidos, para satisfação dos interesses humanos. Um elemento adicional nesse contexto é que há lei estadual admitindo a prática cultural/esportiva e regulamentando-a. Mas a norma infraconstitucional resiste frente ao disposto no artigo 225 da CF?

A questão é tão complexa que o STF decidiu o mérito da ADI 4.983 com o apertado placar de 6 a 5, para declarar a inconstitucionalidade da lei estadual. Entretanto, enquanto para alguns decisores a questão é realmente delicada e polêmica — como para o relator —, para outros a situação é indiscutível, como se verifica das palavras do ministro Dias Toffoli: "Vejo com clareza solar que essa é uma atividade esportiva e festiva, que pertence à cultura do povo, portanto há de ser preservada".

O STF vem enfrentando discussões jurídicas dessa natureza há longa data. As mais notórias dizem respeito à farra do boi catarinense e às brigas de galo. No julgamento do RE 153.531/SC, ocorrido há 19 anos (3/6/1997), prevaleceu o entendimento do ministro Francisco Rezek, relator, em detrimento do voto divergente do ministro Maurício Correa, que deu prevalência ao folclore regional, afirmando que a manifestação popular conhecida como farra do boi é tradição cultural formadora de patrimônio cultural imaterial resultante da vinda de portugueses açorianos para o litoral catarinense. Correa defendeu ainda que, frente a excessos, cabe ao Estado adotar as providências legais e judiciais pertinentes.

Por maioria, com o voto vencido mencionado, a 2ª Turma do STF considerou inconstitucional a prática sulista intitulada farra do boi, que se assemelha em essência à vaquejada nordestina, apesar de ser praticada sob forma e regramento diversos. O acórdão restou assim vazado:

> *COSTUME - MANIFESTAÇÃO CULTURAL - ESTÍMULO - RAZOABILIDADE - PRESERVAÇÃO DA FAUNA E DA FLORA - ANIMAIS - CRUELDADE. A obrigação de o Estado garantir a todos o pleno exercício de direitos culturais, incentivando a valorização e a difusão das manifestações, não prescinde da observância da norma do inciso VII do artigo 225 da Constituição Federal, no que veda prática que acabe por submeter os animais à crueldade. Procedimento discrepante da norma constitucional denominado "farra do boi".*

Outra situação também enfrentada pelo Supremo diz respeito às brigas de galo. Diferenciam-se das práticas da vaquejada e da farra do boi por terem maior viés esportivo do que cultural. Ao contrário da crueldade praticada contra os bovinos, na luta das aves o homem fica de espectador de qual delas vencerá uma briga sangrenta de galos criados para o combate. Em uma ADI igualmente do estado de Santa Catarina, decidia há 11 anos, o STF reconheceu a inconstitucionalidade da norma que autorizava e regulamentava a prática desumana, conforme a ementa que segue:

> *AÇÃO DIRETA DE INCONSTITUCIONALIDADE. LEI N. 11.366/00 DO ESTADO DE SANTA CATARINA. ATO NORMATIVO QUE AUTORIZA E REGULAMENTA A CRIAÇÃO E A EXPOSIÇÃO DE AVES DE RAÇA E A REALIZAÇÃO DE "BRIGAS DE GALO. A sujeição da vida animal a experiências de crueldade não é compatível com a Constituição do Brasil. Precedentes da Corte. Pedido de declaração de inconstitucionalidade julgado procedente (ADI 2514/SC, julgada em 29/6/2005).*

Dois anos depois, o mesmo entendimento foi ratificado em caso análogo, oriundo do Rio Grande do Norte (ADI 3776/RN, julgada em 14/6/2007). Mais recentemente, as rinhas vieram a ser novamente objeto de apreciação do STF, agora em face de lei fluminense, merecendo transcrição a seguinte passagem do aresto:

> *A promoção de briga de galos, além de caracterizar prática criminosa tipificada na legislação ambiental, configura conduta atentatória à Constituição da República, que veda a submissão de ani-*

> *mais a atos de crueldade, cuja natureza perversa, à semelhança da "farra do boi" (RE 153.531/SC), não permite sejam eles qualificados como inocente manifestação cultural, de caráter meramente folclórico (ADI 1.856/RJ, julgada em 26/5/2011).*

Veja-se que o julgado faz referência à configuração de crime ambiental. De fato, até a Lei 9.605/98, a crueldade contra animais era tipificada como contravenção (artigo 64). Em 1998, passou a ser considerado crime praticar ato de abuso, maus-tratos, ferir ou mutilar animais silvestres, domésticos ou domesticados, nativos ou exóticos (artigo 32). Ou seja, abrange todas as espécies da fauna, não apenas as selvagens.

A CF, no artigo 225, parágrafo 1º, VII, impõe especial atenção à dignidade da vida de todos os animais. Não há uma proteção direta à vida em si, já que se pode matar animais domesticáveis, por exemplo, como aqueles que nos servem de alimento. O que não pode ocorrer é a prática de maus-tratos, crueldade, seja por ação do homem — caso da vaquejada, farra do boi ou das rinhas de galo — ou por sua omissão — como quando deixa de dar alimento a qualquer espécie animal.

Se os atos capitulados como criminosos pelo artigo 32 da Lei 9.605/98 resultarem em morte decorrente dos maus-tratos, a pena é um pouco aumentada. Isto é, matar animais domésticos ou domesticados somente será crime se for resultante de maus-tratos, independentemente de autorização. Isso permite às pessoas o sacrifício de seus bichos de estimação quando acometidos de doença grave, o que é bastante comum, sem necessidade de pedirem uma permissão ao poder público. Já quanto aos animais selvagens, o ato de matar é ilícito penal por si só, se o agente não tiver autorização regular (artigo 29), assim como é delito qualquer ato de crueldade que os atingir (artigo 32), à semelhança do que acontece com os domésticos e domesticados.

Uma contradição evidente se encontra no fato de que, de uma banda, a CF inseriu norma afirmando o destacado valor do respeito à qualidade de vida dos animais, impondo ao poder público o dever de proteger a fauna, com vedação, na forma da lei, de práticas que submetam animais a crueldade. Trata-se de uma disposição que não necessitaria estar na Lei Maior, porquanto não é matéria tipicamente constitucional, como ocorre com aquelas atinentes à estrutura, atribuições e competências dos órgãos do Estado. Se ali está é porque o constituinte entendeu que o assunto merecia uma atenção diferenciada.

Contudo, a lei infraconstitucional parece não estar em consonância com essa preocupação maior, na medida em que o tipo penal dos maus-tratos, ainda que deles resultem morte do animal, são de menor potencial ofensivo. Permitem, assim, medidas como a transação penal, o que nos parece ser desproporcional com a relevância do bem tutelado pelo Direito Constitucional brasileiro.

Enfim, o Supremo Tribunal Federal vem reconhecendo corretamente que as iniciativas estaduais que autorizam condutas humanas violentas contra o bem estar e a qualidade de vida dos animais ferem a previsão constitucional de que todos têm o direito ao meio ambiente ecologicamente equilibrado, assim como o dever de defendê-lo e preservá-lo para esta e as futuras gerações (artigo 225, caput), e que uma das formas de causar desequilíbrio ambiental é a prática de atos de crueldade contra a fauna, independentemente de ser ela selvagem ou não.

RESPONSABILIDADE CIVIL AMBIENTAL E A REPARAÇÃO INTEGRAL DO DANO

29 de outubro de 2016

Álvaro Mirra

No Direito brasileiro, conforme tem sido analisado pela doutrina especializada, a responsabilidade civil ambiental está sujeita a um regime jurídico próprio e específico, fundado nas normas do artigo 225, parágrafo 3º, da Constituição Federal e do artigo 14, parágrafo 1º, da Lei 6.938/1981 (Lei da Política Nacional do Meio Ambiente), diverso, em muitos pontos, do regime comum do Direito Civil e do Direito Administrativo, o que deu à responsabilidade civil por danos ambientais entre nós uma grande amplitude[1].

Entre outros aspectos, esse regime especial de responsabilidade civil está baseado a) na admissão da reparabilidade do *dano causado à qualidade ambiental* em si mesma considerada, reconhecida como bem jurídico protegido, e do *dano moral ambiental*[2]; b) na consagração da *responsabilidade objetiva* do degradador do meio ambiente, ou seja, responsabilidade decorrente do simples risco ou do simples fato da atividade degradadora, independentemente da culpa do agente, adotada a teoria do risco integral[3]; c) na amplitude com que a legislação brasileira trata os sujeitos responsáveis, por meio da noção de poluidor adotada pela Lei da Política Nacional do Meio Ambiente, considerado poluidor a pessoa física ou jurídica, de direito público ou privado, *direta* ou *indiretamente* responsável pela degradação ambiental (artigo 3º, IV); e d) na ampliação dos efeitos da responsabilidade civil, que abrange não apenas a *reparação propriamente dita do dano ao meio ambiente*, como também a supressão do fato danoso à qualidade ambiental, por meio do que se obtém a *cessação definitiva da atividade causadora de degradação* do meio ambiente.

Dentro desse contexto, em que se verificam a amplitude e a força da responsabilidade civil pelo dano ambiental, impõe-se indagar se tem lugar, também, a aplicação do princípio da reparação *integral* do dano ambiental.

A noção de reparação aplicável ao dano ambiental traz consigo sempre a ideia de *compensação*. Isso no sentido de que a degradação do meio ambiente e dos bens ambientais não permite jamais, a rigor, o retorno da qualidade ambiental ao estado anterior ao dano, restando sempre alguma sequela do dano que não pode ser totalmente eliminada. Há, na realidade, sempre algo de irreversível no dano ambiental, o que não significa irreparabilidade sob o ponto de vista jurídico.

Nesse contexto, a reparação do dano ambiental deve invariavelmente conduzir o meio ambiente a uma situação equivalente — na medida do que for praticamente possível — àquela de que seria beneficiário se o dano não tivesse sido causado, compensando-se, ainda, as degradações ambientais que se mostrarem irreversíveis. Daí a incidência do *princípio da reparação integral do dano*[4].

A reparação integral do dano ao meio ambiente abrange não apenas o dano causado ao bem ou recurso ambiental imediatamente atingido, como também *toda a extensão dos danos produzidos em consequência do fato danoso à qualidade ambiental*[5], incluindo: a) os efeitos ecológicos e ambientais da agressão inicial a um determinado bem ambiental que estiverem no mesmo encadeamento causal (como, por exemplo, a destruição de espécimes, *habitats* e ecossistemas inter-relacionados com o meio imediatamente afetado; a contribuição da degradação causada ao aquecimento global); b) as perdas de qualidade ambiental havidas no interregno entre a ocorrência do dano e a efetiva recomposição do meio degradado; c) os danos ambientais futuros que se apresentarem como certos; d) os danos irreversíveis causados à qualidade ambiental, que de alguma forma devem ser compensados; e) os danos morais coletivos resultantes da agressão a determinado bem ambiental[6].

Essa, inclusive, é a orientação firmada pelo Superior Tribunal de Justiça, em expressivo julgado da lavra do Ministro Herman Benjamin, que, inclusive, foi ainda mais longe, ao decidir que a reparação integral do dano ambiental compreende, igualmente, a restituição ao patrimônio público do proveito econômico do agente com a atividade ou empreendimento degradador, a mais-valia ecológica que o empreendedor indevidamente auferiu com o exercício da atividade degradadora (como, por exemplo, a madeira ou o minério retirados ao arrepio da lei do imóvel degradado ou, ainda, o benefício com o uso ilícito da área para fim agrossilvopastoril, turístico ou comercial)[7].

Questão importante na matéria diz respeito à incidência ou não de alguma exceção ao princípio da reparação integral do dano ambiental, por vezes aceita na teoria da responsabilidade civil, para o fim de limitar a amplitude da reparação pretendida, com base, em especial, no exercício de um certo poder moderador dos juízes, movidos por razões de equidade, em disposições legais especiais ou na convenção entre as partes interessadas[8].

Essa indagação é particularmente importante se se considerar o disposto no artigo 944 do Código Civil brasileiro, que depois de firmar a regra da reparação integral do dano, no *caput*, abriu, no parágrafo único, a possibilidade de o juiz reduzir equitativamente a indenização, se houver excessiva desproporção entre a gravidade da culpa do agente e o dano efetivamente causado. A referida norma do Código Civil, como norma geral em tema de responsabilidade civil, teria incidência no âmbito da responsabilidade civil ambiental?

Segundo se tem afirmado, essa exceção ao princípio da reparação integral do dano não tem aplicação à reparação do dano ambiental.

Por um lado, é importante insistir no fato de que a responsabilidade civil ambiental resulta de um sistema próprio e autônomo no contexto da responsabilidade civil, com regras especiais que se aplicam à matéria, em detrimento das normas gerais do Código Civil que com elas não sejam compatíveis. Nesse sentido, a responsabilidade civil por danos ambientais está sujeita a um regime jurídico específico, instituído a partir da Constituição Federal e da Lei da Política Nacional do Meio Ambiente, que não inclui qualquer norma mitigadora da reparação integral do dano, sendo derrogatório, portanto, em tal aspecto, do regime geral do Código Civil.

Por outro lado, nunca é demais lembrar que a responsabilidade civil ambiental tem como fundamento o risco criado pelas atividades degradadoras e não a culpa do degradador, de maneira que configuraria verdadeiro contrassenso se se passasse a levar em conta exatamente a culpa para a delimitação da extensão da reparação pretendida.

Na realidade, limitar a reparação dos danos ambientais em virtude da menor culpa ou da ausência de culpa do degradador significaria, no final das contas, *reinserir* na responsabilidade objetiva a discussão da culpa do agente, agora não mais para a determinação da responsabilidade civil em si mesma, mas para a definição do montante reparatório, o que o regime instituído a partir da Constituição de 1988 e da Lei da Política Nacional do Meio Ambiente pretendeu precisamente afastar.

No tocante à intervenção do legislador para o estabelecimento de limites legais à reparação do dano, em especial para favorecer o desempenho de determinadas atividades consideradas de particular relevância para o desenvolvimento do país, é importante observar que no Direito brasileiro tal expediente não foi adotado em relação à reparação de danos ambientais e nem seria a rigor admissível, tendo em vista a indisponibilidade do direito de todos ao meio ambiente ecologicamente equilibrado, como direito humano fundamental, e do meio ambiente, como bem de uso comum do povo (artigo 225, *caput*, da CF).

Finalmente, no que se refere à limitação à reparação de danos decorrente da convenção entre os interessados, importa considerar aqui, de maneira especial, a *transação*.

No âmbito da reparação de danos ambientais, devido ao já referido caráter indisponível do direito ao meio ambiente ecologicamente equilibrado, como direito humano fundamental, e do meio ambiente, como bem de uso comum do povo (artigo 225, *caput*, da CF), não se pode a rigor ter como válida a transação, que, inclusive, nos termos da própria lei civil, está restrita a direitos patrimoniais de natureza privada.

Não se ignora aqui a existência de corrente doutrinária que se manifesta já há algum tempo no sentido de admitir a transação nessa matéria, com base, sobretudo, na Lei 7.347/1985 (Lei da Ação Civil Pública), que autoriza a tomada pelos entes públicos legitimados à ação civil pública do denominado "compromisso de ajustamento de conduta às exigências legais" (artigo 5º, parágrafo 6º), que muitos veem como a consagração definitiva no direito positivo brasileiro da admissibilidade de transações em tema de direitos e interesses difusos[9].

No entanto, parece que, nessa matéria, têm razão aqueles autores que entendem que o conteúdo possível do denominado compromisso de ajustamento de conduta nada tem a ver com o de uma verdadeira transação, por meio da qual se permitiriam concessões mútuas entre as partes[10].

É interessante observar a respeito que, nos exatos termos da lei, por intermédio do compromisso em questão os degradadores *se comprometem a ajustar as suas condutas às exigências legais*, não fazendo o legislador referência, em momento algum, à possibilidade de se realizarem transações em relação aos direitos protegidos, por meio de concessões favoráveis aos interesses dos causadores de degradações ambientais. Assim, inclusive, já se pronunciou o Tribunal de Justiça de São Paulo[11].

Nesse passo, porém, vale uma ressalva. É a de que o Superior Tribunal de Justiça, embora como regra não admita a transação em tema de reparação do dano ambiental, já entendeu, em caráter excepcional, como válido, acordo celebrado nos autos de ação civil pública, em que houve reparação não integral do dano, por considerar, naquela hipótese específica, diante das circunstâncias da espécie, como a melhor forma de composição da lesão causada[12].

Em suma, como se procurou demonstrar, a reparação do dano ambiental deve sempre conduzir o meio ambiente a uma situação na medida do possível equivalente àquela de que seria beneficiário se o dano não tivesse sido causado. E, nessa matéria, o princípio da reparação integral do dano tem inteira aplicação, devendo-se levar em consideração não só o dano causado imediatamente ao bem ou recurso ambiental atingido como também toda a extensão dos danos produzidos em consequência do fato danoso à qualidade ambiental, incluindo o dano moral ambiental verificado.

Além disso, é importante ter sempre claro que no atual estágio do Direito Ambiental brasileiro não se admite qualquer limitação à plena reparabilidade do dano ao meio ambiente. Tendo em vista a indisponibilidade do direito protegido, nenhuma disposição legislativa, nenhum acordo entre os litigantes e nenhuma decisão judicial que tenham como finalidade ou efeito o de limitar a extensão da reparação do dano ambiental podem ser considerados legítimos.

Referências

1 BENJAMIN, Antônio Herman V. Responsabilidade civil pelo dano ambiental. *Revista de Direito Ambiental*. São Paulo, n. 9, p. 5-52; MIRRA, Álvaro Luiz Valery. *Participação, processo civil e defesa do meio ambiente*. São Paulo: Letras Jurídicas, 2011, p. 441, nota 1199.

2 STJ – 2ª T. – REsp 1.367.923/RJ – j. 27/8/2013 – rel. min. Humberto Martins; STJ – 2ª T. – REsp 1.198.727/MG – j. 14/8/2012 – rel. min. Herman Benjamin.

3 STJ – 2ª Seção REsp 1.374.284/MG – j. 27/8.2014 – rel. min. Luís Felipe Salomão – sob o regime do artigo 543-C do CPC/1973; STJ – 4ª T. – AgRg no AgRg no AREsp 153.797/SP – j. 5/6/2014 – rel. min. Marco Buzzi; STJ – 2ª Seção – REsp 1.114.398/PR – j. 8/2/2012 – rel. min. Sidnei Beneti – sob o regime do artigo 543-C do CPC/1973.

4 MIRRA, Álvaro Luiz Valery. *Ação civil pública e a reparação do dano ao meio ambiente*. 2ª ed. São Paulo: Juarez de Oliveira, 2004, p. 314-324; BENJAMIN, Antônio Herman V., op. cit., p. 19; MACHADO, Paulo Affonso Leme. *Direito ambiental brasileiro*. 24ª ed. São Paulo: Malheiros, 2016, p. 421-424; MILARÉ, Édis. *Direito do ambiente*. 10ª ed. São Paulo: Revista dos Tribunais, 2015, p. 427-428; LEITE, José Rubens Morato; AYALA, Patryck de Araújo. *Dano ambiental*: do individual ao coletivo extrapatrimonial. 6ª ed. São Paulo: Revista dos Tribunais, 2014, p. 229-230; STEIGLEDER, Annelise Monteiro. *Responsabilidade civil ambiental*. 2ª ed. Porto Alegre: Livraria do Advogado, 2011, p. 211; LEMOS, Patrícia Faga Iglesias. *Direito ambiental*: responsabilidade civil e proteção do meio ambiente. São

Paulo: Revista dos Tribunais, 2008, p. 186; PINHO, Hortênsia Gomes. *Prevenção e reparação de danos ambientais*: as medidas de reposição natural, compensatória e preventivas e a indenização pecuniária. Rio de Janeiro: GZ, 2010, p. 327-330.

5 CUSTÓDIO, Helita Barreira. Avaliação de custos ambientais em ações judiciais de lesão ao meio ambiente. *Revista dos Tribunais*, v. 652, p. 26.

6 MIRRA, Álvaro Luiz Valery. *Ação civil pública e a reparação do dano ao meio ambiente*, cit., p. 315.

7 STJ - 2ª T. - REsp 1.145.083/MG - j. 27/9/2011 - rel. min. Herman Benjamin.

8 Sobre todos esses aspectos, ver MIRRA, Álvaro Luiz Valery. *Ação civil pública e a reparação do dano ao meio ambiente*, cit., p. 317 e ss.

9 MILARÉ, Édis. *Direito do ambiente*, cit., p. 1465 e ss; MANCUSO, Rodolfo de Camargo. *Ação civil pública*: em defesa do meio ambiente, do patrimônio cultural e dos consumidores. 9ª ed. São Paulo: Revista dos Tribunais, 2004, p. 316-329; NERY, Ana Luiza de Andrade. *Compromisso de ajustamento de conduta*: teoria e análise de casos práticos. 2ª ed. São Paulo: Revista dos Tribunais, 2012, p. 130-164.

10 RODRIGUES, Geisa de Assis. *Ação civil pública e termo de ajustamento de conduta*: teoria e prática. Rio de Janeiro: Forense, 2006, p. 141-159; AKAOUI, Fernando Reverendo Vidal. *Compromisso de ajustamento de conduta ambiental*. 4ª ed. São Paulo: Revista dos Tribunais, 2012, p. 77-81; ZAVASCKI, Teori Albino. *Processo coletivo*: tutela de direitos coletivos e tutela coletiva de direitos. São Paulo: Revista dos Tribunais, 2006, p. 147-150.

11 TJ-SP - 9ª Câmara de Direito Público - Ap. Cív. 259.003-5/0-00 - j. 19/2/2003 - rel. des. Ricardo Lewandowski.

12 STJ - 2ª T. - REsp 299.400/RJ - j. 1º/6/2006 - rel. p/ acórdão min. Eliana Calmon.

O USO DA TRIBUTAÇÃO AMBIENTAL NA PROMOÇÃO DA SUSTENTABILIDADE

5 de novembro de 2016

Gabriel Wedy

Tributos, em especial com finalidade extrafiscal, podem ser importantes instrumentos para promover o desenvolvimento sustentável na sua dimensão ambiental e, em especial, evitar a poluição. Relevante função possuem, em emblemático exemplo, na taxação do carbono para se diminuir a emissão de gases de efeito estufa e o consequente aquecimento global. Na consolidação de políticas públicas, o sistema tributário deve estar estruturado em pilares de sustentabilidade para a promoção do desenvolvimento[1].

Numa economia de mercado, sem intervenção governamental, aqueles que se beneficiam da poluição decidem acerca da sua quantidade e "não têm incentivo para levar em conta os custos de poluição que impõem aos outros, como os que ganham com a exploração de usinas termelétricas"[2], por exemplo. Incidem altos custos da poluição sobre as pessoas que não têm influência nos processos decisórios causadores da degradação ambiental[3].

Pode-se incluir a tributação de desestímulo à poluição no leque de tributos *pigouvianos*. Com efeito, Pigou, em seu clássico *A Economia do Bem-Estar*, defendeu a tributação para a redução de externalidades negativas[4]. Krugman, por sua vez, entende que existem três maneiras fundamentais de induzir as pessoas que usam recursos comuns a internalizar os custos que impõem aos outros: a) tributar ou então regulamentar o uso do recurso comum; b) criar um sistema de licenças comercializáveis para o direito de usar o recurso comum; c) tornar o recurso comum exclusivo e atribuir direitos de propriedade a alguns indivíduos[5].

Existem, como enfatiza Caliendo, dois grandes grupos de soluções tributárias utilizadas com o intuito de auxiliar na busca de um meio ambiente equilibrado: a imposição de tributos ambientais e a criação de incentivos à produção sustentável. Complementa afirmando que a imposição de tributos ambientais constitui-se em "solução do tipo comando e controle, ou seja, soluções em que se estabelecem um padrão de conduta e a exigência da internalização do custo das externalidades, tornando obviamente algumas atividades mais caras do que outras"[6].

Assevera Krugman, por seu turno, que os impostos sobre emissões e licenças comercializáveis fazem mais do que induzir indústrias poluidoras a reduzir as emissões. Elas proporcionam um incentivo para criar e usar a tecnologia menos poluente. O principal efeito dos sistemas de comercialização de licenças é mudar o modo de produzir eletricidade, e não o de reduzir a sua produção. Cita como exemplo dessa nova postura as usinas elétricas americanas que passaram a usar combustíveis alternativos, como carvão de baixo teor de enxofre e gás natural, e também instalaram filtros que retiram das emissões das usinas elétricas boa parte do dióxido de enxofre e de outros poluentes[7].

Não é diferente o entendimento da doutrina canadense no que tange à tributação ambiental, isto é, os impostos são popularmente conhecidos como mecanismos de geração de renda para os governos; entretanto, eles também podem servir para promover mudanças no comportamento da sociedade, especialmente novas posturas que visem reduzir os danos ambientais[8].

Refere Nabais, por sua vez, que os tributos ambientais são definidos pelas seguintes características:

1) têm função extrafiscal;
2) tributam atividade mais poluente, atendendo ao princípio do poluidor-pagador;
3) presumem a existência de produto alternativo para qual possa ser dirigida a procura antes orientada para o produto tributado;
4) as receitas encontram-se, por via de regra, consignadas à realização da função ambiental;
5) devem ser estabelecidos no início da cadeia produtiva (*upstream*)[9].

Assiste razão ao jurista luso quando afirma que o que caracteriza a natureza ambiental dos tributos "é o objetivo ou [a] finalidade extrafiscal ecológica primordial, traduzida na preservação e melhoria do meio ambiente assumida pelo legislador ao criá-los e discipliná-los" e, bem assim, "a efetiva possibilidade de prossecução desse objetivo ou finalidade, e não o destino ecológico das receitas proporcionadas pelos mesmos"[10].

Grandes temas no momento acerca da extrafiscalidade de tributos na sua dimensão ambiental certamente são, como referido por Benidickson, "a discussão a respeito da tributação sobre o carbono e a potencial diminuição na taxa de produção de dióxido de carbono, que é o gás de efeito estufa que mais contribui para o aquecimento global"[11]. Entende Giddens que "os impostos sobre o carbono podem ser de dois tipos: aqueles cuja receita parcial ou integral é gasta para fins ambientais e aqueles cujo propósito é influenciar o comportamento de maneiras compatíveis com os objetivos ligados à mudança climática". No primeiro exemplo, é possível incluir "os impostos em que a receita é investida para subsidiar a tecnologia das energias renováveis"[12]; já os tributos que visam compelir as pessoas ao uso do combustível mais eficiente nos veículos, ou da energia limpa, como no caso dos carros movidos com eletricidade, enquadram-se na segunda possibilidade. O propósito da tributação sobre o carbono, como alternativa de combate às mudanças climáticas e ao aquecimento global, é auxiliar "na eliminação das externalidades negativas no que concerne ao meio ambiente e uma garantia de que tenham seu custo inteiramente estimado, inclusive os custos para as futuras gerações"[13]. Hora de pensar nos nossos filhos, e nos filhos dos filhos deles, que não precisam pagar essa conta!

Aliás, o Canadá, país modelar no aspecto da governança, em declaração do primeiro ministro Trudeau, comprometeu-se em colocar preço no carbono faz poucas semanas. Tanto as províncias como os territórios deverão estabelecer, sob pena de multa, legislação que fixe o preço mínimo de 10 dólares canadenses por tonelada de carbono até 2018 e aumentá-lo até 2020 no patamar de pelo menos 50 dólares canadenses por tonelada. A arrecadação será utilizada para diminuir o valor de outros tributos que oneram o contribuinte ou para investir em projetos climáticos e subsidiar a energia renovável[14].

No caso brasileiro, não basta tributar atividades poluidoras aleatoriamente: todo o sistema tributário nacional precisa ser sustentável, inserido em uma economia verde, com novas tecnologias baseadas na energia limpa e livre — ou de baixa emissão — de carbono. É preciso que exista "consistência de políticas públicas que induzam o modelo produtivo para um nível de sustentabilidade, orientando a política fiscal nacional, estadual e municipal"[15].Na busca pela concretização do direito fundamental ao desenvolvimento sustentável, não se pode hiperdimensionar qualquer um dos seus pilares básicos. O que se deve, também, é buscar o equilíbrio com os demais direitos fundamentais previstos na Constituição Federal de 1988. Veiga refere que "a sustentabilidade ambiental deve estar baseada no duplo imperativo ético de solidariedade sincrônica com a geração atual e de solidariedade diacrônica com as gerações futuras" e que ela demanda a busca de "soluções triplamente vencedoras (isto é, em termos sociais, econômicos e ecológicos), eliminando o crescimento selvagem obtido ao custo de externalidades negativas, tanto sociais quanto ambientais". Políticas ambientais fiscais devem ser de longo prazo, pois, do contrário, "levam ao crescimento ambientalmente destrutivo, mas socialmente benéfico, ou ao crescimento ambientalmente benéfico, mas socialmente destrutivo"[16]. O desenvolvimento sustentável, nessa perspectiva, deve ser alcançado com governança exemplar e harmonia com os seus pilares econômico, humano e ambiental.

A tributação ambiental, em suma, deve ser acompanhada sempre de políticas públicas consistentes com uma visão de ecologia integral como pregada pelo Papa Francisco em *Laudato Sì*. A participação efetiva da sociedade na elaboração e na discussão da viabilidade da tributação ambiental é fundamental dentro de um debate público bem informado, que possa levar à transparência necessária aos processos de tomada de decisão. Não há dúvida de que, nessa perspectiva, a tributação ambiental com finalidade extrafiscal é um importante mecanismo de funcionalização e concretização do direito fundamental ao desenvolvimento sustentável na era das mudanças climáticas.

Referências

1 SILVA, Solange Teles. *Reflexões Sobre o ICMS Ecológico*. In: KISHI, Sandra Akemi Shimada; SILVA, Solange Teles da; SOARES, Inês Virgínia Prado (Orgs.). *Desafios do Direito Ambiental no Século XXI:* estudos em homenagem a Paulo Affonso Leme Machado. São Paulo: Malheiros, 2005. p. 753-776. p. 770.)

2 KRUGMAN, Paul; WELLS, Robin. *Economics*. New York: New Publishers, 2009. p. 393.

3 KRUGMAN, Paul; WELLS, Robin. *Economics*. New York: New Publishers, 2009. p. 393.

4 PIGOU, Arthur Cecil. *The economics of welfare*. London: MacMillan, 1962.

5 KRUGMAN, Paul; WELLS, Robin. *Economics*. New York: New Publishers, 2009. p. 421.

6 CALIENDO, Paulo. Extrafiscalidade ambiental: instrumento de proteção ao meio ambiente equilibrado. In: BASSO, Ana Paula et al. (Orgs.). *Direito e Desenvolvimento Sustentável*. Curitiba: Juruá, 2013. p. 165-194.

7 KRUGMAN, Paul; WELLS, Robin. *Economics*. New York: New Publishers, 2009. p. 403.

8 OLEWILER, Nancy. The case for pollutions taxes. In: DOERN, G. B. (Ed.). *Getting It Green*: Case Studies in Canadian Environmental Regulation. Toronto: C.D. Howe Institute, 1990.

9 NABAIS, José Casalta. Sustentabilidade do estado fiscal. In: NABAIS, José Casalta (Org.). *Sustentabilidade Ambiental em Tempos de Crise*. Coimbra: Almedina, 2011. p. 47.

10 NABAIS, José Casalta. Sustentabilidade do estado fiscal. In: NABAIS, José Casalta (Org.). *Sustentabilidade Ambiental em Tempos de Crise*. Coimbra: Almedina, 2011. p. 47.

11 BENIDICKSON, Jamie. *Environmental law*. 3. ed. Toronto: Irwin Law, 2009. p. 365.

12 GIDDENS, Anthony. *The Political of Climate Change*. Cambridge: Polity Press, 2009. p. 188.

13 GIDDENS, Anthony. *The Political of Climate Change*. Cambridge: Polity Press, 2009. p. 188.

14 *THE NEW YORK TIMES*. *Canada's Trudeau steps up on climate change*. Disponível em: http://www.nytimes.com/2016/10/07/opinion/canadas-trudeau-steps-up-on-climate-change.html?_r=0. Acesso em: 01.11.2016.

15 CALIENDO, Paulo. Extrafiscalidade ambiental: instrumento de proteção ao meio ambiente equilibrado. In: BASSO, Ana Paula et al. (Orgs.). *Direito e Desenvolvimento Sustentável*. Curitiba: Juruá, 2013. p. 165-194.

16 VEIGA, José Eli da. *Desenvolvimento Sustentável*: o desafio do século XXI. Rio de Janeiro: Garamond, 2008. p. 171-172.

JOGO DO BICHO NÃO PODE SER PROTEGIDO COMO PATRIMÔNIO CULTURAL

12 de novembro de 2016

Marcos Paulo Miranda

Corria o ano de 1892 quando o aristocrata João Batista Viana Drummond (1825-1897), o Barão de Drummond, por sugestão do mexicano Manuel Ismael Zevada, teve a iniciativa de fazer uma campanha para conseguir reerguer o jardim zoológico, de sua propriedade, em Vila Isabel, no Rio de Janeiro, que passava por dificuldades financeiras após terem sido suspensas as subvenções que recebia do governo pós-imperial[1].

De acordo com a nova estratégia, comprando um ingresso de mil réis para entrada no zoológico, o visitante recebia um bilhete que vinha com a gravura de um animal estampada. Afixada em um poste alto, perto do portão de entrada do zoológico, havia uma caixa de madeira, onde ficava escondido um quadro retratando o animal do dia — escolhido previamente pelo barão de uma lista de 25 bichos, que ia do avestruz à vaca.

O primeiro "sorteio" ocorreu no domingo de 3 de julho de 1892. Às 5h da tarde daquele dia, a caixa foi aberta e o público presente pôde, finalmente, descobrir qual era o animal "da sorte" e saber quem teria direito ao prêmio de 20 mil réis para cada acertador — 20 vezes o valor pago pela entrada no local. Na hora aprazada, o barão foi até o poste, retirou o quadro e revelou o avestruz e fez a alegria de 23 sortudos visitantes.

O sucesso da iniciativa foi tão grande que em pouco tempo o jogo do bicho se desvinculou da finalidade inicial de manter o zoológico e alastrou como loteria pelos quiosques da cidade, transformando-se em um negócio altamente rentável que passou ao comando de poderosos "banqueiros", responsáveis por administrar o lucrativo negócio pelos anos afora.

Considerado jogo de azar, o jogo do bicho foi posteriormente proibido, mas sua prática ilícita (envolvendo banqueiros, gerentes e apostadores), continuou a ser cultivada no mundo das sombras, sendo notório o seu envolvimento com ilícitos trabalhistas, contrabando, tráfico de drogas e de armas, corrupção, sonegação fiscal e lavagem de dinheiro.

Eduardo de Oliveira Fernandes[2], em seu livro *As Ações Terroristas do Crime Organizado*, registra que:

> *"Sobre o jogo do bicho, cumpre observar que a sua extensa tentacularidade incluiu a leniência das autoridades brasileiras (corrupção) e movimentou grandes fortunas para organizações criminosas, sendo que os seus líderes passaram a ser objeto de glamorização, seja por sua liderança e capacidade financeira ou por seu potencial de violência, que foi evidenciada pela atividade machista de "jogar a navalha" contra possíveis inimigos.*
>
> *Os bicheiros ganharam grande notoriedade da mídia ao financiarem explicitamente o Carnaval do Rio de Janeiro, por meio da aplicação de vultosos recursos financeiros, de origem ilícita, o que em uma análise primária indicava a associação direta com a lavagem de dinheiro sujo, além de paralelamente conquistarem o apoio de suas respectivas comunidades".*

Apesar da natureza francamente ilícita da atividade, em 9 de junho de 2016 a revista *Veja Rio* publicou uma notícia inusitada sobre a contravenção: "Jogo do bicho pode se tornar patrimônio imaterial do Rio".

Segundo o artigo[3]:

> *"Uma das atividades da contravenção que mais gera lucros, o Jogo do Bicho pode se tornar patrimônio imaterial da cidade. A proposta está em análise pelo Instituto Rio Patrimônio da Humanidade e é considerada também uma manifestação cultural pelos defensores do projeto".*

Então cabe a pergunta: pode uma atividade ilícita, como o jogo do bicho, combatida pelo ordenamento jurídico vigente, ao mesmo tempo ser validamente protegida como patrimônio cultural brasileiro?

A resposta à indagação que se faz não tem consequências meramente acadêmicas.

Na eventualidade de ser reconhecido como patrimônio cultural imaterial pelo poder público, os responsáveis pela prática da contravenção do jogo do bicho terão a seu favor um argumento jurídico de relevo para escudá-los quanto a imputações, não só relacionadas à prática do jogo em si, mas também às condutas criminosas associadas, a exemplo da lavagem de dinheiro.

Infelizmente, em nosso país passamos por um período em que se transformou em rotina a tentativa de se legitimar ações à margem da lei como se manifestações culturais ou mesmo patrimônios culturais elas consistissem, em um franco processo de banalização dos instrumentos protetivos relacionados ao verdadeiro patrimônio cultural brasileiro, cujo conceito jurídico não tem a elasticidade que muitos pretendem atribuir-lhe.

Pululam os projetos e proposições cuja finalidade está, de fato, muito afastada da boa intenção de contribuir para a preservação da memória e das legítimas tradições da nação.

Há necessidade de critério na tomada de decisões, sob pena de consequências desastrosas.

Na literatura internacional, "fúria patrimonial", "alquimia do patrimônio", "paixão patrimonial", "patrimomania", "abusos do patrimônio", "maquinaria patrimonial" e "histeria do patrimônio" são algumas das expressões utilizadas para rotular esse tipo de movimento banalizador, que carece de fundamentos teóricos e metodológicos para a seleção de signos que verdadeiramente devem ser protegidos.

No Brasil, nessa toada, práticas de crueldade contra animais (a exemplo da farra do boi, da vaquejada e da briga de galos, entre outras) têm buscado o verniz da legitimação como patrimônio cultural por meio de leis e atos administrativos que não se prestam a alcançar, constitucionalmente, tal desiderato.

Ora, sob a ótica do Direito, nem toda prática humana — por mais antiga e arraigada que seja — pode ser considerada manifestação cultural. O uso da maconha, que remonta ao período da escravidão, em que o cânhamo, ou marijuana, fazia parte do cotidiano de muitos africanos escravizados, é um exemplo. De igual sorte, a aplicação de surras corretivas a alunos indisciplinados — que esteve presente no sistema educacional brasileiro por mais de um século — não pode ter continuidade.

Da mesma forma não se pode proteger, como se patrimônio cultural imaterial fosse, a forma de fazer de determinado artefato, cujos produtores destroem o meio ambiente mediante extração clandestina e predatória da matéria-prima. É preciso compreender que o resultado final de um produto considerado patrimônio cultural não pode ter origem ilícita.

Eis aí a grande diferença entre a conceituação antropológica e a jurídica sobre cultura, pois nem toda manifestação ou produção humana encontrará abrigo sob o império da lei.

Com efeito, o sistema jurídico não pode legitimar como se fossem integrantes do conceito de manifestações culturais, e muito menos como integrantes do patrimônio cultural brasileiro (que açambarca esfera ainda mais restrita de bens, destacados por sua especial relevância), práticas que encontram vedação no restante do nosso ordenamento.

Por tudo isso, estamos de acordo com o pensamento do ministro Carlos Ayres Britto, que recentemente escreveu com absoluta propriedade[4]:

> *Os dicionários têm como expressão de cultura todo e qualquer arraigado hábito coletivo. Não a Constituição brasileira. Quero dizer: para os dicionários da língua portuguesa, a palavra cultura não é excludente de um tipo de tradição ou costume objetivamente malfazejo para o corpo social.*
>
> *Mas não é o que se dá com a Constituição brasileira, torno a dizer. Para ela, somente é qualificado como bem jurídico o costume socialmente benfazejo.*
>
> *A cultura que interessa ao Direito é aquela por ele mesmo prestigiada. Que é a única vinculante das pessoas e das instituições. A que exclusivamente importa. A que solitariamente vale. Pelo que a cultura contrária nem cultura é. Nem cultura é senão como triste registro vocabular-prosaico ou coloquialmente dicionarizado.*
>
> *Reminiscência de um passado nada digno, republicana e civilizadamente falando. Donde não mais se poder falar de cultura da corrupção, do "caixa 2", da autocracia, do patriarcalismo, da misoginia, do racismo, da homofobia, do sadismo e deformações do gênero como pretexto para a prática de atos que a Ordem Jurídica brasileira excomunga. Ou nem mesmo como argumento para atenuação de culpa no cartório. Esse tipo de autopiedade ou de mão na própria cabeça já não cola. É ideia morta que urge enterrar".*

Em sede de Direito positivado, tal pensamento doutrinário encontra expresso amparo na convenção para salvaguarda do patrimônio cultural imaterial, adotada em Paris, em 17 de outubro de 2003, promulgada no Brasil pelo Decreto 5.753, de 12 de abril de 2006, que estabelece no item 2.1:

> *"Para os fins da presente Convenção, será levado em conta apenas o patrimônio cultural imaterial que seja compatível com os instrumentos internacionais de direitos humanos existentes e com os imperativos de respeito mútuo entre comunidades, grupos e indivíduos, e do desenvolvimento sustentável".*

A convenção deixa evidente que não há salvaguarda a manifestações incompatíveis com regras jurídicas estabelecidas em outros instrumentos, externando a necessidade lógica de uma adequação conglobante da conduta a ser reconhecida como patrimônio cultural. Afinal, seria rematado absurdo dar guarida por determinado instrumento a algo que outro diploma expressamente rechaça.

Em nosso país, como sabido, a lei de contravenções penais[5] veda a prática de jogos de azar, a exemplo do jogo do bicho, razão pela qual entendemos ser juridicamente inviável proteger a atividade como se patrimônio cultural fosse.

O mesmo raciocínio vale para práticas ilícitas análogas, como a farra do boi, a vaquejada e a briga de galos.

O escudo do patrimônio cultural não se presta à defesa de práticas ilícitas ou cruéis.

Há de se separar o joio do trigo.

Referências

1 CASCUDO, Luís da Câmara. *Dicionário do Folclore Brasileiro.* 12. Ed. São Paulo: Global. 2012. p. 376-377.

2 FERNANDES, Eduardo de Oliveira. *As Ações Terroristas do Crime Organizado.* São Paulo. Livrus. 2012, p. 48-49.

3 Disponível em: http://vejario.abril.com.br/materia/cidade/jogo-do-bicho-pode-se-tornar-patrimonio-imaterial-do-rio. Acesso em 2/11/2016.

4 BRITTO, Carlos Ayres. *Cultura? Qual?.* Estadão. Opinião. 24/6/2016. Disponível em: http://opiniao.estadao.com.br/noticias/geral,cultura-qual,10000064608. Acesso em 2/11/2016.

5 Decreto-lei 3.688, de 3 de outubro de 1941, art. 50.

O LICENCIAMENTO AMBIENTAL PELOS MUNICÍPIOS NA LEI COMPLEMENTAR 140/2011

19 de novembro de 2016

Talden Farias

Como é sabido, a Lei Complementar 140/2011 fixou as normas de cooperação entre os entes federativos nas ações administrativas decorrentes do exercício da competência comum relativas à proteção do meio ambiente. Essa lei dispôs sobre a competência administrativa dos Municípios em matéria ambiental de maneira ampla e expressa:

> Art. 9º. São ações administrativas dos Municípios: (...)
>
> XIV - observadas as atribuições dos demais entes federativos previstas nesta Lei Complementar, promover o licenciamento ambiental das atividades ou empreendimentos:
>
> a) que causem ou possam causar impacto ambiental de âmbito local, conforme tipologia definida pelos respectivos Conselhos Estaduais de Meio Ambiente, considerados os critérios de porte, potencial poluidor e natureza da atividade; ou
>
> b) localizados em unidades de conservação instituídas pelo Município, exceto em Áreas de Proteção Ambiental (APAs);

A LC 140 procurou disciplinar de forma específica a competência licenciatória dos municípios, o que até então não tinha previsão em lei federal, deixando os entes locais licenciadores em situação de insegurança jurídica.

De acordo com as alíneas a e b do inciso XIV do art. 9º, são duas as hipóteses de competência originária para o ente local realizar o licenciamento ambiental: i) nas atividades de impacto ambiental de âmbito local segundo a definição do Conselho Estadual de Meio Ambiente (COEMA) e ii) nas atividades localizadas em Unidades de Conservação (UCs) instituídas pelo município com exceção da Área de Proteção Ambiental (APA).

As demais situações são de competência originária da União ou dos Estados, que até poderão delegá-las ao ente local desde que haja a concordância dos envolvidos e a observância das formalidades legais necessárias.

Pois bem. A hipótese da alínea b é um desdobramento do critério da titularidade ou da responsabilidade sobre o bem, pois o ente federativo é competente para fazer o licenciamento ambiental das atividades localizadas nas suas UCs – exigência que existe também no tocante à União e aos Estados, haja vista o que dispõem a alínea d do inciso XIV do art. 7º e a alínea a do inciso XV do art. 8º. A exceção à regra são as APAs, que seguem o critério geral da repartição de competência para o licenciamento ambiental, pois nessa espécie de UC se costuma desenvolver praticamente todo tipo de atividade econômica.

Trata-se, no entanto, de uma situação excepcional, visto que são pontuais os casos de licenciamento ambiental dentro de UC, pois mesmo nas modalidades de uso sustentável – a exceção da APA, é claro – dificilmente se licencia algo não relacionado à infraestrutura das próprias área protegidas. Afora isso, se para nenhum ente federativo a situação é corriqueira, em se tratando dos municípios essa hipótese é ainda mais atípica, uma vez a qualidade, a quantidade e a extensão das UCs municipais são em regra bem menos representativas.

A regra geral dessa modalidade de licenciamento ambiental municipal está na alínea a, segundo a qual cabe ao município licenciar as atividades de impacto ambiental de âmbito local segundo a definição do COEMA. Isso implica dizer que cada Estado deverá fazer a sua própria regulamentação, definindo as atividades que podem ser descentralizadas, bem como os requisitos necessários para isso, levando em consideração o porte, o potencial poluidor e a natureza da atividade.

A justificativa fática para essa opção estaria na longa extensão territorial e na forte complexidade ecológica e social do país, que possui dimensões continentais. Em realidades tão distintas como a do Acre e de São Paulo, a da Bahia e do Rio Grande do Sul e a do Mato Grosso e da Paraíba, somente para citar alguns Estados, o legislador entendeu que seria mesmo muito complicado trabalhar com um único conceito de interesse local.

Isso implica dizer que a tão esperada LC 140, que – ao regulamentar o parágrafo único do art. 23 da Constituição Federal – deveria pôr um fim a indefinição e aos embates reinantes em matéria de competência licenciatória, não entregou aquilo que prometeu. Ao menos no que diz respeito aos entes locais a dúvida e a insegurança jurídica ainda parecem predominar, pois os

Estados foram legalmente incumbidos da discricionariedade administrativa para alargar ou restringir tal atuação.

Tal regulamentação pode ser alterada com facilidade, posto que é feita por meio de uma simples resolução de um conselho público de direito cuja composição é definida, na quase totalidade dos casos, pelo Poder Executivo. Logo, qualquer atividade de âmbito municipal pode passar a ser de âmbito estadual e vice-versa, bastando para isso o desejo do Coema. Na verdade, tanto pode ocorrer a delegação forçada quanto a avocação de atribuições por iniciativa do ente estadual[1]. É óbvio que essa insegurança jurídica serve como desestímulo aos entes locais, que precisam investir pesado em estrutura e em pessoal, não podendo lidar com a possibilidade de ter suas atribuições questionadas ou mesmo de perdê-las[2].

Cumpre relembrar que isso diz respeito não apenas ao licenciamento ambiental, mas também à competência para impor sanções administrativas, dado que por força da LC 140 ambas estão vinculadas[3].

De mais a mais, ao ampliar ou diminuir a atuação dos municípios, é o seu próprio campo de atuação que o Estado está delimitando tendo em vista a competência residual[4]. Por consequência, pode acontecer que esse ente abra mão ou retenha atribuições com base em critérios meramente arrecadatórios ou políticos.

É possível que entes federativos estaduais contíguos, e com realidades ecológica e social semelhantes, adotem parâmetros distintos, fazendo com que o conceito de impacto ambiental de âmbito local sofra variações injustificadas. Além de causar desconforto aos empreendedores que atuam em mais de um Estado, isso decerto prejudica a articulação e a interação entre os entes locais tendo em vista as diferenças de espécies e de número de atividades licenciáveis.

No entanto, a maior discussão a respeito da alínea a do inciso XIV do art. 9º da LC 140 é realmente de cunho jurídico. Com efeito, é preciso saber se é legal e constitucional o Estado definir a atuação dos entes locais em matéria ambiental.

Do ponto de vista da formação do Estado brasileiro a maior novidade trazida pela Constituição Federal de 1988 foi a inclusão dos municípios como membros da federação, ao lado da União, dos Estados e do Distrito Federal. O município se tornou parte da organização política do país na condição de ente federativo, passando a gozar de autonomia, conforme determinam o caput do art. 1º, o caput do art. 18 e a alínea c do inciso VII do art. 34 da Constituição

Federal. Isso significa que não existe hierarquia entre os entes federativos, todos são capazes de exercer direitos e contrair obrigações, dentro dos limites constitucionais.

Portanto, a inconstitucionalidade alínea a salta aos olhos, tendo em vista o desrespeito à autonomia do ente local. A própria Advocacia-Geral da União apontou a inconstitucionalidade desse e de outros dispositivos no Parecer 771/2011/CGAJ/CONJUR/MMA a inconstitucionalidade, recomendando o veto por inconstitucionalidade material e por contrariar o interesse público.

Entretanto, outras inconstitucionalidades podem ser levantadas, a exemplo do desrespeito ao princípio da separação dos poderes previsto no art. 2º da Lei Fundamental. O parágrafo único do art. 23 da Carta Magna exige que a matéria seja regulamentada pelo Congresso Nacional, não sendo possível a transferência de poder aos Estados.

O desrespeito ao princípio da legalidade é evidente, uma vez que a exigência constitucional era de lei e não de resolução de Coema. Ademais, a exigência era de lei complementar, de forma que nem mesmo uma lei ordinária poderia tratar do assunto, o que rendia homenagens ao princípio da reserva legal, tornando inequívoco a inconstitucionalidade material também.

Importa destacar ainda a falta de legitimidade política dos Coemas, que em regra não contam sequer com a participação dos entes locais em sua composição. Tais conselhos não possuem personalidade jurídica, constituindo uma simples divisão do órgão ambiental estadual. A composição deles é na maioria dos casos definida por decreto ou resolução, sendo de fácil alteração e manipulação.

Definitivamente, inexiste amparo jurídico, político ou técnico à missão que a LC 140 quis atribuir a eles. É que os municípios possuem competência administrativa originária em matéria ambiental, face o que dispõem os incisos III, VI e VII do art. 23, o art. 182 e o caput do art. 225 da Constituição da República. De fato, do ponto de vista do Pacto Federativo nada justificaria que a União, os Estados e o Distrito Federal possuíssem atribuição para fazer o licenciamento e os municípios não. Outrossim, não seria razoável que os entes locais se vissem privados exatamente daquele instrumento apontado como o mais proeminente da Política Nacional do Meio Ambiente.

Mais do que à competência licenciatória das municipalidades, a dúvida agora diz respeito à abrangência e aos limites dessa competência, haja vista a insegurança trazida pela alínea a do inciso XIV do art. 9º da LC 140. É sabido que a atuação do ente local deve se limitar às atividades de interesse local predominante, dado que esse é o critério constitucional. Ocorre que a ideia de atividade de interesse local é um conceito jurídico indeterminado, que deve ser preenchido de acordo com o assunto em discussão.

Embora tenha definido o conceito de impacto regional na Resolução 237/97, o Conama nunca definiu impacto local[5]. No Direito Ambiental brasileiro a regra sempre foi a vinculação entre o âmbito do interesse em jogo e a localização da atividade poluidora ou do seu impacto ambiental.

A maioria dos casos de licenciamento realizados sob a égide da Lei 6.938/81 e da Resolução 237/97 do Conama procurou seguir o parâmetro da extensão geográfica do impacto ambiental direto, ficando sob a responsabilidade estadual a atividade cujo ultrapassasse os limites da municipalidade. Como isso gerava insegurança jurídica, já que muitas vezes o impacto ambiental direto só podia ser identificado no curso do licenciamento, a LC 140 procurou trabalhar com o parâmetro da localização ou do desenvolvimento da atividade, haja vista as alíneas a, b, c, d e e do inciso XIV do art. 7º, o inciso XV do art. 8º e a alínea b do art. 9º.

Porém, embora a regra da nova lei seja esse critério, urge dizer que no caso das competências licenciatórias gerais dos Estados e dos municípios não há referência direta a essa ou a nenhum outro critério, face o que dispõem o inciso XIV do art. 8º e a alínea a do inciso XIV do art. 9º.

Faz-se necessário, então, saber qual seria o critério a ser adotado para a delimitação da competência licenciatória local, se o do impacto ambiental direto ou o da localização e desenvolvimento da atividade. Cumpre observar que este critério amplia o número de atividades sob a tutela municipal, ao passo que aquele diminui, posto que leva em conta os reflexos imediatos em outras municipalidades.

Por uma questão de simetria constitucional e de respeito ao Pacto Federativo, não se pode admitir que sejam adotados parâmetros diferentes em relação aos entes federativos. Se uma atividade cuja localização ultrapasse o limite de um Estado é de responsabilidade federal, consoante ordenam as alíneas a e e do inciso XIV do art. 7º, é razoável que que uma atividade cuja localização ou desenvolvimento ultrapasse o limite de um município seja de responsabilidade estadual, bem como a atividade que se restringe à jurisdição local fique mesmo a cargo do município. Logo, o critério da localização/

desenvolvimento, que é aplicado como regra geral licenciatória à União, deverá também ser aplicado também aos Estados e Municípios.

Isso implica dizer que em regra o interesse local se fará presente para fins de licenciamento ambiental quando a atividade estiver localizada e for desenvolvida unicamente no território daquele município. Nada impede, no entanto, a participação dos outros entes federativos, nos termos do § 1º do art. 13, de maneira não vinculante.

Impende frisar que a discussão sobre competência neste trabalho foi feita a partir de uma perspectiva meramente formal, com espeque na Lei Maior, nos princípios constitucionais e na LC 140. Entretanto, as condições formais e materiais para o exercício do licenciamento municipal não bastam, uma vez que é preciso ter um órgão ambiental capacitado, tema esse que será analisado em outro trabalho.

Referências

1 Há situações em que a possibilidade de avocar foi prevista expressamente pelo Coema, como é o caso do Rio Grande do Norte, conforme dispõem os arts. 2º, 3º e 4º da Resolução 4/2009 do Conema.

2 Quando o Rio Grande do Sul começou o processo de municipalização com a Resolução Consema 05/1999 o licenciamento de shopping centers era de competência municipal, depois a Resolução Consema n. 102/2005 elaborou nova lista de atividades de interesse local e deixou de fora essa modalidade de empreendimento.

3 Art. 7º. São ações administrativas da União: (...) XIII - exercer o controle e fiscalizar as atividades e empreendimentos cuja atribuição para licenciar ou autorizar, ambientalmente, for cometida à União. Art. 8º. São ações administrativas dos Estados: (...) XIII - exercer o controle e fiscalizar as atividades e empreendimentos cuja atribuição para licenciar ou autorizar, ambientalmente, for cometida aos Estados. Art. 9º. São ações administrativas dos Municípios: (...) XIII - exercer o controle e fiscalizar as atividades e empreendimentos cuja atribuição para licenciar ou autorizar, ambientalmente, for cometida ao Município. Art. 17. Compete ao órgão responsável pelo licenciamento ou autorização, conforme o caso, de um empreendimento ou atividade, lavrar auto de infração ambiental e instaurar processo administrativo para a apuração de infrações à legislação ambiental cometidas pelo empreendimento ou atividade licenciada ou autorizada. (...) § 3º. O disposto no caput deste artigo não impede o exercício pelos entes federativos da atribuição comum de fiscalização da conformidade de empreendimentos e atividades efetiva ou potencialmente poluidores ou utilizadores de recursos naturais com a legislação ambiental em vigor, prevalecendo o auto de infração ambiental lavrado por órgão que detenha a atribuição de licenciamento ou autorização a que se refere o caput.

4 Art. 8º. São ações administrativas dos Estados: (...) XIV - promover o licenciamento ambiental de atividades ou empreendimentos utilizadores de recursos ambientais, efetiva ou potencialmente poluidores ou capazes, sob qualquer forma, de causar degradação ambiental, ressalvado o disposto nos arts. 7º e 9º.

5 Art. 1º. Para efeito desta Resolução são adotadas as seguintes definições: (...) IV – Impacto Ambiental Regional: é todo e qualquer impacto ambiental que afete diretamente (área de influência direta do projeto), no todo ou em parte, o território de dois ou mais Estados.

UMA VISÃO JURÍDICA, SOCIAL E ÉTICA SOBRE O DIREITO À ÁGUA E AO SANEAMENTO

26 de novembro de 2016

Eduardo Coral Viegas

Venho me dedicando ao estudo do "Direito das águas" há mais de 13 anos. O interesse pelo assunto despertou quando me deparei com um surto de hepatite A em uma comunidade da comarca onde eu trabalhava como promotor de Justiça, no Rio Grande do Sul. Investigando a origem do problema, concluí que o poço de onde as pessoas consumiam água era um dentre vários que estavam sanitariamente comprometidos.

Com o objetivo de solucionar esse e outros expedientes dessa natureza, passei a buscar escritos jurídicos sobre águas e saúde pública, encontrando pouca literatura. A jurisprudência era praticamente inexistente. Essa carência me motivou, na pós-graduação que fazia, a pesquisar e escrever sobre o assunto.

Em 2005, foi publicado meu primeiro livro, denominado Visão Jurídica da Água, que já destacava: "A importância da água é indiscutível para a sobrevivência da humanidade, mas passou a ser realmente percebida quando esse recurso ambiental já não mais vinha sendo encontrado em abundância naqueles locais onde, tradicionalmente, a sua falta nunca fora sentida antes" (p. 23).

Atualmente, a doutrina e a jurisprudência são fartas, assim como é ostensivo o incremento da crise hídrica. Em matéria de fenômenos naturais, em 2014 e 2015 temos visto uma estiagem histórica no Sudeste, produzindo mudanças profundas na rotina de milhões de pessoas. Trata-se de região densamente habitada e onde a população estava acostumada a ter água facilmente — em ato mecânico e cotidiano, bastava abrir a torneira para vê-la jorrar.

Por outro lado, na Região Norte, mais especificamente no Acre, enchente sem precedente colocou mais de 70 mil pessoas em situação de calamidade pública no início do ano passado.

O acesso à água em quantidade suficiente e qualidade adequada é um direito humano fundamental, que está ligado a outros direitos fundamentais, como à vida, à saúde e à dignidade da pessoa humana. E, nos termos do artigo 225 da CF, compete ao poder público e à coletividade garantir esse direito.

No plano internacional, a Assembleia-Geral das Nações Unidas reconheceu expressamente o direito humano à água e ao saneamento em 28 de julho de 2010, por meio da Resolução 64/292, quando afirmou: "Um agua potable limpia y el saneamiento son esenciales para la realización de todos los derechos humanos".

O cidadão pode cumprir seu dever de inúmeras formas. Normalmente, visualizamos as ações mais patentes, como aquelas destinadas a evitar o desperdício. Elas são sempre importantes, em especial nos momentos de estiagem. Fiscalizar o poder público e cobrar dos governantes que façam sua parte também são medidas essenciais. Mas nosso dever e comprometimento ético é ainda maior.

As pessoas estarão zelando pela água ao cuidarem igualmente dos demais recursos naturais, já que a agressão a determinadas estruturas vivas não se restringe a estas. Os sistemas são totalidades integradas, como leciona Fritjof Capra. Assim é que o ataque do "ser racional" à Floresta Amazônica pode ter tido papel fundamental na estiagem do Sudeste, já havendo inclusive estudo oficial nessa esteira (www.inpe.br).

Então, temos de mudar nosso pensamento sobre a relação entre o homem e o meio ambiente. Espera-se de nós uma evolução do paradigma antropocentrista para o ecocêntrico. Nessa mudança, o homem passa de comandante do ambiente para mais um elemento que o compõe, devendo interagir em harmonia com os demais e assim auxiliar na formação de um ambiente equilibrado.

No ponto de que falamos, surgirão a efetivação do princípio do desenvolvimento sustentável e o comprometimento ético intergeracional dos atuais residentes do planeta para com os futuros.

Nós, que recebemos os mananciais hídricos mais escassos e poluídos do que cada geração que nos antecedeu, podemos romper esse processo autofágico e, com um gesto de amor e compaixão, brindar nossos filhos com uma Terra Gaia (Lovelock) ou Terra-Pátria (Morin) mais saudável, exuberante e composta de rios abundantes e limpos.

Ao lado das obrigações da coletividade, encontram-se as do poder público. Uma delas é gerir com competência os bens estatais. No Estado Social de

Direito, adotado por nossa Carta Magna, tocam aos entes fictos funções não imaginadas por seus idealizadores. Para tanto, exige-se que o Estado tenha aparelhamento adequado para fazer frente às novas demandas.

Nesse contexto é que o constituinte brasileiro resolveu publicizar integralmente os recursos hídricos. Mas por que só em 1988? Porque antes da crise ambiental não havia justificativa para o domínio estatal. Se o bem água era abundante, mostravam-se desnecessárias regulação e intervenção estatais mais incisivas. Bastava que o Estado, no exercício de sua atividade legiferante, estabelecesse um regramento básico para evitar conflitos.

Hoje, a crise da água gera doenças e morte, limitação na produção de alimentos e apagões de energia para grandes cidades; enfim, promove uma série de consequências danosas.

Como é papel do Estado assegurar uma vida digna ao homem, decidiu o constituinte retirar da propriedade privada os recursos hídricos como forma de promover o bem de todos.

Mas isso tem sido feito com eficiência? Por certo que não! Dessa resposta surge outra pergunta: o Estado tem os recursos para administrar adequadamente as águas? Pensamos que essa análise deva ser desdobrada sob os enfoques jurídico e econômico.

No plano jurídico, o Brasil instituiu a Política Nacional de Recursos Hídricos e o correlato sistema pela Lei 9.433/97, que é a denominada Lei das Águas, a qual revogou parcialmente o Código de Águas (Decreto 24.643/34). As estruturas e instrumentos estaduais foram estabelecidos pelos legisladores dos estados.

A base organizacional da política é a bacia hidrográfica, gerenciada de forma descentralizada, contando com comitês de bacia. As decisões dos comitês estão sujeitas a recurso aos conselhos de recursos hídricos (parágrafo único do artigo 38 da Lei 9.433/97).

Como regra, os usos estão sujeitos a outorga para captações ou lançamentos nos corpos hídricos. O ente público titular do domínio daquele manancial é que concederá, ou não, a autorização. Os usos sujeitos a outorga serão cobrados (artigo 20 da Lei 9.433/97), tendo como principal objetivo evitar o desperdício.

À Lei das Águas veio somar-se a Lei da Política Nacional de Saneamento Básico (Lei 11.445/2007), que dota o poder público de importantes e eficazes instrumentos de promoção do saneamento. Enfim, não faltam normas jurídicas para uma excelente atuação estatal. Se essa não ocorre na medida esperada, produzindo resultados por vezes desastrosos, é por outras razões.

Podemos citar, para ilustrar, que o sistema estadual não foi implementado em muitos locais, inexistindo comitês e agências em diversas bacias.

Da mesma forma, vários estados não instituíram o instrumento da cobrança, como é o caso do Rio Grande do Sul e do Paraná. Um dos reflexos dessa omissão é que a agricultura, consumidora de aproximadamente 70% da água, tendo-a gratuitamente, acaba não desenvolvendo técnicas mais racionais de plantio, com prejuízo a outros usuários.

Finalmente, se o empecilho para uma melhor gestão hídrica não é jurídico, seria econômico? De fato, são de elevadíssimo custo as estruturas de fornecimento de água potável e de tratamento de esgoto, bem como obras de transposição e assim por diante. Sabe-se ainda que centenas de bilhões de reais são necessários para a universalização do saneamento básico no Brasil.

Por certo que não será "de uma hora para outra" que o histórico problema há de ser resolvido. É imprescindível planejamento. O Brasil investiu no setor na década de 1970, por meio do Planasa, e depois de sua extinção somente veio a fazê-lo de fato mais recentemente, pelo PAC do Saneamento.

No entanto, em razão das crises — econômica, política e especialmente ética —, não podem ser esperados grandes investimentos do governo federal em saneamento nos próximos muitos anos. E partir para sua privatização é um equívoco já comprovado em diversos países, inclusive na França, berço do sistema privado, sendo desaconselhável que o Brasil conceda à iniciativa privada a administração de um serviço monopolizado e que lida com um recurso natural essencial a todos.

Assim sendo, não se duvida da escassez de dinheiro, visto que os investimentos exigidos são realmente elevados. Porém, o planejamento para se aprimorar o sistema é fundamental, e sua viabilidade restou atingida pela falta de algo que é essencial ao bom gestor: comprometimento ético e probidade administrativa.

A TUTELA JURISDICIONAL DE PRECAUÇÃO NO DIREITO AMBIENTAL

3 de dezembro de 2016

Álvaro Mirra

O princípio da precaução constitui, em termos atuais, um dos temas centrais do Direito Ambiental. Consagrado inicialmente no âmbito do Direito Internacional do Meio Ambiente, tal princípio não tardou a ser incorporado, de forma explícita ou implícita, pelos direitos internos dos mais diversos países, na condição de princípio fundamental do direito ambiental.

De acordo com o princípio da precaução, sempre que houver perigo da ocorrência de dano grave ou irreversível ao meio ambiente ou à saúde e segurança das populações, a falta de certeza científica absoluta não deve ser utilizada como motivo para o adiamento da adoção de medidas eficazes para impedir a degradação da qualidade ambiental[1]. Ou seja: mesmo diante de controvérsias no plano científico com relação aos efeitos nocivos de determinada atividade ou substância sobre o meio ambiente, presente o perigo de dano grave ou irreversível, essa atividade ou substância deverá ser evitada ou rigorosamente controlada.

Segundo se tem entendido, o princípio da precaução é a expressão de uma fórmula particularmente desenvolvida do princípio da prevenção[2]. Trata-se de um prolongamento dos métodos da prevenção, aplicados aos riscos ambientais incertos[3].

Nesses termos, enquanto o princípio da prevenção tem incidência nas hipóteses de certeza (sempre relativa) de danos e riscos ambientais, o princípio da precaução, diversamente, tem aplicação nas hipóteses de riscos e danos ambientais incertos, em que a incerteza dos riscos e danos se mostra insuperável[4].

No Direito brasileiro, o princípio da precaução resulta da norma do artigo 225 da Constituição Federal, independentemente de enunciação expressa em normas infraconstitucionais. Esse, inclusive, é o posicionamento do Supremo Tribunal Federal sobre a matéria[5].

Cuida-se, portanto, de um princípio com *status* de princípio constitucional, dotado de valor jurídico autônomo, a ser aplicado direta e obrigatoriamente por todos aqueles que se encontram na posição de tomadores de decisões, sejam agentes públicos (inclusive os juízes), sejam agentes privados.

Pois bem. Se assim é, ou seja, se o princípio da precaução está consagrado no ordenamento jurídico brasileiro, torna-se imprescindível uma tutela jurisdicional que permita a sua implementação concreta pela via do Judiciário. Nesse sentido, a tutela jurisdicional de precaução é uma tutela jurisdicional relacionada à prevenção de determinados riscos e danos ambientais incertos, destinada a evitar consequências prejudiciais graves ou irreversíveis ao ambiente[6].

Para o que ora importa mais de perto, dois aspectos particularmente importantes da tutela jurisdicional de precaução merecem especial destaque.

O primeiro deles é o de que, ao contrário da tutela de prevenção estritamente considerada, a qual exige certeza, sempre relativa, fundada na probabilidade ou na verossimilhança, a tutela jurisdicional de precaução contenta-se com a mera *credibilidade*, a simples *plausibilidade* do risco ou do dano grave ou irreversível ao meio ambiente; não só o risco ou dano atual, como também o risco ou dano futuro, à vista, sobretudo, do interesse das gerações futuras[7]. A tutela de precaução, assim, é uma tutela jurisdicional concedida dentro de um contexto específico, em que a incerteza que recai sobre os riscos e os danos ambientais não pode ser resolvida sequer por intermédio de juízos de probabilidade, contentando-se, diversamente, com juízos de simples plausibilidade.

O segundo aspecto é o de que a tutela jurisdicional de precaução tem como característica específica a *provisoriedade*. Devido à incerteza existente no domínio da precaução, as medidas de precaução, ao contrário das medidas de prevenção, não podem, em princípio, ser definitivas. Portanto, a tutela jurisdicional de precaução é uma tutela eminentemente provisória[8].

Observe-se que essa característica da tutela jurisdicional de precaução — a provisoriedade — tem repercussões importantes sob o ponto de vista processual, merecedoras de consideração específica.

Em primeiro lugar, como providência provisória, a tutela de precaução é uma tutela passível de revisão à medida em que os conhecimentos evoluem, as informações se tornam mais seguras e a incerteza desaparece. Por essa razão, a tutela jurisdicional de precaução, como regra, não deve ser irreversível, ficando sempre, *em tese*, aberta a possibilidade de aliviar o rigor da proteção eventualmente concedida, em função da melhoria da informação e do avanço do conhecimento científico[9].

Não por outro motivo, as medidas de precaução, via de regra, ficam sujeitas ao critério da proporcionalidade[10]. Isso significa que têm aplicação, nessa matéria, os princípios do "meio mais idôneo" e da "menor restrição possível"[11], a fim de que a tutela de precaução seja imposta dentro dos limites estritamente necessários à prevenção dos riscos ou dos danos graves ou irreversíveis temidos, evitando-se restrições ao demandado que não sejam imprescindíveis ao grau de proteção pretendido.

Em segundo lugar, sendo provisória e passível de revisão, a tutela jurisdicional de precaução não é uma tutela que tenha vocação para se tornar definitiva e imutável. Por outras palavras, a tutela de precaução, quando concedida nas ações coletivas ambientais, não está destinada a se tornar estável, pela formação da coisa julgada material. As sentenças portadoras de tutela de precaução nas demandas coletivas ambientais não adquirem autoridade de coisa julgada[12].

Dessa forma, enquanto a tutela jurisdicional preventiva é sempre definitiva, e a sentença que a concede adquire, normalmente, autoridade de coisa julgada, a tutela jurisdicional de precaução, diversamente, é sempre provisória e a sentença que a concede não faz coisa julgada material.

É interessante observar que essa mutabilidade da tutela de precaução concedida não está prevista em nenhum dispositivo legal, já que, como regra, nos processos das ações coletivas, só não adquirem autoridade de coisa julgada as sentenças de *improcedência* da demanda por *insuficiência de provas* (artigo 18 da Lei 4.717/1965, artigo 16 da Lei 7.347/1985 e artigo 103, I, da Lei 8.078/1990). A sentença de procedência, portadora de tutela jurisdicional em favor do meio ambiente, diversamente, faz coisa julgada.

No entanto, apesar de ausência de previsão legal, a mutabilidade e a possibilidade de revisão da tutela de precaução são exigências das situações jurídicas substanciais, às quais se aplicam o princípio e a tutela de precaução. E por serem exigências do próprio direito material, a mutabilidade e a possibilidade de revisão da tutela de precaução se impõem à disciplina processual da matéria. Vale dizer: é a provisoriedade inerente à tutela de precaução que impõe a sua mutabilidade e a possibilidade de revisão futura.

Aqui, porém, uma ressalva deve ser feita, a fim de se evitarem dúvidas e má compreensão da matéria. É a de que a sentença que concede a tutela de precaução é, sempre, uma sentença válida e eficaz e produz normalmente todos os seus efeitos. O que acontece é que os efeitos da sentença portadora de tutela de precaução não se tornam imutáveis.

Disso resulta que a revisão da sentença que concedeu a tutela de precaução depende do ajuizamento de ação própria e específica por aquele que teve contra si proferida a decisão, sobre quem vai recair, também, o ônus de provar, *de maneira cabal*, a alteração da situação que ensejou a concessão da tutela cuja revisão se pretende, à luz do conhecimento científico na matéria, com demonstração inconteste do afastamento do risco ou do dano potencial ao ambiente antes tidos como críveis e plausíveis.

E não é só. Àquele que teve contra si proferida a sentença portadora de tutela de precaução incumbe demonstrar que houve mudança, *no âmbito da comunidade científica*, da orientação adotada em relação ao assunto em discussão, não bastando, evidentemente, a simples apresentação de laudos ou pareceres técnico-científicos divergentes do posicionamento seguido no julgado.

Como se pode perceber, a tutela jurisdicional de precaução, passível de concessão pela via das ações coletivas ambientais, é uma tutela bastante equilibrada, moderada mesmo, não se tratando de uma tutela radical ou draconiana como muitas vezes se pensa nos meios empresariais e nas esferas governamentais.

Se, por um lado, não se pode negar que a tutela de precaução é concedida em situações de incerteza insuperável, com base em simples possibilidade/credibilidade, a partir de juízos de mera plausibilidade, por outro lado, há que se compreender, também, que é sempre uma tutela provisória, a ser concedida com ponderação e de maneira proporcional, sendo, além de tudo, passível de revisão futura, com as ressalvas acima feitas, já que a sentença que concede essa modalidade de tutela não adquire autoridade de coisa julgada.

Daí por que, em função de suas próprias peculiaridades, a tutela jurisdicional de precaução deve, na sua concessão, ficar restrita às situações que efetivamente envolvem a aplicação do princípio da precaução, não se recomendando a sua outorga fora dos casos específicos, como aqueles em que, a rigor, teria aplicação o princípio da prevenção em sentido estrito, ensejador de tutela jurisdicional diversa, de natureza definitiva e sujeita à formação da coisa julgada material.

Referências

1 Princípio 15 da Declaração do Rio sobre Meio Ambiente e Desenvolvimento.

2 KISS, Alexandre; BEURIER, Jean-Pierre. *Droit international de l'environnement.* 3ª ed. Paris: Pedone, 2004, p. 137. É a ideia de uma "prevenção reforçada" (PRIEUR, Michel. *Droit de l'environnement, droit durable.* Bruxelles: Bruylant, 2014, p. 60).

3 KOURILSKY, Philippe; VINEY, Geneviève. *Le principe de précaution.* Paris: Éditions Odile Jacob, La Documentation Française, 2000, p. 18.

4 MIRRA, Álvaro Luiz Valery. *Participação, processo civil e defesa do meio ambiente.* São Paulo: Letras Jurídicas, 2011, p. 431 e ss. Sobre a matéria, ainda, MILARÉ, Édis. *Direito do ambiente.* 10ª ed. São Paulo: Revista dos Tribunais, 2015, p. 264-266; MACHADO, Paulo Affonso Leme. *Direito Ambiental brasileiro.* 24ª ed. São Paulo: Malheiros, 2016, p. 89 e ss.; BENJAMIN, Antônio Herman V. Responsabilidade civil pelo dano ambiental. *Revista de Direito Ambiental,* n. 9, p. 18-19; FIGUEIREDO, Guilherme Purvin de. *Curso de Direito Ambiental.* 5ª ed. São Paulo: Revista dos Tribunais, 2012, p. 130-135; RODRIGUES, Marcelo Abelha. *Elementos de Direito Ambiental*: parte geral. 2ª ed. São Paulo: Revista dos Tribunais, 2005, p. 204-208; SARLET, Ingo Wolfgang; FENSTERSEIFER, Tiago. *Princípios do Direito Ambiental.* São Paulo: Saraiva, 2014, p. 164-169; MOREIRA, Danielle de Andrade. *Responsabilidade ambiental pós-consumo*: prevenção e reparação de danos à luz do princípio do poluidor-pagador. São Paulo: Letras Jurídicas; Rio de Janeiro: Editora PUC-Rio, 2015, p. 81-84; LEITE, José Rubens Morato; AYALA, Patryck de Araújo. *Direito ambiental na sociedade de risco.* Rio de Janeiro: Forense Universitária, 2002, p. 83.

5 STF – Tribunal Pleno - Ação cível originária n. 876-0/BA – j. 19.12.2008 – rel. min. Menezes Direito – em especial os votos dos ministros Carlos Britto, Cezar Peluso, Cármen Lúcia e Gilmar Mendes; STF – Plenário – ADPF 101/DF – j. 24/6/2009 – rel. min. Cármen Lúcia.

6 Sobre a tutela jurisdicional de precaução e as diversas tutelas jurisdicionais em matéria ambiental, ver MIRRA, Álvaro Luiz Valery. *Participação, processo civil e defesa do meio ambiente,* cit., p. 419 e ss., especialmente, p. 431-440.

7 MIRRA, Álvaro Luiz Valery, op. cit., p. 436; KOURISLKY, Philippe; VINEY, Geneviève, op. cit., p. 145-147. Sobre a certeza apenas relativa e a probabilidade como critérios da prevenção e não da precaução, ver LORENZETTI, Ricardo Luis. *Teoria geral do Direito Ambiental.* Trad. Fábio Costa Morosini e Fernanda Nunes Barbosa. São Paulo: Revista dos Tribunais, 2010, p. 82-84.

8 MIRRA, Álvaro Luiz Valery, op. cit., p. 438; KOURISLKY, Philippe; VINEY, Geneviève, op. cit., p. 150; LORENZETTI, Ricardo Luis, op. cit., p. 88; DE SADELEER, Nicolas. *Les príncipes du pollueur-payeur, de prévention et de précaution*: essai sur la genèse et la portée juridique de quelques príncipes du droit de l'environnement. Bruxelles: Bruylant, 1999, p. 199.

9 MIRRA, Álvaro Luiz Valery, op. cit., p. 438; KOURISLKY, Philippe; VINEY, Geneviève, op. cit., p. 150; LORENZETTI, Ricardo Luis, op. cit., p. 88; DE SADELEER, Nicolas, op. cit., p. 225.

10 MIRRA, Álvaro Luiz Valery, op. cit., p. 438-439; DE SADELEER, Nicolas, op. cit., p. 184-189; LEITE, José Rubens Morato; AYALA, Patryck de Araújo, op. cit., p. 91 e ss.

11 Sobre tais princípios, ver MARINONI, Luiz Guilherme. *Tutela inibitória (individual e coletiva).* 2ª ed. São Paulo: Revista dos Tribunais, 2000, p. 113-116.

12 MIRRA, Álvaro Luiz Valery, op. cit., p. 440; LORENZETTI, Ricardo Luis, op. cit., p. 88. Ou, então, se se puder falar em coisa julgada material no caso, esta virá sempre acompanhada da cláusula *rebus sic stantibus*, ensejando a revisão do quanto decidido diante de mudanças na situação de fato, provocadas pela evolução dos estudos relacionados à matéria debatida.

O DESENVOLVIMENTO SUSTENTÁVEL SEGUNDO O ECONOMISTA JEFFREY SACHS

10 de dezembro de 2016

Gabriel Wedy

Tive a honra de ser aluno do economista Jeffrey Sachs durante um semestre, na sua interessante cadeira de Desenvolvimento Sustentável, na School of International and Public Affairs, da Columbia University, em 2015. Sachs, além de professor da instituição, é diretor do Earth Institute e diretor da UN Sustainable Development Solutions Network. É conselheiro especial da Secretaria-Geral da ONU, desde a gestão Kofi-Annan. Para além do profundo conhecimento acadêmico, exerceu naquele ano papel decisivo na construção dos 17 objetivos e das 169 metas aprovados pela ONU, em Nova Iorque, que culminou na Agenda 2030 para o Desenvolvimento Sustentável.

São estes os 17 Objetivos do Desenvolvimento Sustentável inseridos na referida agenda:

1) acabar com a pobreza em todas as suas formas, em todos os lugares;
2) acabar com a fome, alcançar segurança alimentar e melhorar a nutrição;
3) assegurar uma vida saudável e promover o bem-estar para todos;
4) garantir educação inclusiva, equitativa e de qualidade;
5) alcançar a igualdade de gênero e tutelar todas as mulheres e meninas;
6) garantir disponibilidade e manejo sustentável da água;
7) garantir acesso à energia barata, confiável e sustentável;
8 promover o crescimento econômico sustentável;
9) construir infraestrutura resiliente e promover a industrialização inclusiva;
10) reduzir a desigualdade entre os países e dentro deles;
11) tornar as cidades e os assentamentos humanos inclusivos, seguros e resilientes;

12) assegurar padrões de consumo e produção sustentáveis;

13) tomar medidas urgentes para combater a mudança do clima;

14) conservar e promover o uso sustentável dos oceanos;

15) proteger, recuperar e promover o uso sustentável das florestas;

16) promover sociedades pacíficas e inclusivas para o desenvolvimento sustentável;

17) fortalecer os mecanismos de implementação e revitalizar a parcela global.

De acordo com Sachs, no seu célebre e recente livro, *The Age of Sustainable Development*, o desenvolvimento sustentável é, para além de uma ideia, uma referência nos dias atuais. É uma maneira de entender o mundo e um método de resolver os problemas globais. Os Objetivos do Desenvolvimento Sustentável devem propiciar "um crescimento econômico socialmente inclusivo e ambientalmente sustentável"[1]. Para se alcançar esses objetivos econômicos, sociais e ambientais, deve estar presente a boa governança[2].

A perspectiva normativa do desenvolvimento sustentável ao certo contribui especificamente para a preservação do meio ambiente. Como afirmado por Sachs, "se nós rompermos os sistemas físicos de água e a biodiversidade", se "destruirmos os oceanos e as grandes florestas tropicais, nós vamos perder imensamente. Se nós continuarmos no caminho que certamente está mudando o clima da terra, nós enfrentaremos graves perigos"[3]. Abordagem normativa do desenvolvimento significa que a boa sociedade não é apenas a economicamente próspera (com alta renda *per capita*), mas também inclusiva, ambientalmente sustentável e bem governada[4]. Boa governança, por sua vez, deve aplicar-se não apenas aos estados, mas às empresas privadas[5].

Governos corruptos que usam a arrecadação em benefício de uma pequena classe de infiltrados ligados à cúpula governamental podem criar expressiva desigualdade[6] e crises ambientais. Observa-se claramente isso no Brasil, nos escândalos do petrolão e do mensalão, exemplos nefastos de patrimonialismo e de corrupção moral da classe política orquestrada com setores influentes da sociedade que, em perversa química, colaboraram imensamente para o aumento da desigualdade social, a disparada da dívida pública e a perda da confiança no governo. Outras vezes a má governança, ligada à regulação insuficiente, causa catástrofes ambientais, como no caso de Mariana.

Sachs atribui relevância fundamental aos limites planetários definidos por Rockström[7]. Tratam-se dos limites de exploração que o planeta pode suportar. As nove fronteiras planetárias são assim sistematizadas:

1) relação humana com as mudanças climáticas: essa é a mais importante fronteira planetária e refere-se às ações humanas que causam a aceleração nas emissões dos gases de efeito estufa na atmosfera, causando o aquecimento global;

2) acidificação dos oceanos: os oceanos tornam-se mais ácidos com o aumento do gás carbônico na atmosfera. O fenômeno ameaça várias espécies de vida marinha, incluindo corais, lagostas, moluscos, entre outras;

3) depleação da camada de ozônio: a depleação da camada de ozônio causada por clorofluorcarbonetos (CFCs), encontrados em sistemas de refrigeração e aerossóis, é uma grande ameaça à saúde humana. A camada de ozônio protege a Terra dos raios ultravioletas, e o buraco nela causado, em virtude da ação humana, comprovadamente causa câncer de pele e outras doenças. A regulação dessas emissões tem diminuído nos últimos anos, mas os CFCs precisam ser eliminados por completo e substituídos por substâncias químicas inteiramente seguras;

4) poluição causada por nitrogênio e fósforo: poluição causada pelo uso de fertilizantes químicos à base de nitrogênio e fósforo utilizados na produção agrícola. Cerca de 4 bilhões de pessoas no mundo hoje se alimentam com a produção gerada com base nesses poluentes. O maior problema é que o fósforo e o nitrogênio não ficam apenas nas lavouras; são levados pelo ar para outras localidades e contaminam nascentes e rios, que com pesadas concentrações de ambos os levam a estuários que desembocam no mar e contaminam os oceanos, causando danos irreparáveis à vida marítima;

5) uso excessivo e desperdício de água potável: cerca de 70% da água potável no mundo é usada para agricultura, 20% é utilizada pela indústria e 10% resta para o uso doméstico. Fontes de água estão sendo exauridas globalmente. De todos os limites planetários, a escassez de água é a que vai enfrentar a maior crise nas próximas décadas;

6) uso da terra: a humanidade usa uma quantidade imensa de terra para cultivar alimentos, para o pastoreio de rebanhos, para a produção de madeira, de outros produtos da floresta e para a expansão das cidades. A humanidade tem convertido a terra, originalmente de florestas, em lavouras e pastagens por milhares de anos. Essa prática tem aumentado a emissão de CO_2 (o carbono

retido nas árvores derrubadas retorna à atmosfera), agravando o aquecimento global. Em decorrência da degradação da terra pelo uso, ecossistemas são rompidos e espécies são extintas;

7) biodiversidade ou diversidade biológica: a evolução da vida na Terra criou entre dez milhões e cem milhões de espécies distintas, das quais a maioria ainda não foi catalogada. A biodiversidade não apenas contribui com a vida no planeta, mas também coopera de modo fundamental para as funções do ecossistema, a produtividade das colheitas e a saúde e sobrevivência da humanidade. A biodiversidade está ameaçada pela ação humana;

8) carregamento de aerossol: quando são queimados carvão, biomassa, óleo diesel e outras fontes de poluição, pequenas partículas chamadas aerossóis são espalhadas no ar. Cria-se uma imensa poluição no ar, que causa danos aos pulmões, vitimando muitas vidas de seres humanos e não humanos todos os anos e causando um significativo impacto sobre o clima;

9) poluição química: o último dos limites planetários, extremamente amplo, é a poluição química. Indústrias petroquímicas, de produção de aço e mineração, usam grande quantidade de terra e água nos seus processos produtivos e também adicionam poluentes no ambiente, muitos dos quais são acumulativos e mortais para seres humanos e outras espécies[8].

Está demonstrado que, quando os seres humanos ultrapassam esses limites, a pressão sobre o meio ambiente torna-se maior do que podem suportar os sistemas naturais, resultando em uma grande mudança nos ecossistemas da Terra[9]. Ultrapassar tais limites coloca em risco todos os seres vivos. As pessoas mais afetadas são as que habitam os países mais pobres. Nações pobres possuem menos infraestrutura para enfrentar os impactos ambientais causadores igualmente de imensos prejuízos econômicos. No aspecto interno dos países, por sua vez, são os pobres quem mais sofrem com a violação desses nove limites. Fundamental é que o processo de desenvolvimento permaneça observando esses nove limites ou as fronteiras planetárias para que se evitem danos aos seres humanos, ao meio ambiente e à economia[10].

Observam-se, no Brasil, políticas públicas — econômicas, ambientais e sociais — altamente pautadas na sua construção e, em especial, na sua execução, por políticos profissionais despreparados tecnicamente, não raras vezes contaminados pela corrupção, em detrimento de técnicos preparados e honestos, que seriam fundamentais na concretização dos Objetivos do Desenvolvimento Sustentável. É o que se chama do nefasto e tradicional loteamento do governo brasileiro pela vastíssima *fauna de partidos* cujos membros não se pautam pela fidelidade partidária e, tampouco, pelo comprometimento político com um programa de governo sério, altruísta, ambientalmente responsável e bem elaborado.

A participação plural dos mais diversos setores da sociedade é essencial para o múltiplo e complexo desafio da implementação do desenvolvimento sustentável e para a luta contra mazelas econômicas, sociais e, especialmente, ambientais.

Conclui-se que a obra *The Age of Sustainable Development* é uma das mais completas até o momento sobre o tema e demonstra a salutar e nítida influência de Sachs na construção dos 17 objetivos e das 169 metas do desenvolvimento sustentável adotados pela ONU no ano de 2015 na Agenda 2030. Todavia, a sugerida implementação paulatina de tais objetivos por Sachs pode não responder às necessidades imediatas das nações para os graves problemas que afetam a humanidade no aspecto humano, ambiental, econômico e de governança, em especial nos países em desenvolvimento, como o Brasil. Ou melhor, a implementação desses objetivos esbarra na falta de um mecanismo coercitivo de distribuição de recursos financeiros, das nações ricas para as pobres, para o financiamento do desenvolvimento sustentável. A própria estrutura concentradora de renda dentro das nações em desenvolvimento não permite tal distribuição, que poderia se dar como fruto da tributação das rendas e das heranças milionárias acumuladas pelas atuais gerações e, igualmente, pela tributação do carbono. Recursos acumulados, investidos e reinvestidos especulativamente no mercado de ações e na indústria dos combustíveis fósseis precisam ser investidos em políticas públicas verdes e na geração de energia e de empregos sustentáveis.

Outro problema está nas estruturas marcadas pela governança caótica, marcada pela corrupção e pela completa ineficiência operacional que afetam grande parcela de governos dos países em desenvolvimento, os quais, mesmo recebendo assistência técnica, recursos provenientes de doações, investimentos internacionais ou da própria arrecadação interna, não têm a capacidade de alocá-los para políticas públicas promotoras do desenvolvimento sustentável.

O Direito Internacional não oferece mecanismos jurídicos efetivos para a implementação dos Objetivos do Desenvolvimento Sustentável, e tampouco existe uma corte internacional com poder de coerção para implementá-los. É notória, outrossim, a falta de uma corte ambiental internacional para apreciar demandas relativas ao pilar ambiental da sustentabilidade.

Seja como for, ainda assim, a solução formulada por Sachs no sentido da construção, divulgação e implementação dos objetivos e das metas do desenvolvimento sustentável é de relevância singular, revolucionária, ao menos como norte, para a atuação de governos e da iniciativa privada em todo o mundo visando melhorias nos padrões de tutela ambiental, de inclusão social, de boa governança e de um desenvolvimento econômico movido por energias renováveis.

Referências

1 SACHS, Jeffrey. *The age of sustainable development*. New York: Columbia University Press, 2015. p. 3.

2 Idem.p. 3.

3 Ibidem. p. 12.

4 Ibidem. p. 12.

5 Ibidem. p. 42.

6 Ibidem. p. 59.

7 ROCKSTRÖM, Johan et al. Sustainable Development and Planetary Boundaries. *Background Paper for the High - Level Panel of Eminent Persons on the Post - 2015 Development Agenda*. New York: Sustainable Development Solutions Network, 2013.

8 Obra citada. p. 185-193.

9 Obra citada. p. 193.

10 Ver: FOLADORI, Guillermo. *Los limites del desarrollo sustentable*. Montevideo: Ediciones de la banda oriental - Revista Trabajo e Capital, 1999.

LEI QUE RECONHECE A VAQUEJADA COMO PATRIMÔNIO CULTURAL É INCONSTITUCIONAL

17 de dezembro de 2016

Marcos Paulo de Souza Miranda

No dia 29 de novembro de 2016, foi sancionada, sem vetos, pelo presidente da República, a Lei 13.364, que: "Eleva o Rodeio, a Vaquejada, bem como as respectivas expressões artístico-culturais, à condição de manifestação cultural nacional e de patrimônio cultural imaterial".

A novel legislação tem origem no Projeto de Lei da Câmara 1.767/2015, de autoria do deputado Capitão Augusto (PR/SP), apresentado em 1º de junho de 2015, e estabelece que consideram-se patrimônio cultural imaterial do Brasil o rodeio, a vaquejada e expressões decorrentes, como: I - montarias; II - provas de laço; III - apartação; IV - *bulldog*; V - provas de rédeas; VI - provas dos Três Tambores, *Team Penning* e *Work Penning*; VII - paleteadas; e outras provas típicas, tais como Queima do Alho e concurso do berrante, bem como apresentações folclóricas e de músicas de raiz.

Quanto ao conteúdo da norma, ela se propôs a alcançar dois diferentes tipos de reconhecimento sobre as práticas de rodeio, vaquejadas e manifestações associadas: a de manifestação cultural nacional e a de patrimônio cultural imaterial brasileiro, com o intento de colocá-las ao abrigo dos artigos 215, parágrafo 1º[1] e 216, I e II[2] da CF/88.

Sob a ótica formal, nada obsta que ato advindo do Poder Legislativo disponha sobre a proteção de bens como manifestações culturais ou mesmo como integrantes do patrimônio cultural brasileiro, posto que o artigo 216, parágrafo 1º da Constituição Federal estabelece que o poder público (e não somente o Poder Executivo) tem o dever de protegê-los, e a lei é um dos instrumentos que pode ser utilizado para alcançar tais objetivos, pois em sede de tutela do patrimônio cultural vige o princípio da máxima amplitude dos instrumentos protetivos.

Nesse cenário, de se lembrar que a própria Constituição Federal estabeleceu proteção específica para os documentos e sítios detentores de reminiscências dos antigos quilombos (artigo 216, parágrafo 5º) e o Estatuto da Igualdade Racial previu proteção para a capoeira como bem cultural imaterial do país (Lei 12.288/2010, artigo 20), de forma que não vislumbramos óbice à utilização de instrumento legislativo para tanto[3].

Entretanto, materialmente a norma não demonstra guardar pertinência com a nossa Constituição Federal, que assim dispõe: Art. 225. Todos têm direito ao meio ambiente ecologicamente equilibrado, bem de uso comum do povo e essencial à sadia qualidade de vida, impondo-se ao Poder Público e à coletividade o dever de defendê-lo e preservá-lo para as presentes e futuras gerações. § 1º Para assegurar a efetividade desse direito, incumbe ao Poder Público: VII - proteger a fauna e a flora, vedadas, na forma da lei, as práticas que coloquem em risco sua função ecológica, provoquem a extinção de espécies ou submetam os animais a crueldade (destaque nosso).

A norma constitucional apregoa, sem exceções, o direito ao meio ambiente equilibrado e ao desenvolvimento sustentável, rechaçando atos cruéis contra a fauna brasileira. Como já decidido pelo STF, o dispositivo em comento, *ao* "veicular conteúdo impregnado de alto significado ético-jurídico, justifica-se em função de sua própria razão de ser, motivada pela necessidade de impedir a ocorrência de situações de risco que ameacem ou que façam periclitar todas as formas de vida, não só a do gênero humano, mas, também, a própria vida animal, cuja integridade restaria comprometida por práticas aviltantes, perversas e violentas contra os seres irracionais"[4].

Não se desconhece que os rodeios e as vaquejadas são manifestações presentes há tempos na sociedade brasileira. Entretanto, a ancianidade das manifestações, que açambarcam variados tipos de produção humana, não serve, solitariamente, como fundamento para a sua perpetuidade. Os tempos mudam, os valores se alteram, e nem tudo que era tolerado ou admitido em épocas passadas deve ser conservado hodiernamente.

Na Inglaterra, por exemplo, em 18 de fevereiro de 2005 entrou em vigor a lei batizada de *The Hunting Act*, que proíbe caçar raposas, renas e lebres, uma prática que era cultivada há mais de 300 anos pela alta sociedade britânica e que tinha entre seus fãs nomes como o príncipe Charles e sua mulher, Camilla Parker Bowles.

Sob a ótica do Direito, nem toda prática humana — por mais antiga e arraigada que seja — pode ser considerada manifestação cultural. O uso da maconha, que remonta ao período da escravidão, em que o cânhamo, ou marijuana, fazia parte do cotidiano de muitos africanos escravizados, é um exemplo. De igual sorte, a aplicação de surras corretivas a alunos indisciplinados — que esteve presente no sistema educacional brasileiro por mais de um século — não pode ter continuidade.

Não podemos confundir a conceituação antropológica de cultura (que açambarca todo tipo de manifestação humana) com a sua conceituação jurídica, pois para que determinada manifestação se adeque ao texto constitucional há necessidade de que ela passe, primeiramente, por uma rigorosa análise sobre a eventual viabilidade normativa de ser abrigada pela norma constitucional.

O primeiro passo a ser dado para cumprir tal missão consiste em verificar se a prática que busca reconhecimento como manifestação cultural guarda consonância com o restante do ordenamento jurídico do país, pois não há possibilidade de se estabelecer salvaguarda a manifestações incompatíveis com regras jurídicas fixadas em outros instrumentos, havendo a lógica necessidade de uma adequação conglobante da conduta a ser reconhecida como patrimônio cultural. Afinal, seria rematado absurdo dar guarida por determinado instrumento a algo que outro diploma expressamente rechaça.

Ora, a prática de rodeios e vaquejadas, segundo estudos técnicos especializados, implicam em sofrimento e crueldade aos animais envolvidos (ruptura de ligamentos e vasos sanguíneos, luxação de vértebras, lesões traumáticas, fraturas, perfurações, dor física, sofrimento mental etc.), o que viola frontalmente o princípio do desenvolvimento sustentável, do qual o respeito pelos animais é pressuposto elementar. O artigo 225, parágrafo 1º, VII, da CF/88 tem o sentido revelador do vínculo que o constituinte quis estabelecer ao dispor que o respeito pela fauna em geral atua como condição inafastável de subsistência e preservação do meio ambiente em que vivem os próprios seres humanos[5].

Como bem ressaltado por Ingo Wolfgang Sarlet e Tiago Fensterseifer, os deveres ambientais dos seres humanos também se projetam para as relações que esses traçam com a natureza e, especialmente, com os animais. A vedação constitucional de crueldade contra os animais implica deveres em termos de tratamento e cuidado, assim como medidas de proteção vinculadas à regulação mesmo da forma de proteção pela vida não humana. Há, portanto, não apenas um dever de respeito para com a vida animal, mas também deveres de proteção e promoção, de cunho prestacional[6].

Nesse cenário, de se lembrar que, em âmbito penal, a Lei de Crimes Ambientais tipifica no artigo 32 a conduta de praticar ato de abuso, maus-tratos, ferir ou mutilar animais silvestres, domésticos ou domesticados, nativos ou exóticos, prevendo pena de detenção, de 3 meses a 1 ano, e multa.

Ademais, a convenção sobre a proteção e promoção da diversidade de expressões culturais, assinada em Paris, em 20 de outubro de 2005, promulgada no Brasil pelo Decreto 6177, de 1º de agosto de 2007, estabelece como princípio diretor da aplicação da norma o respeito pelo desenvolvimento sustentável (artigo 2.6), o que exclui de seu âmbito de incidência a prática de crueldade contra a fauna.

Não bastasse, a convenção para salvaguarda do patrimônio cultural imaterial, adotada em Paris, em 17 de outubro de 2003, promulgada no Brasil pelo Decreto 5.753, de 12 de abril de 2006, que estabelece no item 2.1:

> *Para os fins da presente Convenção, será levado em conta apenas o patrimônio cultural imaterial que seja compatível com os instrumentos internacionais de direitos humanos existentes e com os imperativos de respeito mútuo entre comunidades, grupos e indivíduos, e do desenvolvimento sustentável.*

Enfim, reconhecer como patrimônio cultural práticas que intrinsecamente são nocivas e cruéis aos animais encontra evidente óbice nos instrumentos normativos acima referidos. Manifestações de tal jaez, em verdade, por violarem o dever ético-jurídico de não maltratar os animais, não reúnem os requisitos mínimos para estarem sob o abrigo dos artigos 215 e 216 da Constituição Federal.

Nessa toada, calha trazer à colação os ensinamentos do ministro Carlos Ayres Britto, que recentemente escreveu com absoluta propriedade[7]:

> *Os dicionários têm como expressão de cultura todo e qualquer arraigado hábito coletivo. Não a Constituição brasileira. Quero dizer: para os dicionários da língua portuguesa, a palavra cultura não é excludente de um tipo de tradição ou costume objetivamente malfazejo para o corpo social. Mas não é o que se dá com a Constituição brasileira, torno a dizer. Para ela, somente é qualificado como bem jurídico o costume socialmente benfazejo. A cultura que interessa*

> *ao Direito é aquela por ele mesmo prestigiada. Que é a única vinculante das pessoas e das instituições. A que exclusivamente importa. A que solitariamente vale. Pelo que a cultura contrária nem cultura é. Nem cultura é senão como triste registro vocabular-prosaico ou coloquialmente dicionarizado.*

A Lei 13.364/2016, como é notório, em nítido desvio de finalidade, busca conferir verniz de legalidade a atividades de entretenimento altamente lucrativas que vêm sendo rechaçadas por decisões judiciais cada vez mais constantes, a exemplo do recente julgado do STF que julgou procedente a Ação Direta de Inconstitucionalidade 4.983, ajuizada pelo procurador-geral da República contra a Lei 15.299/2013, do estado do Ceará, que regulamenta a vaquejada como prática desportiva e cultural no estado[8].

A maioria dos ministros acompanhou o voto do relator, ministro Marco Aurélio, que considerou haver "crueldade intrínseca" aplicada aos animais na vaquejada e que diante do "conflito entre normas de direitos fundamentais — mesmo presente manifestação cultural, verificada situação a implicar inequívoca crueldade contra animais, há de se interpretar, no âmbito da ponderação de direitos, normas e fatos de forma mais favorável à proteção ao meio ambiente, demostrando-se preocupação maior com a manutenção, em prol dos cidadãos de hoje e de amanhã, das condições ecologicamente equilibradas para uma vida mais saudável e segura".

De nossa parte, vamos um pouco além. Em verdade, defendemos que não há na situação em comento verdadeiro conflito entre o disposto nos artigos 215, parágrafo 1º, 216, parágrafo 1º com o preceituado no artigo 225, parágrafo 1º, VII da Constituição Federal, senão uma antinomia meramente aparente.

Ora, como dissemos, os textos dos artigos 215 e 216 da Constituição Federal não podem ser usados, de forma autômata, como arrimo para práticas que não reúnem os requisitos básicos para serem consideradas manifestações culturais passíveis de tutela jurídica.

O uso do critério de exclusão da incidência da tutela constitucional mediante a realização preliminar de um juízo de valor e adequação (análise de subsunção) é absolutamente necessário para se afastar, de pronto, a aplicabilidade dos dispositivos relacionados à tutela da cultura e do patrimônio cultural (artigos 215 e 216) a tais casos, valendo-se diretamente da regra de proteção ambiental (225, parágrafo 1º, VII), sem a necessidade de ponderação sobre o conflito de normas constitucionais, pois a antinomia é, de fato, inexistente.

Enfim, a Lei 13.364/2016, voltada a tornar viável e operacional, em todo o país, manifestações que o ordenamento positivo brasileiro considera ilícitas e criminosas, não tem o condão de conferir proteção cultural válida às práticas de rodeio e vaquejada, pois viola frontalmente o artigo 225, parágrafo 1º, VII da Constituição Federal vigente.

Referências

1 Art. 215. O Estado garantirá a todos o pleno exercício dos direitos culturais e acesso às fontes da cultura nacional, e apoiará e incentivará a valorização e a difusão das manifestações culturais. § 1º O Estado protegerá as manifestações das culturas populares, indígenas e afro-brasileiras, e das de outros grupos participantes do processo civilizatório nacional.

2 Art. 216. Constituem patrimônio cultural brasileiro os bens de natureza material e imaterial, tomados individualmente ou em conjunto, portadores de referência à identidade, à ação, à memória dos diferentes grupos formadores da sociedade brasileira, nos quais se incluem: I - as formas de expressão; II - os modos de criar, fazer e viver;

3 Sobre o tema "Tombamento por lei", tivemos a oportunidade de abordá-lo com maior profundidade em: Tutela do Patrimônio Cultural Brasileiro. Belo Horizonte: Del Rey, 2007, p. 156-159.

4 STF - ADI 1.856/RJ – rel. min. Celso de Mello – j. 26/5/2011.

5 STF - ADI 1.856/RJ – rel. min. Celso de Mello – j. 26/5/2011.

6 Direito Constitucional Ambiental. São Paulo: *Revista dos Tribunais.* 2011. p. 162.

7 BRITTO, Carlos Ayres. *Cultura? Qual?* Estadão. Opinião. 24 de junho de 2016. Disponível em: http://opiniao.estadao.com.br/noticias/geral,cultura-qual,10000064608. Acesso em 2 de novembro de 2016.

8 No mesmo sentido: «É inconstitucional a lei estadual que autorize e regulamente, sob título de práticas ou atividades esportivas com aves de raças ditas combatentes, as chamadas ‹rinhas› ou ‹brigas de galo›» (ADI 3.776/RN, rel. min. CEZAR PELUSO). Lei 11.366/00 do estado de Santa Catarina. Ato normativo que autoriza e regulamenta a criação e a exposição de aves de raça e a realização de 'brigas de galo'. A sujeição da vida animal a experiências de crueldade não é compatível com a Constituição do Brasil. Precedentes da Corte. Pedido de declaração de inconstitucionalidade julgado procedente" (ADI 2.514/SC, rel. min. EROS GRAU).

O EXERCÍCIO DA COMPETÊNCIA ADMINISTRATIVA AMBIENTAL PELOS MUNICÍPIOS

24 de dezembro de 2016

Talden Farias

O município possui competência administrativa originária em matéria ambiental para atuar naqueles casos de interesse local predominante, tendo em vista os princípios da predominância do interesse e da subsidiariedade e o artigo 23 da Constituição Federal[1]. Isso implica dizer que qualquer norma que dispuser de maneira diferente será inconstitucional, conforme se discutiu na coluna anterior, uma vez que a autonomia dos entes locais foi assegurada constitucionalmente[2]. Logo, o importante é saber se os mesmos dispõem de condições materiais para exercê-las, ficando para segundo plano o debate sobre a competência formal.

É preciso atentar para o fato de que existem requisitos formais e materiais que as Municipalidades precisam cumprir para poder colocar em prática suas atribuições. De acordo com a Lei complementar 140/2011, que regulamentou o parágrafo único do dispositivo constitucional citado fixando normas de cooperação para o exercício da competência administrativa em matéria ambiental, a condição para poder licenciar é ter órgão ambiental capacitado:

Art. 5º. O ente federativo poderá delegar, mediante convênio, a execução de ações administrativas a ele atribuídas nesta Lei Complementar, desde que o ente destinatário da delegação disponha de órgão ambiental capacitado a executar as ações administrativas a serem delegadas e de conselho de meio ambiente.

> Parágrafo único. Considera-se órgão ambiental capacitado, para os efeitos do disposto no caput, aquele que possui técnicos próprios ou em consórcio, devidamente habilitados e em número compatível com a demanda das ações administrativas a serem delegadas.

> Art. 15. Os entes federativos devem atuar em caráter supletivo nas ações administrativas de licenciamento e na autorização ambiental, nas seguintes hipóteses:
>
> I - inexistindo órgão ambiental capacitado ou conselho de meio ambiente no Estado ou no Distrito Federal, a União deve desempenhar as ações administrativas estaduais ou distritais até a sua criação;
>
> II - inexistindo órgão ambiental capacitado ou conselho de meio ambiente no Município, o Estado deve desempenhar as ações administrativas municipais até a sua criação; e
>
> III - inexistindo órgão ambiental capacitado ou conselho de meio ambiente no Estado e no Município, a União deve desempenhar as ações administrativas até a sua criação em um daqueles entes federativos.

Em vista disso, sob pena de perderem a atribuição, há que se cumprir as seguintes exigências: i) ter um órgão ambiental, ii) ser esse órgão ambiental capacitado e iii) ter conselho de meio ambiente. Cumpre esclarecer que se tratam de requisitos tanto para o licenciamento ambiental quanto para a imposição de sanções administrativas, a exemplo de embargo e multa, dado que ambas as atribuições estão diretamente relacionadas por conta dos artigos 7º, XIII, 8º, XIII, 9º, XIII e 17, caput[3] da lei transcrita.

Pois bem. O órgão ambiental poderá ter formato de agência, autarquia, fundação, secretaria ou mesmo sociedade de economia mista, já que a lei não entra no mérito da natureza jurídica a ser adotada. Não há a exigência de que o órgão se dedique apenas à pauta ambiental, podendo ser voltado também a outros interesses, a exemplo da questão agrária, turística ou urbanística. Pode ser apenas um departamento, uma diretoria ou um setor a cuidar da área, não sendo sequer obrigatório o órgão ter o nome vinculado à temática do meio ambiente. É claro que o ideal é a agenda única, mormente em uma área complexa como essa, visto que a especialidade costuma trazer melhores resultados. Porém, tudo isso fica a cargo da conveniência e oportunidade da Administração Pública haja vista a autonomia dos entes federativos, pois do ponto de vista legal o que importa é que exista um órgão que cuide da temática ambiental.

É importante que haja lei instituindo o órgão e o autorizando a agir como tal para que o Município possa licenciar e apor sanções administrativas, dado que as limitações ao direito de propriedade só podem ser criadas por lei. Essa lei também precisa criar e disciplinar os cargos voltados a essa agenda, a exemplo dos fiscais, técnicos e analistas ambientais, tendo em vista a obediência ao princípio da legalidade, pedra angular do Estado Democrático de Direito[4]. Obviamente, as taxas ambientais devem estar previstas em lei porque assim determina a Lei Fundamental[5], embora na prática taxas como a de licenciamento ambiental muitas vezes não observem os requisitos legais, sendo cobrada como uma contribuição.

Em relação à ideia de órgão ambiental capacitado, a única exigência legal é que o número de técnicos fosse compatível com a demanda. A determinação é lógica, pois se o Município não dispuser de uma estrutura adequada de equipamentos e de técnicos capacitados o controle ambiental não será feito de maneira adequada, o que colocará em risco o meio ambiente e a saúde pública. Outrossim, o problema não é mais a fundamentação jurídica para a competência, mas a capacitação técnica para exercê-la de fato.

Vale lembrar que é para arrecadar ou para estimular determinados segmentos econômicos que alguns Municípios justificam o interesse em assumir o licenciamento, sendo razoável a preocupação com a possibilidade de criação de "cartórios ambientais", órgãos que concederiam licenças e autorizações ambientais sem fazer o controle ambiental de fato. Esse, aliás, sempre foi o maior receio dos que são contrários à municipalização da política ambiental, para quem no âmbito municipal a falta de apoio técnico e a ingerência política seriam maiores. A preocupação do legislador, portanto, é natural.

Lamentavelmente, a lei perdeu a oportunidade de disciplinar qual seria a estrutura técnica mínima para que o ente local passe a licenciar, deixando essa responsabilidade para os estados, pois segundo a Lei Complementar 140/2011 incumbiria aos conselhos estaduais de meio ambiente incumbiria fazer essa regulamentação[6]. Acontece que não cabe ao Estado dizer o que os Municípios podem ou não fazer, mesmo porque isso seria inconstitucional em virtude da autonomia das entidades federativas, conforme se discutiu no texto citado. Todavia, nada impede que os conselhos estaduais se certifiquem da capacidade técnica dos entes locais, verificando se eles possuem a estrutura mínima necessária. O problema é que a maioria dos Estados simplesmente não têm entrado nesse mérito, limitando-se a dizer o que pode ficar a cargo dos entes locais ou não, em regra sem apontar qualquer justificativa técnica.

Uma exceção é a Resolução Conema 42/2012, do Rio de Janeiro, cujo Anexo I chega a estabelecer a quantidade e a qualificação dos técnicos existentes para que a Municipalidade possa fazer o licenciamento. Interessante observar que existe uma gradação, de forma que quanto maior a estrutura mais amplo será o rol e a complexidade das atividades a serem abarcada. É uma medida pertinente, que pode sim ser tomada como referência pelos outros estados.

Na verdade, não há como estabelecer exigências técnicas sem conhecer a realidade regional e local. Por isso, uma iniciativa relevante seria retomar o cadastro ambiental, que é um instrumento previsto na Lei n. 6.938/81, para a partir daí se traçar os requisitos técnicos para cada Municipalidade[7]. A identificação do perfil ambiental do lugar, como número e espécies de atividades efetiva ou potencialmente poluidoras, e recursos naturais existentes (tipos de solo, fauna, flora, paisagens, recursos hídricos etc), é pré-condição para a definição da quantidade e da qualificação dos profissionais envolvidos e das metas a serem atingidas. Com efeito, tudo terá de ser definido em função da economia, da extensão territorial e das riquezas naturais, pois o planejamento ambiental de um Município de vocação industrial será distinto do de vocação turística e assim por diante. É pena que a Lei complementar 140/2011 não tenha previsto isso expressamente, mas nada impede que se edite o decreto regulamentador dessa com estabelecendo tal exigência.

Por fim, a obrigatoriedade do conselho de meio ambiente visa garantir a participação popular e a transparência, rendendo homenagens aos princípios da participação, da publicidade e da transparência. A lei não estabelece exigências a respeito da composição do conselho, definição que ficará a cargo da lei que o criou, mas se presume que deve ter formação paritária com a sociedade civil porque isso garantiria uma maior efetivação dos princípios citados e porque o CONAMA[8] também é assim, consoante dispõe o Decreto n. 99.274/90[10]. É também por causa da simetria federativa e da própria ideia de SISNAMA[9] que se presume o caráter deliberativo desses conselhos, a quem caberá dispor sobre padrões de qualidade ambiental de âmbito local, julgamento de autos de infração em segunda instância administrativa e revisão de licenciamentos ambientais. De qualquer forma, a União pode editar o decreto regulamentar da Lei complementar 140/2011 dispondo de maneira expressa sobre a composição paritária e o caráter deliberativo.

Referências

1 Art. 23. É competência comum da União, dos Estados, do Distrito Federal e dos Municípios: (...) III - proteger os documentos, as obras e outros bens de valor histórico, artístico e cultural, os monumentos, as paisagens naturais notáveis e os sítios arqueológicos; IV - impedir a evasão, a destruição e a descaracterização de obras de arte e de outros bens de valor histórico, artístico ou cultural;(...) VI - proteger o meio ambiente e combater a poluição em qualquer de suas formas; VII - preservar as florestas, a fauna e a flora; (...) IX - promover programas de construção de moradias e a melhoria das condições habitacionais e de saneamento básico; (...) Parágrafo único. Leis complementares fixarão normas para a cooperação entre a União e os Estados, o Distrito Federal e os Municípios, tendo em vista o equilíbrio do desenvolvimento e do bem-estar em âmbito nacional.

2 Art. 1º A República Federativa do Brasil, formada pela união indissolúvel dos Estados e Municípios e do Distrito Federal, constitui-se em Estado Democrático de Direito e tem como fundamentos: (...). Art. 18. A organização político-administrativa da República Federativa do Brasil compreende a União, os Estados, o Distrito Federal e os Municípios, todos autônomos, nos termos desta Constituição. (...).

3 Art. 7º. São ações administrativas da União: (...) XIII - exercer o controle e fiscalizar as atividades e empreendimentos cuja atribuição para licenciar ou autorizar, ambientalmente, for cometida à União; (...). Art. 8º. São ações administrativas dos Estados: (...) XIII - exercer o controle e fiscalizar as atividades e empreendimentos cuja atribuição para licenciar ou autorizar, ambientalmente, for cometida aos Estados; (...). Art. 9º. São ações administrativas dos Municípios: (...) XIII - exercer o controle e fiscalizar as atividades e empreendimentos cuja atribuição para licenciar ou autorizar, ambientalmente, for cometida ao Município; (...). Art. 17. Compete ao órgão responsável pelo licenciamento ou autorização, conforme o caso, de um empreendimento ou atividade, lavrar auto de infração ambiental e instaurar processo administrativo para a apuração de infrações à legislação ambiental cometidas pelo empreendimento ou atividade licenciada ou autorizada. (...).

4 Art. 5º Todos são iguais perante a lei, sem distinção de qualquer natureza, garantindo-se aos brasileiros e aos estrangeiros residentes no País a inviolabilidade do direito à vida, à liberdade, à igualdade, à segurança e à propriedade, nos termos seguintes: (...) II - ninguém será obrigado a fazer ou deixar de fazer alguma coisa senão em virtude de lei; (...).

5 Art. 150. Sem prejuízo de outras garantias asseguradas ao contribuinte, é vedado à União, aos Estados, ao Distrito Federal e aos Municípios: I - exigir ou aumentar tributo sem lei que o estabeleça; (...).

6 Art. 9º. São ações administrativas dos Municípios: (...) XIV - observadas as atribuições dos demais entes federativos previstas nesta Lei Complementar, promover o licenciamento ambiental das atividades ou empreendimentos: a) que causem ou possam causar impacto ambiental de âmbito local, conforme tipologia definida pelos respectivos Conselhos Estaduais de Meio Ambiente, considerados os critérios de porte, potencial poluidor e natureza da atividade; ou b) localizados em unidades de conservação instituídas pelo Município, exceto em Áreas de Proteção Ambiental (APAs).

7 Art. 9º. São instrumentos da Política Nacional do Meio Ambiente: (...) VIII - o Cadastro Técnico Federal de Atividades e Instrumentos de Defesa Ambiental; (...) XII - o Cadastro Técnico Federal de atividades potencialmente poluidoras e/ou utilizadoras dos recursos ambientais.

8 Art. 6º. Os órgãos e entidades da União, dos Estados, do Distrito Federal, dos Territórios e dos Municípios, bem como as fundações instituídas pelo Poder Público, responsáveis pela proteção e melhoria da qualidade ambiental, constituirão o Sistema Nacional do

Meio Ambiente - SISNAMA, assim estruturado: (...) II - órgão consultivo e deliberativo: o Conselho Nacional do Meio Ambiente (CONAMA), com a finalidade de assessorar, estudar e propor ao Conselho de Governo, diretrizes de políticas governamentais para o meio ambiente e os recursos naturais e deliberar, no âmbito de sua competência, sobre normas e padrões compatíveis com o meio ambiente ecologicamente equilibrado e essencial à sadia qualidade de vida.

9 De acordo com o caput do artigo 6º da Lei nº 6.938/81, o SISNAMA é o conjunto de órgãos e entidades da União, dos Estados, do Distrito Federal e dos Municípios e de fundações instituídas pelo Poder Público, responsáveis pela preservação, melhoria e recuperação da qualidade ambiental. A exemplo do Sistema Nacional de Educação, do Sistema Nacional de Saúde e do Sistema Nacional de Trânsito, trata-se de um sistema nacional administrativo desprovido de personalidade jurídica, cujas determinações são implementadas pelos órgãos e entidades que o integram. O objetivo do Sistema Nacional do Meio Ambiente é promover e integrar a atuação dos órgãos ambientais em âmbito federal, estadual e municipal, fazendo com que as políticas públicas de meio ambiente sejam trabalhadas de forma harmônica e uniforme. Com isso, tanto o Ministério do Meio Ambiente quanto as secretarias estaduais e municipais correspondentes, bem como as autarquias e fundações públicas relacionadas, estão vinculados ao cumprimento dos mesmos objetivos, instrumentos, princípios e procedimentos, no intuito de alcançar mais efetividade e de diminuir o número de conflitos administrativo.

OS AGROTÓXICOS CHEGARAM AO LEITE MATERNO, E O QUE PODEMOS FAZER?

31 de dezembro de 2016

Eduardo Coral Viegas

Como mamíferos, é elementar que sejamos nutridos com leite materno. Artificial é que já nos primeiros dias de vida nossa comida seja um misto de leite com agrotóxico. E, pior ainda, que estejamos em contato com tais substâncias nocivas desde nosso início de desenvolvimento intrauterino. Mas é isso o que está acontecendo, como prova um estudo elaborado pela Universidade Federal de Mato Grosso.

Em 2011, a dissertação de mestrado intitulada "Agrotóxicos em leite humano de mães residentes em Lucas do Rio Verde – MT", apresentada no Instituto de Saúde Coletiva, descreveu um processo de pesquisa com mães em período de amamentação, que foi conclusivo no sentido de que havia contaminação por agrotóxicos em 100% das amostras de leite analisadas.

A intensa produção agrícola no município despertou o interesse pela pesquisa, que acabou confirmando a suspeita: estamos destruindo a natureza e a saúde da presente e das futuras gerações com a utilização excessiva e equivocada de agrotóxicos!

Embora os resultados encontrados, o estudo manteve o aconselhamento da Organização Mundial da Saúde (OMS) no sentido de que "as crianças devem fazer aleitamento materno exclusivo até aos 6 meses de idade. Ou seja, até essa idade, o bebê deve tomar apenas leite materno e não deve dar-se nenhum outro alimento complementar ou bebida"[1].

Mais um desafio da pós-modernidade: de um lado, estudos apontam os ganhos do aleitamento materno para os bebês; por outro, pesquisas mostram que o leite fornecido aos inocentes recém-nascidos não é apenas leite, pois vem agregado de componentes tóxicos.

O que fazer em uma situação como essa? A ciência pode indicar a melhor alternativa hoje, mas amanhã mudar de opinião. Tais incertezas podem ser decisivas para a saúde — ou sua falta — de um número incontável de seres humanos.

Sabemos que não é privilégio de nosso país o uso excessivo e descontrolado daquilo que o setor agrário chama de "defensivos agrícolas". Inobstante, não podemos perder de vista que, desde 2008, o Brasil ocupa o 1º lugar no ranking mundial de consumo de agrotóxicos. Além disso, parte significativa dos produtos usados na agricultura brasileira é proibida na União Europeia e nos Estados Unidos. Dos 50 agrotóxicos mais utilizados no país, 22 são vedados nos países europeus[2].

Outras informações de destaque acerca do tema foram divulgadas pelo Instituto Nacional do Câncer (Inca)[3] em abril de 2015. Cada brasileiro consome aproximadamente um galão de cinco litros de agrotóxicos por ano. Além disso, o Dossiê Associação Brasileira de Saúde Coletiva (Abrasco)[4] 2015 apontou que 70% dos alimentos in natura consumidos no país estão contaminados por agrotóxicos. Os impactos para o ser humano, segundo o Inca[5], são "infertilidade, impotência, abortos, malformações, neurotoxicidade, desregulação hormonal, efeitos sobre o sistema imunológico e câncer".

O mercado dos agroquímicos se caracteriza por elevado nível de concentração, onde seis multinacionais dominam cerca de 70% do comércio mundial, sendo elas: Syngenta, Basf, Bayer, Dow, Monsanto (recentemente adquirida pela Bayer) e Dupont[6].

O poder econômico dessa indústria torna "letra morta" importantes regras como as previstas na Lei 7.802/89, em seu artigo 3º, parágrafo 6º, que vedam o registro de agrotóxicos no Brasil quando as substâncias se revelem carcinogênicas; provoquem distúrbios hormonais ou danos ao aparelho reprodutor; e "se revelem mais perigosas para o homem do que os testes de laboratório, com animais, tenham podido demonstrar, segundo critérios técnicos e científicos atualizados".

Nesse ponto, impõe-se uma reflexão mais profunda sobre o fato de vários produtos aplicáveis no setor agrícola brasileiro serem proibidos nos países de origem, a exemplo do que acontece com os agrotóxicos à base do princípio ativo paraquate, da suíça Syngenta, que não podem circular na Comunidade Europeia. Sob tal fundamento, proibiu-se seu uso no Rio Grande do Sul, mas liminar judicial cassou a decisão administrativa que restringiu o produto em solo gaúcho.

Essa situação leva, inexoravelmente, ao seguinte questionamento: estaria a indústria agroquímica valendo-se do terceiro mundo como local de testagem humana para os produtos que coloca no mercado? Se a resposta for sim, as cobaias humanas somos nós!

E temos como nos proteger, blindar, se o que está disponível para nosso consumo vem acompanhado dos produtos tóxicos e somente testados suficientemente em laboratório, com animais? Como vimos no início, nem mesmo livrar os inocentes bebês de alimentos industrializados coloca-os à margem dos riscos, já que análises laboratoriais constatam a presença dos "defensivos" até mesmo no "leitinho da mamãe".

Apesar de não ser nada fácil lutar contra o sistema, sobretudo quando estamos tratando de uma estrutura que comanda parcela significativa do PIB global, o Ministério Público vem adotando providências tendentes a defender os interesses sociais e ambientais contra a utilização desordenada e abusiva dos ditos "defensivos agrícolas". Passemos a três exemplos recentes e com resultados.

Em um dos inquéritos civis em tramitação na Bacia Hidrográfica do Rio Gravataí, no Rio Grande do Sul, onde atuo como promotor de Justiça regional, foi expedida recomendação ao Crea para que os prescritores de agrotóxicos somente o fizessem mediante prévia e atual vistoria na lavoura respectiva. O Crea acolheu a recomendação, expedindo norma de fiscalização obrigando os profissionais a proceder da forma acima mencionada e, com isso, combatendo-se a chamada "receita de balcão", que é aquela pré-elaborada para que os comerciantes de tais produtos concretizem a venda independentemente da visita a campo.

Outro expediente da Promotoria regional resultou em recomendação ao órgão licenciador estadual para que restringisse a pulverização aérea de agrotóxicos em ambientes sensíveis de uma unidade de conservação onde há o plantio de milhares de hectares de arroz. Essa providência foi adotada em razão das peculiaridades do local e por ter sido flagrada deriva de agrotóxicos em uma das fazendas situadas na APA do Banhado Grande, com visíveis danos ao meio ambiente.

O último exemplo, dentre outros que poderiam ser aqui mencionados, é um termo de ajustamento de conduta firmado entre Promotoria de Justiça de Defesa do Consumidor de Porto Alegre, Ceasa, Fundação Estadual de Produção e Pesquisa em Saúde, Secretaria Municipal de Saúde e Crea, por meio do qual a Vigilância Sanitária se comprometeu a recolher amostras de hortigranjeiros para análises laboratoriais mensais e, sendo constatadas irregularidades, a Ceasa obrigou-se a aplicar sanções aos permissionários e autorizatários.

Quando sinto que tudo o que faço e vejo fazerem para a proteção da saúde pública e do meio ambiente em face desse contexto é muito pouco, surgindo uma ponta de frustração, logo me vem à mente as sábias palavras de Madre Teresa de Calcutá, e logo passa. Vamos ao ensinamento: "Por vezes, sentimos que aquilo que fazemos não é senão uma gota de água no mar. Mas o mar seria menor se lhe faltasse uma gota".

Referências

1 http://www.leitematerno.org/oms.htm, acesso em 19/12/2016.

2 http://www.cartacapital.com.br/sustentabilidade/brasil-ainda-usa-agrotoxicos-ja-proibidos-em-outros-paises-9823.html, acesso em 19/12/2016.

3 http://www1.inca.gov.br/inca/Arquivos/comunicacao/posicionamento_do_inca_sobre_os_agrotoxicos_06_abr_15.pdf, acesso em 19/12/2016.

4 http://abrasco.org.br/dossieagrotoxicos/, acesso em 19/12/2016.

5 http://www4.planalto.gov.br/consea/comunicacao/noticias/2016/estudos-apontam-relacao-entre-o-consumo-de-agrotoxicos-e-o-cancer, acesso em 27/12/2016.

6 Rev. Bras. Inov., Campinas (SP), 14, n. esp., p. 153-178, julho 2015

MULTA COMINATÓRIA E EXECUÇÃO DAS DECISÕES JUDICIAIS EM MATÉRIA AMBIENTAL

7 de janeiro de 2017

Álvaro Mirra

A execução — ou, mais amplamente, a efetivação — dos provimentos jurisdicionais é, sem dúvida, um dos principais temas do processo coletivo ambiental na atualidade. É ela, com efeito, que permite realizar concretamente, no mundo dos fatos, a proteção do meio ambiente decorrente de sentenças e decisões proferidas em nível de antecipação de tutela, diante da resistência do demandado em cumprir as determinações judiciais.

Não existe um regime jurídico único para a execução/efetivação dos provimentos jurisdicionais em matéria ambiental, suscetível de ser aplicado a todos os casos. Na verdade, há diversos regimes jurídicos, cuja incidência varia em conformidade com a tutela jurisdicional concedida na demanda ambiental, em caráter antecipado ou final, provisório ou definitivo.

Partindo de um critério mais próximo ao direito material, é possível identificar as principais tutelas jurisdicionais passíveis de serem obtidas em favor do meio ambiente: *tutela jurisdicional preventiva*, que tem por objetivo prevenir a ocorrência de danos ou a realização de atividades públicas e privadas potencialmente lesivas ao meio ambiente; *tutela jurisdicional de precaução*, igualmente dotada de viés preventivo, mas em casos de ausência de certeza científica a respeito da lesividade da atividade pública ou privada; *tutela jurisdicional de cessação de atividades ou omissões ilícitas ou lesivas*, em que se dá a supressão de atividades ou omissões degradadoras, públicas ou privadas, situadas na origem da situação ilícita ou lesiva; *tutela jurisdicional reparatória do dano ambiental*, que pressupõe a ocorrência do dano ao meio ambiente, subdividida em tutela reparatória *in natura* e tutela reparatória pecuniária.

Relevante observar, neste passo, que a tutela preventiva, a tutela de precaução, a tutela de cessação de atividades ou omissões ilícitas ou lesivas e a tutela reparatória *in natura*, vale dizer, a quase totalidade das tutelas jurisdicionais em tema de meio ambiente, se aperfeiçoam pela imposição ao degradador do cumprimento de obrigações (ou deveres) de fazer e não fazer. Daí a incidência em relação a elas do regime jurídico próprio e específico da execução ou cumprimento de sentenças e decisões interlocutórias que reconhecem a exigibilidade de obrigações de fazer e não fazer, caso haja resistência do obrigado em cumprir o comando judicial.

A especificidade da efetivação de tais provimentos jurisdicionais está em que ela recai sobre o próprio objeto da obrigação de fazer ou não fazer, pressupondo, por essa razão, a utilização de *meios executivos* capazes de levar o demandado a cumprir a prestação positiva ou negativa imposta, ou de fazer com que essa prestação seja, de algum modo, cumprida.

No tema, é importante anotar que o Direito brasileiro põe à disposição dos demandantes nas ações coletivas ambientais — notadamente na ação civil pública disciplinada pela Lei 7.347/1985 — variados *meios executivos coercitivos*, que são aqueles destinados a exercer pressão sobre a vontade do obrigado, a fim de que, ele próprio, cumpra a obrigação de fazer ou de não fazer.

E, dentre os meios executivos coercitivos suscetíveis de forçar o demandado a cumprir a prestação determinada em nível de antecipação de tutela ou na sentença ambiental, tem especial relevância a *multa cominatória*, seja a multa periódica (diária, semanal etc.), seja a multa de valor fixo, dependendo do caso concreto[1]. O caráter cominatório da multa está no fato de ela ser imposta para a eventualidade do não cumprimento da obrigação de fazer ou de não fazer determinada, consistindo em verdadeira ameaça para a hipótese de inadimplemento da prestação. Pretende-se, com a sua cominação, que o obrigado sequer cogite não cumprir a obrigação determinada, motivo pelo qual o valor da multa deve, naturalmente, ser elevado.

Sob o ponto de vista prático, uma das principais questões que têm ocupado os debates na doutrina e na jurisprudência é a da forma pela qual se dão a aplicação concreta e a cobrança da multa cominatória, caso não haja o cumprimento pelo obrigado da prestação positiva ou negativa, ou seja, caso o demandado não faça o que deve fazer ou faça o que não deveria fazer.

Na vigência do CPC/1973, houve muitas discussões a respeito da possibilidade da imposição e cobrança imediatas da multa cominatória e da forma de execução desta, particularmente na efetivação das decisões proferidas em nível de antecipação de tutela e no cumprimento ainda provisório das sentenças, devido à pendência de recursos, dada a possibilidade de reversão das decisões e dos julgamentos proferidos[2].

Daí por que muitos juízes e tribunais se mostraram reticentes em admitir a cobrança imediata da multa, somente tida como possível após o trânsito em julgado da sentença final proferida. A própria Lei da Ação Civil Pública, vale consignar, tem dispositivo específico (artigo 12, parágrafo 2º, da Lei 7.347/1985), segundo o qual a multa somente será exigível após o trânsito em julgado da sentença favorável ao demandante.

Mesmo quando se tinha como viável a cobrança imediata da multa cominada, muito frequentemente a sua efetivação concreta ficava subordinada ao procedimento de cumprimento de decisões que reconhecem a obrigação de pagar quantia certa, com prévia intimação para pagamento, penhora, possibilidade de impugnação etc.[3].

Contudo, para que a multa cominatória tenha, realmente, força coercitiva sobre a vontade do obrigado no processo coletivo ambiental, é fundamental que ela seja aplicada e cobrada imediatamente, tão logo haja o inadimplemento da obrigação de fazer ou não fazer determinada em prol da proteção do meio ambiente, independentemente do trânsito em julgado da sentença final[4]. E mais: a multa cominatória tem de ser também efetivada imediatamente, mediante bloqueio judicial do valor correspondente, sem necessidade de utilização do procedimento da execução por quantia certa para a sua cobrança; ainda que o levantamento da quantia bloqueada de pronto, no caso de execução/cumprimento provisório do comando judicial, se dê após o trânsito em julgado da sentença final que julgou procedente a demanda.

Essa, inclusive, parece ser a orientação adotada pelo novo Código de Processo Civil, no artigo 537, parágrafo 3º, segundo o qual a decisão que fixa a multa é passível de cumprimento provisório, devendo o valor correspondente ser depositado em juízo, permitido o levantamento após o trânsito em julgado da sentença favorável à parte. Essa norma, sem dúvida, aplica-se ao processo coletivo ambiental, por força do disposto no artigo 19 da Lei 7.347/1985, com eficácia derrogatória, ainda, do comando previsto no parágrafo 2º do artigo 12 do mesmo diploma legal[5].

Tal é a solução desejável para a aplicação e cobrança imediatas da multa cominatória no processo coletivo ambiental, pelo menos nas demandas ambientais movidas em face dos particulares (indivíduos e pessoas jurídicas de direito privado).

No que se refere à efetivação de decisões judiciais que impõem o cumprimento de obrigações de fazer e não fazer ao poder público, a matéria apresenta peculiaridades que merecem consideração destacada.

Com efeito, não há mais dúvida, hoje em dia, a respeito da possibilidade de imposição dessas modalidades de obrigações à administração pública, seja para a prevenção de degradações ambientais, seja para a cessação de atividades efetiva ou potencialmente lesivas ao meio ambiente, seja para a reparação *in natura* de danos ambientais. Além disso, tem-se admitido, ainda, a imposição de obrigações de fazer para a cessação de omissões estatais lesivas ao meio ambiente, visando à supressão da inércia administrativa, o que tem levado, muitas vezes, à implementação de programas de ação e políticas públicas ambientais (por exemplo, em matéria de saneamento básico, de coleta e tratamento adequado de resíduos sólidos, de implantação definitiva de unidades de conservação).

A principal questão, em termos atuais, é como efetivar essas decisões, quando não há a colaboração espontânea da administração. Como se trata, no mais das vezes, de execuções extremamente complexas, em que a efetivação das obrigações determinadas — notadamente de fazer — exige dotação orçamentária, eventual contratação de serviços e obras submetidos a procedimento licitatório, desapropriação de áreas para a implantação da atividade (por exemplo, no caso da disposição final do lixo urbano) e, até mesmo, conforme o caso, a obtenção de licenças ambientais para a realização das obras, tem-se entendido que a sua concretização depende diretamente da atuação do poder público, não sendo viável, em princípio, o cumprimento das prestações por um terceiro às custas daquele.

Bem por isso, a solução tem sido, ainda aqui, a de impor ao poder público a multa cominatória, como medida tendente a forçar o ente público recalcitrante a cumprir a obrigação.

A possibilidade da utilização da multa cominatória como meio executivo destinado a obter o cumprimento de obrigações de fazer e não fazer a cargo do poder público é, em termos atuais, matéria pacificada, inclusive no âmbito do Superior Tribunal de Justiça[6].

A maior controvérsia, em verdade, concerne à viabilidade de imposição da multa não só ao ente público como, ainda, ao agente público concretamente encarregado da adoção das providências determinadas judicialmente, a fim de que os cofres públicos — e, por via de consequência, a sociedade como um todo — não sejam onerados com a sanção pecuniária, em caso de inadimplemento da obrigação[7].

Nessa matéria, porém, o Superior Tribunal de Justiça tem entendido que não é viável, no momento da execução/efetivação da obrigação de fazer ou não fazer, a imposição ao agente público da multa cominatória, já que não é ele, normalmente, parte no processo. E a aplicação de multa dessa natureza a quem não é parte na relação processual implicaria violação aos princípios do contraditório e da ampla defesa[8].

No Tribunal de Justiça de São Paulo, tem-se entendido que, no caso de aplicação da multa cominatória, em função do descumprimento pelo poder público de obrigações de fazer, existe sempre a possibilidade — que, na verdade, é um dever — de o Estado voltar-se regressivamente contra o agente público omisso, para ressarcir-se do que foi obrigado a pagar[9]. Ademais, já se decidiu, ainda no âmbito do TJ-SP, que a omissão do agente em dar cumprimento às determinações judiciais, levando à imposição da multa com oneração dos cofres públicos, pode configurar a prática de improbidade administrativa[10].

Por fim, ainda em tema de imposição da multa cominatória ao poder público, vale indagar sobre a viabilidade do imediato bloqueio de verbas públicas para efetivação da cobrança do valor correspondente, a fim de forçar o adimplemento da prestação determinada e não cumprida, como se concebe em relação aos particulares.

O Superior Tribunal de Justiça tem admitido, em caráter excepcional, o bloqueio ou sequestro de verbas públicas, por exemplo, para o cumprimento de obrigações de fazer consistentes no fornecimento pelo Estado de medicamentos às pessoas necessitadas[11]. Contudo, o bloqueio do dinheiro público tem sido deferido para o custeio, em si mesmo, do medicamento, em benefício da pessoa que dele depende, como medida equivalente ao resultado prático pretendido com a imposição da obrigação de fazer, diante da omissão estatal em cumprir a ordem judicial. Não se tem notícia, diversamente, sobretudo em tema de proteção do meio ambiente, da determinação do bloqueio de verbas públicas para efetivação e cobrança da multa cominatória, como expediente apto a forçar o poder público a cumprir a obrigação de fazer ou de não fazer determinada judicialmente.

Referências

[1] Artigo 11 da Lei 7.347/85; artigo 84, parágrafo 4º, da Lei 8.078/90; artigos 536, parágrafo 1º, e 537 do CPC.

[2] Sobre o debate e as diversas correntes, inclusive com distinção entre o regime aplicável ao processo individual e ao processo coletivo, ver, em especial, STJ – 4ª T. – REsp 1.347.726/RS – j. 27/12/2012 – relator ministro Marco Buzzi.

[3] STJ – 1ª T. – REsp 1.098.028/SP – j. 9/2/2010 - relator ministro Luiz Fux.

[4] Nesse sentido, em termos gerais, BUENO, Cássio Scarpinella. *Manual de Direito Processual Civil*. 2ª ed. São Paulo: Saraiva, 2016, p. 472. Em sentido diverso, entendendo que a força coercitiva da multa cominatória independe da sua imediata cobrança, MARINONI, Luiz Guilherme; ARENHART, Sérgio Cruz. *Curso de Processo Civil, Volume 3: Execução*. 2ª ed. São Paulo: RT, 2008, p. 81-82.

[5] Em verdade, a exigência do trânsito em julgado da sentença para a cobrança da multa cominatória já não constava da norma do parágrafo 4º do artigo 84 da Lei 8.078/90, aplicável às demandas ambientais por força do disposto no artigo 21 da Lei 7.347/85.

[6] STJ – 2ª T. – REsp 1.315.719/SE – j. 27/8/2013 – relator ministro Herman Benjamin; STJ – 2ª T. – REsp 1.360.305/RS – j. 28/5/2013 – relatora ministra Eliana Calmon; STJ – 2ª T. – AgRg no REsp 1.311.567/PB – j. 6/9/2011 – relator ministro Castro Meira; STJ – 2ª T. – Resp 1.256.599/RS – j. 9/8/2011 – relator ministro Mauro Campbell Marques.

[7] Nesse sentido, MARINONI, Luiz Guilherme; ARENHART, Sérgio Cruz; MITIDIERO, Daniel. *Novo Código de Processo Civil Comentado*. São Paulo: RT, 2015, p. 582, comentário n. 3 ao art. 537, inclusive com referência a um julgado do STJ sobre a matéria (STJ – 2ª T. – EDcl no REsp 1.111.562/RN – j. 1º/6/2010 – relator ministro Castro Meira). Ainda: TALAMINI, Eduardo. *Tutela relativa aos deveres de fazer e não fazer*. 2ª ed. São Paulo: RT, 2003, p. 247 e 449-450.

[8] STJ – 2ª T. – REsp 1.315.719/SE – j. 27/8/2013 – relator ministro Herman Benjamin; STJ – 2ª T. – AgRg no AREsp 196.946/SE – j. 2/5/2013 – relator ministro Humberto Martins; STJ – 5ª T. – REsp 847.907 – j. 5/5/2011 - relatora ministra Laurita Vaz; STJ – 5ª T. – REsp 747.371/DF – j. 6/4/2010 - relator ministro Jorge Mussi. Em julgado relativo a mandado de segurança, essa mesma corte de Justiça admitiu a imposição da multa cominatória ao agente público, mas por figurar ele como impetrado no *mandamus* (STJ – 2ª T. – AgRg no AREsp 472.750/RJ – j. 3/6/2014 – relator ministro Mauro Campbell Marques).

[9] TJ-SP – 8ª Câmara de Direito Público – Ap. Cív. 201.361-5/0-00 – relatora desembargadora Teresa Ramos Marques; TJ-SP – 8ª Câmara de Direito Público – AI 103.787.5/0 – relator desembargador Antonio Villen.

[10] TJ-SP – 3ª Câmara de Direito Público – Ap. Cív. 208.833-5/6-00 – relator desembargador Magalhães Coelho.

[11] STJ – 1ª Seção – REsp 1.069.810/RS – j. 23/10/2013 – relator ministro Napoleão Nunes Maia Filho – recurso especial que tramitou sob o regime dos recursos repetitivos (artigo 543-C do CPC/73).

DECISÕES DO STF E O DEVER FUNDAMENTAL DO DESENVOLVIMENTO SUSTENTÁVEL

14 de janeiro de 2017

Gabriel Wedy

O Supremo Tribunal Federal, como guardião da Constituição, reconheceu o direito ao meio ambiente como um direito fundamental. Nesse diapasão, também o meio ambiente foi considerado como bem jurídico merecedor de tutela constitucional, nos autos do RE 134.297-8/SP. No MS 22.164/DF[1], a corte ampliou o reconhecimento de características especiais do bem ambiental, à luz do artigo 225 da Constituição Federal de 1988, em que estão previstos igualmente deveres fundamentais.

O ministro Celso de Mello, no voto condutor do segundo *leading case*, asseverou que o direito ao meio ambiente constitui a representação objetiva da necessidade de se proteger valores associados ao princípio da solidariedade. Como consta no voto, é um direito fundamental de terceira geração:

[...] que assiste de modo subjetivamente indeterminado a todo o gênero humano, circunstância essa que justifica a especial obrigação que incumbe ao Estado e à própria coletividade de defendê-lo e preservá-lo em benefício das presentes e futuras gerações, evitando-se, desse modo, que irrompam no seio da comunhão social os graves conflitos intergeracionais marcados pelo desrespeito ao dever de solidariedade na proteção desse bem essencial de uso comum de todos quantos compõe o grupo social[2].

Extraem-se do voto dois pontos dignos de nota para a definição do que significa o meio ambiente à luz do texto constitucional: o reconhecimento não de mera perspectiva, mas da titularidade subjetiva coletiva para a tutela do ambiente e da proteção de valores indisponíveis; e, também, da natureza jurídica do bem ambiental, sujeito à tutela autônoma, na condição de bem e valor constitucionalmente tutelado.

É induvidoso, de acordo com o STF, que o meio ambiente é patrimônio público, não porque pertence ao Estado, mas "porque a sua proteção (objetivo que é expressamente considerado pelo texto constitucional, na condição de dever de todos, compartilhado entre os Poderes Públicos e toda a sociedade) interessa à coletividade e se faz em benefício das presentes e das futuras gerações"[3], nos termos da Constituição Federal de 1988.

Existe um dever fundamental de proteção do meio ambiente, o qual emana do artigo 225 da Constituição Federal, que obriga o Estado, a coletividade e o indivíduo. A Magna Carta, em seu texto, superou o mero reconhecimento de direitos fundamentais de primeira geração, consistentes em direitos subjetivos a serem invocados pelo indivíduo contra os desmandos e as arbitrariedades estatais (por exemplo: contra a vida, ameaças às liberdades políticas, à liberdade de imprensa ou ao direito de propriedade) e também dos direitos sociais (direitos prestacionais à saúde, à moradia e à educação). A prova de tal superação e passamento no rumo da expansão dos direitos, com a ampliação proporcional dos deveres fundamentais, é o reconhecimento dos direitos fundamentais de novíssima dimensão, ou terceira geração, vinculados aos princípios da solidariedade e da fraternidade.

A tutela dos direitos fundamentais de terceira dimensão está intrinsecamente vinculada ao cumprimento de deveres fundamentais de proteção ambiental. Daí decorre que o Estado, a coletividade e os indivíduos são sujeitos passivos contra os quais a pretensão subjetiva a um meio ambiente equilibrado e ao desenvolvimento sustentável pode ser invocada pelo Estado, pela coletividade e pelos indivíduos de igual modo. Não é equivocado afirmar, considerando-se essa perspectiva, que o direito fundamental ao meio ambiente equilibrado corresponde a um dever fundamental de preservação em benefício das presentes e das futuras gerações. Em maior extensão, há um dever fundamental de promoção do desenvolvimento sustentável na era das mudanças climáticas que vincula Estado e indivíduos.

Supera-se a visão liberal burguesa de mera proteção dos direitos individuais do cidadão contra o Estado sem o correspondente dever fundamental para com a coletividade. Deveres fundamentais referentes ao meio ambiente ecologicamente equilibrado visam a uma obrigação de não violação de interesses metaindividuais, consubstanciados no dever de tutela dos direitos coletivos, transindividuais e individuais homogêneos. São marcas características do Estado Socioambiental e Democrático de Direito, atinentes e vinculados aos princípios constitucionais da precaução[4] e da prevenção em matéria ambiental. Deveres que, se descumpridos — em prática inconstitucional —, tornam impraticável a observância do direito fundamental ao desenvolvimento sustentável.

A posição de guarda do ambiente é exercida por toda a sociedade, sob os mais diversos meios de representação. Deveres de proteção ao ambiente estão desvinculados, sendo absolutamente independentes de qualquer posição jurídica subjetiva pretérita. A Magna Carta estampou a tutela do meio ambiente de modo autônomo, afastando, assim, por via indireta e reflexa, de modo benfazejo, a exigência de comprovação de lesões patrimoniais ou a qualquer outro direito ou interesse do indivíduo lesado ou ameaçado em virtude do dano ambiental, para que a legitimidade pró-ambiente seja aceita.

Outrossim, a carta política, quando trata da ordem econômica no seu artigo 170, inciso IV, valoriza o trabalho, a livre iniciativa e tutela o regime capitalista, que deverá ter como princípio norteador a defesa do meio ambiente como valor autônomo e não dependente. Após essa breve explanação, vem a calhar lição do ministro Celso de Mello no sentido de que a incolumidade do meio ambiente "não pode ser comprometida por interesses empresariais nem ficar dependente de motivações de índole econômica", ainda mais se tiver presente que "a atividade econômica, considerada a disciplina constitucional que a rege, esta subordinada, dentre outros princípios gerais, àquele que privilegia a defesa do meio ambiente"[5].

Em sentido contrário, contudo, manifestou-se o Supremo Tribunal Federal, recentemente, em favor de queimadas em casos excepcionais, em discussão que colocou os interesses econômicos dos cortadores de cana em um polo, e a tutela do meio ambiente no outro. Prevaleceu no caso em tela os pilares do desenvolvimento sustentável da inclusão social e do desenvolvimento econômico em detrimento da tutela ambiental[6], o que, data máxima vênia, não é positivo em tempos de extremos climáticos causados por fatores antrópicos. Importante seria subsidiar esses trabalhadores para reciclagem de sua mão de obra no intuito de inseri-la em um mercado de trabalho sustentável, de acordo com uma economia verde movida por energia renovável.

O STF, além dessa perspectiva, caracterizada pelo antropocentrismo alargado pelo qual optou o Constituinte de 1988, deu passos relevantes, de outro lado, em direção ao ecocentrismo em algumas de suas decisões quando, superando a autonomia kantiana, reconheceu o direito ao respeito e à dignidade de vidas não humanas, como nos casos dos cruéis espetáculos da farra do boi, da briga de galo e da vaquejada, reconhecidos como inconstitucionais. No caso da farra do boi, o Supremo Tribunal Federal declarou inconstitucional lei estadual do estado de Santa Catarina autorizadora de tal prática oriunda da cultura lusitana medieval. Após fazer a ponderação entre o direito de pretensa manifestação cultural do povo do estado de Santa Catarina — consistente na perseguição coletiva a um boi pelas ruas das cidades e posterior sacrifício do animal — e o direito à integridade física e à proteção dos bovinos, entendeu por dar prioridade aos valores e à dignidade do animal não humano[7]. No caso da briga de galo, o Supremo Tribunal Federal declarou inconstitucional lei aprovada no estado do Rio de Janeiro que regulamentava referida prática. A base normativa constitucional para a anulação da legislação estatal foi o previsto no artigo 225, parágrafo 6º, inciso VII, da Constituição Federal de 1988, que dispõe ser um "dever do Estado proteger a fauna e a flora, vedadas, na forma da lei, as práticas que coloquem em risco sua função ecológica, e provoquem a extinção de espécies ou submetam os animais à crueldade". Observa-se que a Constituição brasileira, mais uma vez, demonstra disciplinar detalhes de condutas que pretende impedir no caso, firmando posição em defesa da sustentabilidade e da tutela da vida não humana[8].

É de se verificar que a inviolabilidade do direito à vida (artigo 5º, *caput*), previsto como direito fundamental, atinge uma dimensão ampla no que concerne ao respeito à vida humana e, também, à não humana, se interpretado em conjunto com o artigo 225 da Constituição Federal, o qual prevê o dever fundamental de proteção ao meio ambiente, aí compreendidos como integrantes todos os seres vivos. O dever humano de agir com dignidade engloba o respeito ao ambiente e o direito à vida, na sua acepção mais ampla, superando a visão antropocêntrica forte que coloca o homem como o epicentro do feixe dos direitos fundamentais previstos na Constituição Cidadã de 1988. Presente está o dever fundamental humano de não causar sofrimento e morte à vida não humana, merecedora de respeito e dignidade próprios[9].

Por fim, o Supremo Tribunal Federal reconheceu o direito das gerações futuras na declaração de constitucionalidade do artigo 36 da lei de compensação ambiental. O que pode se resumir nas palavras do ministro Ayres Britto, no sentido de que "a compensação ambiental se revela como instrumento adequado à defesa e [à] preservação do meio ambiente para as presentes e [as] futuras gerações, não havendo outro meio eficaz para atingir essa finalidade constitucional"[10].

A concretização desse direito reconhecido em benefício das gerações futuras enfrentará dificuldades, pois está ligado ao cumprimento de deveres fundamentais de proteção ambiental, os quais igualmente apenas serão cumpridos com uma mudança cultural na nossa sociedade, que passa necessariamente pela educação ambiental como um dos princípios norteadores do direito do ambiente brasileiro dentro de uma perspectiva na qual deve estar integrado o direito fundamental ao desenvolvimento sustentável na era das mudanças climáticas compatível com o direito à vida digna e com instrumentos jurídicos aptos a evitar condições climáticas extremas causadas por fatores antrópicos.

Referências

1 BRASIL. Supremo Tribunal Federal. Recurso Extraordinário 22.164/SP. Relator: ministro Celso de Mello.

2 BRASIL. Supremo Tribunal Federal. Recurso Extraordinário 22.164/SP. Relator: ministro Celso de Mello.

3 AYALA, Patryck de Araújo. *O novo paradigma constitucional e a jurisprudência*. In: CANOTILHO, José Joaquim Gomes; LEITE, José Rubens Morato (Org.). *Direito Constitucional Ambiental brasileiro*. 5. ed. São Paulo: Saraiva, 2012. p. 420.

4 O STF julgou procedente ação de descumprimento de preceito fundamental utilizando como um dos fundamentos o princípio da precaução, para restringir a importação de pneus usados por risco de dano à saúde pública e ao meio ambiente. Nesse sentido: BRASIL. Supremo Tribunal Federal. Ação de Descumprimento de Preceito Fundamental 101/DF. Relatora: ministra Cármen Lúcia.

5 BRASIL. Supremo Tribunal Federal. Recurso Extraordinário 22.164/SP. Relator: ministro Celso de Mello.

6 O Supremo Tribunal Federal declarou que é inconstitucional lei municipal que proíbe, sob qualquer forma, o emprego de fogo para fins de limpeza e preparo do solo na área rural do município, inclusive para a colheita de cana-de-açúcar e de outras culturas. Entendeu a corte que seria necessário ponderar, de um lado, a proteção do meio ambiente obtida com a proibição imediata da queima da cana, e, de outro, a preservação dos empregos dos trabalhadores que atuam nesse setor. No caso, o STF decidiu, após a ponderação dos referidos valores constitucionais, que deve prevalecer a garantia dos empregos dos trabalhadores canavieiros, que merecem proteção diante do chamado progresso tecnológico e da respectiva mecanização, ambos trazidos pela pretensão de proibição imediata da colheita da cana mediante uso de fogo. Enfatizou a corte a necessidade perseguida pelo legislador de se traçar um planejamento com o intuito de se extinguir não de imediato, mas gradativamente o uso do fogo como método despalhador e facilitador para o corte da cana. Foi a interpretação que se conferiu ao artigo 40 da Lei 12.651/2012 e ao Decreto 2.661/98. BRASIL. Supremo Tribunal Federal. Recurso Extraordinário 586.224/SP. Relator: ministro Luiz Fux.

7 BRASIL. Supremo Tribunal Federal. Recurso Extraordinário 153.531-8-SC. Relator: ministro Carlos Velloso.

8 O Plenário do STF também julgou procedente a Ação Direta de Inconstitucionalidade 4.983, ajuizada pelo procurador-geral da República contra a Lei 15.299/2013 do estado do Ceará, que regulamentava a vaquejada como prática desportiva e cultural no estado. A maioria dos ministros acompanhou o voto do relator, ministro Marco Aurélio, que considerou haver "crueldade intrínseca" aplicada aos animais na vaquejada. *STF julga inconstitucional lei cearense que regulamenta vaquejada*. Notícias STF, Brasília, DF, 6.out.2016. Disponível em: <http://www.stf.jus.br/portal/cms/verNoticiaDetalhe.asp?idConteudo=326838>. Acesso em 15.out.2016.

9 No ano de 1972, o jurista e filósofo Christopher Stone escreveu o clássico *Should Trees Have Standing?*, em que ele imagina um sistema legal que estaria integrado a valores ecocêntricos. Para esse sistema, existiriam três características-chave para que a natureza, como também as espécies animais, tivessem direitos reconhecidos: 1. a lei permitiria ações em nome do próprio interesse das espécies (não nos interesses humanos sobre as espécies); 2. julgamentos baseados em danos sobre as espécies (não sobre impactos econômicos ou outros sobre os seres humanos); 3. providenciar a reparação em benefício das espécies (não para os seres humanos beneficiários) (STONE, Christopher D. *Should trees have standing? law, morality, and the environment*. 3rd ed. Oxford: Oxford University Press, 2010. p. 8-17.) Sobre o reconhecimento do direito dos animais, é indispensável também a consulta de: SINGER, Peter. *Animal liberation*. New York: New York Randon House, 1975. Também de: SINGER, Peter. *Practical ethics*. New York: Cambidge University Press, 1999.

10 BRASIL. Supremo Tribunal Federal. Ação Direta de Inconstitucionalidade 3.378/DF. Relator: ministro Carlos Ayres Britto.

PANORAMA DO DIREITO AMBIENTAL EM 2016 (PARTE 1)

21 de janeiro de 2017

Talden Farias

O objetivo deste artigo é traçar uma análise panorâmica da trajetória do Direito Ambiental brasileiro no ano de 2016, destacando os julgados e acontecimentos mais importantes. É evidente que alguns fatos relevantes poderão não ser incluídos tanto por conta do juízo de preferência do autor quanto para evitar que o texto fique extenso demais.

Não se pode desconsiderar que a nossa legislação ambiental é, de maneira geral, uma das mais avançadas do mundo, com um forte embasamento constitucional e com um arcabouço normativo infraconstitucional bem construído. No entanto, é somente com a observação da jurisprudência e dos eventos políticos que esse avanço pode ser efetivamente medido, pois – provavelmente mais do que os outros ramos da Ciência Jurídica – o Direito Ambiental só se justifica se estiver em compasso com a realidade. Em vista disso, o presente trabalho procurará examinar julgados, ocorrências jurídico-políticas e desdobramentos dos textos legais.

O julgamento mais polêmico do ano em matéria de Direito Ambiental foi, sem dúvida, o caso da vaquejada, prática muito popular no Nordeste que consiste na perseguição e derrubada do boi por dois vaqueiros montados a cavalo, que puxam o animal pelo rabo. Por seis votos a cinco, o Supremo Tribunal Federal entendeu inconstitucional a Lei 15.299/2013, do Ceará, que buscou regulamentar o assunto[1]. Para a corte, essa atividade seria inconstitucional por necessariamente envolver os maus tratos, conduta que é vedada pelo artigo 225 da Constituição Federal, conforme destacou o ministro Marco Aurélio, relator da Ação Direta de Inconstitucionalidade 4.983 proposta pela Procuradoria da República, cujo voto foi acompanhado pelos ministros Carmem Lúcia, Celso de Mello, Luís Roberto Barroso, Ricardo Lewandowski e Rosa Weber[2]. A decisão, que ainda não transitou em julgado, foi e é alvo de muitos protestos, tendo em vista os contornos culturais e econômicos inegavelmente existentes, tanto que como a reação os interessados articularam a PEC 50/2016 (Senado), que está tramitando de forma extremamente célere e que visa legalizar de forma definitiva a prática[3]. A despeito disso, o fato é que a decisão está em consonância com a jurisprudência da casa, que sempre decidiu a favor do bem-estar animal mesmo quando dimensões culturais estivessem envolvidas, como foi o caso da "farra do boi" [4] ou das rinhas[5].

Outra decisão relevante foi a condenação do deputado federal Washington Reis (PMDB-RJ), prefeito eleito de Duque de Caxias, a sete anos, dois meses e 15 dias de reclusão, afora o pagamento de multa de 67 salários mínimos, por crime contra o meio ambiente e a ordem urbanística. A 2ª Turma acatou por unanimidade o voto do ministro Dias Toffoli, relator da Ação Penal 618, segundo o qual o réu cometeu os crimes previstos nos artigos 40 e 53, inciso I, da Lei 9.605/98 e no artigo 50 da Lei 6.766/79, determinando ainda que após o trânsito em julgado a Câmara dos Deputados seja notificada para se manifestar sobre eventual perda do mandato parlamentar. O condenado foi considerado responsável pela instalação de um loteamento irregular no entorno da Reserva Biológica do Tinguá, causando danos ambientais diretos à zona de amortecimento e indiretos à unidade de conservação, o que foi comprovado pela perícia e por testemunhas[6]. Essa decisão é importante não somente em razão da defesa do meio ambiente artificial, que tem sido constantemente aviltado por construções clandestinas de todas as ordens sociais, mas também porque prestigia o licenciamento ambiental, a proteção da mata atlântica e das unidades de conservação, entre outros institutos jurídicos mencionados, que certamente agora serão mais valorizados pelos juízos a quo.

Também merece destaque o julgamento sobre as radiações eletromagnéticas, cuja repercussão geral foi reconhecida no Recurso Extraordinário 627.189/SP, que teve como relator o ministro Dias Toffoli. O Tribunal de Justiça obrigou a Eletropaulo Metropolitana Eletricidade de São Paulo S.A. a reduzir o campo eletromagnético das linhas de transmissão, impondo um padrão técnico suíço em detrimento das normas da Comissão Internacional de Proteção às Radiações Não-ionizantes (ICNIRP), em função de alegação de potencial cancerígena. Todavia, a corte maior referendou os parâmetros propostos pela Organização Mundial de Saúde (OMS), nos termos da Lei 11.934/2009, estabelecendo parâmetros para o princípio da precaução, que não pode ser aplicado de maneira aleatória ou desproporcional[7]. A ideia é que o princípio não sirva para inibir a pesquisa e o desenvolvimento econômico sem que haja indícios científicos da ocorrência de um dano ambiental significativo[8].

No âmbito do Superior Tribunal de Justiça, a 2ª Turma decidiu que a responsabilidade administrativa em matéria ambiental é subjetiva, o que marca a consolidação da jurisprudência nesse sentido. O Ministro Herman Benjamin, relator do REsp1401500/PR e inquestionavelmente um dos maiores nomes do Direito Ambiental brasileiro, votou pelo provimento do recurso especial ao pugnar pela necessidade de comprovação de culpa, no que foi acompanhado pelos demais julgadores[9]. Sob o argumento de que a responsabilidade administrativa do poluidor seria objetiva e decorreria do risco gerado pela atividade, fazendo com que o poluidor indireto também possa ser responsabilizado, o Instituto Ambiental do Paraná - IAP impôs multa simples no valor de mais de R$ 12.000.000,00 (doze milhões de reais) à Hexion Química Indústria e Comércio Ltda. em razão de um dano cometido por uma outra empresa com quem este firmou contrato. De fato, se o derramamento de metanol na Baía de Paranaguá foi causado pela Methanex Chile Ltda., não há sentido em responsabilizar a primeira empresa, ao menos nesse âmbito de competência, de maneira que a sentença e o acórdão do Tribunal de Justiça do Paraná mereceram ser reformados. O interessante é que antes a jurisprudência seguia o entendimento contrário, aplicando a tais situações o parágrafo 1º do artigo 14 da Lei 6.938/81, o qual dispõe sobre a modalidade civil de responsabilidade independente de culpa, o que era feito por mera analogia. No entanto, ao menos no que diz respeito à multa simples, a Lei 9.605/98 dispôs expressamente que a responsabilidade administrativa em matéria ambiental é subjetiva, haja vista a necessidade de comprovar a negligencia ou dolo[10], de forma que faltava lastro jurídico a tal compreensão. Impende dizer que já havia outras decisões nesse sentido[11], mas essa é simbólica em razão da pessoa do relator, do porte das empresas envolvidas, da repercussão do dano e do valor da multa.

Referências

[1] Artigo 2º. Para efeitos desta Lei, considera-se vaquejada todo evento de natureza competitiva, no qual uma dupla de vaqueiro a cavalo persegue animal bovino, objetivando dominá-lo.

2 Segue destaque de trecho do voto do relator: "Consoante asseverado na inicial, o objetivo é a derrubada do boi pelos vaqueiros, o que fazem em arrancada, puxando-o pelo rabo. Inicialmente, o animal é enclausurado, açoitado e instigado a sair em disparada quando da abertura do portão do brete. Conduzido pela dupla de vaqueiros competidores vem a ser agarrado pela cauda, a qual é torcida até que caia com as quatro patas para cima e, assim, fique finalmente dominado./ O autor juntou laudos técnicos que demonstram as consequências nocivas à saúde dos bovinos decorrentes da tração forçada no rabo, seguida da derrubada, tais como fraturas nas patas, ruptura de ligamentos e de vasos sanguíneos, traumatismos e deslocamento da articulação do rabo ou até o arrancamento deste, resultando no comprometimento da medula espinhal e dos nervos espinhais, dores físicas e sofrimento mental. Apresentou estudos no sentido de também sofrerem lesões e danos irreparáveis os cavalos utilizados na atividade: tendinite, tenossinovite, exostose, miopatias focal e por esforço, fraturas e osteoartrite társica". Também merece realce o voto vista do Ministro Luís Roberto Barroso, na opinião de quem as manifestações culturais que exponham os animais à tortura não são conciliáveis com a ordem constitucional vigente.

3 Essa PEC procura acrescentar ao artigo 225 o seguinte parágrafo: "§ 7º Para fins do disposto na parte final do inciso VII do § 1º deste artigo, não se consideram cruéis as manifestações culturais previstas no § 1º do artigo 215 e registradas como bem de natureza imaterial integrante do patrimônio cultural brasileiro, desde que regulamentadas em lei específica que assegure o bem-estar dos animais envolvidos".

4 RE n. 153.531/SC.

5 ADI n. 1.856/RJ, ADI n. 2.514/SC e ADI n. 3.776/RN.

6 Segue trecho do voto do relator: "A implantação do loteamento irregular gerou danos de grande monta ao meio ambiente, conforme bem retrataram todos os laudos periciais e relatórios de vistorias, e salta aos olhos nas fotografias acostadas aos autos./ Enquanto no imóvel situado à Rua Carlos Mateus a degradação ambiental foi de aproximadamente 30 hectares ou 300.000m2 (vide fls. 7/22 do apenso 1), no imóvel situado à Rua Helena a degradação atingiu 2,9568 hectares, ou 29.568m2 (fl. 22), totalizando 329.568m2./ De monta, portanto, o parcelamento irregular do solo./ Houve terraplanagem, destruição de vegetação de Floresta Ombrófila/Mata Atlântica em área de preservação permanente; destruição de mata ciliar; corte mecânico de encosta e topo de morro; extração de argila e aterramento de vegetação e da calha do rio, causando grande assoreamento./ (...) De acordo com os peritos que o subscreveram, os "danos inviabilizam a regeneração natural da área, sendo considerados como permanentes, causando impactos ao meio ambiente, proporcionalmente ao tamanho da área desmatada e aterrada em função de seu grau de suscetibilidade" (fl.134)./ Além dos danos ao meio ambiente decorrentes da implantação do loteamento, não podem ser desconsideradas as consequências danosas aos adquirentes de lotes, ilaqueados em sua boa-fé mediante falsa afirmação sobre a legalidade do empreendimento".

7 Trecho do voto do relator: "No atual estágio do conhecimento científico, que indica ser incerta a existência de efeitos nocivos da exposição ocupacional e da população em geral a campos elétricos, magnéticos e eletromagnéticos gerados por sistemas de energia elétrica, não existem impedimentos, por ora, a que sejam adotados os parâmetros propostos pela Organização Mundial de Saúde, conforme estabelece a Lei nº 11.934/2009".

8 Trecho do voto do relator: "Segundo o princípio da precaução, a evolução científica pode trazer riscos, muitas vezes imprevisíveis ou imensuráveis, a exigir a reformulação das práticas e dos procedimentos tradicionalmente adotados na respectiva área da ciência. Desse modo, o princípio em questão deve considerar outros elementos essenciais para a adequada

decisão estatal, a serem observados sempre que estiver envolvida a gestão de riscos: a) a proporcionalidade entre as medidas adotadas e o nível de proteção escolhido; b) a não discriminação na aplicação das medidas; e c) a coerência das medidas que se pretende tomar com as já adotadas em situações similares ou que utilizem abordagens semelhantes. Portanto, na aplicação do princípio da precaução, a existência de riscos decorrentes de incertezas científicas não deve produzir uma paralisia estatal ou da sociedade e, tampouco, gerar como resultados temores infundados. Logo, em face de relevantes elementos de convicção sobre os riscos, o Estado deve agir de forma proporcional. No que se refere aos limites à exposição humana a campos eletromagnéticos originários de instalações de geração, transmissão e distribuição de energia elétrica do caso concreto, a Corte apontou que os níveis colhidos pela prova pericial produzida nos autos demonstrou a adequação aos parâmetros exigidos pelo ordenamento jurídico infraconstitucional". No mesmo sentido, Maurício Mota destaca que o princípio da precaução "deve ser precedido por uma avaliação científica, tão completa quanto possível, em que seja admissível identificar em cada estágio o grau de incerteza científica. Autuando com moderação, as medidas de proteção devem ser proporcionais ao nível de proteção procurado" (MOTA, Mauricio. Princípio da precaução: uma construção a partir da razoabilidade e da proporcionalidade. In: MOTA, Mauricio (Coord.). Fundamentos Teóricos do Direito Ambiental. Rio de Janeiro: Elsevier, 2008, p. 56).

9 "2. A insurgente opôs Embargos de Declaração com intuito de provocar a manifestação sobre o fato de que os presentes autos não tratam de responsabilidade ambiental civil, que seria objetiva, mas sim de responsabilidade ambiental administrativa, que exige a demonstração de culpa ante sua natureza subjetiva. Entretanto, não houve manifestação expressa quanto ao pedido da recorrente./ 3. Cabe esclarecer que, no Direito brasileiro e de acordo com a jurisprudência do Superior Tribunal de Justiça, a responsabilidade civil pelo dano ambiental, qualquer que seja a qualificação jurídica do degradador, público ou privado, proprietário ou administrador da área degradada, é de natureza objetiva, solidária e ilimitada, sendo regida pelos princípios do poluidor-pagador, da reparação *in integrum*, da prioridade da reparação *in natura* e do favor *debilis*. / 4. Todavia, os presentes autos tratam de questão diversa, a saber a natureza da responsabilidade administrativa ambiental, bem como a demonstração de existência ou não de culpa, já que a controvérsia é referente ao cabimento ou não de multa administrativa".

10 Art. 72. As infrações administrativas são punidas com as seguintes sanções, observado o disposto no art. 6º: (...) § 3º A multa simples será aplicada sempre que o agente, por negligência ou dolo: I - advertido por irregularidades que tenham sido praticadas, deixar de saná-las, no prazo assinalado por órgão competente do SISNAMA ou pela Capitania dos Portos, do Ministério da Marinha; II - opuser embaraço à fiscalização dos órgãos do SISNAMA ou da Capitania dos Portos, do Ministério da Marinha.

11 REsp n. 1.251.697/PR e AgRg no AREsp n. 62.584/RJ.

PANORAMA DO DIREITO AMBIENTAL EM 2016 (PARTE 2)

28 de janeiro de 2017

Talden Farias

No que diz respeito ao Congresso Nacional, o ano foi marcado por tentativas de flexibilização da legislação ambiental. A PEC 65/2012 (Senado) visava fazer com que a mera aprovação do EIA/Rima fosse suficiente, de forma a dispensar a concessão das licenças ambientais, ao passo que o Projeto de Lei 654/2015 (Senado) procurava simplificar o licenciamento das obras estratégicas para o governo federal, estabelecendo um prazo máximo de oito meses e suprimindo etapas, também enfraquecendo o licenciamento ambiental. Também se procurou aprovar o Projeto de Lei 3.729/04 (Câmara dos Deputados), dispondo sobre a Lei Geral de Licenciamento Ambiental, que, entre outras coisas, traria as seguintes novidades: aumento do prazo de validade das licenças, dispensa do EIA/Rima, maior autonomia dos estados e municípios para simplificar procedimentos, redução dos prazos de análise e supressão de algumas etapas de licenciamento. Nos estados e municípios também houve iniciativas para estabelecer a dispensa do mecanismo em determinadas situações, sempre sob o pretexto de estímulo à atividade econômica. Impende dizer que o esforço para diminuir ou evitar a burocracia desnecessária é sempre louvável, desde que o controle ambiental não saia prejudicado, posto que, segundo a lei fundamental, trata-se de algo essencial à manutenção da sadia qualidade de vida[1].

Gerou polêmica a Medida Provisória 756/2016, editada pelo presidente Temer, a qual excluiu 305 mil hectares da Floresta Nacional do Jamanxin, que passaram a compor a recém-criada Área de Proteção Ambiental do Jamanxin, o que reduziu o nível de proteção ambiental, viabilizando a permanência dos posseiros ali presentes. Afora o questionamento sobre a ausência dos requisitos constitucionais de relevância e urgência[2], ficou patente o desrespeito ao inciso III do parágrafo 1º do art. 225 da Carta Magna, segundo o qual somente lei pode suprimir espaços territoriais ecologicamente protegidos[3]. Isso pode servir de precedente para que estados e municípios diminuam ou até extingam tais áreas, conquanto a polêmica somente deva ser dirimida no Supremo Tribunal Federal. De qualquer maneira, já há decisões sobre a matéria tanto no âmbito dessa corte quanto do Superior Tribunal de Justiça[4].

O Poder Executivo federal ratificou o Acordo de Paris, após a aprovação pela Câmara dos Deputados e pelo Senado, o qual dispõe sobre a redução na emissão dos gases causadores do efeito estufa. Tendo sido aprovado pelos representantes dos 197 países que participaram dessa Conferência do Clima (COP 21), é preciso agora que pelo menos 55 países, que somem no total 55% das emissões totais, finalizem o processo de ratificação para que o documento entre realmente em vigor. O intuito é, tomando os níveis de 2005 como referência, diminuir a contribuição brasileira para o fenômeno em 37% até 2025 e em 43% até 2030, uma vez que o objetivo geral da negociação é manter o aumento da temperatura média global em menos de 2°C acima do padrão pré-industrial, tentando inclusive limitá-lo a 1,5°C. Cuida-se de uma iniciativa relevantíssima, dado que o fenômeno das mudanças climáticas é o maior desafio ambiental planetário. O desânimo talvez venha dos Estados Unidos, pois o presidente Donald Trump simplesmente nega a existência do problema e, por isso, pode trabalhar para boicotar tais medidas, o que tem preocupado os cientistas e a comunidade internacional.

Em relação às políticas públicas ambientais já estabelecidas em lei, foi um ano de poucos avanços. A Política Nacional de Recursos Hídricos (Lei 9.433/97) não ganhou corpo, uma vez que os seus instrumentos, a exemplo da outorga e da cobrança pelo uso da água bruta, têm sido costumeiramente pouco e mal aplicados[5]. O pior é que a crise hídrica se agravou em praticamente todas as regiões do país, fazendo com que o racionamento se tornasse uma realidade cotidiana inclusive naqueles lugares antes considerados de abundância. O fim dos lixões previsto pela Política Nacional de Resíduos Sólidos (Lei 12.305/2010), entre outros objetivos e instrumentos previstos, a exemplo da coleta seletiva e dos planos de resíduos sólidos, também avançou muito pouco. O saneamento básico, tratado na lei citada e na Lei 11.445/2007, ainda é artigo de luxo nas cidades brasileiras. O Sistema Nacional de Unidades de Conservação da Natureza (Lei 9.985/2000) não deixou de conviver com os problemas de sempre, como a ausência de estrutura, as distorções da compensação ambiental[6] (não cobrança, cobrança a menor ou desvio na aplicação) e a falta de regularização fundiária que resulta nos chamados "parques de papel". A própria Política Nacional do Meio Ambiente (Lei 6.938/81) não conseguiu superar o descompasso existente, dado que a integração entre os entes federativos ainda é incipiente.

A Lei Complementar 140/2011, que regulamentou o parágrafo único do art. 23 da Lei Fundamental na tentativa de pôr fim aos intermináveis conflitos de competência administrativa entre os três níveis federativos, não vem logrando o êxito desejado. A prevalência da autuação do órgão licenciador no âmbito administrativo[7], por exemplo, não tem sido observada pelo Poder Judiciário, que de maneira geral tem julgado com o mesmo entendimento de antes — quando, na verdade, a nova lei dispõe de maneira totalmente diferente sobre a questão. Além de desprestigiar o legislador, essa postura contribui para a disputa fiscal ambiental entre os entes, sem verdadeiramente ajudar na defesa do meio ambiente. A participação dos chamados órgãos intervenientes no licenciamento ambiental, a exemplo da Funai, do ICMBio, do Iphan etc., precisa ser devidamente disciplinada, notadamente no que diz respeito à forma e ao momento[8]. É que, muitas vezes, tais instituições se manifestam de forma tardia, quando tiveram a oportunidade de fazê-lo antes, sem que houvesse o surgimento de qualquer fato novo capaz de justificar isso, o que gera insegurança jurídica. Nesse sentido, um decreto regulamentador seria interessante. Por outro lado, também a ADI 4.757, proposta pela Asibama em 2012, que tem por objetivo declarar a inconstitucionalidade da Lei Complementar 140/2011, também não avançou sob a relatoria da ministra Rosa Weber. Parece que o único avanço significativo foi a consolidação do licenciamento em um único nível de competência, o que está previsto no *caput* do art. 13, e o que, de qualquer forma, não acontecia com tanta frequência.

O caso Samarco consistiu no rompimento da barragem de rejeitos da mineração, derramando 36 milhões de metros cúbicos de lama tóxica que correram o rio Doce até o mar passando pelos estados de Minas Gerais e Espírito Santo, o que causou o maior desastre ambiental da história do Brasil. Apesar de ocorrido em 2015, em 2016 repercutiu muito a denúncia criminal apresentada pelo Ministério Público Federal contra as empresas Samarco, Vale, BHP Billiton e VogBR e mais 22 pessoas físicas, a maior parte sendo acusada de homicídio qualificado com dolo eventual, quando se assume o risco de matar. As sucessivas dilações de prazo que o Poder Judiciário concedeu à empresa para fazer o depósito da caução acertada em acordo também merecem relevo, assim como a substituição dos promotores de Justiça que estava à frente do caso, a exemplo de Carlos Eduardo Ferreira Pinto e Marcos Paulo de Souza Miranda, que vinham desenvolvendo um ótimo trabalho no âmbito do

Ministério Público do Estado de Minas Gerais. Com efeito, parece que o Brasil não está preparado para lidar com danos ambientais de grande monta, nem para prevenir nem para reparar.

O julgamento das ações diretas de inconstitucionalidade 4.901, 4.902, 4.903 e 4.937, que questionam o Novo Código Florestal (Lei 12.651/2012), também não ocorreram. Há que se lembrar da audiência pública promovida a pedido do ministro Luiz Fux, relator dos processos, ocasião em que a comunidade científica e a sociedade civil podem se manifestar. O Cadastro Ambiental Rural (CAR) ainda não se consolidou, e o seu prazo foi prorrogado. A propósito, o ano de 2016 foi marcado pela explosão do desmatamento, notadamente na região amazônica[9], colocando em risco as metas que o Brasil assumiu internacionalmente.

Referências

1 Art. 225. Todos têm direito ao meio ambiente ecologicamente equilibrado, bem de uso comum do povo e essencial à sadia qualidade de vida, impondo-se ao Poder Público e à coletividade o dever de defendê-lo e preservá-lo para as presentes e futuras gerações. § 1º Para assegurar a efetividade desse direito, incumbe ao Poder Público: (...) V - controlar a produção, a comercialização e o emprego de técnicas, métodos e substâncias que comportem risco para a vida, a qualidade de vida e o meio ambiente (...).

2 Art. 62. Em caso de relevância e urgência, o Presidente da República poderá adotar medidas provisórias, com força de lei, devendo submetê-las de imediato ao Congresso Nacional (...).

3 Art. 225. Todos têm direito ao meio ambiente ecologicamente equilibrado, bem de uso comum do povo e essencial à sadia qualidade de vida, impondo-se ao Poder Público e à coletividade o dever de defendê-lo e preservá-lo para as presentes e futuras gerações. § 1º Para assegurar a efetividade desse direito, incumbe ao Poder Público: (...) III - definir, em todas as unidades da Federação, espaços territoriais e seus componentes a serem especialmente protegidos, sendo a alteração e a supressão permitidas somente através de lei, vedada qualquer utilização que comprometa a integridade dos atributos que justifiquem sua proteção (...).

4 STF. 1ª Turma. Ag.Reg. No recurso extraordinário 519.778 rio grande do norte. Relator: Min. Luís Roberto Barroso. Julgamento: 24.6.2014. (...) 15. A Constituição, portanto, permite a alteração e até mesmo a supressão de espaços territoriais especialmente protegidos, desde que por meio de lei formal, ainda que a referida proteção tenha sido conferida por ato infralegal. Trata-se de um mecanismo de reforço institucional da proteção ao meio ambiente, já que retira da discricionariedade do poder executivo a redução dos espaços ambientalmente protegidos, exigindo-se para tanto deliberação parlamentar, sujeita a maior

controle social./ 16. Tal arranjo se justifica em face da absoluta relevância do direito a um meio ambiente ecologicamente equilibrado. A dicção constitucional, que o considera um 'bem de uso comum do povo e essencial à sadia qualidade de vida' (art. 225, caput), reforça o entendimento doutrinário de que se trata de um direito fundamental, vinculado a um dever de solidariedade de amplitude inclusive intergeracional, como já assentado pela jurisprudência deste tribunal.

STJ. Processo: RESp. 200801460435. RESp. – Recurso Especial – 1071741. Relator: Herman Benjamin. Órgão julgador: 2ª Turma. Fonte: DJE data:16/12/2010. Ementa: AMBIENTAL. UNIDADE DE CONSERVAÇÃO DE PROTEÇÃO INTEGRAL (LEI 9.985/00). OCUPAÇÃO E CONSTRUÇÃO ILEGAL POR PARTICULAR NO PARQUE ESTADUAL DEJACUPIRANGA. TURBAÇÃO E ESBULHO DE BEM PÚBLICO. DEVER-PODER DE CONTROLE E FISCALIZAÇÃO AMBIENTAL DO ESTADO. OMISSÃO. ART. 70, § 1º, DA LEI 9.605/1998. DESFORÇO IMEDIATO. ART. 1.210, § 1º, DO CÓDIGO CIVIL. ARTIGOS 2º, I E V, 3º, IV, 6º E 14, § 1º, DA LEI 6.938/1981 (LEI DA POLÍTICA NACIONAL DO MEIO AMBIENTE). CONCEITODE POLUIDOR. RESPONSABILIDADE CIVIL DO ESTADO DE NATUREZA SOLIDÁRIA, OBJETIVA, ILIMITADA E DE EXECUÇÃO SUBSIDIÁRIA. LITISCONSÓRCIO FACULTATIVO (...) NA SUA MISSÃO DE PROTEGER O MEIO AMBIENTE ECOLOGICAMENTE EQUILIBRADO PARA AS PRESENTES E FUTURAS GERAÇÕES, COMO PATRONO QUE É DA PRESERVAÇÃO E RESTAURAÇÃO DOS PROCESSOS ECOLÓGICOS ESSENCIAIS, INCUMBE AO ESTADO DEFINIR, EM TODAS AS UNIDADES DA FEDERAÇÃO, ESPAÇOS TERRITORIAIS E SEUS COMPONENTES A SEREM ESPECIALMENTE PROTEGIDOS, SENDO A ALTERAÇÃO E A SUPRESSÃO PERMITIDAS SOMENTE ATRAVÉS DE LEI, VEDADA QUALQUER UTILIZAÇÃO QUE COMPROMETA A INTEGRIDADE DOS ATRIBUTOS QUE JUSTIFIQUEM SUA PROTEÇÃO (CONSTITUIÇÃO FEDERAL, ART. 225, § 1º, III).

5 5º. São instrumentos da Política Nacional de Recursos Hídricos: I - os Planos de Recursos Hídricos; II - o enquadramento dos corpos de água em classes, segundo os usos preponderantes da água; III - a outorga dos direitos de uso de recursos hídricos; IV - a cobrança pelo uso de recursos hídricos; V - a compensação a municípios; VI - o Sistema de Informações sobre Recursos Hídricos.

6 Art. 36. Nos casos de licenciamento ambiental de empreendimentos de significativo impacto ambiental, assim considerado pelo órgão ambiental competente, com fundamento em estudo de impacto ambiental e respectivo relatório - EIA/RIMA, o empreendedor é obrigado a apoiar a implantação e manutenção de unidade de conservação do Grupo de Proteção Integral, de acordo com o disposto neste artigo e no regulamento desta Lei (...).

7 Art. 17. Compete ao órgão responsável pelo licenciamento ou autorização, conforme o caso, de um empreendimento ou atividade, lavrar auto de infração ambiental e instaurar processo administrativo para a apuração de infrações à legislação ambiental cometidas pelo empreendimento ou atividade licenciada ou autorizada (...).

8 Art. 13. Os empreendimentos e atividades são licenciados ou autorizados, ambientalmente, por um único ente federativo, em conformidade com as atribuições estabelecidas nos termos desta Lei Complementar. § 1º. Os demais entes federativos interessados podem manifestar-se ao órgão responsável pela licença ou autorização, de maneira não vinculante, respeitados os prazos e procedimentos do licenciamento ambiental.

9 Segundo o Instituto do Homem e Meio Ambiente da Amazônia – Imazon, foram desmatados 972 quilômetros quadrados da Floresta Amazônica em junho de 2016, o que corresponde a um aumento de quase 100% em comparação com o mesmo período do ano anterior.

REGISTRO DE IMÓVEIS É UM ALIADO DA PROTEÇÃO DO PATRIMÔNIO CULTURAL

4 de fevereiro de 2017

Marcos Paulo de Souza Miranda

O patrimônio cultural pode ser compreendido como uma seleção de emblemas relevantes para uma determinada coletividade, capazes de reforçar identidades, promover solidariedade, recuperar memórias, ritualizar sociabilidades e transmitir legados para o futuro.

A fruição de um patrimônio cultural hígido é corolário da dignidade da pessoa humana e da cidadania (fundamentos da República Federativa do Brasil) e constitui direito fundamental de terceira geração, sendo inconteste que a tutela desse direito satisfaz a humanidade como um todo (direito difuso), na medida em que preserva a sua memória e seus valores, assegurando a sua transmissão às gerações futuras.

A Constituição Federal Brasileira deixou claro no artigo 216, parágrafo 1º, mediante uma enumeração meramente exemplificativa, que o rol de instrumentos de preservação do patrimônio cultural é amplo, podendo ser ele protegido por meio de inventários, registros, vigilância, tombamento e desapropriação, e de "outras formas de acautelamento e preservação".

Com efeito, não existe taxatividade acerca dos instrumentos que podem ser utilizados para se proteger o patrimônio cultural brasileiro. Ao contrário, qualquer instrumento que seja apto a contribuir para a preservação dos bens culturais em nosso país (mesmo que não se insira entre aqueles tradicionais) encontrará amparo no artigo 216, parágrafo 1º, parte final, da CF/88, que instituiu o princípio da máxima amplitude dos instrumentos de proteção ao patrimônio cultural.

Importante ressaltar que a partir do momento em que um determinado bem é individuado e reconhecido como integrante do patrimônio cultural brasileiro, ele passa a ser regido por um regime jurídico especial que o diferencia dos demais bens. Independentemente de tratar-se, segundo a concepção tradicional, de bem público ou privado, os bens culturais são considerados pela doutrina mais moderna como sendo bens de interesse público, em razão da relevância de sua preservação para fruição das presentes e futuras gerações.

O valor cultural sobreposto a determinado bem limita a extensão do direito de propriedade e legitima o poder de intervenção do poder público sobre a coisa, nos exatos termos do entendimento hodiernamente plasmado no artigo 1.228, parágrafo 1º do Código Civil brasileiro.

Assim, os proprietários de bens culturais devem exercer o direito sobre eles não unicamente em seu próprio e exclusivo interesse, mas em benefício da coletividade, observando-se todo o regramento constitucional e legal sobre a proteção do patrimônio cultural, sendo precisamente o cumprimento da função social que legitima o exercício do direito de propriedade pelo titular.

No que tange à gestão do patrimônio cultural brasileiro, nada justifica a omissão ou a negativa de se prestar informações a tal respeito por parte dos órgãos públicos em geral, pois de acordo com o que preconiza o princípio da publicidade ou da máxima transparência, a administração há de agir de sorte a nada ocultar, suscitando, ao contrário, a participação fiscalizatória da cidadania, na certeza de que nada há, com raras exceções constitucionais, que não deva vir a público em uma verdadeira democracia[1].

Por isso, todas as informações relacionadas direta ou indiretamente à proteção e gestão de bens integrantes do patrimônio cultural brasileiro podem ser consideradas como informação ambiental cultural.

Em tal cenário, encontra especial relevo o papel do Registro de Imóveis, que é considerado pela doutrina como um órgão auxiliar do Direito Civil destinado ao assentamento de títulos públicos e privados, outorgando-lhes oponibilidade a terceiros, com ampla publicidade e destinado ao controle, eficácia, segurança, divulgação e autenticidade das relações jurídicas envolvendo imóveis.

Marcelo Melo, em sua obra intitulada *Meio ambiente e Registro Imóveis*, ensina que:

> *A publicidade registral é tida como um dos tesouros mais preciosos do amadurecimento do espírito jurídico, uma nova forma de ser do direito de propriedade sobre o qual se assentam o sistema financeiro, a tutela do crédito e a segurança das transações imobiliárias. Para Garcia Garcia, a "publicidade registral é a exteriorização continuada e organizada de situações jurídicas de transcen-*

dência real para produzir cognoscibilidade geral erga omnes e com certos efeitos jurídicos substantivos sobre a situação publicada".

Se, por um lado, é sabido que a eficácia dos atos administrativos que tratam da proteção do patrimônio cultural não tem sua eficácia subordinada ao Registro de Imóveis, fato é que a publicidade registral imobiliária constitui um *plus* em relação à publicidade legal decorrente daqueles atos, contribuindo para maior amplitude do acesso à informação, gerando maior segurança jurídica e potencializando o alcance dos instrumentos protetivos.

Trata-se, tecnicamente, da chamada "publicidade notícia", que cria o reforço de uma publicidade já existente ou definida em outros meios, diferindo-se da publicidade declarativa (necessária para eficácia de atos em relação a terceiros) ou da publicidade constitutiva (indispensável para que os atos produzam seus efeitos)[2].

O artigo 167 da Lei de Registros Públicos traz um elenco de instrumentos passíveis de serem matriculados, registrados ou averbados no Cartório de Registro de Imóveis, conquanto não haja previsão de qualquer mecanismo especificamente voltado à proteção do patrimônio cultural.

A falta de previsão expressa, entretanto, não afasta a possibilidade de uso do Registro de Imóveis para maior proteção do patrimônio cultural, pois conforme ensina o ilustre doutrinador Walter Ceneviva: "A enumeração constante do inciso I do art. 167 da lei 6015/93 é exemplificativa, na medida em que não esgota todos os registros possíveis"[3].

A própria Lei de Registros Públicos, em cláusula de abertura, prevê que: "Art. 246. Além dos casos expressamente indicados no item II do art. 167, serão averbadas na matrícula as sub-rogações e outras ocorrências que, por qualquer modo, alterem o registro".

Dessa forma, considerando os princípios da publicidade (o registro deve tornar público e dar conhecimento a todos das particularidades incidentes sobre os bens registrados) e da concentração (devem ser concentrados no Registro de Imóveis todos os atos e fatos que possam implicar na alteração jurídica da coisa ou que possa repercutir no interesse de terceiros), e tendo em vista que o rol das hipóteses sujeitas à averbação na matrícula do artigo 167 da Lei 6.015/73 não é exaustivo, é cabível o lançamento no Registro de Imóveis de todo e qualquer ato que possa implicar em limitação ao direito de propriedade ou que possa repercutir na esfera jurídica alheia, o que é típico dos atos que envolvem a proteção do patrimônio cultural.

Esse entendimento encontra expressa acolhida, por exemplo, no Provimento 58/89 da Corregedoria-Geral de Justiça de São Paulo[4], que, no Tomo II, trata das normas de serviço dos cartórios extrajudiciais e que no Capítulo 20, item 11, b, 20, estabelece que:

> *No Registro de Imóveis, além da matrícula, serão feitos: a averbação de: restrições próprias dos imóveis reconhecidos como integrantes do patrimônio cultural, por forma diversa do tombamento, em decorrência de ato administrativo ou legislativo ou decisão judicial específicos; tombamento provisório e definitivo de bens imóveis, declarado por ato administrativo ou legislativo ou por decisão judicial; restrições próprias dos imóveis reconhecidos como integrantes do patrimônio cultural, por forma diversa do tombamento, em decorrência de ato administrativo ou legislativo ou decisão judicial específicos; restrições próprias dos imóveis situados na vizinhança dos bens tombados ou reconhecidos como integrantes do patrimônio cultural.*

Nos termos do entendimento acima, leis de diretrizes especiais, decretos de desapropriação e inventários de proteção que incidam sobre imóveis, entre outros instrumentos, poderão ser levados ao Registro de Imóveis.

Quanto ao tombamento, a previsão do artigo 13, *caput*, do DL 25/37 constitui-se hipótese especial e expressa justificadora da averbação.

Walter Ceneviva, em comentários ao artigo 246 da LRP, ensina que: "O tombamento altera o registro e, portanto, é averbável. Consiste em ato de autoridade competente de que resultam restrições à alienação e ao uso do imóvel". São dois os objetivos principais dessa averbação: dar publicidade da restrição em relação a terceiros que tenham interesse pelo bem, mormente possíveis adquirentes; e assegurar a verificação do cumprimento das regras relativas ao direito de preferência que toca à União, aos estados e aos municípios, nos termos do previsto no artigo 22, parágrafo 1º do DL 25/37.

Reitere-se que a averbação à margem do registro imobiliário não constitui condição de validade ou eficácia do tombamento e a sua ausência não afasta os efeitos protetivos do instituto[5], pois a simples publicidade do ato de tombamento é o suficiente para gerar a presunção de seu conhecimento por terceiros, independentemente da averbação imobiliária que, entretanto, é sempre recomendável, conquanto não obrigatória.

Outra hipótese em que o Registro de Imóveis pode ser utilizado com proveito diz respeito ao trâmite de ações judiciais ou da existência de decisões envolvendo a proteção do patrimônio cultural (uma ação civil pública que pretende a declaração do valor cultural de um casarão, ou uma liminar que impede a construção de determinada obra em um terreno, por exemplo). Nesses casos, a averbação no Cartório de Registro de Imóveis serve tanto para assegurar publicidade em relação à pretensão ou restrição, em si, como para acautelar interesses de possíveis terceiros adquirentes, notadamente porque a obrigação de conservar ou restaurar bens imóveis dotados de valor cultural tem natureza *propter rem*.

Sobre o tema, há precedente do STJ considerando legítima, inclusive para fins de proteção dos direitos dos consumidores, a averbação no Registro de Imóveis da existência de ação civil pública envolvendo empreendimento imobiliário sem licenciamento ambiental. A decisão do STJ invoca o direito básico dos consumidores à informação adequada aos consumidores, bem como os princípios da transparência e boa-fé[6].

No mesmo sentido:

> *AVERBAÇÃO DA AÇÃO CIVIL PÚBLICA NA MATRÍCULA DO IMÓVEL. POSSIBILIDADE. PRECEDENTES JURISPRUDENCIAIS. RECURSO PARCIALMENTE PROVIDO. Com o intuito de resguardar os terceiros de boa-fé, deve ser acolhido o pedido para propiciar a publicidade a respeito da existência da ação civil pública junto ao registro de imóveis (TJ-MS; AI 1405641-86.2014.8.12.0000; Ponta Porã; 4ª Câmara Cível; rel. des. Dorival Renato Pavan; DJMS 23/9/2014; pág. 14)*

Por fim, e dentro da mesma lógica, como forma de se dar publicidade à atuação do Ministério Público e prevenir a ocorrência de atos lesivos ao meio ambiente cultural ou ao direito de terceiros, entendemos ser plenamente possível a inserção no Registro de Imóveis, tanto da existência de investigação formal em sede ministerial, a exemplo de inquérito civil público, quanto da celebração de eventual termo de ajustamento de conduta envolvendo imóvel de valor cultural.

A legitimidade do Ministério Público para requerer a averbação está prevista no artigo 13, III, da Lei de Registros Públicos[7] combinado como artigo 26, VI, da Lei 8.625/93[8].

Ante o exposto, concluímos que o Registro de Imóveis mostra-se, potencialmente, como um importante aliado na difusão de informações relacionadas à proteção do patrimônio cultural, podendo ser considerado como mais uma forma de acautelamento de tal bem jurídico, nos exatos termos do que prevê o artigo 216, parágrafo 1º, da Constituição Federal.

Referências

1 FREITAS, Juarez. *O Controle dos Atos Administrativos e os princípios fundamentais*, 2.a. ed. São Paulo: Malheiros, 1999. p. 70.

2 Melo, Marcelo Augusto Santana de. *O meio ambiente e o registro de imóveis.* p. 35. In: CRIADO, Francisco de Asís Palacios et. all. *Registro de imóveis e meio ambiente.* São Paulo: Saraiva. 2010. p. 17-90.

3 *Lei dos Registros Públicos comentada*; Editora Saraiva, 8ª Edição, 1993, pág. 288.

4 http://www.tjsp.jus.br/Download/Corregedoria/NormasExtrajudiciais/NSCGJTomoII.pdf.

5 MIRANDA, Marcos Paulo de Souza. *Lei do Tombamento Comentada.* Belo Horizonte: Del Rey. 2014. p. 78.

6 REsp 1.161.300 - SC (2009/0197645-0) – rel. ministro Herman Benjamin.

7 Art. 13. Salvo as anotações e as averbações obrigatórias, os atos do registro serão praticados: III - a requerimento do Ministério Público, quando a lei autorizar.

8 Art. 26. No exercício de suas funções, o Ministério Público poderá: VI - dar publicidade dos procedimentos administrativos não disciplinares que instaurar e das medidas adotadas;

PRINCÍPIO DA PREVENÇÃO NO DIREITO AMBIENTAL REPERCUTE NO EXAME DAS TUTELAS PROVISÓRIAS

11 de fevereiro de 2017

Eduardo Coral Viegas

A incidência dos princípios da prevenção e da precaução no Direito Ambiental brasileiro repercute diretamente no exame das tutelas provisórias[1] em ações que visem a proteção ambiental. A tutela preventiva de urgência há de ser concedida, desde que presentes seus requisitos fáticos e jurídicos, para impedir o início de um fato danoso ou potencialmente danoso, ou para fazê-lo cessar, se já tiver sido iniciado.

Enquanto nas demais áreas do Direito as medidas de urgência são vistas como excepcionais, uma vez que a eficácia sentencial, como regra, deve partir de um comando decorrente de uma sentença irrecorrível, no Direito Ambiental inverte-se a proposição: a regra deve ser a concessão de medidas preventivas quando requeridas em prol do meio ambiente.

Ocorre que, após a verificação do dano, o restabelecimento do equilíbrio ecológico é muito difícil. Como voltar à situação anterior após a derrubada de uma floresta de preservação permanente, a extinção de uma espécie animal, a elevação das temperaturas e derretimento das calotas polares?

O Código de Processo Civil brasileiro está estruturado a partir de uma realidade individualista, típica da modernidade. Com a massificação das relações e a consolidação da complexidade pós-moderna, as técnicas processuais tradicionais já não servem para a solução adequada dos "novos" conflitos levados ao Judiciário. Os direitos de segunda e terceira geração[2] estão relacionados à tutela de direitos sociais e difusos, que são de alta relevância, exigindo do julgador que sejam examinados sob ótica diversa.

Enquanto uma decisão que versa sobre direitos individuais atinge apenas as partes do processo, fazendo coisa julgada entre elas (inter partes), uma determinação acerca de direitos de segunda e terceira geração pode atingir uma multiplicidade de sujeitos, não raro até pessoas que sequer nasceram ou foram concebidas, que não são "partes" do processo (coisa julgada erga omnes).

O bem ambiental está expressamente protegido pela Constituição, no seu artigo 225, caput, consistindo no direito ao meio ambiente ecologicamente equilibrado. Trata-se de um direito tipicamente difuso, de terceira geração, no qual todos são sujeitos ativos e têm direito imaterial ao ambiente qualificado, ao mesmo tempo em que detêm deveres pertinentes à sua defesa e preservação para as presentes e futuras gerações (intergeracional).

Ao lado de estabelecer o direito material, a CF igualmente assegura os mecanismos processuais para sua garantia. A ação popular é uma ação constitucional que pode ser ajuizada por qualquer cidadão, para proteger, dentro outros, o meio ambiente (artigo 5º, LXXIII). Outro exemplo é a ação direita de inconstitucionalidade, que pode ser ajuizada em face de leis ou atos normativos que, violando a Constituição, ponham em risco o equilíbrio ambiental (artigo 102, I, a). A própria Carta Magna prevê a concessão de medida cautelar nessa ação (artigo 102, I, p). Porém, na ADI, ao contrário do que ocorre na ação popular, a legitimidade ativa é bem restrita (artigo 103).

Mas é a ação civil pública (artigo. 129, III, CF) o instrumento mais utilizado na proteção judicial do meio ambiente. Segundo Cappelli, "a ação civil pública continua a ser o instrumento processual por excelência para a defesa do meio ambiente no Brasil, mesmo que nos últimos anos a tendência seja a solução extrajudicial dos conflitos" (2004, p. 280).

Há casos, de fato, em que não é possível a solução extrajudicial da lide, restando como única alternativa a propositura da ACP. Uma ação dessa natureza leva anos para ser solucionada em caráter definitivo (trânsito em julgado da sentença). Se um processo que versa sobre interesses individuais já é demorado em nosso país, o que se pode esperar dos feitos envolvendo interesses difusos, que são naturalmente mais complexos? A realidade confirma essas assertivas. Normalmente, as ACPs tramitam durante anos em primeiro grau de jurisdição, e outros tantos nas instâncias recursais.

Mas a natureza pode esperar tanto tempo?

É nesse ponto que a liminar na ação civil pública — e nas ações ambientais de um modo geral — assume destacada importância.

Nas ações que tutelam interesses individuais, a concessão de liminar é exceção. Efetivamente, a CF resguarda os princípios do devido processo legal, do contraditório e da ampla defesa, que constituem direitos fundamentais para os litigantes. Com base nesse conjunto de princípios, que se inter-relacionam no plano instrumental, afirma-se que ao juiz compete a definição de quem é o detentor do direito somente após ouvir as versões de todos os envolvidos, colher as provas, seguir os ritos legais.

No entanto, na tutela do bem ambiental a situação é diversa. Como destaca Rodrigues, é necessário o estabelecimento de tutelas jurídicas diferenciadas conforme as peculiaridades do direito material em conflito. Segundo o autor, devem-se "diferenciar as técnicas processuais de acordo com as exigências do direito material, especialmente quando o direito material em jogo é o meio ambiente, pelas enormes peculiaridades e pela importância que tem" (2008, p. 53).

A prevenção do dano ambiental é a base do Direito Ambiental, como já destacado. Se a regra fosse aguardarmos uma decisão de mérito nas ações constitucionais ambientais, os princípios da prevenção e da precaução estariam comprometidos, uma vez que, quando do trânsito em julgado da sentença, o dano já teria ocorrido, estaria consolidado. Se a lesão já existisse quando do ajuizamento da ação, o ambiente se mostraria todo alterado no momento do cumprimento da sentença, porquanto a natureza não "espera" o processo, desenvolve-se, modifica-se, transforma-se.

Por isso é que a liminar é essencial. Se o dano ainda não ocorreu, pode ser evitado a partir da obtenção de uma tutela provisória, sob risco de perda do próprio objeto da ação judicial. Exemplificativamente, se a ACP visa a evitar o corte de algumas figueiras centenárias existentes em um terreno onde se pretenda construir um condomínio, não concedida a liminar, de quê servirá a sentença? Quando do julgamento do feito, a obra estará concluída, e as árvores não existirão mais!

Mesmo quando já constatado o dano, a liminar eventualmente requerida deve ser apreciada tendo-se por base o princípio da prevalência do meio ambiente (Milaré, 2005, p. 961). Ou seja, no conflito entre os interesses privados ou públicos e os difusos ambientais, os últimos normalmente devem se sobrepor, pois estão associados a outros direitos fundamentais da mais elevada expressão, como o direito à vida, à saúde e à dignidade da pessoa humana.

Então, se, por exemplo, um município vem despejando seus resíduos sólidos em uma área de preservação permanente (dano já constatado), sem licença ambiental, e for demandado em ACP para que cesse tal atividade danosa, a liminar há de ser concedida (ressalvadas excepcionalidades ligadas a casos pontuais). Se não o for, significará a possibilidade de o poder público, ao arrepio da lei, continuar utilizando o local inadequado por anos, até que a sentença eventualmente disponha em sentido inverso.

Mas e o interesse público subjacente, isto é, relacionado à destinação dos dejetos da comunidade? Cabe ao administrador adotar outras medidas, observando o princípio constitucional da legalidade, ao qual está vinculado por força do artigo 37, caput, da CF.

Não se pode perder de vista que decisão justa não é somente aquela que aplica a lei ao caso concreto, ou que dá a cada um o que é seu. Também é aquela proferida no tempo certo. Se for concedida quando já não for mais útil ou necessária, significa que não é justa, que afastou da apreciação do Poder Judiciário lesão ou ameaça a direito (artigo 5º, XXXV, da CF).

Nesse contexto, o devido processo legal é diverso nas ações individuais e nas ambientais. Nas últimas, justifica-se o retardamento da efetivação do princípio do contraditório, se seu afrouxamento revelar-se necessário à proteção do ambiente (Marin; Lunelli, 2008, p. 32).

Frente a essas considerações, pode-se questionar se a concessão de liminares pro ambiente, como regra, não afeta a segurança jurídica! Por certo que a decisão tomada via cognição sumária, no início do processo, não apresenta a mesma carga de certeza do que a proferida ao final, após estabelecido o contraditório e colhidas as provas.

Então, há um aparente conflito entre princípios jurídicos, que deve ser solvido no caso concreto, a partir do critério de ponderação, para verificar qual há de prevalecer na hipótese sub examine.

Mas não se pode perder de vista que a segurança é sempre relativa. Conforme Rodrigues, "considerando que a certeza absoluta é algo impossível de se alcançar, constituindo verdadeira utopia, é certo, então, que nem todo o tempo do mundo seria suficiente para se atingir uma verdade absoluta" (2008, p. 98).

Em que pese a definição de qual princípio prevalecerá dependa da análise do caso concreto, é possível determinar, de antemão, que o tempo nas lides ambientais assume papel de destaque e, associado aos princípios da prevenção e da precaução, exige, ordinariamente, a concessão da medida liminar requerida para a proteção da natureza, sob pena de comprometer a própria prestação jurisdicional.

O mais importante é que o decisor resguarde, tanto quanto possível, o direito material veiculado pelo processo, privilegiando a probabilidade em detrimento da certeza, com o fim de realizar a sempre esperada justiça.

Bibliografia Consultada:

CAPPELLI, Sílvia. A ação civil pública ambiental: a experiência brasileira, análise de jurisprudência. Revista do Ministério Público, Porto Alegre: AMP/RS, n. 52, 2004.

MARIN, Jeferson Dytz; LUNELLI, Carlos Alberto. A autonomia do processo constitucional e a legitimação para agir na tutela dos direitos coletivos: a dimensão publicista da jurisdição. In: MARIN, Jeferson Dytz (Coord.). Jurisdição e processo. Curitiba: Juruá, 2008.

MILARÉ, Edis. Direito do Ambiente. 4. ed. São Paulo: Revista dos Tribunais, 2005.

RODRIGUES, Marcelo Abelha. Processo Civil Ambiental. São Paulo: Editora Revista dos Tribunais, 2008.

SARLET, Ingo Wolfgang. A eficácia dos direitos fundamentais. 6. ed. Porto Alegre: Livraria do Advogado, 2006.

Referências

1 Segundo o novo Código de Processo Civil, as tutelas provisórias englobam as tutelas de evidência e as de urgência. Estas, por sua vez, dividem-se em tutelas de urgência antecipadas e cautelares.

2 Alguns autores, como Ingo Sarlet, preferem o termo dimensão (2006, p. 54). Negando-se o falso entendimento de que os direitos fundamentais se substituem ao longo do tempo, adotaremos a expressão geração de direitos por ser mais fiel à classificação original.

AS DIMENSÕES MATERIAL E PROCEDIMENTAL DO DIREITO AO MEIO AMBIENTE ECOLOGICAMENTE EQUILIBRADO

18 de fevereiro de 2017

Álvaro Mirra

A Constituição brasileira de 1988, como é de conhecimento generalizado, estabeleceu, no artigo 225, *caput*, que "todos têm direito ao meio ambiente ecologicamente equilibrado (...)". Segundo se tem entendido, tal direito comporta análise sob os pontos de vista material e procedimental (ou instrumental). São dois aspectos indissociáveis do direito ao meio ambiente.

Do ponto de vista *material*, cumpre ressaltar inicialmente que o direito ao meio ambiente ecologicamente equilibrado é um direito fundamental. Embora não incluído no catálogo dos direitos fundamentais do Título II da Constituição, o direito ao meio ambiente apresenta, efetivamente, o traço de fundamentalidade, dada a sua vinculação à preservação da vida e da dignidade humana[1], núcleo essencial dos direitos humanos[2].

Com efeito, ninguém contesta hoje em dia que o atual quadro de destruição ambiental no mundo compromete a possibilidade de uma existência digna para a humanidade e põe em risco a própria vida humana[3]. Por essa razão, afirma Nicolao Dino, uma sadia qualidade de vida, com a manutenção de padrões estáveis de dignidade e bem-estar social, não prescinde de um ambiente saudável e ecologicamente equilibrado[4].

Além disso, o direito ao meio ambiente é um direito fundamental de *terceira geração* ou *dimensão*[5], incluído entre os chamados "direitos de solidariedade" ou "direitos dos povos". E, como tal, o direito ao meio ambiente é ao mesmo tempo individual e coletivo[6] e interessa a toda a humanidade.

De fato, como direito de solidariedade, o direito ao meio ambiente desprende-se, em um primeiro momento, de acordo com Ingo Wolfgang Sarlet, da figura do homem indivíduo como seu titular, destinando-se, muito mais, à proteção de grupos humanos e coletividades[7]. Trata-se de um direito de titularidade coletiva ou difusa, que tem como destinatário precípuo o gênero humano[8].

É esse, inclusive, o entendimento firmado pelo Supremo Tribunal Federal sobre a matéria[9].

Não obstante, porém, tal dimensão coletiva e difusa do direito ao meio ambiente, importa ressalvar que o seu perfil individual resta igualmente preservado, na medida em que o objeto final é, também, a proteção da vida, da qualidade de vida e da dignidade do homem na sua individualidade[10].

Como direito fundamental, ainda, o direito ao meio ambiente ecologicamente equilibrado é *inalienável*, *indisponível*, *irrenunciável* e *imprescritível*[11].

Ressalte-se que referidos predicados do direito ao meio ambiente vêm acentuados na Constituição Federal pelo reconhecimento da dimensão intergeracional da preservação da qualidade ambiental, onde esta última se dá no interesse não só das gerações presentes como também das gerações futuras[12]. À evidência, devido a esse compromisso com as gerações futuras, não podem os titulares atuais do direito em questão aliená-lo, dele dispor ou a ele renunciar. Do mesmo modo, por força do perfil intertemporal do direito ao meio ambiente, as pretensões a ele relacionadas são imprescritíveis, sob pena de restar comprometido o exercício do direito pelas gerações que nos sucederem[13].

Na condição de direito de terceira geração, o direito ao meio ambiente apresenta-se, simultaneamente, como direito de defesa e direito prestacional[14]. Por via de consequência, impõem-se aos sujeitos passivos — no caso, tanto ao poder público quanto aos particulares — uma abstenção, um não fazer, consistente em não degradar a qualidade ambiental, e, ao mesmo tempo, uma prestação positiva, um fazer, no sentido da defesa e recuperação da qualidade ambiental degradada[15], tendentes, em ambas as situações, à obtenção e à manutenção de um *status* previamente definido no texto constitucional: o meio ambiente ecologicamente equilibrado[16].

A dimensão *procedimental*, por sua vez, traduz, de acordo com Jorge Miranda, a superação da visão meramente estática dos direitos fundamentais, calcada apenas no seu conteúdo material, pela adoção, em acréscimo, de uma visão dinâmica, por meio da consideração dos mecanismos pertinentes à sua implementação e efetivação[17].

Reconhece-se, nessa ótica, como esclarece o ministro Herman Benjamin, que a simples consagração de direitos fundamentais nas Constituições não assegura, por si só e automaticamente, o quadro de tutela almejado, fazendo-se imprescindíveis, também, direitos fundamentais procedimentais, para fins de concretização dos direitos em seu aspecto material[18].

Em tal perspectiva, é ainda a doutrina do ministro Herman Benjamin, o direito ao meio ambiente, como direito primário, material, enseja o aparecimento de outros direitos, derivados, de caráter procedimental ou instrumental, não menos fundamentais, consistentes no direito à informação ambiental, no direito à participação pública ambiental e no direito de acesso à justiça ambiental[19]. Isso significa que, no enfoque procedimental, o direito ao meio ambiente se exerce por intermédio de determinados instrumentos legais, institucionalizados com vistas a assegurar o seu gozo. São, como referido, procedimentos que garantem a todos adequada informação em assuntos de meio ambiente, ampla participação pública na defesa da qualidade ambiental e efetivo acesso à justiça para prevenção, cessação, correção e reparação de degradações ambientais[20].

Daí dizer-se que os direitos à informação ambiental, à participação pública ambiental e ao acesso à Justiça em matéria ambiental são corolários, ou seja, consectários lógicos do direito fundamental ao meio ambiente, sem os quais este último não se concretiza.

A relevância da dimensão procedimental do direito ao meio ambiente tem sido objeto de afirmação internacional, seja em instrumentos de âmbito universal, seja em instrumentos regionais, com ênfase aos três direitos acima aludidos.

Expressivo, no ponto, o Princípio 10 da Declaração das Nações Unidas sobre Meio Ambiente e Desenvolvimento, adotada na Conferência do Rio de Janeiro de 1992:

> "A melhor maneira de tratar de questões ambientais é assegurar a participação, no nível apropriado, de todos os cidadãos interessados. No nível nacional, cada indivíduo deve ter acesso adequado a informações relativas ao meio ambiente de que disponham as autoridades públicas, inclusive informações sobre materiais e atividades perigosas em suas comunidades, bem como a oportunidade de participar em processos de tomada de decisões. Os Estados devem facilitar e estimular a conscientização e a participação pública, colocando a informação à disposição de todos. Deve ser propiciado acesso efetivo a mecanismos judiciais e administrativos, inclusive no que diz respeito à compensação e reparação de danos".

Na esteira do caminho aberto pela Declaração do Rio, sobreveio a convenção internacional sobre o acesso à informação, a participação do público nos processos decisórios e o acesso à Justiça em matéria ambiental, celebrada na cidade de Aarhus, na Dinamarca, em 1998. Embora se trate de um tratado de âmbito europeu, elaborado sob os auspícios da Comissão Econômica para a Europa das Nações Unidas, o certo é que a sua importância ultrapassa a esfera de interesse das partes contratantes, devido ao fato de constituir o texto de natureza mandatória mais completo e atualizado sobre a matéria[21] e de relacionar, expressamente, a implementação dos direitos à informação, à participação e ao acesso à justiça em matéria ambiental com a efetivação do direito fundamental ao meio ambiente. Ademais, a convenção em questão está aberta à ratificação por parte de todo e qualquer Estado integrante do sistema das Nações Unidas.

Mais recentemente, ainda, a questão dos direitos procedimentais de acesso à informação, à participação pública e à justiça, decorrentes do direito ao meio ambiente ecologicamente equilibrado, assumiu grande importância no âmbito da América Latina e do Caribe. Tanto é assim que a Comissão Econômica para América Latina e Caribe — Cepal, órgão igualmente integrante das Nações Unidas, propôs e passou a coordenar um acordo regional sobre a matéria[22].

Trata-se, como é fácil de perceber, de um acordo de grande importância para os países latino-americanos e caribenhos, suscetível de colocá-los no mais alto patamar do Direito Internacional do Meio Ambiente e de incrementar, na condição de *standard* mínimo, a realização, nas respectivas ordens internas, do direito ao meio ambiente sadio e ecologicamente equilibrado, pela via da garantia dos direitos de acesso à informação, à participação pública e à justiça em matéria ambiental. Bem por isso, espera-se, como vem sendo preconizado por diversos órgãos e entidades da sociedade civil[23], que o nosso acordo regional assuma, à semelhança da Convenção de Aarhus, a forma de instrumento mandatório, com aquela imperatividade jurídica própria dos tratados e convenções internacionais, indo muito além de um documento com as características de *soft law* [24].

No âmbito interno nacional, o Brasil dispõe já há vários anos de mecanismos institucionais que permitem relativo acesso à informação e à participação nos processos decisórios ambientais, como os da lei concernente ao acesso público aos dados e informações existentes nos órgãos e entidades integrantes do Sistema Nacional de Meio Ambiente (Lei 10.650/2003), as audiências públicas para a discussão de estudos de impacto ambiental, a participação de indivíduos e entes intermediários em órgãos colegiados dotados de poderes normativos (por exemplo, o Conama – Conselho Nacional de Meio Ambiente) e a publicidade inerente os processos de licenciamento ambiental. Ademais, o sistema constitucional e infraconstitucional pátrio tem diversos instrumentos processuais capazes de propiciar o acesso participativo à justiça em matéria ambiental (ação popular, ação civil pública, mandado de segurança coletivo, ação declaratória de inconstitucionalidade de leis e atos normativos).

Todos esses institutos, como é fácil de perceber, tenderiam a ser reforçados e aperfeiçoados com a elaboração do tratado regional latino-americano e caribenho referido e o intercâmbio com os diversos países signatários que forçosamente dele decorreria [25].

Referências

1 SARLET, Ingo Wolfgang. *A Eficácia dos Direitos Fundamentais*. 3ª ed. Porto Alegre: Livraria do Advogado, 2003, p. 129; FENSTERSEIFER, Tiago. *Direitos Fundamentais e Proteção do Ambiente*: a dimensão ecológica da dignidade humana no marco jurídico-constitucional do Estado Socioambiental de Direito. Porto Alegre: Livraria do Advogado, 2008, p. 57 e ss.

2 COMPARATO, Fábio Konder. Os problemas fundamentais da sociedade brasileira e os direitos humanos. In: COMPARATO, Fábio Konder. *Para Viver a Democracia*. São Paulo: Brasiliense, 1989, p. 36; ANDRADE, José Carlos Vieira de. *Os Direitos Fundamentais na Constituição Portuguesa de 1976*. 3ª ed. Coimbra: Almedina, 2004, p. 50.

3 MIRRA, Álvaro Luiz Valery. *Participação, Processo Civil e Defesa do Meio Ambiente*. São Paulo: Letras Jurídicas, 2011, p. 103 e ss.

4 COSTA NETO, Nicolao Dino de Castro e. *Proteção Jurídica do Meio Ambiente*. Belo Horizonte: Del Rey, 2003, p. 17.

5 Sobre o tema, com ampla referência doutrinária, FENSTERSEIFER, Tiago. *Direitos Fundamentais e Proteção do Ambiente*: a dimensão ecológica da dignidade humana no marco jurídico-constitucional do Estado Socioambiental de Direito, cit., p. 142 e ss.

6 SILVA, Solange Teles da. Direito fundamental ao meio ambiente ecologicamente equilibrado: avanços e desafios. *Revista de Direito Ambiental*, n. 48, p. 230.

7 Op. cit., p. 53.

8 SARLET, Ingo Wolfgang, op. cit., p. 54; LAFER, Celso. *A reconstrução dos direitos humanos*: um diálogo com o pensamento de Hannah Arendt. São Paulo: Companhia das Letras, 1988, p. 131.

9 STF – MS 22.164-0/SP – j. 30/10/1995 – rel. min. Celso de Mello.

10 SARLET, Ingo Wolfgang, op. cit., p. 59.

11 BENJAMIN, Antônio Herman V. Constitucionalização do ambiente e ecologização da Constituição brasileira. In: CANOTILHO, José Joaquim Gomes; LEITE, José Rubens Morato (Orgs.). *Direito Constitucional Ambiental Brasileiro*. 6ª ed. São Paulo: Saraiva, 2015, p. 124; MENDES, Gilmar Ferreira; COELHO, Inocêncio Mártires; BRANCO, Paulo Gustavo Gonet. *Curso de Direito Constitucional*. São Paulo: Saraiva, 2007, p. 232.

12 MIRRA, Álvaro Luiz Valery, op. cit., p. 107.

13 BENJAMIN, Antônio Herman V., op. cit., p. 126.

14 MEDEIROS, Fernanda Luiza Fontoura de. *Meio Ambiente*: direito e dever fundamental. Porto Alegre: Livraria do Advogado, 2004, p. 115 e 121; FENSTERSEIFER, Tiago, op. cit., p. 185 e ss.

15 MIRANDA, Jorge. *Manual de Direito Constitucional*: direitos fundamentais. 3ª ed. Coimbra: Coimbra Ed., 2000, t. 4, p. 542; BARROSO, Luís Roberto. A proteção do meio ambiente na Constituição brasileira. *Revista Forense*, v. 317, p. 167; FERREIRA FILHO, Manoel Gonçalves. *Direitos Humanos Fundamentais*. São Paulo: Saraiva, 1995, p. 66; MIRRA, Álvaro Luiz Valery, op. cit., p. 107-108.

16 FERREIRA FILHO, Manoel Gonçalves, op. cit., p. 66; MIRRA, Álvaro Luiz Valery, op. cit., p. 107-108.

17 Op. cit., p. 93-94.

18 Op. cit., p. 126.

19 Op. cit., p. 126-129. Ainda: CAPPELLI, Sílvia. Acesso à Justiça, à informação e participação popular em temas ambientais. In: LEITE, José Rubens Morato; DANTAS, Marcelo Buzaglo (Orgs.). *Aspectos Processuais do Direito Ambiental*. Rio de Janeiro: Forense Universitária, 2003, p. 276-309; DÉJEANT-PONS, Maguelonne. Le droit de l'homme à l'environnement en tant que droit procédural. In: DÉJEANT-PONS, Maguelonne; PALLEMAERTS, Marc. *Droits de l'homme et environnement*. Strasbourg: Conseil de l'Europe, 2002, p. 21.

20 BLANCO-URIBE QUINTERO, Alberto. *La definición del derecho-deber individual y colectivo al ambiente en derecho comparado*. Caracas: Tribunal Supremo de Justicia, 2005, p. 72.

21 FURRIELA, Rachel Biderman. *Democracia, Cidadania e Proteção do Meio Ambiente*. São Paulo: Annablume; Fapesp, 2002, p. 38.

22 Sobre o acordo regional em questão, acessar http://www.cepal.org/es/temas/principio-10. Ainda: CAPPELLI, Sílvia. *Elementos esenciales para el acuerdo regional en el acceso a la justicia* (acesso pelo mesmo site).

23 BORN, Rubens Harry. Oportunidades e desafios na 2ª etapa de negociação de acordo internacional sobre direitos à informação, à participação e à justiça em matéria ambiental (http://www.esquel.org.br/images/stories/Pdfs/aviso-artigo2.pdf). Assim, também, têm se pronunciado, entre outros, no Brasil, a Associação Brasileira dos Membros do Ministério Público do Meio Ambiente (Abrampa), a Fundação Grupo Esquel Brasil, o Instituto de Manejo e Certificação Florestal e Agrícola (Imaflora), a Associação Artigo 19 Brasil, o Instituto O Direito Por Um Planeta Verde e o Fórum Brasileiro de ONGs e Movimentos Sociais para o Meio Ambiente e Desenvolvimento.

24 Concluída a negociação entre vinte e quatro países latino-americanos e caribenhos, chegou-se à versão final do "Acordo Regional sobre o Acesso à Informação, a Participação Pública e o Acesso à Justiça em Assuntos Ambientais na América Latina e no Caribe", aprovada em 04.03.2018, na cidade de Escazú, Costa Rica. O acordo regional em questão tem natureza vinculante para os países e ficará aberto à assinatura de todos no período de 27.09.2018 a 26.09.2020, com entrada em vigor prevista para noventa dias após a data do depósito do décimo-primeiro instrumento de ratificação.

25 Com a aprovação do Acordo Regional em 04.03.2018, resta agora esperar a sua assinatura, bem como as ratificações necessárias, pelo Brasil e pelos demais países latino-americanos e caribenhos, a fim de que entre em vigor e produza todos os efeitos desejados.

DIREITO AO DESENVOLVIMENTO EXISTE, DESDE QUE SUSTENTÁVEL AMBIENTALMENTE

25 de fevereiro de 2017

Gabriel Wedy

A preocupação com o desenvolvimento sustentável vem de longe. A deterioração ambiental foi o principal foco do chamado Clube de Roma, na década de 1970. O grupo, liderado por Dennis Meadows, elaborou um documento de impacto na comunidade internacional chamado *Os Limites do Crescimento*. Em síntese, a conclusão do documento é que a taxa de crescimento demográfico, os padrões de consumo e a atividade industrial eram incompatíveis com os recursos naturais. A solução para esse impasse seria a estabilização econômica, populacional e ecológica. O texto gerou grande polêmica e foi atacado pelos setores defensores do desenvolvimento econômico tradicional. Todavia, foi defendido por ambientalistas no sentido da busca de um desenvolvimento sustentável e compatível com a proteção do meio ambiente[1].

Os sociólogos Dunlap e Liere, por sua vez, realizaram importante estudo em que fizeram constar uma visão global emergente, à qual eles chamaram de novo paradigma ambiental (*New Environmental Paradigm - NEP*). Os elementos mais importantes desse novo paradigma ambiental foram o reconhecimento dos limites do crescimento, a preservação do equilíbrio da natureza e a rejeição da noção antropocêntrica de que a natureza existe apenas para o uso humano[2]. A esses elementos, acrescentaram em posterior estudo mais dois: a rejeição do excepcionalismo (no sentido de que os homens não são sujeitos a restrições naturais) e o potencial para mudanças ambientais catastróficas ou ecocrises[3].

O conceito de direito ao desenvolvimento sustentável restou moldado conjuntamente, entretanto, pela Declaração de Estocolmo (1972), pela Estratégia Mundial de Conservação (1980), pela Carta Mundial da Natureza (1982) e, finalmente, pelo Relatório Brundtland[4] (1987), em torno do conceito de sustentabilidade[5].

A Comissão Brundtland divulgou relatório denominado *Nosso Futuro Comum*[6] e conceituou a base do desenvolvimento sustentável como sendo "[...] a capacidade de satisfazer as necessidades do presente, sem comprometer os estoques ambientais para as futuras gerações"[7]. Daí se extraem dois elementos éticos que são essenciais para a ideia de desenvolvimento sustentável: preocupação para com as necessidades das gerações atuais (justiça ou equidade intrageracional) e preocupação para com as necessidades das gerações futuras (justiça ou equidade intergeracional)[8].

Bosselmann defende um terceiro elemento ético a ser agregado aos dois primeiros, que seria a preocupação com o mundo natural não humano, isto é, justiça ou igualdade entre as espécies[9]. Observa-se, aí, uma perspectiva para além do antropocentrismo e semelhante ao ecocentrismo[10]. Tal visão aproxima a justiça ecológica do mundo não humano. A Nova Zelândia, por exemplo, apresenta uma das legislações ambientais mais avançadas do mundo em matéria de desenvolvimento sustentável, com uma abordagem ecocêntrica, fornecendo definições holísticas de meio ambiente[11].

Novos códigos ambientais gerais informados e vinculados ao desenvolvimento sustentável podem ser observados na Holanda, na Escandinávia, na Alemanha e na Austrália. Novas molduras para a sustentabilidade foram criadas por países europeus na forma de Planos Verdes (Holanda, Suécia e França) e como Estratégias Nacionais (Reino Unido, Alemanha, entre outros). Estratégias similares foram adotadas no Canadá, nos Estados Unidos e na Austrália[12].

No Brasil, existem referências ao desenvolvimento no Preâmbulo e nos artigos 3º, 170 e 225 da Constituição Federal de 1988[13]. Direito ao desenvolvimento, em sentido estrito, segundo parte da doutrina, com a qual se discorda pela ausência do elemento sustentabilidade, seria um direito fundamental que integraria o ordenamento jurídico brasileiro. Encontraria lastro no parágrafo 2º do artigo 5º da Constituição brasileira, segundo o qual os direitos e as garantias ali expressos não excluem outros decorrentes do regime e dos princípios por ela adotados, ou dos tratados internacionais de que a República Federativa do Brasil faça parte[14]. Entretanto, o melhor entendimento é que o desenvolvimento é apenas um princípio constitucional e um direito fundamental se nele estiver entranhado o pilar da sustentabilidade ambiental.

Desenvolvimento com base numa matriz energética baseada nos combustíveis fósseis, no desmatamento, na ganância de empreendimentos patrocinados por agentes econômicos poluidores/predadores, com uma visão utilitária do meio ambiente, não pode ser considerado um princípio constitucional e muito menos um direito fundamental. Desenvolvimento sustentável apenas funciona, como princípio e direito fundamental, à medida que incorpora a ideia de sustentabilidade ecológica. Dentro de uma visão holística, pode-se referir que o conceito de desenvolvimento sustentável é igual ao desenvolvimento ambientalmente responsável e socialmente não excludente[15]. Organizações não governamentais, nesse sentido, têm adotado a *Carta da Terra* como defesa de uma visão ecocentrista que possa superar o antropocentrismo, fixada pela Rio 92, e colocar um maior enfoque na questão ambiental em consideração aos direitos dos seres vivos e da natureza como um todo.

Na *Carta da Terra*, encontram-se valores para um futuro sustentável, notadamente em seu princípio 1º, que defende o respeito à terra e à vida em toda a sua diversidade. Tal princípio é o núcleo da justiça ecológica quando reconhece que todos os seres são interdependentes e todas as formas de vida têm valor independentemente dos seres humanos.

Os primeiros princípios, 1º a 4º, tratam do cuidado para com a comunidade da vida. Os princípios 5º a 8º são relacionados à integridade ecológica e descrevem a justiça interespécies, que tem faltado na construção do discurso do desenvolvimento sustentável. Nos princípios 9º a 12º, é abordada a justiça social e econômica. Os princípios 13º a 16º referem-se à democracia, à não violência e à paz. Enfocam, todos eles, a justiça nas perspectivas intrageracional e intergeracional.

Ações estatais devem incutir hábitos comportamentais na sociedade com a veiculação de campanhas públicas de estofo para se poupar água, eletricidade, madeira e evitar o uso indiscriminado de combustíveis fósseis[16]. São relevantes as políticas de prevenção de incêndios nas florestas, de reciclagem de lixo e o abandono do uso de embalagens plásticas no campo ambiental. No plano econômico cabe, por certo, incentivar o estímulo da poupança pública e individual, a contenção de gastos, o consumo sustentável, evitar o desperdício de alimentos, bem como promover a austeridade e a responsabilidade fiscal sem avareza. No plano da saúde, devem as campanhas públicas priorizar a prevenção de doenças e a higienização da população de modo concomitante com o acesso ao atendimento médico e aos medicamentos necessários. No plano político, campanhas de conscientização cívica sobre a importância do voto e o combate à corrupção podem trazer resultados positivos no aspecto da boa governança.

O Estado deve orientar e estimular o comportamento social promotor do desenvolvimento ambiental, econômico, político e humano, de maneira sustentável e harmônica, em benefício das presentes e futuras gerações de homens e seres vivos não humanos que fazem parte da biodiversidade. Nesses termos, é possível fixar um conceito razoável de direito fundamental ao desenvolvimento sustentável nesta era das mudanças climáticas marcada também pela escassez de produção de energia renovável.

Referências

1 SOUZA, Mônica Teresa Costa. *Direito e Desenvolvimento*. Curitiba: Juruá, 2011. p. 142. e GIDDENS, Anthony. *Sociology*. Cambridge: Polity Press, 2006. p. 614.

2 DUNLAP, Riley; VAN LIERE, Kent. The new environmental paradigm: a proposed measuring instrument and preliminary results. *Journal of Environmental Education*, Madison, v. 9, n. 4, p. 10-19, 1978.

3 DUNLAP, Riley et al. Measuring endorsement of the new ecological paradigm: a revised NEP Scale. *Journal of Social Issues*, Washington, v. 56, n. 3, p. 225-442, 2000.

4 A Assembleia-Geral das Nações Unidas, por meio da A/RES/38/61, no ano de 1983, constituiu uma comissão para elaborar um relatório sobre questões atinentes ao meio ambiente (Comissão Mundial sobre Desenvolvimento e Meio Ambiente), incluindo o desenvolvimento sem o comprometimento dos recursos naturais. Essa foi a origem do Relatório Brundtland.

5 BOSSELMANN, Klaus. *The Principle of Sustainability*: transforming law and governance. Farnham: Ashgate, 2008. p. 40.

6 Comentando o Relatório Brundtland, Garcia afirma que "o desenvolvimento sustentável se apresenta como a solução capaz de conciliar as dinâmicas econômicas, sociais, ecológicas e como problema, em virtude da complexidade de obter essa conciliação. Dele se diz um princípio normativo sem norma". GARCIA, Maria da Glória F. P. D. *O Lugar do Direito na Proteção do Ambiente*. Coimbra: Almedina, 2007. p. 448.

7 WORLD COMMISSION ON ENVIRONMENT AND DEVELOPMENT. Our common future: brundtland report. Oxford; New York: Oxford University Press, 1987. p. 13.

8 BOSSELMANN, Klaus. *The Principle of Sustainability*: transforming law and governance. Farnham: Ashgate, 2008. p. 97.

9 BOSSELMANN, Klaus. *The Principle of Sustainability:* transforming law and governance. Farnham: Ashgate, 2008. p. 99.

10 Quando se refere ao ecocentrismo, é impensável olvidar as lições de Thoreau que antecederam em mais de cem anos o Dia da Terra. Em Walden, ele celebra "a doce e benéfica sociedade na natureza" (THOREAU, Henry David. *Walden, or life in the woods and on the duty of civil disobedience*. New York: New American Library, 1962. p. 92 e 97.). E, no ensaio Walking, ele argumenta, em tom polêmico para a época, a noção de homem "como

parte e parcela da natureza ao invés de membro da sociedade" (THOREAU, Henry David. Walking. *Red Wing: Cricket House Books*, 2010, p. 657-660). Aldo Leopold faz uma reformulação nas intuições ecológicas do pensamento de Thoreau com forte apelo ético. Sua ideia de comunidade biótica incorporou o valor de viver em harmonia com a natureza, contrariamente ao caminho da conquista, do controle e da dominação do meio ambiente. Para Leopold, a conservação é um estado de harmonia entre o homem e a Terra (LEOPOLD, Aldo. *A sand county almanac:* with essays on conservation form round river. New York: Ballantine Books, 1966. p. 240-243). Para Rachel Carson, discípula de Leopold, "o controle da natureza é uma frase concebida na arrogância, nascida na era da biologia e da filosofia de Neanderthal, quando supostamente a natureza existia para a conveniência do homem". CARSON, Rachel. *Silent spring.* Boston: Hougton Mifflin, 1962. p. 189.

11 Na Nova Zelândia, o Environment Act (1986) e o Conservation Act (1987) abordam de modo ecocêntrico e holístico o meio ambiente, e o Resource Management Act (RMA), mais recentemente, adotou uma abordagem ética de administração sustentável dos recursos naturais. Ver: GRUNDY, Kerry James. *Sustainable managment:* a sustainable ethic. Sustainable Development, New Jersey, v. 5, n. 3, p. 119-229. Dec. 1997.

12 BOSSELMANN, Klaus. *The Principle of Sustainability*: transforming law and governance. Farnham: Ashgate, 2008. p. 107.

13 O direito ao desenvolvimento vem previsto no próprio preâmbulo da Constituição Federal de 1988: "Nós, representantes do povo brasileiro, reunidos em Assembléia Nacional Constituinte, para instituir um Estado Democrático, destinado a assegurar o exercício dos direitos sociais e individuais, a liberdade, a segurança, o bem-estar, o desenvolvimento, a igualdade e a justiça como valores supremos de uma sociedade fraterna, pluralista e sem preconceitos, fundada na harmonia social e comprometida, na ordem interna e internacional, com a solução pacífica das controvérsias [...]". Segundo Anjos Filho: "Em relação ao regime e aos princípios constitucionalmente albergados, é necessário considerar, inicialmente, que o preâmbulo da Constituição consignou que o Estado Democrático criado pela Assembléia Nacional Constituinte teve como uma de suas finalidades assegurar o desenvolvimento como um dos valores supremos da nossa sociedade. Vale lembrar que embora haja discussão doutrinária sobre a existência de força normativa no preâmbulo, não há maior dissenso quanto ao fato de que o mesmo é um importante vetor da hermenêutica da própria Constituição". ANJOS FILHO, Robério Nunes dos. *Direito ao Desenvolvimento.* São Paulo: Saraiva, 2013. p. 269.

14 Para Anjos Filho: "Embora o direito ao desenvolvimento não esteja incluído de maneira expressa no Título II da Constituição de 1988, que trata dos direitos e garantias fundamentais, nem tampouco tenha sido explicitamente mencionado em qualquer outro dispositivo constitucional, o regime e os princípios por ela adotados, bem como os tratados internacionais dos quais a República Federativa do Brasil é parte, permitem concluir no sentido da sua integração ao direito positivo brasileiro como um direito fundamental". ANJOS FILHO, Robério Nunes dos. *Direito ao Desenvolvimento.* São Paulo: Saraiva, 2013. p. 268-269.

15 Bosselmann assevera que "não pode haver prosperidade sem justiça social e não pode haver justiça social sem prosperidade econômica; e ambas devem estar dentro dos limites da sustentabilidade ecológica". BOSSELMANN, Klaus. *The Principle of Sustainability*: transforming law and governance. Farnham: Ashgate, 2008. p. 53.

16 No Brasil, a Lei 9.795/99 disciplina a educação ambiental, em todos os níveis de ensino, nos seguintes termos: "Art. 1º Entendem-se por educação ambiental os processos por meio

dos quais o indivíduo e a coletividade constroem valores sociais, conhecimentos, habilidades, atitudes e competências voltadas para a conservação do meio ambiente, bem de uso comum do povo, essencial à sadia qualidade de vida e sua sustentabilidade". BRASIL. Lei 9.795, de 27 de abril de 1999. Dispõe sobre a educação ambiental, institui a Política Nacional de Educação Ambiental e dá outras providências. Disponível em: <http://www.planalto.gov.br/ccivil_03/leis/L9795.htm>. Acesso em 1º.jul.2015.

MUNICÍPIOS DEVEM TER ARQUIVOS PÚBLICOS PARA PRESERVAR PATRIMÔNIO CULTURAL

4 de março de 2017

Marcos Paulo de Souza Miranda

A Constituição Federal de 1988 assegurou como direito fundamental de todo cidadão o direito de acesso à informação (art. 5º, XIX); definiu como competência comum da União, dos Estados, do Distrito Federal e dos municípios proteger os documentos, as obras e outros bens de valor histórico, artístico e cultural, os monumentos, as paisagens naturais notáveis e os sítios arqueológicos (art. 23, III); e estabeleceu que cabe à administração pública, na forma da lei, a gestão da documentação governamental e as providências para franquear sua consulta a quantos dela necessitem (art. 216, § 2º).

No complemento infraconstitucional, a Lei 8.259/91, que dispõe sobre a política nacional de arquivos públicos e privados, estabelece que: *"Art. 1º - É dever do Poder Público a gestão documental e a proteção especial a documentos de arquivos, como instrumento de apoio à administração, à cultura, ao desenvolvimento científico e como elementos de prova e informação"*.

Em um Estado Democrático de Direito, os arquivos públicos constituem-se *locus* privilegiados de transparência, de informação e instrumentos de acesso à verdade, razão pela qual eles são garantias da materialização do direito que todo cidadão brasileiro tem a respeito de tais aspectos. A inexistência ou o mau funcionamento dos arquivos públicos constitui afronta direta à Constituição, pois frustra direitos básicos por ela assegurados, bem como afronta dois de seus fundamentos estruturais: a cidadania e a dignidade da pessoa humana.

Nesse cenário, considerando que o município é a célula *mater* de nosso país; a primeira escola de cidadania e civismo de nossa sociedade; e o ente da Federação onde os cidadãos demandam mais diretamente e em maior volume os serviços públicos, ganha especial relevo a instituição e a implantação dos arquivos públicos municipais, tanto pelo Poder Executivo, quanto pelo Poder Legislativo.

Os arquivos públicos constituem instrumentos estratégicos de gestão e transparência e devem prestar serviços e informações aos cidadãos, tais como pesquisa de atos administrativos, pesquisa histórica, visitas guiadas, exposições; emissão de certidões probatórias; reprodução de documentos, entre outras atividades pertinentes.

Não bastasse, o acesso aos documentos e informações públicas constitui um importante instrumento de boas práticas gerenciais, de transparência na administração pública, de respeito e preservação da cultura e de combate à corrupção.

O município que não cumpre tais missões, para além de descumprir a Constituição Federal e a Resolução Conarq 27/2008[1], está obstaculizando a aplicabilidade das leis de Responsabilidade Fiscal (Lei Complementar 101/2000), da Transparência (Lei Complementar 131/2009) e da Lei 12.527, de 2011 – Lei de Acesso à Informação, que preconizam a gestão transparente da informação, propiciando amplo acesso a ela e sua divulgação.

Tal tipo de postura denota ainda a ausência de uma gestão pública eficiente, eficaz e transparente dos documentos gerados e acumulados pelo poder público local. Com efeito, não se coaduna com a eficiência a perda de provas de direito dos cidadãos, a imprecisão no fornecimento de subsídios para o processo decisório, a existência de lacunas que impeçam a investigação administrativa retrospectiva ou a incapacidade de prestar informações adequadas.

Ademais, a inexistência de um programa de gestão de documentos e informações tem como consequência grave a perda, o extravio ou a destruição indiscriminada do patrimônio documental público, podendo acarretar danos irreparáveis à administração pública, ao direito fundamental dos cidadãos de acesso aos documentos e às informações neles contidas, ao direito à história e à memória cultural do município e do país.

Cumprindo sua missão institucional, no ano de 2014, o Conselho Nacional de Arquivos (Conarq) elaborou e disponibilizou em sua página eletrônica uma detalhada e didática cartilha intitulada: "*Criação e desenvolvimento de arquivos públicos municipais: transparência e acesso à informação para o exercício da cidadania*"[2], onde o gestor municipal encontra um guia que detalha, passo a passo, como instituir e colocar em funcionamento essas estruturas de garantia do acesso à informação e à cultura, incluindo modelos de atos normativos, recursos humanos e estrutura física necessários.

Toda cidade, maior ou menor, seja antiga ou recente, deve planejar e implantar seu arquivo público, não só em benefício da preservação da memória, mas ainda para cumprir o dever de transparência, fornecer informações precisas e subsidiar a ação administrativa do município, evitando idas e vindas desnecessárias.

O descumprimento do dever de implantar os arquivos públicos municipais constitui atividade ilícita e contrária à constituição, podendo haver o acionamento do Poder Judiciário para a correção da prática, que atenta, entre outros, contra o princípio da boa administração pública, a que todos temos direito, sob pena de responsabilização.[3]

Por não se tratar de medida escudada pela discricionariedade administrativa[4], mostra-se viável, por exemplo, a propositura de ação civil pública com o objetivo de compelir o município a instituir e dotar de infraestrutura necessária o seu arquivo público, pois em tal matéria vige o princípio da intervenção estatal obrigatória, não havendo se falar em interferência na formulação de políticas públicas[5], posto que o dever reside no próprio texto constitucional.

Nesse sentido, já decidiu com propriedade o TJSP:

> *AÇÃO CIVIL PÚBLICA. Pretensão voltada à implantação de serviços de arquivo público. Patrimônio cultural. Dispositivos constitucionais que exigem do Estado deveres de proteção para com o patrimônio histórico e cultural, notadamente os artigos 215, 216, caput, inciso IV e § 1º, da Constituição Federal. Quando violado um dever de proteção, em decorrência da omissão flagrante do ente público em salvaguardar o bem histórico tutelado, abre-se a possibilidade de o Poder Judiciário determinar medidas para a conservação do bem sem ofensa ao princípio da separação de poderes, ou mesmo adoção pelo Judiciário de uma política pública de preservação histórico-cultural para o bem municipal tutelado na presente ação. Sentença mantida. Recurso conhecido e improvido. (TJSP; APL 0007742-23.2010.8.26.0068; Ac. 8876997; Barueri; Segunda Câmara de Direito Público; Relª Desª Vera Angrisani; Julg. 06/10/2015; DJESP 28/10/2015)*

Do bem fundamentado e didático voto da eminente desembargadora relatora, extraímos o seguinte excerto, que merece transcrição:

Mesmo a alegação de ausência de previsão orçamentária não exime o Município apelante do seu dever de proteção, que decorre, sobretudo, de fundamento constitucional. Como bem destacado pela Procuradoria Geral de Justiça, "bastaria um planejamento minimamente sério para que o serviço fosse implantado, mediante melhor aproveitamento de pessoal da própria administração e uma gestão eficiente na parte documental, sendo certo que a omissão deixa o município ao acaso, sem ao menos um inventário seguro de requerimentos, documentos e dados que entram e saem da administração pública". E a omissão de dever constitucionalmente previsto também gera obrigações ao ente público. Mesmo que a Municipalidade tenha demonstrado que adotou iniciativas para a criação do arquivo público, não há justificativa plausível para afastar as obrigações fixadas em sentença, a fim de compeli-lo a cumprir o dever legal de preservação e recuperação do patrimônio histórico. Com efeito, quando maculado o núcleo duro de um dever de proteção, em decorrência da omissão flagrante do ente público em salvaguardar o bem histórico tutelado, abre-se a possibilidade de o Poder Judiciário determinar medidas para a conservação do bem. Nisso não há qualquer ofensa ao princípio da separação de poderes, ou mesmo adoção pelo Judiciário de uma política pública de preservação histórico-cultural para o bem municipal tutelado na presente ação. Trata-se apenas do controle finalístico das tarefas estatais de proteção atinentes à preservação do patrimônio histórico nacional, dever esse que é repartido em todos os níveis federativos.

Ademais, o agente público omisso pode ainda, conforme o caso, ser responsabilizado por prática de ato de improbidade administrativa por malferir os princípios da administração pública (legalidade, moralidade e eficiência, sobretudo) e deixar de praticar, indevidamente, ato de ofício (art. 11, II, da Lei 8.429/92) ou mesmo por agir negligentemente em relação à conservação do patrimônio público (art. 10, X, da Lei 8.429/92).

Por derradeiro, a destruição de acervos documentais protegidos (por ação ou omissão de quem tenha o dever de agir) é crime tipificado no art. 62 da Lei 9.605/98[6], com previsão de pena de reclusão de um a três anos e multa.

Apesar de todo esse arcabouço legal, a realidade do país ainda registra, infelizmente como regra, a destruição indiscriminada, o acúmulo caótico de

não tiraram os olhos da telinha. De um lado, concluí que não sou anormal por ser mais um viciado produzido por Google, Apple e Facebook. Por outro, percebi que ninguém escapa dessa alienação coletiva.

Após essa breve digressão sobre comportamentos, volto ao tema propriamente dito: ambiente. Constatei que os demais veículos diferem daqueles vistos por aqui e, mais ainda, nos Estados Unidos — onde preponderam os maiores do que no Brasil. Os automóveis são como regra bem pequenos, com espaço para duas e até uma pessoa. E as motocicletas que dominam as ruas são do tipo Biz.

Outra peculiaridade, se compararmos à nossa realidade, é que vimos diversos ônibus e carros elétricos. A propósito, é comum ver nas ruas automóveis sendo carregados por cabo, como mostra a foto ao lado. Estacionamento privado quase não há; as edificações são muito antigas e não previam garagem, de tal forma que os lugares nas ruas são disputadíssimos e sempre pagos. Esse fator, por certo, também estimula muitos a não terem um meio de transporte individual, o que repercute positivamente no ambiente, como já se assinalou.

Andando pelas ruas, vê-se muita arte, pois a Itália é, de fato, um museu a céu aberto. No entanto, os povos desenvolvidos nem sempre são tão civilizados como se imagina. Uma ação tida como criminosa no Brasil (artigo 65 da Lei 9.605/98) é corriqueira tanto por aqui quanto por lá: a pichação de prédios, públicos ou privados, assim como de outros espaços, como ilustra a fotografia que tirei de dentro do trem que pegamos de Veneza para Roma.

Nas calçadas, por todos os lados, basta olhar para o chão e ver tocos de cigarros brigando por espaço. Já tinha observado isso em outra oportunidade, e infelizmente agora constatei o mesmo: os europeus fumam um cigarro atrás do outro. De vez em quando flagrávamos alguém não fumando. Aí eu pensava: "Uau, encontrei um que não fuma!". Doce ilusão. Era só observar atentamente para chegar à conclusão de que estava apenas no intervalo — curto — entre um cigarro e outro. Fui fumante passivo incontáveis vezes. Aqui estamos bem mais avançados nesse sentido: menos fumantes e não se pode fumar em diversos lugares onde no Velho Mundo ainda é permitido.

Já a onda de ter cachorro atingiu brasileiros e italianos. Eles estão por todos os lugares, são grandes e pequenos, de raça ou vira-latas, vivem em apartamentos, os moradores de rua são adorados por eles. Enfim, até aqui nada diferente de nosso cotidiano. No entanto, por lá, os dogs frequentam shopping centers, lojas, farmácias, restaurantes, andam de ônibus, metrôs. Chamaram nossa atenção. Será uma tendência, como a dos veículos elétricos? Curiosamente, não vi eles fazerem suas necessidades nos ambientes públicos. Talvez, nesse aspecto, os cachorros europeus sejam mais educados do que os nossos.

Sobre o armazenamento e recolhimento do lixo nas ruas, presenciei duas coisas diferentes do que estou habituado a ver. Em Florença, as diversas lixeiras específicas para cada tipo de material, que se assemelham às do Brasil em algumas localidades, transformam-se em contêineres (veja o vídeo abaixo). Otimização de espaço, de catação de lixo nas ruas, de mau cheiro: eis algumas das vantagens do moderno sistema.

Em Veneza, deparei-me com uma forma de efetiva aplicação do princípio da logística reversa, pois há pontos de recolhimento de pilhas na calçada, como na foto ao lado, o que torna prática a devolução do material tóxico e estimula esse hábito.

Os problemas ambientais são sistêmicos, estão interligados e são interdependentes[3]. Por isso, comecei falando de aquecimento global e terminarei relacionando-o à crise hídrica, um dos temas mais sensíveis deste século. A cidade de Veneza, turística por suas peculiaridades, está listada entre um dos 31 sítios do Patrimônio Mundial que correm sérios riscos pelos efeitos da mudança do clima, conforme a Unesco divulgou em recente estudo[4].

Andando pela pequena cidade do Vêneto, pude ver nas águas que ocupam seus 177 canais de navegação que o lixo torna menos românticos os caros e tradicionais passeios de gôndola disponíveis aos turistas. Além disso, são dezenas de milhares de pessoas, entre residentes e gente de todas as partes do mundo que por lá passam, a despejar esgoto diretamente nos canais. Não há um metro cúbico de esgotamento sanitário tratado.

Sai de lá dois dias antes de o Carnaval de Veneza começar. Uma pena. Seria uma experiência única. As tradicionais máscaras já estavam por todos os lados, inclusive nos rostos das pessoas. A praça de São Marcos estava completamente transformada para receber os milhares de foliões.

Mas, chegando ao Brasil, deu para assistir à vitória da Portela, após 33 anos de jejum. E me lembrou muito de Veneza, pois o samba-enredo da campeã de 2017 trata justo das águas, com o título "Quem nunca sentiu o corpo arrepiar ao ver esse rio passar". Talvez por minha ligação de anos em defesa dos recursos hídricos, matéria "do meu coração", admito que senti o corpo arrepiar, em Veneza, quando andava de gôndola e por todos os lados via a podridão deixada por nossos semelhantes. Mesmo assim, a cidade é de voltar. Espero que, em meu retorno, o arrepio seja por outro motivo, em festejo, tal como enaltece o samba-enredo da Portela.

Referências

1 Nesse sentido: "As perspectivas são sombrias, e, ainda que consigamos reagir com sucesso, passaremos por tempos difíceis, como em qualquer guerra, que nos levarão ao limite" (LOVELOCK, James. A vingança de gaia. Rio de Janeiro: Intrínseca, 2006, p. 23).

2 http://www.greenpeace.org/brasil/pt/O-que-fazemos/Clima-e-Energia/, acesso em 6/3/2017.

3 CAPRA, Fritjof. A teia da vida. São Paulo: Editora Cultrix, 1996, p. 23

4 https://nacoesunidas.org/mudanca-climatica-ameaca-31-sitios-do-patrimonio-cultural-e-natural-alerta-onu, acesso em 6/3/2017.

A JURISPRUDÊNCIA SUSTENTÁVEL E O JURISTA ANTONIO HERMAN BENJAMIN

18 de março de 2017

Gabriel Wedy

No Direito Ambiental brasileiro, ao contrário do norte-americano, muitas vezes o aspecto acadêmico anda dissociado da vida forense. É por demais relevante a atividade do advogado, do representante do Ministério Público e do juiz no complemento da vida acadêmica, e, de outro lado, a experiência do professor de Direito pode ser muito importante na atividade prática do exercício da advocacia, da atuação do Ministério Público e na atividade jurisdicional. Aliás, Richard Posner escreveu relevante obra recentemente pela *Harvard University Press*, *Divergent Paths: The Academy and the Judiciary*, imprimindo nesta a sua experiência como juiz federal e professor, referindo justamente isso.

Essa relação positiva está bem demonstrada na carreira de um brasileiro: o ministro Antonio Herman Benjamin, do Superior Tribunal de Justiça. Nascido e criado em Catolé do Rocha, na Paraíba, até os 12 anos, foi encaminhado pelos pais ao Rio de Janeiro para estudar, formando-se em Direito pela Faculdade de Direito da Universidade Federal do Rio de Janeiro em 1980. Concluiu o mestrado em direito (LL.M.) pela University of Illinois College of Law em 1987.Desde 1995, é professor visitante da Faculdade de Direito da Universidade do Texas, onde leciona Direito Ambiental. De 1999 a 2001, foi professor visitante da Faculdade de Direito da Universidade de Illinois e é professor da Universidade Católica de Brasília.De 1982 a 2006, foi membro do Ministério Público do Estado de São Paulo. De 1983 a 1984, foi promotor de Justiça titular em Bananal, Santa Isabel e Santo André e da capital paulista, de 1984 a 1994, quando foi promovido ao cargo de procurador de Justiça. Integrou, de 1988 a 1990, a comissão de juristas que redigiu o Código de Defesa do Consumidor, e de 1996 a 1998 foi membro e relator-geral da comissão de juristas no Ministério da Justiça responsável pelo projeto da Lei dos Crimes contra o Meio Ambiente.De 1996 a 2000, foi coordenador do Centro de Apoio Operacional das Promotorias de Justiça do Meio Ambiente e, em

2006, foi eleito coordenador do Centro de Apoio Operacional das Promotorias de Justiça de Direitos do Consumidor (Cenacon). De 2001 a 2006, foi conselheiro do Conselho Nacional do Meio Ambiente (Conama), indicado pelo então presidente Fernando Henrique Cardoso.Foi nomeado para o Superior Tribunal de Justiça no ano de 2006, como um jurista consagrado e de respeitabilidade internacional no Direito Ambiental por sua seriedade, preparo técnico e experiência prática neste ramo do Direito, enquanto representante do Ministério Público.

Analisada a jurisprudência do Superior Tribunal de Justiça, outrora mais conservadora em matéria ambiental, hoje é um dos sodalícios com *leading cases* altamente progressistas e referência em todo o mundo na seara da tutela do meio ambiente e na promoção da sustentabilidade, em especial nesta era das mudanças climáticas. Evidentemente, os ministros que construíram essa jurisprudência, ao longo dos anos, também são responsáveis por esses precedentes, mas dificilmente essa benfazeja evolução teria ocorrido com tal dimensão sem a prestação jurisdicional qualificada e os grandes debates proporcionados pelo ministro Antonio Herman Benjamin.

Vejamos que o Superior Tribunal de Justiça tem adotado, nos dias atuais, uma jurisprudência que tutela o meio ambiente como bem jurídico autônomo. Em várias situações, isso pode ser verificado claramente. A primeira delas é o reconhecimento da inversão do ônus da prova processual contra o suposto poluidor/predador para que ele demonstre que a sua atividade não causa danos ao meio ambiente. Com efeito, por possuir melhores informações acerca da ação supostamente perigosa e ser o causador de riscos por sua atividade, deve o empreendedor comprovar que o meio ambiente e a coletividade não estão sujeitos a riscos ou a ameaças de dano. Nesse sentido, a jurisprudência tem entendido como aplicável o artigo 6º, inciso VIII, da Lei 8.078/90 em casos concretos[1] envolvendo matéria ambiental, visto que os direitos metaindividuais são tutelados por um complexo de normas processuais componentes de um microssistema que engloba as leis 4.717/65, 7.385/85 e 8.078/90[2].

No mesmo sentido, o STJ adotou a teoria do risco integral na verificação do dano ambiental. Basta a prova do dano e do nexo causal para que esteja presente o dever de indenizar. A corte superou a teoria do risco-proveito, porquanto não aceita excludentes da responsabilidade civil, como a culpa exclusiva da vítima, o caso fortuito e de força maior e a cláusula contratual que prevê a prerrogativa de não indenizar[3].

O STJ também reconheceu a imprescritibilidade da ação que visa à reparação do dano ambiental, tendo em vista as peculiaridades do dano que se espraia e supera limites de tempo e espaço. É uma posição que visa dar máxima eficácia ao princípio da reparação do dano ambiental e colocar um mecanismo à disposição do Estado, da coletividade e do indivíduo capaz de tutelar o direito fundamental ao meio ambiente equilibrado em uma perspectiva intergeracional[4]. Objetiva-se a reparação e a restauração do bem ambiental a qualquer tempo e impedir atividades de desenvolvimento insustentáveis. Mister é abandonar o comodismo no que tange às áreas degradadas e superar a aceitação passiva de tais áreas como fatos juridicamente consumados.

Por fim, superando a teoria da falta do serviço, o Superior Tribunal de Justiça, entende que a responsabilidade do Estado por danos ambientais ocorre não apenas nos casos de ação estatal, mas de omissão, de acordo com a interpretação do artigo 37, parágrafo 6º, da Constituição Federal de 1988[5]. A presença dos pressupostos da responsabilidade civil, dano e nexo causal, ensejam a imputação de responsabilização estatal nos atos comissivos e omissivos dos seus agentes em caso de danos ambientais.

A obrigação de restaurar o ambiente ou reparar o dano ambiental transmite-se ao proprietário adquirente do imóvel, mesmo que ele não tenha causado o dano. Esse é o posicionamento do STJ, que entende que a obrigação do adquirente do imóvel é de caráter *propter rem*. Esses precedentes estimulam o cumprimento da função social da propriedade no seu elemento e na sua acepção ambiental e estimulam o desenvolvimento ecologicamente sustentável[6], superando o individualismo civilista napoleônico e a lógica liberal burguesa do *laissez passer* e do *laissez faire*.

A condenação por dano ambiental, nos casos de responsabilidade estatal, pode ocorrer solidariamente entre o Estado e o poluidor; porém, para que a coletividade não seja duplamente onerada pelo dano ambiental, o STJ tem entendido que a execução deve se dar em primeiro lugar sobre os bens do poluidor privado, que lucra com a atividade, e apenas na ausência de recursos deve a execução prosseguir, de modo subsidiário, contra o Estado, como devedor-garante[7]. Nesses casos de litisconsórcio passivo, a decisão condena o ente estatal e o poluidor privado solidariamente, mas a execução é procedida com base na responsabilidade subsidiária do Estado, segundo a construção jurisprudencial.

Preocupou-se a corte, e com razão, com o princípio da reserva do possível e a escassez dos recursos estatais para reparar o bem ambiental danificado.

Iníquo seria se a coletividade, já prejudicada para o pleno exercício do direito a sua sadia qualidade de vida, garantida pela Constituição Federal, tivesse ainda que pagar indenizações para reparar os danos ambientais a que não deu causa. Essa modulação na execução das decisões do STJ atende ao princípio do desenvolvimento sustentável, pois equilibra a proteção dos bens ambientais com a finitude e a escassez dos recursos do Tesouro.

Precedentes do STJ firmaram-se no sentido de tutelar ao máximo o bem ambiental dentro de uma perspectiva promotora do desenvolvimento sustentável. Danos causados ao meio ambiente podem ser reparados sem que para isso seja necessária uma violação *a priori* de direitos fundamentais individuais, como o direito à vida, à propriedade ou à saúde das pessoas. Do mesmo modo, são utilizados mecanismos processuais que visam permitir a aceleração na reparação dos danos ambientais e, por conseguinte, desestimular práticas que não se coadunam com o respeito ao meio ambiente e com o direito fundamental ao desenvolvimento sustentável na era das mudanças climáticas.

Certamente, o ministro Antonio Herman Benjamin agregou sua larga experiência acadêmica e prática na formação de uma jurisprudência extremamente positiva para as presentes e futuras gerações de brasileiros e, para além disso, para a tutela do meio ambiente como um fim em si mesmo, e não como mero objeto de irresponsáveis pretensões utilitárias.

Referências

1 BRASIL. Superior Tribunal de Justiça. Agaresp 206.748. Relator: ministro Ricardo Villas Boas Cueva. *Diário da Justiça da União*, Brasília, DF, 27 mar. 2013. Disponível em: <http://stj.jusbrasil.com.br/jurisprudencia>. Acesso em 2.nov.2014.

2 BRASIL. Superior Tribunal de Justiça. Recurso Especial 200400011479. Relator: ministro Luiz Fux. *Diário da Justiça da União*, Brasília, DF, 31 ago. 2006. Disponível em: <http://stj.jusbrasil.com.br/jurisprudencia>. Acesso em 2.nov.2014.

3 BRASIL. Superior Tribunal de Justiça. Agravo Regimental no Recurso Especial 1.412.664. Relator: ministro Raul Araújo. *Diário de Justiça Eletrônico*, Brasília, DF, 11 mar. 2014. Disponível em: <http://stj.jusbrasil.com.br/jurisprudencia/25017000/agravo-regimental-no-recurso-especial-agrg-no-resp-1412664-sp-2011-0305364-9-stj>. Acesso em 2.nov.2014.

4 BRASIL. Superior Tribunal de Justiça. Recurso Especial 201002176431. Relator: ministro Castro Meira. *Diário de Justiça Eletrônico*, Brasília, DF, 4 fev. 2013. Disponível em: <http://www.lexml.gov.br/urn/urn:lex:br:superior.tribunal.justica;turma.2:acordao;resp:2009-09-08;769753-1112299>. Acesso em 2.nov.2014.

5 BRASIL. Superior Tribunal de Justiça. Recurso Especial 1.071.741/SP. Relator: ministro Herman Benjamin. *Diário de Justiça Eletrônico*, Brasília, DF, 16 dez. 2010. Disponível em: <http://www.lexml.gov.br/urn/urn:lex:br:superior.tribunal.justica;turma.2:acordao;resp:2009-03-24;1071741-1075754>. Acesso em 2.nov.2014.

6 BRASIL. Superior Tribunal de Justiça. REsp 201100461496. Relator: ministro Herman Benjamin. *Diário da Justiça da União*, Brasília, DF, 11 set. 2012. Disponível em: <http://stj.jusbrasil.com.br/jurisprudencia>. Acesso em 2.nov.2014.

7 BRASIL. Superior Tribunal de Justiça. REsp 200801460435. Relator: ministro Herman Benjamin. *Diário de Justiça da União*, Brasília, DF, 16 dez. 2010. <http://stj.jusbrasil.com.br/jurisprudencia>. Acesso em 2.nov.2014.

O MINISTÉRIO PÚBLICO FEDERAL E A COMPETÊNCIA DA JUSTIÇA FEDERAL NO PROCESSO COLETIVO AMBIENTAL

18 de março de 2017

Álvaro Mirra

A competência jurisdicional é tema de grande importância no processo coletivo ambiental, como elemento do acesso à justiça para a proteção do meio ambiente.

De fato, quando se fala, em termos gerais, em acesso aos juízes e tribunais, como expressão do acesso à justiça, tem-se em vista, de maneira especial, os interesses e as necessidades dos jurisdicionados, para o que devem corresponder regras de competência baseadas não apenas na qualidade esperada do serviço judiciário ou na perfeita atuação da jurisdição, como, também, na facilidade do acesso ao juiz[1].

Em matéria ambiental, isso implica a definição de regras de competência que permitam aos mais diversos segmentos da sociedade amplo, seguro e fácil recurso aos juízes e aos tribunais para a defesa do meio ambiente. Bem por isso impõe-se a discriminação, na Constituição e na legislação infraconstitucional, de normas claras, precisas e objetivas no tema, notadamente na definição, para o que aqui interessa mais de perto, da Justiça competente - Justiça Federal e Justiça Estadual[2].

A competência da Justiça Federal, como se sabe, está expressamente prevista na Constituição de 1988 (artigos 109 e 110), com discriminação específica das causas afetas aos órgãos jurisdicionais federais, e encontra-se sujeita a regime absoluto, insuscetível de prorrogação ou derrogação por convenção dos litigantes. Todas as demais causas, não atribuídas de maneira expressa pela Constituição aos juízes e tribunais federais ou aos órgãos das Justiças especiais, são de competência das Justiças estaduais, as quais exercem competência residual.

Do ponto de vista do acesso à justiça em tema de meio ambiente, é, em princípio, indiferente que a competência para o processamento e o julgamento de determinada causa seja da Justiça Federal ou da Justiça Estadual. Os órgãos judiciários federais e estaduais estão, atualmente, distribuídos por todo o território nacional, de sorte que, como regra, sempre haverá um órgão federal ou um órgão estadual facilmente acessível, capaz de conhecer e julgar uma determinada demanda ambiental.

A questão principal, em verdade, diz respeito às regras definidoras da competência da Justiça Federal, à luz da Constituição, e sua aplicação, fonte de dúvidas e debates ao longo dos anos.

A matéria é importante, uma vez que se está diante de competência absoluta, estabelecida por norma constitucional, cuja inobservância pode acarretar a nulidade dos atos decisórios proferidos no processo coletivo ambiental pelo juiz incompetente, passível de conhecimento *ex officio* e arguição em qualquer tempo e grau de jurisdição, mesmo após a prolação da sentença e até depois do trânsito em julgado desta, pela via da ação rescisória (artigo 966, II, do CPC). Daí a necessidade do estabelecimento de regras claras, precisas e objetivas a respeito do tema.

Nesse contexto, ponto de grande relevância é o da determinação da competência da Justiça Federal a partir tão só do ajuizamento da demanda coletiva ambiental pelo Ministério Público Federal.

Essa possibilidade suscitou grande controvérsia entre aqueles que veem no Ministério Público Federal, em termos gerais, um órgão da União, mostrando-se suficiente a sua participação no processo para definir a competência da Justiça Federal (artigo 109, I, da CF)[3], e aqueles que, diversamente, realçam a feição do *parquet* federal como instituição independente e essencial à função jurisdicional do Estado (artigo 127, *caput*, da CF), insuscetível de ser tido como órgão da União ou seu representante em juízo (artigo 129, IX, da CF) para o fim de justificar a competência de órgãos jurisdicionais federais[4].

Neste último sentido, então, não seria o ajuizamento da demanda ambiental pelo MPF que determinaria, por si só, a competência da Justiça Federal. Diversamente, seria a definição da competência da Justiça Federal, com fundamento na norma do artigo 109 da CF, que, em princípio, determinaria a representação da instituição do Ministério Público pelos membros do *parquet* federal. Por outras palavras, segundo essa orientação, seria a representação da instituição — una e indivisível — do Ministério Público que, como regra, deveria acompanhar a competência da Justiça perante a qual ele atua, e não o contrário, ou seja, determinar-se a competência da Justiça Federal ou Estadual em conformidade com a representação em juízo da instituição pelo MPF ou pelo MPE[5], ressalvada, ainda, em certas hipóteses, a possibilidade de o MPF atuar perante a Justiça Estadual e de o MPE atuar perante a Justiça Federal[6].

Apesar de as duas correntes acima referidas terem encontrado respaldo na jurisprudência do Superior Tribunal de Justiça, nos últimos anos parece predominar o entendimento de que a presença do MPF no polo ativo da demanda é suficiente para determinar a competência da Justiça Federal, incumbindo, porém, ao órgão jurisdicional federal verificar se o caso é, efetivamente, de representação da instituição pelo *parquet* federal.

Nesses termos têm se posicionado o Superior Tribunal de Justiça[7] e, também, mais recentemente, o Supremo Tribunal Federal[8].

Mas em que situação se deve ter por configurada a hipótese de representação em juízo do Ministério Público pelo MPF, a fim de que se defina a competência da Justiça Federal para o julgamento das demandas ambientais?

O que define, no caso concreto, a representação em juízo do Ministério Público pelo MPF é a existência de *interesse federal* na demanda[9], mesmo que não haja efetiva participação no feito da União, de autarquias federais ou de empresas públicas federais. Tal interesse federal se manifesta, por exemplo, quando se está diante de lesões ou ameaças de lesões que atingem ou afetam bens considerados pela Constituição Federal de domínio da União (mar territorial, praias, rios interestaduais, cavernas, sítios arqueológicos e pré-históricos, recursos minerais)[10], bens sujeitos à administração e à fiscalização de órgãos administrativos federais (parques nacionais, áreas de proteção ambiental e estações ecológicas instituídos por ato do governo federal, incluindo as denominadas zonas de amortecimento)[11] e atividades licenciadas pelo órgão ambiental federal (Ibama) ou por órgão estadual mediante consentimento deste[12].

Em todos esses casos, tem-se entendido haver interesse federal no litígio, circunstância que autoriza a propositura da demanda coletiva ambiental pelo Ministério Público Federal, o que, por sua vez, determina a competência da Justiça Federal. Na hipótese de demanda ajuizada pelo Ministério Público, representado em juízo ao mesmo tempo por membros do MPF e do MPE (artigo 5º, parágrafo 5º, da Lei 7.347/1985), vale anotar, a competência será, igualmente, da Justiça Federal[13].

Portanto, essa é a orientação que, no presente, parece predominar na matéria no âmbito do Supremo Tribunal Federal e do Superior Tribunal de Justiça.

Sem dúvida, esse posicionamento das nossas cortes superiores contribui para a efetividade do acesso à justiça em tema de meio ambiente, uma vez que, no ponto específico, estabelece critérios mais claros, objetivos e seguros na interpretação das normas constitucionais que regem a competência da Justiça Federal. Com isso, reduz-se a possibilidade de questionamentos quanto à competência jurisdicional e à validade das decisões proferidas, fonte inegável de insegurança na tramitação de demandas ambientais.

Questão, por fim, a ser enfrentada, na esteira do entendimento firmado pelo STF e pelo STJ, diz respeito a uma possível limitação da atuação do Ministério Público Federal, o qual somente estaria autorizado a representar a instituição perante a Justiça Federal, já que, como visto, o ajuizamento da demanda ambiental por ele define, por si só, a competência dos órgãos jurisdicionais federais. Estaria, nesses termos, o Ministério Público Federal impossibilitado de atuar em causas ambientais que tramitam na Justiça Estadual?

Essa poderia, de fato, ser a conclusão imediata extraída do julgado do Supremo Tribunal Federal aqui analisado, relatado pelo saudoso ministro Teori Zavascki, conhecido defensor da restrição da atuação do MPF ao âmbito da Justiça Federal e da atuação do MPE à Justiça estadual, conforme exposto no seu voto. Todavia, parece difícil obstar a atuação do MPF perante as Justiças dos Estados, notadamente nos casos de inércia do MPE, ainda que não haja interesse federal na demanda; tanto quanto não há como impedir a atuação do MPE na Justiça Federal para suprir a omissão do MPF, mesmo presente o interesse federal. Aqui, a unidade e a indivisibilidade da instituição devem ser prestigiadas, como tem sido defendido por importante corrente doutrinária[14].

Referências

[1] MIRRA, Álvaro Luiz Valery. *Participação, processo civil e defesa do meio ambiente*. São Paulo: Letras Jurídicas, 2011, p. 389-392.

[2] MIRRA, Álvaro Luiz Valery, op. cit., p. 390-391.

[3] ZAVASCKI, Teori Albino. *Processo coletivo*: tutela de direitos coletivos e tutela coletiva de direitos. São Paulo: Revista dos Tribunais, 2006, p. 140-141.

4 YOSHIDA, Consuelo Yatsuda Moromizato. Jurisdição e competência em matéria ambiental. In: MARQUES, José Roberto (Org.). *Leituras complementares de Direito Ambiental.* Salvador: JusPodivm, 2008, p. 47-48; MENDES, Aluisio Gonçalves de Castro. *Competência cível da Justiça Federal.* São Paulo: Saraiva, 1998, p. 62-63; PIZZOL, Patrícia Miranda. *A competência no processo civil.* São Paulo: Revista dos Tribunais, 2003, p. 237-238; DANTAS, Marcelo Buzaglo. Competência da Justiça Federal para o processo e o julgamento de ação civil pública em defesa do meio ambiente. In: FIGUEIREDO, Guilherme José Purvin de; RODRIGUES, Marcelo Abelha (Coord.). *O novo processo civil coletivo.* Rio de Janeiro; Lumen Juris, 2009, p. 253-255; DIDIER JR., Fredie; ZANETI JR., Hermes. *Curso de Direito Processual Civil*, v. 4, processo coletivo. 10ª ed. Salvador: JusPodivm, 2016, p. 361-366;

5 MIRRA, Álvaro Luiz Valery. Ação civil pública em defesa do meio ambiente: a questão da competência jurisdicional. In: *Manual prático da Promotoria de Justiça do Meio Ambiente.* São Paulo: Imprensa Oficial do Estado de São Paulo: Ministério Público do Estado de São Paulo, 2005, p. 261-262.

6 NERY JR. Nelson. *Código Brasileiro de Defesa do Consumidor*: comentado pelos autores do anteprojeto. 8ª ed. Rio de Janeiro: Forense Universitária, 2004, p. 1018-1020; MILARÉ, Édis. *Direito do ambiente.* 10ª ed. São Paulo: Revista dos Tribunais, 2015, p. 1515; WATANABE, Kazuo. *Código Brasileiro de Defesa do Consumidor*: comentado pelos autores do anteprojeto. 8ª ed. Rio de Janeiro: Forense Universitária, 2004, p. 832-833; MAZZILLI, Hugo Nigro. *A defesa dos interesses difusos em juízo.* 29ª ed. São Paulo: Saraiva, 2016, p. 420; DIDIER JR., Fredie; ZANETI JR., Hermes, op. cit., p. 361-366.

7 STJ - 1ª Seção - CC 144.922/MG - j. 22/6/2016 - rel. min. Diva Malerbi; STJ - 2ª T. - REsp 1.479.316/SE - j. 20/8/2015 - rel. min. Humberto Martins; STJ - 2ª T. - REsp 1.057.878/RS - j. 26/5/2009 - rel. min. Herman Benjamin; STJ - 2ª T. - AgRg no REsp 1.118.859/PR - j. 2/12/2010 - rel. min. Humberto Martins; STJ - 2ª T. - REsp 1.406.139/CE - j. 5/8/2014 - rel. min. Herman Benjamin; STJ - 2ª T. - AgRg no REsp 1.373.302/CE - j. 11/6/2013 - rel. min. Humberto Martins; STJ - 1ª Seção - CC 78.058/RJ - j. 24/11/2010 - rel. min. Herman Benjamin; STJ - 2ª T. - AgRg no REsp 1.192.569/RJ - j. 19/10/2010 - rel. min. Humberto Martins.

8 STF - 2ª T. - AgRg no RE 822.816/DF - j. 8/3/2016 - rel. min. Teori Zavascki.

9 STF - 2ª T. - AgRg no RE 822.816/DF - j. 8/3/2016 - rel. min. Teori Zavascki; STJ - 2ª T. - REsp 1.057.878/RS - j. 26/5/2009 - rel. min. Herman Benjamin.

10 STJ - 2ª T. - REsp 1.057.878/RS - j. 26/5/2009 - rel. min. Herman Benjamin (mar, terreno de marinha, unidade de conservação federal); STJ - 1ª Seção - CC 144.922/MG - j. 22/6/2016 - rel. min. Diva Malerbi (rio federal); STJ - 2ª T. - AgRg no REsp 1.118.859/PR - j. 2/12/2010 - rel. min. Humberto Martins (rio federal).

11 STJ - 2ª T. - REsp 1.479.316/SE - j. 20/8/2015 - rel. min. Humberto Martins (competência fiscalizatória do Ibama); STJ - 2ª T. - REsp 1.406.139/CE - j. 5/8/2014 - rel. min. Herman Benjamin (zona de amortecimento em parque nacional); STJ - 2ª T. - Resp 1.406.139/CE - j. 5/8/2014 - rel. min. Herman Benjamin (órgão federal fiscalizador de unidade de conservação).

12 STJ - 2ª T. - REsp 1.057.878/RS - j. 26/5/2009 - rel. min. Herman Benjamin.

13 STF - 2ª T. - AgRg no RE 822.816/DF - j. 8/3/2016 - rel. min. Teori Zavascki.

14 NERY JR. Nelson, op. cit., p. 1018-1020; DIDIER JR., Fredie; ZANETI JR., Hermes, op. cit., p. 362.

A PRESERVAÇÃO DO MEIO AMBIENTE POR MEIO DE MEDIDAS CAUTELARES PENAIS

1 de abril de 2017

Marcos Paulo de Souza Miranda

Como se sabe, o Direito Ambiental tem por meta a proteção do direito fundamental, indisponível e intergeracional relativo à fruição do meio ambiente ecologicamente equilibrado, essencial à sadia qualidade de vida, impondo-se ao poder público e à coletividade o dever de defendê-lo e preservá-lo para as presentes e futuras gerações, nos exatos termos do que dispõe a CF/88 (artigo 225, *caput*).

Evidentemente que, em razão da natureza especialíssima do direito material à proteção do meio ambiente, o Direito Processual Ambiental, seja ele civil ou penal, necessita desempenhar, com eficiência, o seu papel instrumentalizador da aplicação das normas protetivas do meio ambiente, removendo os ilícitos ou os danos violadores dessas normas, sob pena de se frustrar a efetividade e a utilidade da prestação jurisdicional acerca do cumprimento do texto constitucional.

Conforme registrado pelo ministro Herman Benjamin[1], o Direito Ambiental há de ser algo mais que a disposição metódica de normas e padrões de comando e controle inaplicáveis ou inaplicados (= *law on the books*), ou, noutra perspectiva, deve ir além da asséptica análise teórica que daí se construísse. De fato, quem se contentar com um tal isolado e abstrato estudo do Direito Positivo Ambiental estará apequenando, a um só tempo, a disciplina jurídica e o seu objeto. À ordem pública ambiental legislada haverá que se acrescentar o matiz implementador.

Registre-se que, no âmbito do Direito Penal e Processual Penal Ambiental, informado sobretudo pela Lei 9.605/98, a normatização é voltada tanto para a aplicação da sanção de natureza penal quanto para a reparação dos danos causados ao meio ambiente. Ou seja, busca-se no bojo do processo penal ambiental não somente punir criminalmente a ação delituosa, mas, sobretudo, assegurar a proteção concreta do bem jurídico ambiental.

Nesse cenário, ressaltando a preocupação da Lei 9.605/98 com a reparação dos danos ambientais, o professor Gilberto Passos de Freitas[2] leciona:

> *E como um reforço a esta regra, a Lei dos Crimes Ambientais em várias oportunidades, dando ênfase à importância jurídico-penal da reparação do dano, a ela expressamente se refere quando trata da suspensão condicional da pena (art. 17), da transação penal (art. 27) e da suspensão condicional do processo (art. 28), estabelecendo-a como condição para a concessão de tais benefícios. Além disso, prevê referido diploma a espontânea reparação do dano como circunstância atenuante da pena (art. 14, II) e como modalidade de pena de prestação de serviços à comunidade estabelecida para a pessoa jurídica (art. 23, II).*

Não resta dúvida que os dispositivos em comento têm sua origem alicerçada no princípio da reparação do dano ambiental, um dos objetivos básicos da Política Nacional de Meio Ambiente (artigo 4º, VII, da Lei 6.938/81), e na tríplice responsabilização das condutas lesivas ao meio ambiente (artigo 226, parágrafo 3º, da CF/88), devendo ser privilegiados os instrumentos que possam, a um só tempo, alcançar os diversos fins colimados pela legislação ambiental, pois, como bem observado pelo doutrinador Alex Fernandes Santiago[3], a reparação é essencial, imanente a qualquer discussão sobre a proteção do meio ambiente, e de nada serviria levar infratores à cadeia e abandonar as florestas desmatadas, os rios poluídos, e assim sucessivamente.

Logo, a necessária interlocução das responsabilidades civil e penal nos instrumentos previstos na Lei 9.605/98 reforça a proteção do bem jurídico ambiental, em profícua simbiose que caracteriza o denominado Direito Ambiental Penal Reparador[4].

O tratamento conjunto das esferas civil e penal relacionadas aos danos ambientais ainda tem a virtude de racionalizar a atuação do Ministério Público e diminuir o acionamento do Poder Judiciário, uma vez que na seara penal é possível, a um só tempo, a resolução completa da situação, evitando a instauração paralela de inquéritos civis ou a propositura de ações civis públicas para tratar do mesmo fato. É esse, inclusive, o posicionamento do STJ[5], que recentemente decidiu: "Na esfera ambiental, o tópico da composição do dano em sede penal ganha relevo, pois, pelo caráter difuso das condutas lesivas (a poluição ambiental a todos prejudica de alguma maneira), revela-se ainda mais necessária a efetiva reparação das áreas degradas como forma de pronta solução dos conflitos".

Entretanto, mais importante que a reparação dos danos ambientais é a sua prevenção, o que nos faz pensar ser necessário voltar nossas atenções para um "Direito Ambiental Penal Preventivo".

Relembre-se que o Direito Penal objetiva, precipuamente, a prevenção da ocorrência dos delitos e ofensas aos bens e interesses juridicamente por ele tutelado, razão pela qual nos parecem evidentes a relevância e a necessidade da utilização de medidas cautelares no âmbito do processo penal ambiental, a fim de que a efetividade das normas ambientais seja alcançada na prática, evitando que ilícitos se protraiam no tempo e que situações de perigo se convertam em danos, causando lesão a direitos intergeracionais e erodindo a confiança da sociedade nas instituições.

Sobre o viés preventivo da tutela ambiental, vale a transcrição da lição de Herman Benjamin[6]:

> *É de todo evidente que, dentre todos os instrumentos de proteção ambiental, os preventivos mostram-se como os únicos capazes de garantir, diretamente, a preservação do meio ambiente, posto que a reparação e a repressão pressupõem dano manifestado, vale dizer, ataque ao equilíbrio ecológico já ocorrido. Os primeiros têm os olhos voltados para o futuro. Já os outros dois alimentam-se do passado que, não raras vezes, não mais pode ser reconstituído. Consequentemente, o conceito de implementação, em matéria ambiental, não pode fugir às exigências de prevenção do dano ambiental.*

A fim de melhor compreensão de nosso pensamento sobre a utilização das cautelares penais ambientais, imaginemos os seguintes casos:

a) um cidadão implanta e põe em funcionamento um grande empreendimento potencialmente poluidor (uma indústria química, por exemplo) sem as devidas licenças ambientais, praticando, pois, a conduta descrita no art. 60 da Lei 9.605/98.

b) em seguida, um agente público concede para essa mesma empresa uma licença para o desenvolvimento das atividades, mas de forma flagrantemente nula (dispensa de EIA/RIMA expressamente exigido, colocando em risco a qualidade do ar, a saúde dos moradores do entorno e a conservação de bens culturais situados nas proximidades), praticando, pois, a conduta descrita no art. 67 da Lei 9.605/98.

Chegando tais fatos ao conhecimento do Ministério Público, e não havendo a possibilidade de transação penal ou suspensão condicional do processo (com as necessárias cláusulas de cessação das atividades potencialmente danosas, até regularização, e suspensão dos efeitos da licença ilicitamente concedida), haveria necessidade de se lançar mão, obrigatoriamente, de uma ação civil pública para promover a suspensão das atividades de tal empresa e os efeitos da licença ilegalmente concedida?

Ou tal medida poderia ser requerida pelo Ministério Público no âmbito do próprio processo criminal, evitando que um possível delito mais grave, como aquele previsto no artigo 54 da Lei 9.605/98, que trata da poluição, se consumasse?

Parece-nos que esta última alternativa seria plenamente viável, além de ser a mais indicada, afinal de contas, de que adiantaria o curso do processo penal simplesmente objetivando a imposição de uma sanção penal aos autores se o bem jurídico tutelado pela legislação ambiental continuaria sendo violado, com possibilidade de concretização de maior lesão aos interesses da coletividade?

Segundo a abalizada doutrina de Luiz Guilherme Marinoni, o direito é uma situação juridicamente tutelada, assumindo relevância no instante em que é ameaçado de lesão ou é violado. Quando o direito é violado e surge ao seu titular o direito à sua tutela, pode aparecer uma situação de perigo capaz de obstaculizar a sua efetividade. Nesse momento, para assegurar o exercício dinâmico do direito ou o modo pelo qual se realiza ou é tutelado, ou seja, a tutela prometida ao direito em sua dimensão estática, deve ser utilizada a tutela cautelar, que é a tutela de segurança jurisdicional do direito[7].

Ora, a prestação da tutela jurídica adequada não é responsabilidade apenas do processo civil, posto que os cânones da efetividade do processo são orientadores de toda e qualquer prestação jurisdicional, abrangendo, com maior razão, as consequências derivadas dos crimes lesivos ao meio ambiente em suas diversas facetas (natural, cultural e urbanístico), posto que violam direito indisponível, difuso e intergeracional.

Nesse sentido, comungando da mesma linha de raciocínio, Herman Benjamin[8], a quem novamente nos recorremos, destaca que:

> *Todas as disciplinas jurídicas que cuidam da questão do meio ambiente apresentam em comum esse desafio: abarcar também os riscos e não somente os danos, pois o prejuízo ambiental é, comumente, de difícil identificação (condutas fluidas e temporalmente protráteis), de larga dimensão e irreparável. Penalmente, isso implica utilização, frequente e legítima, de tipos de perigo abstrato. As sanções, por sua vez, precisam estar ajustadas ao objetivo dissuasório. Em verdade, sem sanções penais (e administrativas) eficientes, o direito ao meio ambiente ecologicamente equilibrado seria só mais uma declaração formal, esvaziada de qualquer sentido jurídico. Demais disso, a norma penal está numa melhor posição, quando comparada com a civil, para enfrentar os riscos ambientais, atuando na fase do perigo, antes que a degradação ocorra.*

Por isso, a fim de se alcançar o verdadeiro desiderato da legislação ambiental, para além dos tipos penais de perigo previstos sobretudo na Lei 9.605/98, ganha extremo relevo no processo penal ambiental a utilização do poder geral de cautela do juiz, cujo fundamento legal básico reside no artigo 3º do CPP ("A lei processual penal admitirá interpretação extensiva e aplicação analógica, bem como o suplemento dos princípios gerais de direito") combinado com o artigo 301 do novo Código de Processo Civil ("A tutela de urgência de natureza cautelar pode ser efetivada mediante arresto, sequestro, arrolamento de bens, registro de protesto contra alienação de bem e qualquer outra medida idônea para asseguração do direito") ou, sendo o caso de cautelar alternativa à prisão, diretamente no artigo 319 do CPP.

Sobre o poder geral de cautela do Poder Judiciário em sede do processo penal, Rogério Pacheco Alves[9] nos ensina que:

> *Seja no crime, seja no cível, sempre que houver uma concreta possibilidade de esvaziamento do exercício da função soberana de julgar, deve o Magistrado servir-se de mecanismos que razoavelmente o habilitem a garantir a sua jurisdição. E tal possibilidade vai encontrar no Poder Geral de Cautela um dos seus mais poderosos instrumentos também na seara processual penal.*

Tal posicionamento doutrinário, a propósito, tem sido acolhido pacificamente pela jurisprudência pátria[10].

Assim, quanto às hipóteses que acima expusemos, ante a flagrante ilegalidade do funcionamento da empresa sem licenciamento ambiental e da concessão arbitrária e ilícita da licença pelo servidor público, caracterizado restaria o *fumus boni iuris*. De outra sorte, o funcionamento de empresa de grande potencial poluidor constitui evidente perigo de dano ao bem jurídico ambiental, cuja tutela é orientada pelo brocardo *in dubio pro natura*, restando caracterizado o segundo elemento necessário para a adoção de medida cautelar: o *fumus boni iuris*.

Logo, seria plenamente viável o requerimento pelo Ministério Público e o deferimento pelo Poder Judiciário, no bojo do processo penal versando sobre a prática dos delitos dos artigos 60 e 67 da Lei 9.605/98, de medida cautelar determinando a suspensão das atividades da empresa e os efeitos da licença ilegalmente concedida, a fim de assegurar a própria finalidade da ação penal ambiental que, como já expusemos, não objetiva apenas a imposição de sanções restritivas de liberdade.

De se ressaltar, em assomo, que a Lei 9.605/98 prevê a suspensão parcial ou total de atividades como pena restritiva de direitos (artigo 8º, III), devendo ser utilizada sempre que as atividades não estiverem obedecendo às prescrições legais (artigo 11), o que demonstra a preocupação da Lei de Crimes Ambientais com o acautelamento do bem jurídico ambiental em situações de mera violação da normatização, independentemente da comprovação de dano concreto.

Ora, se tal medida está prevista como pena a ser aplicada ao fim do processo, óbvio que ela pode ser antecipada, não como sanção, mas como medida cautelar voltada a assegurar a tutela jurídica do bem ambiental, em casos onde o *fumus boni iuris* e o *periculum in mora* sejam devidamente demonstrados.

Mutatis mutandis, o STF entende que:

> *A retenção de passaporte pelo magistrado de primeiro grau tem clara natureza acautelatória, inserindo-se, portanto, no poder geral de cautela, o qual é depreendido de normas processuais dispostas no art. 3º do CPP, e do art. 798 do CPC. 2. 'se o direito brasileiro admite a decretação da prisão temporária e preventiva, entre outras medidas constritivas da liberdade de locomoção da pessoa, no momento anterior ao trânsito em julgado de sentença condenatória, com muito mais razão revela-se admissível a imposição de condições para o acusado durante o processo, como a entrega do passaporte, a necessidade de obtenção de autorização judicial para empreender viagens ao exterior, entre outras' (HC 94.147/RJ, rel. min. Ellen Gracie, DJE 13/6/2008). Ordem indeferida (STF; HC*

101.830; SP; 1ª Turma; rel. min. Luiz Fux; Julg. 12/4/2011; DJE 4/5/2011; Pág. 21).

Enfim, como é de natureza pública incondicionada a ação penal em relação a todos os crimes ambientais (artigo 26 da Lei 9.605/98), toca aos membros do Ministério Público brasileiro o dever de se valerem das medidas cautelares penais necessárias ao desempenho de seu *múnus* na tutela do meio ambiente, contribuindo para a efetiva implementação do farto arcabouço jurídico que o ordenamento brasileiro nos oferece para o cumprimento de tal mister.

Do Poder Judiciário, parafraseando Piero Calamandrei, só podemos esperar que, na vida prática, ele propicie aquela tutela que em abstrato a lei nos promete. Só se juiz for capaz de pronunciar em favor do meio ambiente a palavra da Justiça, poderemos perceber que o direito não é apenas uma sombra vã.

Referências

1 *O Estado Teatral e a Implementação do Direito Ambiental.* BDJUR, p. 4-5

2 FREITAS, Gilberto Passos de. *Ilícito Penal Ambiental e Reparação do Dano.* São Paulo: Revista dos Tribunais. 2005. p. 128-129.

3 *Fundamentos de Direito Penal Ambiental.* Belo Horizonte: Del Rey. 2015. p. 349.

4 Direito Ambiental Penal Reparador é expressão utilizada pelo desembargador Eládio Lecey, em seu artigo *Direito ambiental penal reparador: composição e reparação do dano ao ambiente: reflexos no juízo criminal e a jurisprudência.* Revista de Direito Ambiental. vol. 45/2007. p. 92 – 106.

5 Recurso Especial 1.524.466 - SC (2015/0073284-0) – j. 8 de novembro de 2016 – rel. ministro Napoleão Nunes Maia Filho.

6 A implementação da legislação ambiental: o papel do Ministério Público. In: BENJAMIN, Antônio Herman V. (Coord.). *Dano ambiental: prevenção, reparação e repressão. São Paulo.* Revista dos Tribunais. 1993.p. 365.

7 Tutela de urgência e tutela de evidência. *Soluções processuais diante do tempo da justiça.* São Paulo: Revista dos Tribunais. 2017. p. 81.

8 Crimes contra o meio ambiente: uma visão geral. Ministério Público e Democracia. 12º Congresso Nacional do Ministério Público. Livro de Teses, Tomo II, p. 393.

9 *O poder geral de cautela no processo penal.* Revista do Ministério Público do Rio de Janeiro. nº 15. Jan-jun. 2002. p. 237.

10 Nesse sentido: PROCESSUAL PENAL. IMPOSIÇÃO DE CONDIÇÕES JUDICIAIS (ALTERNATIVAS À PRISÃO PROCESSUAL). POSSIBILIDADE. PODER GERAL DE CAUTELA. PONDERAÇÃO DE INTERESSES. ART. 798, CPC. ART. 3º, CPP. (STF; HC

94.147-8; RJ; Segunda Turma; Relª Min. Ellen Gracie; Julg. 27/05/2008; DJE 13/06/2008; Pág. 99). Além das cautelares penais expressas - todas elas com mero fim de garantia para reparação dos danos do crime -, o poder geral de cautela é ínsito à jurisdição. Ou seja, como decorrência do constitucional direito de ação, pode o juiz criar medidas inominadas de cautela, sempre que necessárias à melhor solução do justo - sob pena de prejuízo aos próprios fins do processo (TRF 4ª Região – MS 200404010515490 UF: PR – J. 28/06/2005 – Rel. Néfi Cordeiro).

POPULAÇÃO PRECISA COLABORAR COM O SISTEMA DE COLETA E TRATAMENTO DE ESGOTO

15 de abril de 2017

Eduardo Coral Viegas

A Companhia de Saneamento do Paraná (Sanepar) possui um programa chamado "Se Ligue na Rede", por meio do qual são feitas ações para que a população conecte suas economias ao sistema de coleta e tratamento de esgoto após a conclusão das obras. A finalidade é aumentar o índice de interligações e reduzir os impactos dos lançamentos de esgoto in natura no ambiente.

O início do programa ocorreu há 20 anos, e, nesse período, a Sanepar recebeu alguns prêmios socioambientais pela iniciativa, como o Prêmio Caixa Melhores Práticas em Gestão Local, na categoria "Trabalho Social no PAC" (em 2011), que lhe permitiu participar do Best Pratices and Local Leadrships Programme, em Dubai, no ano seguinte. Em 2015, foi finalista do Prêmio Inovação da Gestão em Saneamento, da Abes.

Assim como a Sanepar, outras companhias de saneamento estimulam as pessoas a se ligarem às novas redes de esgoto. Mas, por incrível que pareça, os esforços são muitos, enquanto os resultados nem sempre aparecem em medida similar. No Rio Grande do Sul, temos exemplos de iniciativas pouco exitosas.

Nossa proposta neste espaço de discussão é analisar duas questões centrais: por que é tão importante a ligação à rede cloacal e como ela é tratada pelo Direito brasileiro?

Na já longínqua década de 1970, o Clube de Roma elaborou o documento chamado Os Limites do Crescimento, que trouxe como conclusão serem incompatíveis a disposição dos recursos naturais com a taxa de crescimento demográfico, os padrões de consumo e a forma de desenvolvimento da atividade industrial. A solução para o problema seria a estabilização econômica, populacional e ecológica[1].

Desde então, porém, a população só cresceu — e muito. O somatório diário dos efluentes domésticos produzidos pelas 7 bilhões de pessoas que habitam o planeta é elevadíssimo. Pior, significativa porção de tais rejeitos é despejada no ambiente sem qualquer espécie de tratamento, enquanto outra parcela conta com tratamento parcial ou deficitário.

Dados da ONU apontam que 2,5 bilhões de pessoas não têm acesso a saneamento básico no mundo, ao passo que 780 milhões carecem de água potável[2]. Os reflexos desses dados são expressos em mais índices quantificáveis: a Unicef divulgou recentemente que a diarreia mata mais crianças no mundo do que a Aids, a malária e o sarampo juntos, sendo que 88% de suas causas são a má qualidade da água, o saneamento inadequado e a falta de higiene[3].

O Instituto Trata Brasil, especializado em saneamento, aponta que apenas 42,67% dos esgotos do país são tratados e que mais de 3,5 milhões de brasileiros, nas 100 maiores cidades do país, despejam irregularmente seus efluentes na natureza, apesar de contarem com redes coletoras à sua disposição[4]. Igualmente lembra que o Plano Nacional de Saneamento Básico (Plansab) estima serem necessários investimentos na ordem de R$ 270 bilhões para a universalização do saneamento até 2030[5].

Isto é, a demanda por esgoto é significativa tanto no Brasil como no mundo; sua falta acarreta consequências extremamente danosas aos seres humanos e ao ambiente de uma forma geral, destacando-se o aumento de doenças e mortes evitáveis e a violação do princípio da dignidade da pessoa humana, que não pode ser atingido sem acesso à água em quantidade suficiente e qualidade adequada; e a ampliação e/ou universalização do saneamento é bastante onerosa.

Em época de crise econômica, como a que atravessamos no Brasil, os gastos de interesse público devem ser geridos da melhor forma possível, para que sejam maximizados os benefícios sociais. Consequentemente, não é plausível que as companhias de saneamento façam elevados investimentos na implantação de redes de coleta e de tratamento de esgoto, mas estas acabem ociosas porque as pessoas não se comprometem a executar pequenos ajustes estruturais em suas economias.

Sob o enfoque jurídico, o artigo 45 da Lei 11.445/2007, que é a Lei da Política Nacional do Saneamento, dispõe:

> *Ressalvadas as disposições em contrário das normas do titular, da entidade de regulação e de meio ambiente, toda edificação permanente urbana será conectada às redes públicas de abastecimento de água e de esgotamento sanitário disponíveis e sujeita ao pagamento*

> *das tarifas e de outros preços públicos decorrentes da conexão e do uso desses serviços.*

A Lei do Saneamento não estabelece sanção para o descumprimento dessa regra; porém, a Lei das Águas (Lei 9.433/97) contempla a imposição de penas administrativas para quem praticar diversas condutas, dentre as quais pode ser enquadrada a omissão à ordem de ligação da economia à rede geral de esgotamento sanitário. Nesse sentido:

> *Art. 50. Por infração de qualquer disposição legal ou regulamentar referentes à execução de obras e serviços hidráulicos, derivação ou utilização de recursos hídricos de domínio ou administração da União, ou pelo não atendimento das solicitações feitas, o infrator, a critério da autoridade competente, ficará sujeito às seguintes penalidades, independentemente de sua ordem de enumeração:*

O Tribunal de Justiça do Rio Grande do Sul apreciou a matéria em agravo de instrumento interposto pelo município de Gravataí contra decisão que havia indeferido medida liminar em ação cominatória movida contra pessoas notificadas para fazerem as devidas ligações e que se mantiveram inertes. Na ocasião, deu provimento ao recurso, reconhecendo a obrigação dos particulares, consoante trecho da ementa:

> *No caso, os agravados foram notificados há mais de um ano, para tomarem as devidas providências a fim de efetuarem a ligação de esgoto domiciliar a rede coletora pública com o fito de evitar o dano ambiental, restando, contudo, inertes. Agravo provido. Unânime[6].*

É plausível o questionamento se seria necessária lei municipal estabelecendo medidas administrativas sancionatórias para aqueles notificados e que se omitem. A questão é controversa, já que nosso sistema é federalista. Para que não haja nulidade das autuações municipais, é prudente a transposição da norma administrativa sancionadora via o estabelecimento de lei local.

É digno de nota que tramita na Câmara dos Deputados o PL 7.915/2010, tratando da criminalização de condutas envolvendo recursos hídricos, que inclui o artigo 50-A à Lei 9.433/97, cujo inciso VI contempla o objeto deste trabalho, *verbis*:

> *Deixar o proprietário de edificação permanente urbana de conectar seu imóvel às redes de abastecimento de água e de esgotamento*

> *sanitário disponíveis, após esgotado o prazo concedido pela autoridade competente. Pena – detenção, de 6 meses a 2 anos, e multa.*

A aprovação desse projeto de lei reforçaria os mecanismos de comando e controle sobre aqueles que, apesar de notificados para atender ao comando legal e administrativo de regularizarem seus imóveis à rede de esgotamento sanitário, mantêm-se omissos, contribuindo diariamente, com isso, para o aumento da poluição ambiental.

Enfim, quanto mais ferramentas o administrador público e o operador do Direito tiverem para agir em prol da saúde, do meio ambiente e da vida, mais fácil será a implementação efetiva de tais direitos fundamentais. Contudo, não podemos perder de vista a responsabilidade das pessoas em cooperar para que, de forma espontânea, sem a necessidade de imposição de qualquer penalidade, o maior número possível de imóveis se ligue às redes disponíveis, as quais, conforme visto, são privilégio de poucos.

Referências

1 WEDY, Gabriel. Disponível em:<http://www.conjur.com.br/2017-fev-25/ambiente-juridico-direito-desenvolvimento-existe-sustentavel-ambientalmente>. Acesso em 6 de abril de 2017.

2 Disponível em: <https://nacoesunidas.org/25-bilhoes-de-pessoas-nao-tem-acesso-a-saneamento-basico-em-todo-o-mundo-alerta-onu/>. Acesso em 6 de abril de 2017.

3 Disponível em: <https://www.unicef.org/brazil/pt/media_16165.html>. Acesso em 6 de abril de 2017.

4 Disponível em: <http://www.tratabrasil.org.br/saneamento-no-brasil>. Acesso em 6 de abril de 2017.

5 Disponível em: <http://www.tratabrasil.org.br/universalizacao-do-saneamento-basico-terra-da-gente-online-internet-noticias-2>. Acesso em 6 de abril de 2017.

6 AI 70048791107, julgado em 29 de agosto de 2012.

A QUESTÃO DOS "REFUGIADOS" CLIMÁTICOS E AMBIENTAIS NO DIREITO AMBIENTAL

22 de abril de 2017

Álvaro Mirra

Tema bastante atual no Direito Ambiental, notadamente no âmbito do Direito Internacional do meio ambiente, é o dos refugiados ou deslocados climáticos e ambientais. Segundo estimativa do Alto Comissariado das Nações Unidas para os refugiados, apresentada em 2008, aproximadamente 250 milhões de pessoas serão levadas a se deslocar no curso deste século, em razão da evolução do clima, das condições meteorológicas extremas, da diminuição das reservas de água e da degradação das terras agrícolas, eventos esses resultantes do aquecimento global.[1] Tais deslocamentos ocorrerão no interior dos Estados e entre os mais diversos países.

Há controvérsia a respeito da denominação a ser dada a essas pessoas como verdadeiros "refugiados". Isso porque, nos termos da Convenção de Genebra sobre o Estatuto dos Refugiados, de 1951, "refugiado" é a pessoa que teme ser perseguida em razão da sua raça, da sua religião, da sua nacionalidade, do fato de pertencer a um determinado grupo social ou em função de suas opiniões políticas; situações que, à evidência, não abrangem os refugiados climáticos e ambientais.[2] Daí se falar, também, em "deslocados" climáticos e ambientais.[3]

Os refugiados ou deslocados ambientais, em termos gerais, são as pessoas forçadas a deixar o lugar em que vivem, de maneira temporária ou permanente, em virtude de eventos climáticos e ambientais, de origem natural ou humana, que colocam em perigo a sua existência ou afetam seriamente a sua condição de vida.[4] Mais especificamente, os refugiados ou deslocados climáticos são as pessoas que deixaram imediatamente ou estão na iminência de deixar em um futuro próximo o lugar em que vivem, em razão de uma súbita ou gradual alteração do meio natural causada por algum dos impactos causados pelas mudanças climáticas: aumento do nível dos oceanos, eventos climáticos extremos (tempestades, ciclones, tornados), seca e diminuição da disponibilidade de água.[5]

Discute-se, então, sobre a proteção a ser dada às pessoas que se encontram nessa condição de deslocados climáticos e ambientais. Basicamente, duas estratégias são imaginadas para tratar desse problema sob a ótica do direito internacional.

A primeira delas é a modificação dos instrumentos convencionais internacionais já existentes, como a aludida Convenção relativa ao Estatuto dos Refugiados ou a própria Convenção-Quadro sobre as Mudanças Climáticas, para incluir, em seus textos respectivos ou em protocolos adicionais, a proteção dos refugiados ou deslocados climáticos e ambientais.[6]

A segunda estratégia é a elaboração de uma nova convenção internacional específica sobre o assunto.[7] Nesse sentido, existe já um texto regional, elaborado pela União Africana, que adotou uma convenção sobre a proteção e a assistência às pessoas deslocadas, embora apenas no plano interno dos países.[8]

Além disso, existe, também, um Projeto de Convenção Internacional sobre o Estatuto Internacional dos Deslocados Ambientais, proposto por um grupo de juristas do direito ambiental e dos direitos humanos ligados à Universidade de Limoges, na França. Essa convenção teria vocação universal, para adoção por todos os países e não apenas em um contexto regional específico, com a consagração de um estatuto jurídico específico para os deslocados ambientais.[9]

Mas o que se discute quando se alude à proteção internacional dos deslocados ambientais, seja pela modificação de documentos existentes, seja pela criação de uma convenção internacional específica, com ou sem o estabelecimento de um estatuto jurídico que lhes seja próprio?

Por um lado, defende-se o reconhecimento de uma série de direitos fundamentais dos deslocados ambientais, considerados como tais não apenas as pessoas individualmente, mas famílias e populações inteiras. A proteção, nesses termos, levaria em conta não os indivíduos, mas grupos inteiros e teria como objetivo assegurar tratamento digno a todos os que se encontram nessa condição, inclusive nos deslocamentos transfronteiriços externos.[10]

Entre os direitos fundamentais dos deslocados ambientais, a serem garantidos pelos países de acolhimento, incluem-se o direito à manutenção do grupo familiar, o direito à vida, o direito à dignidade, o direito à saúde, o direito à alimentação e à água, o direito à moradia, o direito ao trabalho, o direito à educação e à formação profissional, o direito a ser sujeito de direito, o direito de não ser recusado pelo país escolhido para o acolhimento.[11]

Por outro lado, prevê-se, a fim de garantir a efetivação de todos os direitos consagrados, ampla cooperação internacional, com a constituição de um fundo de ajuda e de compensação aos países de acolhimento, observado, em qualquer circunstância, o princípio das responsabilidades comuns, mas diferenciadas, entre os Estados.[12] Dessa maneira, na repartição dos encargos, não só com o fundo, mas com o próprio acolhimento, os países do Norte, mais desenvolvidos, que têm responsabilidade histórica maior nas mudanças climáticas, deveriam assumir uma carga igualmente maior.[13]

A elaboração de uma convenção internacional sobre a matéria e a consagração de um estatuto jurídico específico para os deslocados climáticos e ambientais defrontam-se, como é fácil de compreender, com resistências importantes, não só daqueles que temem o aumento dos movimentos de migração em massa dos países periféricos mais fortemente atingidos pelas mudanças climáticas para os países centrais, como, até mesmo, de especialistas na matéria e do próprio Alto Comissariado das Nações Unidas para os Refugiados.[14]

O máximo que se conseguiu, até o momento, afora as iniciativas regionais, foi o estabelecimento, na órbita internacional, no ano de 2015, de uma "agenda para a proteção das pessoas deslocadas para além das fronteiras no contexto de catástrofes e mudanças climáticas", sob os auspícios da iniciativa Nansen, encabeçada pela Suíça e pela Noruega.[15] A iniciativa Nansen foi um processo de consulta mundial que contou com a participação de vários países (ao todo 111 Estados), com ênfase ao reforço de medidas preventivas a serem adotadas nos países de origem e ao planejamento da relocação das pessoas em situação de risco. Dada a diversidade de situações que envolvem os deslocados transfronteiriços externos, sustenta-se que as soluções devem ser preferencialmente regionais.[16]

Aplaudida por especialistas na matéria, a iniciativa Nansen constitui uma espécie de guia prático e serve como fonte de inspiração para os Estados elaborarem suas legislações nacionais.[17] Não se trata, à evidência, de documento obrigatório, como o seria uma convenção internacional sobre o assunto. Ademais, e por essa mesma razão, não reconhece direitos específicos dos deslocados climáticos e ambientais.

Ocorre que a opção pela elaboração de uma simples agenda, sem caráter mandatório ou vinculante para os Estados, sem o reconhecimento de direitos específicos e apoiada em soluções a serem adotadas de preferência nos próprios países de origem, não basta para o tratamento de um assunto crucial para o futuro de populações inteiras, que frequentemente se vêm forçadas a abandonar os lugares e os países onde vivem em virtude de eventos climáticos e ambientais para os quais não contribuíram diretamente e de que são as maiores vítimas. Tal agenda pode, inclusive, no limite, mostrar-se refratária ao ideal de solidariedade entre os povos, pela falta de obrigatoriedade dos compromissos assumidos e pelo caráter discricionário e aleatório da contribuição dos Estados envolvidos.

Nunca é demais lembrar que o direito ao meio ambiente sadio e ecologicamente equilibrado, sem dúvida violado em situações como as aqui discutidas, é justamente classificado entre os direitos de terceira geração ou dimensão, como um dos direitos de solidariedade ou direitos dos povos[18], de titularidade coletiva e de interesse de toda a humanidade. Como tal, o direito ao meio ambiente está fundado na solidariedade entre as gerações atuais (solidariedade intrageracional) e entre estas e as gerações futuras (solidariedade intergeracional)[19], pressupondo, para a sua implementação concreta, o esforço conjunto do Estado, dos indivíduos, dos diversos setores da sociedade e das diversas Nações.

Daí por que, em uma concepção verdadeiramente solidária, seria importante, de fato, a consagração de um estatuto jurídico para os deslocados climáticos e ambientais, em um documento internacional de âmbito universal e natureza mandatória, voltado a amparar os deslocamentos transfronteiriços internos e externos, com o reconhecimento específico de direitos fundamentais às pessoas, famílias e grupos forçados a migrar, como proposto por importantes *experts* do direito internacional e do direito ambiental.[20] Essa parece ser a única concepção compatível com um espírito autenticamente comunitário, indispensável à formação de uma civilização mundial humanista.[21] Por mais utópico ou incômodo que isso possa parecer na atualidade.

Referências

[1] A notícia foi dada em dezembro de 2008, por L. Craig Johnstone, Alto Comissário Adjunto para os refugiados da ONU. Segundo ele, os deslocamentos se darão em um ritmo de seis milhões de pessoas por ano (cf. COURNIL, Christel. Les défis du droit international pour protéger les "réfugiés climatiques": réflexions sur les pistes actuellement proposées. In:

COURNIL, Christel; COLARD-FABREGOULE, Catherine. *Changements climatiques et défis du droit*. Bruxelles: Bruylant, 2010, p. 345).

2 Art. 1º da Convenção de Genebra.

3 COURNIL, Christel, op. cit., p. 347-350; PRIEUR, Michel. *Droit de l'environnement, droit durable*. Bruxelles: Bruylant, 2014, p. 998-1000.

4 Essa é a conceituação de Essam El-Hinnawi, em relatório apresentado ao Programa das Nações Unidas para o Meio Ambiente (cf. COURNIL, Christel, op. cit., p. 347; SILVA, Solange Teles da. *O direito internacional do meio ambiente*. Belo Horizonte: Del Rey, 2009, p. 46).

5 BIERMANN, Frank; BOAS, Ingrid, *apud* COURNIL, Christel, op. cit., p. 348.

6 COURNIL, Christel, op. cit., p. 358-361; SILVA, Solange Teles da, op. cit., p. 48.

7 COURNIL, Christel, op. cit., p. 361-369; PRIEUR, Michel, op. cit., p. 998 e ss.

8 Convenção da União Africana sobre a Proteção e a Assistência às Pessoas Deslocadas na África (Convenção de Kampala, de 2009 - www.peaceau.org/uploads/convention-on-idps-fr.pdf), que inclui, no conceito de deslocados, aqueles ambientais e climáticos, embora, como referido, seja restrita aos deslocamentos internos. Sobre o assunto, ainda, COURNIL, Christel, op. cit., p. 353.

9 PRIEUR, Michel, op. cit., p. 1005-1023, com o texto do Projeto de Convenção, na versão de maio/2013.

10 COURNIL, Christel, op. cit., p. 363; PRIEUR, Michel, op. cit., p. 1005 e ss.

11 COURNIL, Christel, op. cit., p. 363; PRIEUR, Michel, op. cit., p. 1005 e ss., especialmente arts. 12 e 13 do Projeto de Convenção Internacional.

12 Princípio n. 7 da Declaração das Nações Unidas sobre Meio Ambiente e Desenvolvimento, adotada em 1992 no Rio de Janeiro; art. 5º do Projeto de Convenção Internacional.

13 COURNIL, Christel, op. cit., p. 366.

14 A propósito das reservas do Alto Comissariado das Nações Unidas sobre os Refugiados ao reconhecimento de um estatuto jurídico próprio aos refugiados ou deslocados climáticos e ambientais, ver, em especial, SILVA, Solange Teles da, op. cit., p. 48. A Declaração das Nações Unidas sobre Desenvolvimento Sustentável, adotada no Rio de Janeiro, em 2012 (Rio + 20), por sua vez, não tratou do problema de maneira expressa, limitando-se, no item 157, a exortar os Estados à promoção e à defesa eficientes dos direitos humanos e das liberdades fundamentais de todos os migrantes, quaisquer que sejam seus estatutos migratórios, com especial atenção ao papel e às responsabilidades dos países de origem, de trânsito e de destinação. No âmbito da Convenção-Quadro sobre as Mudanças Climáticas, as reuniões da Conferência das Partes de Paris (2015 – COP 21) e de Marrakech (2016 – COP 22) previram a revisão do Mecanismo Internacional de Varsóvia sobre perdas e danos associados aos impactos das mudanças climáticas (órgão submetido à autoridade da Conferência das Partes), para incluir o tema dos deslocamentos, das migrações e da mobilidade humana, muito embora, à primeira vista, mais para prevenir e reduzir os deslocamentos de populações.

15 Sobre a iniciativa Nansen, ver https://www.nanseninitiative.org.

16 Sobre o tema, ver as entrevistas concedidas por Walter Kälin e François Gemenne, especialistas na matéria, à jornalista Stéphanie Senet, do *Journal de l'Environnement*, respectivamente, em 14 e 28 de outubro de 2015.

17 Ainda aqui, ver as entrevistas concedidas por Walter Kälin e François Gemenne à jornalista Stéphanie Senet, do *Journal de l'Environnement*, respectivamente, em 14 e 28 de outubro de 2015.

18 TRINDADE, Antônio Augusto Cançado. *Direitos humanos e meio-ambiente*: paralelo dos sistemas de proteção internacional. Porto Alegre: Sergio Antonio Fabris, 1993, p. 115 e 122; MIRRA, Álvaro Luiz Valery. *Participação, processo civil e defesa do meio ambiente*. São Paulo: Letras Jurídicas, 2011, p. 104-105.

19 FENSTERSEIFER, Tiago. *Direitos fundamentais e proteção do ambiente*: a dimensão ecológica da dignidade humana no marco jurídico-constitucional do Estado Socioambiental de Direito. Porto Alegre: Livraria do Advogado, 2008, p. 118; SARLET, Ingo Wolfgang; FENSTERSEIFER, Tiago. *Princípios do direito ambiental*. São Paulo: Saraiva, 2014, p. 73-76; MILARÉ, Édis. *Direito do ambiente*. 10ª ed. São Paulo: Revista dos Tribunais, 2015, p. 260-261.

20 Ver, a propósito, entrevista concedida por Fernanda de Salles Cavedon, jurista integrante da Rede Sul-Americana para as Migrações Ambientais – RESAMA (http://migramundo.com/acordo-de-paris-deixa-a-desejar-sobre-refugiados-ambientais-aponta-pesquisadora/). Sobre a situação específica do Brasil e da América do Sul, ver entrevista concedida por Erika Pires Ramos, igualmente jurista integrante da RESAMA, a Rodrigo Farhat, publicada no *Le Monde Diplomatique Brasil*, n. 117, abril/2017, p. 32-33.

21 Sobre o espírito da civilização humanista a ser construída, ver COMPARATO, Fábio Konder. *A civilização capitalista*. 2ª ed. São Paulo: Saraiva, 2014, p. 301.

DISPENSA DE LICENCIAMENTO AMBIENTAL EXIGE DECISÃO TÉCNICA FUNDAMENTADA

29 de abril de 2017

Talden Farias

Cada vez mais nos debates sobre a reforma ou a modernização do licenciamento ambiental o tema da dispensa tem vindo à tona. Trata-se, em linhas gerais, da isenção do licenciamento ou da licença ambiental para determinadas atividades ou segmentos econômicos, o que pode ocorrer via ato normativo abrangendo situações gerais ou via decisão administrativa do órgão ambiental no caso específico.

Muitas vezes essas iniciativas surgem a pretexto de estimular determinados segmentos econômicos, sob a alegação de desburocratização ou de incentivo aos pequenos empreendedores. Seria o caso da agricultura familiar, da aquicultura, da habitação social ou das práticas de extrativismo, por exemplo.

Por outro lado, existe o intuito de isentar certas obras públicas, ou de interesse público, sob a justificativa de promoção do bem comum, uma vez que as mesmas ficariam mais céleres e mais baratas, deixando certamente de sofrer os questionamentos e as interrupções inerentes ao licenciamento. Nesse sentido cabe destacar a PEC 65/2012 (originada no Senado), que tramitou de forma acelerada em 2016 ao visar acrescentar o parágrafo 7º ao artigo 225 da Constituição Federal a fim de tentar assegurar a continuidade da obra pública após a concessão da licença ambiental, dispondo que a apresentação do EIA/Rima importa autorização para a execução da obra, não podendo haver suspensão ou cancelamento a não ser em função de fato superveniente.

Ao longo dos últimos anos, a dispensa se tornou uma prática corriqueira em vários órgãos ambientais estaduais e municipais, que buscaram regulamentá-la de formas e por razões diferentes. Impende dizer que não há uma regulamentação geral sobre o assunto disposta em lei, em decreto ou mesmo em resolução do Conama.

Atualmente, a única previsão sobre dispensa de licenciamento ambiental na legislação federal está na alínea f do inciso XIV do artigo 7º da Lei Complementar 140/2011, que, ao dispor sobre a competência licenciatória da União, estabelece a possibilidade de excetuação do licenciamento ambiental das atividades de caráter militar por ato do Poder Executivo. Há o PL 3.729/2004, que procura instituir a lei geral de licenciamento ambiental e que dedica uma seção com três artigos ao assunto[1], mas que pode ainda enfrentar uma longa tramitação legislativa pela frente.

Diante disso, faz-se mister saber se a excetuação do licenciamento ambiental, seja via ato normativo em relação a todo um segmento econômico ou seja via ato administrativo em relação a uma atividade específica, guarda ou não compatibilidade com o ordenamento jurídico.

Pois bem. O licenciamento ambiental foi instituído em âmbito nacional pela Lei 6.938/81, que dispôs sobre a Política Nacional do Meio Ambiente e criou o Sistema Nacional do Meio Ambiente:

> Art. 10. As atividades econômicas potencial ou efetivamente causadoras de impactos ao meio ambiente, como qualquer outra capaz de interferir nas condições ambientais, estão sujeitas ao controle estatal.

Esse é o instrumento mediante o qual o poder público controla as atividades econômicas que degradam ou que simplesmente podem degradar. Com efeito, as atividades potencial ou efetivamente causadoras de impactos ao meio ambiente, como qualquer outra capaz de interferir nas condições ambientais, estão sujeitas a ele. Isso implica dizer que são considerados os impactos ambientais causados pelo funcionamento normal da atividade, bem como os causados em situações de desastre, de forma que se trata inquestionavelmente de um mecanismo de gestão de riscos.

O *caput* do artigo 225 da Constituição Federal determina que o poder público e a coletividade têm a obrigação de atuar na defesa e na preservação do meio ambiente tendo em vista o direito das gerações presentes e futuras, constituindo-se, portanto, o núcleo do Direito Ambiental brasileiro[2]. Apontado como o mais importante mecanismo de proteção ambiental[3], uma vez que é por meio dele que a administração pública impõe condições e limites ao exercício das atividades poluidoras, o licenciamento visa dar concretude ao desiderato constitucional citado. Entretanto, mais do que uma previsão genérica, impende dizer que a função de controlar as atividades efetiva ou potencialmente poluidoras está expressamente estabelecida pelo inciso V do parágrafo 1º do artigo 225 da Constituição Federal, que reza que, para assegurar a efetividade do direito ao meio ambiente equilibrado, incumbe ao poder público "controlar a produção, a comercialização e o emprego de técnicas, métodos e substâncias que comportem risco para a vida, a qualidade de vida e o meio ambiente".

Isso significa que qualquer estipulação prévia da ausência ou mesmo de diminuição do controle ambiental, além de nociva ao meio ambiente, é inconstitucional, já que desrespeita os dispositivos citados. Não é por outra razão que o Supremo Tribunal Federal já deliberou que a atividade econômica não pode se desenvolver sem consonância com a questão ecológica[4]. Sendo assim, os atos normativos que eximem previamente todo um segmento do econômico de fazer o licenciamento, a exemplo da alínea f do inciso XIV do artigo 7º da Lei Complementar 140/2011, que estabelece a possibilidade de excetuação do licenciamento ambiental das atividades de caráter militar, são incompatíveis com a ordem constitucional[5]. Na verdade, como o licenciamento só poderia ser dispensado caso houvesse outro instrumento público capaz de garantir o mesmo controle ambiental, essa mudança parece impertinente.

É claro que incumbe ao poder público a criação de estímulos às atividades econômicas, o que deve ocorrer por meio de todos os mecanismos cabíveis. No caso da política ambiental, é possível citar a dispensa do pagamento do custo de retorno ou da taxa ou, quando os impactos envolvidos não forem de maior porte, a simplificação do licenciamento em uma ou duas fases apenas. No que diz respeito às obras públicas ou de interesse público, é possível estabelecer a sua priorização dentro do cronograma de trabalho do órgão competente, bem como tentar fazer a articulação com os chamados órgãos ambientais intervenientes a fim de acelerar os tramites. Foi o que aconteceu com a Lei 13.334/2016, que instituiu o Cria o Programa de Parcerias de Investimentos (PPI) e que procura priorizar determinados licenciamentos, notadamente na área de infraestrutura. Só não se admite a eliminação prévia do licenciamento pelas razões anteriormente expostas.

No entanto, a depender das peculiaridades do caso concreto, é possível a dispensa por decisão administrativa do órgão competente. Se for verificado que aquela atividade não polui nem é capaz de gerar uma poluição socialmente relevante, não há realmente que se falar em licenciamento ambiental, ainda que a mesma esteja prevista em algum ato normativo. Obviamente, terá de haver uma justificativa embasada em critérios científicos e parâmetros técnicos objetivos, não podendo ser um ato de mera discricionariedade. De mais a mais, as peculiaridades do caso concreto poderão fazer com que se exija a licença ambiental de certos empreendimentos considerados em tese como não poluidores e vice-versa.

A dispensa precisa ser disciplinada em âmbito nacional, ao menos nos seus aspectos gerais, podendo ser editado um decreto regulamentador da Lei Complementar 140/2011 com esse intuito. É importante destacar que a cada dia a relevância do assunto cresce, notadamente porque bancos e instituições públicas têm exigido que os empreendedores apresentem a licença ambiental válida ou a certidão de sua dispensa. De fato, existem questões procedimentais relevantes a se decidir, como o cabimento ou não do pagamento do custo de retorno ou da taxa, a definição da relação de documentos mínimos necessários, a pertinência da vistoria técnica, a utilidade da exigência de assinatura de um termo de responsabilidade etc.

Em vista disso, a dispensa de licenciamento ambiental só é possível no caso concreto e por decisão tecnicamente fundamentada do órgão ambiental, que comprove que aquela atividade específica não é potencial nem efetivamente poluidora. Já a dispensa prévia via ato normativo abrangendo situações gerais é inconstitucional e não pode ser admitida, pois não é aceitável que esse procedimento se transforme em um salvo-conduto para as atividades que não querem se submeter ao controle ambiental prévio.

Referências

1 Após o substitutivo do deputado federal Mauro Pereira (PMDB/RS), relator do projeto, o assunto passou a ser tratado da seguinte maneira:
Art. 7º Não estão sujeitos ao licenciamento ambiental as seguintes atividades ou empreendimentos: I – cultivo de espécies de interesse agrícola, temporárias, semiperenes e perenes, e pecuária extensiva, realizados em áreas de uso alternativo do solo, desde que o imóvel, propriedade ou posse rural estejam regulares ou em regularização na forma da Lei nº 12.651, de 25 de maio de 2012; II – silvicultura de florestas plantadas, sem prejuízo do licenciamento de acessos e estruturas de apoio, quando couber; III – pesquisa de natureza agropecuária, que não implique em risco biológico, desde que haja autorização prévia dos órgãos competentes e ressalvado o disposto na Lei nº 11.105, de 24 de março de 2005; IV – a execução de infraestruturas e instalações necessárias ao abastecimento público de água potável, desde a captação até as ligações prediais e respectivos instrumentos de medição e das instalações operacionais de coleta, transporte, tratamento e disposição final adequados dos esgotos sanitários, desde as ligações prediais até o seu lançamento final no meio ambiente, sem prejuízo do licenciamento da destinação final do lodo e dos resíduos sólidos

oriundos dos processos de tratamento de água e de esgoto; V - execução de dragagens de manutenção e outras atividades destinadas à manutenção das condições operacionais pré-existentes em hidrovias, portos organizados e instalações portuárias em operação; VI - obras rodoviárias e ferroviárias de manutenção, contemplando conservação, recuperação, restauração e melhoramentos, pavimentação e adequação da capacidade e segurança localizadas nas faixas de domínio, ainda que realizadas em áreas sujeitas a regime jurídico específico; VII – obras de melhoria e manutenção de sistema de transmissão e distribuição de energia localizadas em faixa de servidão de empreendimento pré-existente devidamente licenciados. VIII – pesquisa mineral fase I e execução de obras que não resultem instalações permanentes, testes operacionais, bem como aquelas que possibilitem a melhoria ambiental. IX - outras atividades ou empreendimentos não inclusos na relação a ser estabelecida pelos órgãos colegiados deliberativos do Sisnama, na forma do § 1º do art. 3º.

2 De acordo com a feliz expressão de Herman Benjamin, o *caput* do artigo 225 da Constituição Federal é a "mãe de todos os direitos ambientais da Constituição brasileira" (BENJAMIN, Antônio Herman. Constitucionalização do ambiental e ecologização da Constituição brasileira. Direito Constitucional Ambiental Brasileiro. CANOTILHO, José Joaquim Gomes; LEITE, José Rubens Morato (orgs). 6. ed. São Paulo: Saraiva, 2015, p. 130).

3 OLIVEIRA, Antônio Inagê de Assis. Introdução à legislação ambiental brasileira e licenciamento ambiental. Rio de Janeiro: Lumen Juris, 2005, p. 367 e RIBEIRO, José Cláudio Junqueira. O que é licenciamento ambiental. RIBEIRO, José Cláudio Junqueira (org). Licenciamento ambiental: herói, vilão ou vítima? Belo Horizonte: Arraes, 2015, p. 10.

4 "(...) A ATIVIDADE ECONÔMICA NÃO PODE SER EXERCIDA EM DESARMONIA COM OS PRINCÍPIOS DESTINADOS A TORNAR EFETIVA A PROTEÇÃO AO MEIO AMBIENTE. - A incolumidade do meio ambiente não pode ser comprometida por interesses empresariais nem ficar dependente de motivações de índole meramente econômica, ainda mais se se tiver presente que a atividade econômica, considerada a disciplina constitucional que a rege, está subordinada, dentre outros princípios gerais, àquele que privilegia a 'defesa do meio ambiente' (CF, art. 170, VI), que traduz conceito amplo e abrangente das noções de meio ambiente natural, de meio ambiente cultural, de meio ambiente artificial (espaço urbano) e de meio ambiente laboral. Doutrina. Os instrumentos jurídicos de caráter legal e de natureza constitucional objetivam viabilizar a tutela efetiva do meio ambiente, para que não se alterem as propriedades e os atributos que lhe são inerentes, o que provocaria inaceitável comprometimento da saúde, segurança, cultura, trabalho e bem-estar da população, além de causar graves danos ecológicos ao patrimônio ambiental, considerado este em seu aspecto físico ou natural" (ADI 3540 MC, Relator(a): Min. CELSO DE MELLO, Tribunal Pleno, julgado em 01/09/2005, DJ 03-02-2006 PP-00014 EMENT VOL-02219-03 PP-00528).

5 O Parecer 066/2016/COJUD/PFE-IBAMA-SEDE/PGF/AG, aprovado pela Coordenadoria de Estudos e Pareceres e pela Chefia da Procuradoria Nacional do IBAMA, entende que a isenção do licenciamento na atividade militar é constitucional. O interessante é que a dispensa das demais autorizações ambientais não é reconhecida pelo documento:
(...) 35. Entender essa exceção ao regime do licenciamento ambiental é importante porque embora ela deva ser interpretada restritivamente, não se aplicando às demais autorizações previstas na legislação ambiental, não afastando a necessidade de outras autorizações exigidas em lei, como a autorização para supressão vegetal (ASV), ela não desloca o licenciamento da atividade da União para outro ente federativo. Ela simplesmente elimina a necessidade de controle ambiental via licenciamento ambiental para as atividades e empreendimentos de preparo e emprego das Forças Armadas.

O ACORDO DE PARIS E A SUSTENTABILIDADE NA ERA DO ANTROPOCENO

6 de maio de 2017

Gabriel Wedy

A plenária da 21ª Conferência do Clima das Nações Unidas (COP 21) aprovou, em dezembro de 2015, em Paris — com anuência de 195 países, responsáveis por mais de 90% das emissões dos gases de efeito estufa na Terra —, um acordo de extensão global que, nos seus termos, apresenta efeitos *legalmente vinculantes* pela primeira vez. Ao contrário do Protocolo de Quioto, as nações decidiram de modo unânime pela assinatura de um documento. Os países comprometeram-se em organizar estratégias para limitar o aumento médio da temperatura da Terra bem abaixo dos 2°C, envidando esforços para atingir um aumento de 1,5°C até 2100, trazendo como referência inicial o período pré-industrial[1].

Será alocada a quantia mínima de U$ 100 bilhões por ano, a partir de 2020, para fundos verdes, até o ano de 2025, com a finalidade de custear projetos de adaptação e resiliência necessários para o enfrentamento dos efeitos das mudanças climáticas em curso pelos países em desenvolvimento. Referidos recursos deverão ser disponibilizados pelos Estados Unidos e pela União Europeia, com o encorajamento das demais nações para fazerem o mesmo. A China declarou, por exemplo, que vai contribuir com o Fundo Climático Verde da ONU com a quantia de U$ 3,1 bilhões.

Multinacionais, governos e investidores que participaram do evento como assistentes mostraram-se mobilizados pelo combate ao aquecimento global. Cerca de 500 investidores, que representam cerca de US$ 3,4 trilhões do PIB mundial, anunciaram que vão retirar suas aplicações e seus investimentos dos projetos calcados nos combustíveis fósseis[2]. Esse procedimento, chamado de *divestment*, tem sido objeto de grande debate também nas ricas universidades que compõem a *Ivy League* nos Estados Unidos. Alunos, ativistas e professores têm protestado contra o investimento de recursos por essas instituições de ensino em ações de companhias que produzem e exploram combustíveis fósseis, as quais não raras vezes fazem grandes doações para membros desta mesma *Ivy League*[3]. Empresas comprometeram-se com investimentos bilionários em desenvolvimento tecnológico para energia limpa e anunciaram metas com o balanço positivo de carbono em 2017 e o fim das emissões líquidas de gases em toda a cadeia de valor na próxima década, com o objetivo de alcançar a neutralidade nas emissões[4].

Pode-se afirmar que os pontos principais do acordo são: a) objetivos de longo prazo; b) descarbonização; c) metas nacionais de corte das emissões; d) financiamento aos países pobres; e) reparação dos danos; f) proteção de florestas e combate ao desmatamento.Os objetivos de longo prazo eleitos no documento significam também viabilizar uma descontinuação no uso dos combustíveis fósseis até 2050. A descarbonização consiste em se atingir um pico de emissões tão logo quanto possível, para mais tarde os Estados implementarem as emissões negativas e a despoluição da atmosfera. Metas nacionais de emissões serão objeto de balanço e revisão em 2023. No ano de 2018, haverá um diálogo facilitador para sua avaliação. Não haverá intromissão nem punição internacional em caso de descumprimento das metas; os países ricos terão a obrigação de cumpri-las primeiramente.

O financiamento para medidas de adaptação, resiliência e produção de energia limpa a ser endereçado aos países em desenvolvimento será baseado no referido piso de US$ 100 bilhões anuais a partir de 2020, a ser custeado prioritariamente pelos países desenvolvidos, que terão de reportar aos demais países o cumprimento desse compromisso. Esse piso anual será rediscutido a partir de 2025.

De acordo com o artigo 4º, parágrafo 1º, do documento, para que seja alcançado o objetivo do limite de temperatura no longo prazo, as partes devem utilizar a melhor ciência disponível. Deve haver, na segunda metade do século, um rápido equilíbrio entre as emissões antropogênicas de gases de efeito estufa pelas fontes e a sua captura. Ou seja, cada tonelada de gás de efeito estufa emitida deve ser removida da atmosfera.

Importante que a COP 22, ocorrida em Marraquexe, seja um facilitador na concretização dos objetivos da COP 21, em especial no cumprimento de um roteiro para o financiamento climático dos países em desenvolvimento pelos países desenvolvidos e por investidores privados, absolutamente necessário para adoção de medidas de adaptação e resiliência, a *fortiori* porque houve queda no financiamento climático entre os anos de 2014 e 2015[5].

Segundo o Painel Intergovernamental de Mudanças Climáticas de 2014 (*Fifth Assesment Report*), o uso de combustíveis fósseis gera 32 gigatons de dióxido de carbono por ano. Outras fontes, como o vazamento de metano, as fábricas de cimento e outros processos industriais, são responsáveis por 5 a 7 gigatons de dióxido de carbono anuais. O desmatamento e a agricultura, especialmente a monocultura, adicionam 10 a 12 gigatons ao ano de dióxido de carbono na atmosfera. A soma dessas atividades humanas emite na atmosfera 49 gigatons de carbono. Os sumidouros de carbono, por sua vez, removem apenas 18 gigatons por ano, 8,8 vão para os oceanos e 9,2 para a terra. Para se alcançar o equilíbrio entre as emissões e a capacidade de absorção dos sumidouros de carbono, seria necessário acabar completamente com as emissões[6]. Como esse é um objetivo difícil e o acordo demonstrou-se abstrato, já que o objetivo de redução das emissões e o consequente limite de temperatura a ser atingido podem ocorrer em um período de tempo indeterminado — de 2050 até 2099 —, novas medidas precisam ser adotadas.

Em consonância com o *World Resources Institute*, para se atingir o objetivo previsto no artigo 2º do Acordo de Paris[7], é preciso trazer as emissões de dióxido de carbono referentes à produção de eletricidade para valores aproximados a zero e, também, elevar para cerca de 25% o número de veículos movidos por energia elétrica[8].

E o Brasil, como fica nesse cenário? De acordo com o próprio governo, o desmatamento na Amazônia aumentou 16% entre agosto de 2014 e julho de 2015[9]. Segundo fonte independente, o mês de fevereiro de 2015 teve um aumento de 282% no desmatamento na Amazônia se comparado ao mês de fevereiro de 2014[10]. O país possui uma economia calcada nos combustíveis fósseis e poucos investimentos orçamentários e científicos em energias renováveis. A participação da energia eólica[11] e solar é, em matéria de produção, muito pequena quando comparada aos países desenvolvidos, especialmente os países nórdicos. Cabe ao Estado brasileiro virar esse jogo e optar pela sustentabilidade. Será preciso governança e transparência na gestão dos recursos que serão alocados pelos fundos verdes ao Brasil, que necessita, por sua vez, superar a cultura da corrupção, do patrimonialismo e da má gestão dos recursos públicos por políticos e burocratas. O Estado e todos os setores da sociedade têm uma grande responsabilidade a assumir. A Amazônia é, em parte, brasileira, mas vital para toda a humanidade; é o pulmão do mundo.

Existe, com muitas omissões e imperfeições técnicas, a Lei 12.187/09, que cria a Política Nacional da Mudança do Clima. É preciso implementá-la onde for possível, suprindo suas evidentes omissões, complementando-a. Os instrumentos reconhecidamente mais eficazes para o combate às mudanças climáticas estão longe de ser implementados, mas precisam ser regulamentados, como a tributação, a precificação do carbono e o *cap and trade* (este último por uma legislação que possa lhe dar concretude)[12].

Soma-se a isso o fato de que os anos de 2014, 2015 e 2016, segundo a Agência Espacial Norte-Americana (Nasa), foram os que registraram as temperaturas mais altas, em ordem ascendente, desde o início das medições, em 1880, e, o mais grave, as temperaturas dos três primeiros meses do ano de 2017 foram mais altas do que as temperaturas registradas no primeiro trimestre de 2016, de acordo com recentíssimo artigo publicado pelo respeitável *Yale Climate Connections*[13], demonstrando o grande perigo pelo qual passam os seres humanos e não humanos que habitam a Terra em um cenário de desenvolvimento insustentável.

Oportunamente, o Instituto O Direito por um Planeta Verde promoverá a 22ª edição do Congresso Brasileiro de Direito Ambiental, que terá como tema "Direito e Sustentabilidade na era do Antropoceno: Retrocesso Ambiental, Balanço e Perspectivas". Trata-se do congresso de Direito Ambiental mais importante da América Latina e será realizado em São Paulo, na Fundação Mokiti Okada, de 3 a 7 de junho. Terei, mais uma vez, a honra de participar do evento como palestrante no painel que terá como tema "Mudanças climáticas e as perspectivas do Acordo de Paris". Por esses motivos e fatos alarmantes, pode-se dizer que o 22º Congresso Brasileiro de Direito Ambiental é o evento mais aguardado do Direito Ambiental brasileiro para este ano.

Referências

1 UNITED NATIONS. Disponível em: <http://unfccc.int/meetings/paris_dec_2015/session/9057.php>. Acesso em: 20.dez.2016.

2 NICOLLETTI, Mariana; HISAMOTO, Bruno Toledo. Regras para um jogo colaborativo. *Folha de S.Paulo*, São Paulo, 17.dez.2015. Disponível em: <http://www1.folha.uol.com.br/opiniao/2015/12/1720987-cop21-trara-avancos-no-combate-ao-aquecimento-global-sim.shtml>. Acesso em: 20.dez.2016.

3 Ver: HARVARD UNIVERSITY. *Fossiel fuel divestment statement*. Cambridge, 2013. Disponível em: <http://www.harvard.edu/president/news/2013/fossil-fuel-divestment-statement>. Acesso em: 20.dez.2016 e, também, COLUMBIA UNIVERSITY. *Statement*

on divestment. New York, 2015. Disponível em: <http://www.columbia.edu/content/statement-divestment.html>. Acesso em: 20.dez.2016.

4 NICOLLETTI, Mariana; HISAMOTO, Bruno Toledo. Regras para um jogo colaborativo. *Folha de S.Paulo*, São Paulo, 17.dez.2015. Disponível em: <http://www1.folha.uol.com.br/opiniao/2015/12/1720987-cop21-trara-avancos-no-combate-ao-aquecimento-global-sim.shtml>. Acesso em: 20.dez.2016.

5 UNITED NATIONS CLIMATE CHANGE CONFERENCE 2016. COP22 Marrakech 2016. Disponível em: http://www.cop22-morocco.com. Acesso em: 2.mai.2017.

6 INTERGORNMENTAL PANEL ON CLIMATE CHANGE. *Fifth assesment report*. Geneva, 2015. Disponível em: <https://www.ipcc.ch/report/ar5/>. Acesso em: 20.dez.2016.

7 Emissões bem abaixo de 2°C e tentativa de limitá-las a 1,5°C.

8 WORLD RESOURCES INSTITUTE. *COP 21*. Washington, 2015. Disponível em: <http://www.wri.org/our-work/project/cop-21>. Acesso em: 20.dez.2016.

9 O desmatamento atingiu 5.831 Km^2 segundo o próprio governo, com um aumento de 16% medido de agosto de 2014 a julho de 2015. GIRARDI, Giovana. Desmatamento na Amazônia aumenta 16% em um ano. *Estadão*, São Paulo, 26.nov. 2016. Disponível em: <**Error! Hyperlink reference not valid.**>. Acesso em: 20.dez.2015.

10 DESMATAMENTO da Amazônia aumentou 282% em um ano. *O Globo*, Rio de Janeiro, 20 mar. 2015. Disponível em: <**Error! Hyperlink reference not valid.**>. Acesso em: 20.dez.2016.

11 Sobre as vantagens da energia eólica e a sua regulação nos Estados Unidos, ver: FIRESTONE, Jeremy; KEHNE, Jeffrey. Wind. In: GERRARD, Michael. *The law of clean energy*: efficiency and renewables. New York: American Bar Association, 2011. p. 361-368.

12 WEDY, Gabriel. Brasil e governança pós-COP21. *Zero Hora*, Porto Alegre, 15 dez. 2015. Editoria de Opinião, p. 18.

13 HAUSFATHER, Zeke. *Worrisome first quarter of 2017 climate trends*. Yale Climate Connections. Disponível em: www.yaleclimateconnections.org. Acesso em: 1.mai.2017.

PROPRIEDADE DE BENS CULTURAIS OBRIGA O CUMPRIMENTO DE SUA FUNÇÃO SOCIAL

13 de maio de 2017

Marcos Paulo de Souza Miranda

Em tempos mais recentes, a preocupação com a proteção do patrimônio cultural ganhou espaço nas Constituições das mais diferentes nações, e normas complementares de Direito interno ou comunitário surgiram em número expressivo com o intuito de tutelar o uso, a fruição, o intercâmbio, a preservação e a gestão dos bens culturais, gerando reflexos diretos no direito de propriedade.

Em nosso país, a Carta Magna de 1934 estabeleceu os alicerces para a defesa do patrimônio cultural nacional ao instituir a função social da propriedade como princípio (artigo 113, inciso XVII) e ao estabelecer a competência concorrente da União e dos estados para proteger as belezas naturais e os monumentos de valor histórico ou artístico, podendo impedir a evasão de obras de arte (artigo 10, III).

Com o advento dessas importantíssimas inovações constitucionais, começaram a surgir em nosso ordenamento jurídico diversos textos legais sobre a temática, que passou a ser estudada pela doutrina administrativista geralmente em capítulos relativos à intervenção do Estado na propriedade privada.

Com a promulgação da Carta Magna de 1988, alcançou-se o mais alto degrau na evolução normativa de proteção de bens culturais em nosso país, posto que a *lex maxima*, em seu Título VIII (Da Ordem Social), Capítulo III (Da Educação, da Cultura e do Desporto), Seção II (Da Cultura), nos artigos 215 e 216, delineou o conceito, a abrangência, os instrumentos e as responsabilidades pela proteção do patrimônio cultural brasileiro.

Hodiernamente considerada como direito fundamental, a propriedade não é, contudo, direito que se possa erigir à suprema condição de ilimitado e inatingível. O direito de propriedade, segundo o regime constitucional vigente, deve atender à sua função social, havendo consenso doutrinário quanto ao fato de que a propriedade não pode ser usada em detrimento da sociedade.

A nossa Constituição Federal estabelece no artigo 5º, XXIII, que *a propriedade atenderá a sua função social.* É ainda a Carta Magna que estatui como princípio norteador da ordem econômica (que tem por fim assegurar a todos existência digna, conforme os ditames da justiça social) a função social da propriedade (artigo 170, III). Por isso, deixou a propriedade de ser um direito-fim e passou a ser um direito-meio, já que a sua garantia está vinculada à proteção de valores fundamentais de interesse da coletividade.

Como a Carta Magna impôs tanto ao poder público quanto à comunidade o dever de preservar o patrimônio cultural (artigo 216, parágrafo 1º), evidentemente que os proprietários de bens culturais, sejam eles públicos ou privados, não podem exercer o seu direito de propriedade de maneira ilimitada, de forma a causar danos ou expô-los a riscos, uma vez que os bens integrantes do patrimônio cultural brasileiro estão sujeitos a um regime jurídico próprio, sendo considerados bens de interesse público, posto que funcionalizados originariamente à satisfação de um interesse coletivo.

Para Guilherme José Purvin de Figueiredo, a propriedade não constitui um mero direito subjetivo, mas também um dever do proprietário. O direito só tutela a propriedade na medida em que o exercício desse direito esteja voltado à promoção do bem estar da coletividade, gerando empregos, proporcionando o bem-estar da população e contribuindo para a proteção da qualidade do meio ambiente[1].

Acerca especificamente dos bens integrantes do patrimônio cultural brasileiro, Maria Coeli Simões Pires conclui que da leitura do texto constitucional, quando o objeto da propriedade disser respeito a documentos, obras, locais de valor histórico ou artístico, monumentos ou paisagens naturais, jazidas arqueológicas, a extensão do direito daquela há de ser definido mais restritivamente, na medida em que cresce a função social da propriedade, sobre ela incidindo o poder de intervenção do poder público[2].

Aliás, tal entendimento está hodiernamente plasmado no artigo 1.228, parágrafo 1º do Código Civil Brasileiro, que proclama: "O direito de propriedade deve ser exercido em consonância com as suas finalidades econômicas e sociais e de modo que sejam preservados, de conformidade com o estabelecido em lei especial, a flora, a fauna, as belezas naturais, o equilíbrio ecológico e o patrimônio histórico e artístico, bem como evitada a poluição do ar e das águas".

Também o Estatuto da Cidade, que estabelece normas de ordem pública e interesse social que regulam o uso da propriedade urbana em prol do bem coletivo, da segurança e do bem-estar dos cidadãos, bem como do equilíbrio ambiental, prevê como diretriz geral de toda política urbana a proteção, preservação e recuperação do meio ambiente natural e construído, do patrimônio cultural, histórico, artístico, paisagístico e arqueológico (artigo 2º, XII, da Lei 10.257/2011).

Segundo a doutrina italiana especializada no assunto[3]:

> *Nella prospettiva costituzionale, dai principi alle garanzie, ai rapporti economici costituzionali si dispiega uma prospettiva raffinata e integrata in cui il constituente indica al legislatore una strada, in cui il bene culturale dalla egocentrica concezione del monumento la cui tutela era riservata allo Stato o al potere esclusivo del proprietario si evolve, assumindo la funzione sociale di fruizione generale per la collettivitá, fonte di arricchimento dela personalità, diventando imprescindible il suo acceso e godimento, e circoscritta ogni forma di esclusivismo.*

Assim, os proprietários de bens culturais devem exercer o direito sobre eles não unicamente em seu próprio e exclusivo interesse (à moda da ultrapassada concepção de *plena in re potestas*), mas em benefício da coletividade, observando-se todo o regramento constitucional e legal sobre a proteção do patrimônio cultural, sendo precisamente o cumprimento da função social que legitima o exercício do direito de propriedade pelo titular. Para o alcance da função social, ambiental e cultural da propriedade, pode-se valer o poder público de instrumentos inclusive que imponham ao proprietário comportamentos positivos (e não meramente de abstenção), para que a sua propriedade concretamente se adeque à preservação do meio ambiente cultural.

A propriedade dos bens culturais constitui um direito-dever que açambarca obrigações como não destruir, defender, reparar e preservar[4].

Como lecionam os doutrinadores espanhóis Guillermo Orozco Pardo e Esteban Pérez Alonso[5]:

> *Hoy no basta com ser proprietario, sino que se ha de ser diligente, so pena de incurrir em responsabilidade, ya sea por daños, o por*

> *deterioro de la cosa própria cuando esta contenga um valor conectado com el interés de la comunidade, por lo que las facultades-deberes de conservación, mantenimiento, modificación y destinación están modalizadas por la diligencia exigible en cada caso concreto. Esa diligencia del proprietario está diretamente vinculada com la idea de un ejercicio del derecho acorde com la natureza de la cosa, de tal forma que há de tratarse de um ejercio "racional" no contrario a sua esencia y funcionalidade natural a la misma.*

A doutrina nacional segue o mesmo entendimento, sendo merecedora de transcrição a lição de Luciano Camargo Penteado[6]:

> *Os bens jurídicos que sejam objeto de direito real e que tenham interesse histórico ou cultural incorporado também merecem uma disciplina especial do ponto de vista da função social da propriedade. Interessa a toda a comunidade política que bens relacionados à preservação da memória do povo ou à formação de sua identidade sejam protegidos. Assim, ainda que não haja a especificação da obrigação de preservação, como nas hipóteses de tombamento, limitação administrativa específica, o proprietário não pode atuar prejudicando bens históricos e culturais em nome da faculdade de uso ou do poder de fruição. É responsável pela não deterioração até a especificação da obrigação pela autoridade competente. Daí haver responsabilidade social, de natureza civil, pela preservação de bens que integrem interesses históricos, como azulejos antigos, fachadas coloniais, calçamentos ou arruamentos que representam marcos de uma nação.*

Por isso, o poder de polícia estatal, em todos os níveis da federação, pode e deve ser exercido a fim de evitar qualquer tipo de lesão tanto aos bens culturais formais (aqueles reconhecidos expressamente como portadores de valor cultural por instrumentos como o tombamento, inventário, desapropriação etc.) quanto aos bens culturais materiais (aqueles que são detentores de valores culturais significativos, objetivamente demonstrados ou demonstráveis, conquanto ainda não tenham sido formalmente protegidos como tal)[7], posto que os elementos e as finalidades da própria substância da propriedade estão condicionados, desde a origem, ao atendimento de interesses voltados ao alcance do bem-estar coletivo, sendo os instrumentos clássicos de limitação do direito de propriedade apenas algumas das formas de estabelecer os limites do seu conteúdo e respectivo exercício no plano infraconstitucional.

Enfim, a função social dos bens portadores de valores culturais é um elemento interno e estruturador do próprio conteúdo do direito de propriedade, que precisa ser exercido de forma a atender, também, os anseios coletivos. No regime jurídico vigente em nosso país, interesses extraproprietários, de natureza pública ou social, passam a concorrer com o respectivo interesse privado. A propriedade desloca-se, desta forma, para uma condição de meio para a realização do homem, e não mais condição de fim para que este ascenda à dimensão jurídica[8].

No dizer de François Ost, o bem patrimonializado é, assim, como que transfigurado: um bem que, pertencendo ainda ao mundo das coisas vulgares e permanecendo, a maior parte das vezes, suscetível de apropriação, é colocado a partir de agora sob a proteção de um interesse superior, que finaliza o seu regime jurídico[9].

Referências

1 FIGUEIREDO, Guilherme José Purvin de. Curso de Direito Ambiental. São Paulo: *Revista dos Tribunais*. 5. Ed. p. 142.

2 PIRES, Maria Coeli Simões. *Da proteção ao patrimônio cultural*. Belo Horizonte: Del Rey, 1994. p. 95.

3 MIGNOZZI, Alessia. La proprietà culturale. Strumenti privatistici di gestione e valorizzazione dei beni culturali. Napoli: Edizioni Scientifiche Italiane. 2007. p. 54

4 A propósito do assunto, destacamos os seguintes entendimentos jurisprudenciais: Em se tratando de patrimônio histórico-cultural, evidente o dever de proteção do estado e da sociedade nos termos dos artigos 23, 24 e 216, §1º, da Constituição Federal, assim como dos proprietários, os quais devem atender a função social e socioambiental da propriedade, nos termos do artigo 5º, inciso XXIII, da Constituição Federal e do artigo 1.228, §1º, do Código Civil. 4. Constatadas irregularidades quando da realização das obras no patrimônio histórico-cultural, impositiva a procedência da ação para determinar a elaboração do projeto global das obras de restauração da catedral nossa senhora da oliveira e seu entorno (TJ-RS; AC 0314213-69.2016.8.21.7000; Vacaria; 1ª Câmara Cível; rel. des. Sérgio Luiz Grassi Beck; Julg. 5/4/2017; DJERS 3/5/2017). AÇÃO CAUTELAR INOMINADA PREPARATÓRIA EMPREENDIMENTO IMOBILIÁRIO. Construção de edifício, do qual consta como parte integrante do projeto promocional "casarão" histórico da cidade Alterações no interior desse imóvel para receber a acomodação de uma academia e um salão de festas Proteção

do patrimônio histórico cultural Arts. 23, III, 30, IX, e 216 da Constituição Federal Interesse da coletividade na preservação cultural de imóvel com valor arquitetônico para o Município Função social da propriedade Decisão mantida. Recurso ao qual se nega provimento (TJ-SP; AI 2057791-05.2014.8.26.0000; Ac. 8036808; Mococa; 2ª Câmara de Direito Público; rel. des. Luís Geraldo Lanfredi; Julg. 28/10/2014; DJESP 20/1/2015).

5 PARDO, Guillermo Orozco e ALONSO, Esteban J. Pérez. *La tutela civil y penal Del Patrimônio histórico cultural o artístico.* Madri. McGraw-Hill. 1996.

6 Luciano de Camargo Penteado. *Direito das Coisas.* 3ª ed. São Paulo: Revista dos Tribunais, 2014, p. 254.

7 Nesse sentido: AGRAVO DE INSTRUMENTO. AÇÃO CAUTELAR INCIDENTAL. AÇÃO CIVIL PÚBLICA. PROVIMENTO LIMINAR. TUTELA DE URGÊNCIA. REQUISITOS. *FUMUS BONI IURES* E *PERICULUM IN MORA*. DEMONSTRAÇÃO. MANUTENÇÃO DA DECISÃO AGRAVADA. 1. A continuidade da memória de qualquer bem móvel ou imóvel, de propriedade pública ou privada, que tenha reconhecida sua importância cultural para sociedade, em razão de seus atributos históricos, artísticos, estéticos, arquitetônicos, arqueológicos, documental e/ou ambiental, deve ser garantida, sob a tutela pública. 2. O inventário dos bens integrantes do acervo cultural localizado no ente municipal, realizado pelo órgão competente, constitui meio hábil a assegurar a proteção do patrimônio histórico, paisagístico e arquitetônico local, não podendo, em nenhuma hipótese, ser destruído, demolido ou mutilado, ainda que pendente o tombamento definitivo do bem. 3. Não obstante a inexistência de pronunciamento judicial acerca do tombamento definitivo do bem, estando em curso a Ação Civil Pública com tal finalidade, é certo que o imóvel demolido constituía bem cultural inventariado e sob proteção legal, por se tratar de patrimônio cultural, arquitetônico e histórico afeto à coletividade. 4. O direito de propriedade não é absoluto, devendo ser cumprida a função social, sobretudo com relação à destinação do bem, inclusive, com preservação do patrimônio histórico e artístico, na forma do artigo 1.228, §1º, do Código Civil, sendo patente a ilegalidade da conduta perpetrada pelos proprietários do bem, que promoveram a demolição de imóvel que compõe o acervo do patrimônio histórico e cultural da cidade de Paraguaçu, restando demonstrado o *fumus boni iures*. 5. É dever do Poder Judiciário inibir, nesta fase de cognição sumária, o reaproveitamento do imóvel, tendo em vista os graves danos causados ao patrimônio histórico e cultural da cidade de Paraguaçu, devendo ser apreciada, oportunamente, a possibilidade de reversibilidade da conduta abusiva e ilegal perpetrada pelos suplicados, sendo patente a presença do *periculum in mora*. 6. Recurso desprovido (TJ-MG; AGIN 1.0472.12.004169-5/002; relª desª Teresa Cristina da Cunha Peixoto; Julg. 11/7/2013; DJEMG 22/7/2013).

8 ARONNE, Ricardo. *Direito Civil – Constitucional e Teoria do Caos: Estudos Preliminares.* Porto Alegre: Livraria do Advogado, 2006. p. 111.

9 A natureza à margem da lei. *A ecologia à prova do Direito.* Lisboa: Instituto Piaget. 1995. p. 382.

LICENCIAMENTO CORRETIVO TEM PAPEL NECESSÁRIO NA ADMINISTRAÇÃO PÚBLICA

20 de maio de 2017

Talden Farias

Embora todas as atividades potencial ou efetivamente poluidoras devam se submeter ao licenciamento prévio em razão do que dispõe o artigo 10 da Lei 6.938/81, há inúmeros casos em que somente depois a regularidade ambiental é procurada. Trata-se do licenciamento ambiental corretivo, quando a atividade iniciada à revelia do controle ambiental público tenta se adequar.

Isso implica dizer existem duas modalidades de licenciamento: o preventivo e o corretivo, também conhecido como de regularização. Essa correção pode ser dar quando a atividade se encontra nas seguintes fases: i) está em instalação, ii) está instalada e iii) está operando (ainda que parcialmente).

É claro que para ser verdadeiramente efetivo na proteção do meio ambiente o licenciamento deve ser feito previamente à instalação da atividade, com a análise prévia de todos os impactos positivos e negativos e o planejamento das medidas visando a evitar, mitigar ou compensar os danos ambientais. Em vista disso, o caráter prévio é a regra, uma vez que se a existência de licença ambiental válida gera a presunção de regularidade ambiental, a sua inexistência gera a presunção oposta.

Daí a conduta de atuar sem licença, ou em desacordo com a mesma, ser punível tanto no âmbito criminal quanto no administrativo, haja vista o que dispõem a Lei 9.605/98 e o Decreto 6.514/2008. A despeito de ser uma irregularidade formal, os princípios da prevenção e da precaução atribuem a essa formalidade enorme relevância, a ponto de se considerar esse sistema de licenças e autorizações como o núcleo de nossa política ambiental.

Apesar de não dever ser a regra, o licenciamento corretivo deve ocorrer quando a adequação for possível – o que, decerto, não exime a apuração da responsabilidade criminal e administrativa. Na hipótese contrária, restará ao empreendedor apenas a obrigação de desfazer o que foi instalado e de recuperar a área degradada, além de poder ser responsabilizado civilmente pelos danos causados. Impende dizer que a iniciativa da regularização pode partir tanto do empreendedor quanto do órgão ambiental ou de algum dos demais legitimados à propositura de ação civil pública.

É sabido que para os empreendimentos a serem implantados o modelo adotado é o preventivo, que em regra segue a sistemática trifásica, sendo dividido nas fases de licença prévia, licença de instalação e licença de operação. Contudo, se o empreendimento estiver instalado (no todo ou em parte) ou operação, o modelo a ser adotado é o corretivo, que consiste em um licenciamento capaz de englobar – na medida do possível, obviamente – as etapas cabíveis. No primeiro quadro a licença de instalação faria as vezes também da licença prévia, ao passo que no segundo a licença de operação farias as vezes da de instalação e da prévia.

Não obstante sempre tenha sido aplicada pelos órgãos ambientais, o fato é que a regularização sempre foi um tema polêmico, já que para alguns atores da política ambiental ele seria uma espécie de estímulo ao cometimento de irregularidades. Em razão do Projeto de Lei 3.729/2004, que visa instituir a lei geral de licenciamento ambiental, a discussão assumiu contornos mais fortes, uma vez que o substitutivo do deputado federal Mauro Pereira (PMDB/RS) procurou regulamentar o assunto[1], o que tem gerado insatisfações.

Em um plano ideal é evidente que a correção não deveria existir, pois o licenciamento deveria sempre anteceder o empreendimento. Na prática, no entanto, o instituto tem um papel relevante a cumprir trazendo para a regularidade ambiental aquelas atividades à margem do controle ambiental.

Primeiramente, cabe destacar que estão sujeitas a ele não apenas as atividades que deveriam ter se licenciado e não o fizeram, mas também aquelas cujo licenciamento só passou a ser exigido depois, pois até então o órgão ambiental não considerava a atividade como poluidora. Em função disso, nem sempre o mecanismo está relacionado a uma irregularidade, podendo estar atrelado a uma mudança de concepção por parte da administração pública ou da legislação ambiental.

Em segundo lugar, a atividade incompatível com a legislação não poderá ser regularizada, a exemplo de atividades dentro de unidades de conservação de regime integral ou que operem em desacordo com o zoneamento urbanístico ou ambiental já estabelecido. Logo, o mecanismo não pode ser considerado um passaporte para a permanência de irregularidades, já que a legislação estabelece os seus limites. Ademais, vale repetir que a regularização não tem o condão de isentar o empreendedor de sua responsabilidade jurídica, seja na esfera administrativa, civil ou criminal.

Depois, não é possível desconsiderar o grande número de atividades poluidoras não licenciadas, o que revela, na verdade, a falta de consciência da coletividade, a falta de responsabilidade dos empreendedores, a falta de estrutura dos órgãos ambientais existentes e o pouco engajamento dos Municípios. Isso implica dizer que a regularização é uma prática estratégica para a consolidação da própria política ambiental, pois uma vez licenciada fica mais difícil para a atividade fugir do controle ambiental, passando a se sujeitar também aos demais instrumentos relacionados a essa agenda.

Por fim, a regularização é de iniciativa do empreendedor e não do órgão ambiental, a quem compete apenas analisar a viabilidade do pleito daquele, apontando as normas e os padrões de qualidade ambiental a serem seguidos. Por conseguinte, o órgão ambiental não pode deixar de aplicar as sanções administrativas cabíveis à atividade irregular, bem como não pode deixar de regularizar a atividade caso essa possibilidade e essa intenção sejam demonstradas pelo interessado. A propósito da discussão, Eduardo Fortunato Bim afirma o seguinte:

> A licença corretiva é uma solução para a questão prática da necessidade de regularização ambiental de determinado empreendimento ou atividade, que, de outro modo, estaria fadado às sanções administrativas, notadamente o embargo.
>
> Isso porque não existe norma que proíba uma atividade, que esteja operando irregularmente do ponto de vista ambiental, de se regularizar. Ao contrário, existem até ações judiciais exigindo o licenciamento corretivo. A regularização não apenas é bem-vinda pelo ordenamento, mas obrigatória [2].

Seria de fato uma contradição se a inexistência de licença servisse de motivo para a não regularização das atividades que podem e querem se regularizar. A própria legislação instituiu o Termo de Compromisso na Lei 9.605/98, que é o acordo por meio do qual o órgão ambiental exige as adequações e correções necessárias, comprometendo-se o empreendedor a efetuá-las dentro de um cronograma e sob condições determinadas. Dessa forma, a regularização não apenas guarda embasamento legal, mas tem um papel relevante e necessário a cumprir, pois à Administração Pública não cabe apenas vigiar e punir, mas sobretudo apontar caminhos, ensinar e propiciar oportunidades.

Referências

1 Art. 2º. Para os efeitos desta Lei, entende-se por: (...) XIV – licença corretiva (LC): ato administrativo que regulariza atividade ou empreendimento em instalação ou em operação sem licença ambiental, por meio da fixação de condicionantes e outras medidas que viabilizam sua continuidade e conformidade com as normas ambientais (...).
Art. 17. A atividade ou empreendimento que esteja em implantação ou operação sem a devida licença ambiental a partir da data de vigência dessa lei deverá ser submetida ao licenciamento ambiental em caráter corretivo por meio de licença ambiental corretiva. § 1º Caso haja manifestação favorável ao licenciamento ambiental corretivo pela autoridade licenciadora, deverá ser firmado termo de compromisso entre ela e o empreendedor anteriormente à emissão da LC. § 2º O termo de compromisso estabelecerá os critérios, os procedimentos e as responsabilidades de forma a promover o licenciamento ambiental corretivo. § 3º A LC define as condicionantes e outras medidas necessárias para a regularização ambiental e seus respectivos prazos, bem como as ações de controle e monitoramento ambiental para a continuidade da operação da atividade ou empreendimento, em conformidade com as normas ambientais. § 4º Aplicam-se ao licenciamento ambiental corretivo, no que couber, as disposições do artigo 79-A da Lei nº 9.605, de 12 de fevereiro de 1998. § 5º A assinatura do termo de compromisso impede novas autuações fundamentadas na ausência da respectiva licença ambiental. § 6º O disposto no § 5º não impede a aplicação de sanções administrativas pelo descumprimento do próprio termo de compromisso. § 7º As disposições sobre renovação automática previstas no § 2º do artigo 6º aplicam-se à LC. § 8º Se a autoridade licenciadora concluir pela impossibilidade de expedição de LC, deve estipular objetivamente as medidas para desmobilização e recuperação do ambiente afetado, às expensas do empreendedor. § 9º As atividades ou empreendimentos que já se encontram com processo de licenciamento ambiental corretivo em curso na data de publicação desta Lei poderão se adequar às disposições desta Seção.

2 BIM, Eduardo Fortunato. Licenciamento ambiental. 3. ed. Lumen Juris: 2016, p. 667 e 306-307.

LEIS AMBIENTAIS ESTÃO SENDO MODIFICADAS CONTRARIANDO O INTERESSE PÚBLICO

20 de maio de 2017

Eduardo Coral Viegas

Na madrugada do dia 23 para 24 de maio, o Senado aprovou as Medidas Provisórias 756 e 758, que já haviam passado na Câmara uma semana antes, diminuindo a proteção ambiental em regiões importantes do Pará e de Santa Catarina, por meio de alterações em Unidades de Conservação.

A mudança dos limites da Floresta Nacional do Jamanxim, em Novo Progresso (PA), reduziu a proteção integral de área equivalente ao território da Áustria. A iniciativa partiu do Executivo Federal, e atendeu sobretudo a interesses da forte bancada ruralista.

Somente para contextualizar, a região compõe a Amazônia Legal, que teve um aumento de 30% do desmatamento em 2016, consoante dados disponibilizados pelo Instituto de Pesquisa Ambiental da Amazônia, e, no período, Pará, Rondônia e Mato Grosso foram os Estados que mais desmataram.

Agora proponho voltarmos um pouco – bem pouco – no tempo, mudando também o espaço: uma viagem das Regiões Norte (PA) e Sul (SC) para a Sudeste e Centro-Oeste.

Em 2015, o Distrito de Bento Rodrigues, no Município de Mariana (MG), foi apagado do mapa, quando houve o rompimento da barragem de Fundão, da Samarco Mineração. O maior desastre ambiental do Brasil apresenta números impressionantes.

Para se ter uma ideia, 34 milhões de metros cúbicos de lama de minério de ferro acabaram com Bento Rodrigues, atingiram comunidades próximas, provocaram a morte de 19 pessoas, exterminaram 11 toneladas de peixes, e seus impactos ambientais vão perdurar por muito tempo. A lama percorreu o Vale do Rio Doce por Minas Gerais, Espírito Santo e pelo Distrito Federal, desaguando no mar.

Ops! O Distrito Federal também? Lá nem mar tem!

Na verdade, atingiu em cheio a Capital Federal, na Região Centro-Oeste, onde realmente não há praia. E foi além... Pelo que temos visto, nos mais diferentes recantos da federação tem muita gente suja e devendo explicações à nação brasileira. São agentes públicos, sobretudo do meio político – os chamados representantes do povo – e empresas de todos os tamanhos e dos mais variados segmentos inundados por sujeira das mais tóxicas e nefastas.

Alguns devem estar pensando: qual a relação entre o caso de Mariana e os escândalos políticos que vêm desestabilizando o Brasil? Aparentemente nenhuma, pois não se tem notícia, até o momento, de que a Samarco ou suas proprietárias – Vale e BHP Billiton – estejam envolvidas nas investigações que estão trazendo à luz a podridão que vinha nos matando aos poucos.

Contudo, a relação é direta e indissociável. O desastre de Mariana e a corrupção institucionalizada brasileira são fruto de um problema comum: a falta de ética empresarial e política.

Os riscos de rompimento da barragem eram conhecidos, mas foram mascarados. Conforme se extrai da denúncia criminal, "erros técnicos de implementação e manutenção foram conscientemente manipulados para reduzir custos e aumentar dividendos".

A mídia nos transmite diariamente informações estarrecedoras no sentido de que as maiores empresas do Brasil corrompiam agentes políticos às centenas, para dizer o mínimo, em troca de vantagens financeiras diretas ou indiretas. Os ganhos decorriam de contratos superfaturados, de licitações fraudadas e até mesmo da compra de leis favoráveis aos corruptores.

"Ah, mas tinha um Procurador da República envolvido também! Não eram só políticos. Ou seja, todos podem Errar!" Sim, o Procurador Eleitoral Ângelo Goulart Villela foi investigado e preso porque estaria atuando em casos importantes, porém com interesses criminosos, em benefício próprio e dos suspeitos.

Fez certo, certíssimo, o Ministério Público em "cortar na própria carne". Temos que dar o exemplo. Somente assim poderemos sustentar a necessidade de que todos adotem posturas lícitas, em conformidade com as normas.

O desastre de Mariana evidenciou a importância do licenciamento e da fiscalização ambiental. Quem sabe um licenciamento mais apropriado ao caso e a devida, honesta e eficaz fiscalização não tivessem impedido o rompimento? Sobre o tema, invoco aqui o Enunciado n. 8 da Jurisprudência em Tese n. 30 do STJ, nos seguintes termos:

Em matéria de proteção ambiental, há responsabilidade civil do Estado quando a omissão de cumprimento adequado do seu dever de fiscalizar for determinante para a concretização ou o agravamento do dano causado.

A partir desse desastre ambiental de magnitude incalculável, era de se esperar que os instrumentos do licenciamento e da fiscalização fossem qualificados, reforçados, aprimorados, para que se desse mais efetividade ao princípio da prevenção. No entanto, o que vemos?

Há inúmeros projetos de lei em tramitação no Congresso Nacional que visam à agilização da emissão da licença através da simplificação, como analisam detidamente Nilvo Luiz Alves da Silva e Sílvia Cappelli em artigo publicado no CONJUR em 8 de maio último.

Por que não se foca na estruturação dos órgãos administrativos ambientais? Faltam a contratação de servidores qualificados e independentes, investimento em recursos tecnológicos, estabelecimento de regras claras e conformes à lei para que haja instrução e conclusão dos procedimentos em tempo adequado, mas tudo sem descurar das cautelas necessárias para a defesa da presente e das futuras gerações (art. 225 da CF)!

Não falta ao sistema de gestão ambiental pátrio, de outro lado, uma lei de "afrouxamento" das regras de licenciamento, o que não significa que as normas existentes não possam ser aprimoradas.

Num ambiente onde se vê que parlamentares e integrantes do Executivo Federal ocupam seus postos comprometidos com a defesa dos interesses daqueles que financiaram suas campanhas eleitorais e que os enriquecem, não parece desarrazoado pensar que projetos como esses, tendentes à aparente "agilização" do licenciamento, e aqueles citados no início desta coluna, são também encomendados, pagos, financiados, "bancados", por interessados diretos e indiretos nos benefícios que possam auferir.

Estava pautada a votação dos projetos "do novo licenciamento", na Câmara, para o dia 24 de maio. O resultado era conhecido. Mas não se concretizou porque foi o dia em que Brasília literalmente "incendiou". Chegamos ao ponto em que o Presidente decretou a autorização do emprego das Forças Armadas para "Garantia da Lei e da Ordem (GLO)".

Mas por que tanta pressa em votar leis prejudiciais ao meio ambiente quando se vive crise política singular? Que se garanta a lisura das leis ambientais, não a criação de leis viciadas!

E que se garanta a ordem do sistema de proteção à natureza como um todo, inclusive em respeito a compromissos internacionais, como o Acordo de Paris, por meio do qual o Brasil se comprometeu a chegar ao desmatamento ilegal zero na Amazônia Legal até 2030, porém adota medidas em sentido oposto, como a aprovação das MPs 756 e 768.

Maquiavel já tratava do modo de se alcançar e manter no poder. É atribuída ao autor florentino a célebre frase: "os fins justificam os meios", significando que qualquer coisa é válida para se obter algo significativo, importante, relevante.

É com base nesse pensamento do Século XVI que podemos questionar se as mudanças legislativas que vêm sendo propostas nos últimos tempos não teriam o objetivo de agradar um segmento com grande representatividade no Congresso Nacional – bancada ruralista –, para então se alcançar apoio suficiente para a manutenção do poder político atualmente conquistado.

Essa hipótese pode ser associada a outra: a de que políticos estariam favoráveis a propostas legislativas contrárias aos interesses ambientais – difusos – para satisfação dos compromissos assumidos perante beneficiados com os novos instrumentos legais, caso dos latifundiários economicamente favorecidos com a aprovação das medidas de redução de Unidades de Conservação aprovadas recentemente no Congresso Nacional.

E, nesse passo, podemos ir um pouco além. Conforme a CF, o poder emana do povo, que o exerce diretamente ou por meio de representantes eleitos (art. 1º, parágrafo único). Tratando-se do poder legiferante, sempre é efetivado via processo legislativo conduzido por políticos eleitos.

Na crise que vivenciamos, contudo, é evidente que as leis ambientais estão sendo modificadas de forma contrária ao interesse público – difuso, repita-se – por quem foi alçado ao poder de forma viciada, já que não foram poucos os que ganharam eleições porque contaram com dinheiro fruto de corrupção.

Não bastasse, o comportamento de porção significativa deles no exercício de seus mandatos é vinculado à prática de crimes, notadamente a corrupção "lato sensu". Assim sendo, parece-nos que o conjunto de "representantes do povo" e "detentores do poder" que lhes foi concedido a título temporário não mais representa a população brasileira.

Consequência disso é que o fruto do trabalho legislativo – as normas jurídicas – não decorre da vontade da sociedade, devendo ser reconhecida sua invalidade pelo Poder Judiciário.

Outra alternativa, e mais segura – pois nunca se sabe qual será o posicionamento judicial, e a tese é realmente polêmica e sem precedentes – é que a sociedade tenha consciência plena de que o poder lhe pertence.

Mais, que seus representantes não continuam gozando de legitimidade para serem delegatários desse poder, e que a população pode e deve cobrar que os políticos atuais parem de colocar no mundo jurídico novas leis neste momento crítico, de evidências diárias de novos escândalos, e de investigações e processos em tramitação contra um grande número de "representantes do povo".

E essa situação deve perdurar enquanto pairar sobre a nação a nuvem de suspeita generalizada que cada vez ganha mais corpo, pois realmente não são poucos os envolvidos no episódio mais vultoso de improbidade administrativa brasileiro, e talvez global.

O CUSTEIO DAS PERÍCIAS NO PROCESSO COLETIVO AMBIENTAL

3 de junho de 2017

Álvaro Mirra

A questão do custo do processo é um dos temas centrais do acesso à justiça em geral e, como não poderia ser diferente, do acesso à justiça em matéria ambiental. Partindo da constatação de que, como regra, o processo judicial tem um custo e que esse custo, frequentemente, é elevado, a preocupação que se tem tido no Brasil e nos mais diversos países é a de que o custo do processo não constitua obstáculo para o acesso à justiça em matéria ambiental[1].

Nesse sentido, é preciso que o custo do processo ambiental não seja fator de desencorajamento da propositura de demandas coletivas em defesa do meio ambiente, nem seja fator que dificulte a atuação dos demandantes no curso do procedimento, diante das despesas que devem ser realizadas para a prática de atos processuais e para a produção da prova[2].

Daí por que se exige, no processo coletivo ambiental, a adoção de soluções específicas e apropriadas para o seu regime financeiro, orientadas a não desestimular o ajuizamento de demandas destinadas à proteção do meio ambiente e a não limitar a atividade processual dos demandantes, que defendem em juízo direito de toda a coletividade, notadamente no que se refere à atividade instrutória.

Por essa razão é que, em termos gerais, os estudos e modelos relacionados ao custo do processo propõem, frequentemente, como soluções, a exoneração dos legitimados ativos do ônus do adiantamento das despesas processuais e a isenção total ou parcial dos autores da demanda ambiental dos encargos decorrentes da sucumbência, na hipótese de improcedência do pedido.

Portanto, o que se almeja, pelo menos no plano ideal, em matéria de processo coletivo ambiental é, invariavelmente, um sistema de acesso gratuito à justiça, com a eliminação de todas as barreiras financeiras ao ajuizamento de demandas em defesa do meio ambiente e à atividade processual dos demandantes.

No Brasil, a opção do legislador, por intermédio da disciplina da ação civil pública pela Lei 7.347/1985 e pelas normas processuais do CDC, foi no sentido da adoção de regras especiais sobre a matéria, distintas do regime comum do CPC, seja o de 1973, seja o de 2015.

De fato, nos termos do artigo 18 da Lei 7.347/1985, nas ações civis públicas "não haverá adiantamento de custas, emolumentos, honorários periciais e quaisquer outras despesas, nem condenação da associação autora, salvo comprovada má-fé, em honorários de advogado, custas e despesas processuais". Assim, a Lei 7.347/1985, no âmbito do processo coletivo, excepcionou a regra tradicional do processo individual, do ônus do adiantamento das despesas processuais pelo interessado na realização de determinado ato ou diligência, com reembolso final pelo vencido, a quem cabe, também, o pagamento dos honorários do advogado da parte vencedora, ressalvados os casos de assistência judiciária gratuita (artigos 19 e 20 do CPC/1973 e artigo 82 do CPC/2015).

É importante observar que, na interpretação dada pela doutrina e pela jurisprudência ao artigo 18 da Lei 7.347/1985, a exoneração do adiantamento das despesas processuais (incluindo os honorários periciais) e da incumbência de arcar com os encargos da sucumbência, salvo litigância de má-fé, está restrita aos autores da ação civil pública (legitimados ativos), não beneficiando os réus[3]. Além disso, a isenção dos encargos da sucumbência, salvo má-fé processual, abrange todos os autores, e não apenas as associações civis[4].

Ou seja: o sistema brasileiro, na LACP, adotou, em relação ao autor da demanda, a gratuidade do acesso à Justiça em matéria ambiental, salvo hipótese de ocorrência de má-fé.

No que se refere à questão do ônus do adiantamento das despesas processuais, essa opção do Direito brasileiro foi importante, porque ela não só facilitou o ingresso em juízo na defesa do meio ambiente pelos legitimados ativos, devido à isenção das custas iniciais, como também assegurou a adequada participação dos demandantes no curso do procedimento, sobretudo no tocante à atividade instrutória, que implica, frequentemente, gastos importantes, sobretudo com a realização de perícias, muitas vezes imprescindíveis nas ações civis públicas e frequentemente de alta complexidade e custo elevado. Nesse contexto, se as perícias tivessem que ser custeadas pelos demandantes, poderia resultar inviabilizada a prova de lesões ou ameaças de lesões ao meio ambiente.

Pertinente insistir no fato de que a norma do artigo 18 da Lei 7.347/1985 é norma especial sobre a matéria, que prevalece sobre as normas gerais do CPC relativas ao regime financeiro do processo. Nesse sentido, as normas do CPC têm aplicação apenas subsidiária na disciplina da ação civil pública, naquilo em que não contrariarem o sistema estabelecido pela Lei 7.347/1985 (artigo 19).

Por essa razão, as normas do artigo 91, *caput*, e parágrafo 1º e 2º, do novo CPC, que pretendem impor ao Ministério Público e à Defensoria Pública o custeio da prova técnica por eles requerida no processo civil, não podem ter aplicação ao processo coletivo ambiental, por contrariarem frontalmente o sistema instituído pela Lei 7.347/1985[5].

Mas em que pese a adequação teórica do sistema estabelecido pela Lei 7.347/1985, a prática forense acabou evidenciando alguns problemas decorrentes da aplicação da regra do não adiantamento das despesas processuais pelo autor da ação civil pública, especialmente para a realização de perícias nas demandas ambientais, quando não é possível a requisição pelo juiz dos trabalhos técnicos a órgãos públicos, ficando, então, a perícia a cargo de peritos particulares que precisam ser remunerados[6].

A orientação que se firmou na jurisprudência é a da impossibilidade de se exigir do perito particular a realização da perícia sem a correspondente remuneração, não se podendo, tampouco, impor ao réu da ação civil pública o custeio de prova pericial que não requereu, nem mesmo com base na inversão do ônus da prova[7].

Daí por que, na prática, em razão da dificuldade de se encontrarem peritos de instituições públicas habilitados a fazer as perícias determinadas ou peritos particulares dispostos ao trabalho gratuito, muitos processos coletivos ambientais acabam ficando paralisados por muito tempo, do que resulta sério impasse no desenvolvimento da atividade instrutória nessas demandas todas.

Em função dessa realidade prática, os juízes e os tribunais, na aplicação da lei, acabaram buscando soluções capazes de viabilizar o custeio das perícias nas ações civis públicas ambientais. A prática forense passou a construir alternativas ao modelo legal, a fim de propiciar a realização das perícias.

Nesse contexto, em um primeiro momento, decidiu-se pelo adiantamento das despesas com as perícias nas demandas ambientais com recursos dos Fundos de Reconstituição dos Bens Lesados do artigo 13 da Lei 7.347/1985 (fundo federal e fundos estaduais)[8]. Tal solução, contudo, mostrou-se controvertida, dada a destinação precípua dos recursos dos fundos para a reconstituição dos bens lesados.

Além disso, chegou-se a entender que o adiantamento das despesas com as perícias no processo coletivo ambiental deveria ficar a cargo do próprio autor da demanda[9], o que, na sequência, acabou não prevalecendo, por contrariar, como visto, o sistema da Lei 7.347/1985[10].

Atualmente, a orientação jurisprudencial que parece predominar é a de que as despesas com os honorários periciais, nas ações civis públicas ambientais, devem ser adiantadas pela Fazenda Pública.

Esse entendimento teve origem em decisão monocrática proferida no âmbito do Supremo Tribunal Federal e em julgamento do Superior Tribunal de Justiça, em recurso especial que tramitou sob o regime dos recursos repetitivos. Em ambos os casos, a discussão envolvia o Ministério Público como autor da ação.

No STF, em decisão proferida pela ministra Cármen Lúcia, partiu-se do entendimento firmado pela própria corte de que o custeio dos honorários periciais, quando a parte responsável for beneficiária da assistência judiciária gratuita, deve ficar a cargo do Estado. No caso da ação civil pública, entendeu a ministra Cármen Lúcia que, embora não se trate de parte beneficiária da assistência judiciária gratuita, ainda assim é um ente estatal — no caso, o MP — beneficiado pela isenção legal de custas de qualquer natureza, razão pela qual incumbe ao Estado arcar com o pagamento dos honorários periciais. Nesses termos, o STF aplicou para a ação civil pública o mesmo raciocínio utilizado em relação à gratuidade da Justiça: custeio da perícia pelo Estado[11].

Já o STJ, em acórdão relatado pelo ministro Mauro Campbell Marques, após reafirmar expressamente que o artigo 18 da Lei 7.347/1985 traz disciplina própria e específica, a qual impede que o autor da ação civil pública arque com o ônus do adiantamento das despesas com as perícias, passou a aplicar, por analogia, a Súmula 232 da própria corte ("A Fazenda Pública, quando parte no processo, fica sujeita à exigência do depósito prévio dos honorários do perito") para determinar à Fazenda Pública, à qual se acha "vinculado" o MP, o custeio dos trabalhos técnicos[12].

Portanto, a partir desse julgado do STJ, a orientação que se extrai na matéria é a de que, nas ações civis públicas — ao menos naquelas movidas pelo Ministério Público —, as despesas com o adiantamento dos honorários dos peritos particulares ficam a cargo da Fazenda Pública da esfera governamental correlata ao âmbito de atuação do MP — Fazenda Estadual, no caso de ação civil pública proposta pelo MP Estadual; Fazenda Nacional, no caso de ação civil proposta pelo MP da União.

E a solução a que chegaram o STF e o STJ pode ser aplicada, também, para os demais legitimados ativos, notadamente a Defensoria Pública e as associações civis (artigo 5º da Lei 7.347/1985), dada a similitude das situações que envolvem estes últimos e o Ministério Público, todos isentos legalmente do adiantamento das despesas processuais, incluindo os honorários periciais.

Essa, em síntese, é a alternativa encontrada pelo STF e pelo STJ, como forma de compatibilizar a regra do não adiantamento das despesas com as perícias pelo autor da ação civil pública ambiental com a necessidade prática de custeio das perícias feitas por peritos particulares. O autor da demanda não adianta as despesas, ficando o custeio da perícia por ele requerida a cargo do Estado.

A grande dificuldade, porém, da solução adotada pelo STF e pelo STJ está no fato de ela impor um encargo financeiro importante às Fazendas Públicas, do qual não se sabe ao certo se elas poderão efetivamente se desincumbir com a agilidade esperada para o adequado andamento dos processos ambientais, em função das inevitáveis questões orçamentárias, o que poderá gerar novos impasses na realização da prova pericial.

Daí por que se impõe aos órgãos do Poder Judiciário e dos Poderes Executivos da União e dos estados trabalhar institucionalmente e em conjunto, a fim de encontrar estratégias adequadas para viabilizar a realização das perícias nas demandas coletivas ambientais, como a promoção de parcerias com instituições e institutos públicos e privados, capazes de propiciar a indicação de profissionais competentes e independentes, aptos a atuar como auxiliares do juízo, sem remuneração oriunda do processo, preservada, sempre, em qualquer situação, a regra de ouro do processo coletivo ambiental, consagrada na legislação vigente, da gratuidade do acesso à Justiça em matéria ambiental para o autor da demanda, exceto hipótese de litigância de má-fé[13].

Referências

1 CARNELUTTI, Francesco. *Sistema di diritto processuale civile*. Padova: Cedam, 1936, v. 1, p. 435; FRIEDMAN, Lawrence. *Réclamations, constestations et litiges et l'État-Providence de nos jours*. In: CAPPELLETTI, Mauro (Org.). *Accès à la justice et État Providence*. Paris: Economica, 1984, p. 253-254.

2 BENJAMIN, Antônio Herman V. *A insurreição da aldeia global contra o processo civil clássico*: apontamentos sobre a opressão e a libertação judiciais do meio ambiente e do

consumidor. In: MILARÉ, Édis (Coord.). *Ação civil pública - Lei 7.347/85*: reminiscências e reflexões após dez anos de aplicação. São Paulo: Revista dos Tribunais, 1995, p. 108-110; RODRIGUES, Marcelo Abelha. *Ação civil pública e meio ambiente*. Rio de Janeiro: Forense Universitária, 2003, p. 301; MIRRA, Álvaro Luiz Valery. *Participação, processo civil e defesa do meio ambiente*. São Paulo: Letras Jurídicas, 2011, p. 560; O ônus do adiantamento das despesas processuais na ação civil pública ambiental - a questão do custeio das perícias - *Revista de Direito Ambiental*, vol. 85, jan-mar 2017, p. 219 e ss.

3 STJ - 1ª T. - REsp 479.830/GO - j. 3/8/2004 - rel. min. Teori Zavascki; STJ - 2ª T. - AgRg no REsp 1.096.146/RJ - j. 19/2/2009 - rel. min. Herman Benjamin; STJ - 2ª T. - REsp 858.498/SP - j. 26/9/2006 - rel. min. Castro Meira.

4 STJ - 2ª T. - REsp 900.283/RS - j. 25/3/2008 - rel. p/ acórdão min. Castro Meira; STJ - 2ª T. - REsp 928.397/SP - rel. min. Castro Meira - DJU de 25/9/2007; STJ - 2ª T. - REsp 716.939/RN - rel. min. Herman Benjamin - DJU de 10/12/2007; STJ - 1ª T. - REsp 786.550/RS - rel. min. Teori Zavascki - DJU de 5/12/2005.

5 LEONEL, Ricardo de Barros. Ministério Público e despesas processuais no novo Código de Processo Civil. *Revista de Processo*, n. 249, nov/2015, p. 180-183; MIRRA, Álvaro Luiz Valery. *O ônus do adiantamento das despesas processuais na ação civil pública ambiental — a questão do custeio das perícias*, cit., p. 224.

6 MAZZILLI, Hugo Nigro. *A defesa dos interesses difusos em juízo*. 29ª ed. São Paulo: Saraiva. 2016, p. 698; MARCHESAN, Ana Maria Moreira; STEIGLEDER, Annelise Monteiro; CAPPELLI, Sílvia. *Direito Ambiental*. Porto Alegre: Verbo Jurídico, 2008, p. 225.

7 STJ - 1ª T. - REsp 846.529/MS - j. 19/4/2007 - rel. Min. Teori Zavaschi; STJ - 2ª T. - REsp 972.902/RS - j. 25/8/2009 - rel. min. Eliana Calmon. Ver sobre o tema, ainda, em sentido diverso, MOREIRA, Danielle de Andrade. A produção de prova na ação civil pública ambiental: alguns aspectos polêmicos e a garantia da efetividade da tutela jurisdicional à luz da jurisprudência do Superior Tribunal de Justiça. In: PESSOA, Flávia Moreira Guimarães; SIQUEIRA, Natércia Sampaio; SILVA, Paulo Roberto Coimbra (Coord.). *Processo, jurisdição e efetividade da justiça*. Florianópolis: CONPEDI/UFS, 2015, p. 164-189.

8 TJ-SP - Câmara Reservada ao Meio Ambiente - AI 0098177-19.2011.8.26.0000 - j. 25/8/2011 - rel. des. Torres de Carvalho; TJ-SP - Câmara Reservada ao Meio Ambiente - AI 0438915-10.2010.8.26.0000 - rel. des. Renato Nalini; TJ-SP - 1ª Câmara de Direito Público - AI 2143650-86.2014.8.26.0000 - j. 4/11/2014 - rel. des. Vicente Amadei; STJ - 2ª T. - RMS 30.812/SP - j. /4/3/2010 - rel. min. Eliana Calmon.

9 STJ - 1ª T. - REsp 846.529/MS - j. 19/4/2007 - rel. min. Teori Zavascki; STJ - 2ª T. - REsp 933.079/SC - j. 12/2/2008 - rel. p/ acórdão min. Eliana Calmon.

10 STJ - 1ª Seção - Embargos de Divergência em REsp 733.456/SP - j. 24/2/2010 - rel. min. Humberto Martins.

11 STF - AI 793.555/RS - j. 22/10/2012 - rel. min. Cármen Lúcia.

12 STJ - 1ª Seção - REsp 1.253.844/SC - j. 13/3/2013 - rel. min. Mauro Campbell Marques - julgado sob o regime dos recursos repetitivos - artigo 543-C do CPC/1973, com precisão trazida pelo voto do min. Herman Benjamin a respeito de as despesas com a perícia terem de ser adiantadas pela Fazenda Pública "da esfera governamental correlata ao âmbito de atuação do Ministério Público".

13 MIRRA, Álvaro Luiz Valery. *O ônus do adiantamento das despesas processuais na ação civil pública ambiental — a questão do custeio das perícias*, cit., p. 241-243. Sobre o tema, ainda, MOREIRA, Danielle de Andrade, op. cit., p. 164-189.

TRUMP DEU UM PÉSSIMO EXEMPLO AO MUNDO AO ABANDONAR O ACORDO DE PARIS

10 de junho de 2017

Gabriel Wedy

Embora o ex-vice-presidente Al Gore tenha assinado em nome da administração Bill Clinton o Protocolo de Quioto, ele não foi ratificado pelo Senado. Aliás, o Senado havia aprovado resolução apoiada pelos senadores Robert Byrd e Chuck Hagel por 95 x 0, compelindo o governo a não apoiar qualquer acordo no âmbito da Convenção-Quadro das Nações Unidas para o Combate às Mudanças Climáticas no sentido do corte das emissões, a menos que o compromisso também fosse assumido igualmente pelas nações em desenvolvimento[1].

Em março de 2001, o presidente George W. Bush expressamente repudiou o Protocolo de Quioto, sob o argumento de que ele isentava a China e a Índia da obrigação do corte de emissões, o que causaria grandes prejuízos econômicos aos Estados Unidos[2]. Quando o protocolo entrou em vigor, no ano de 2005, Estados Unidos e Austrália eram os únicos países industrializados que não o haviam firmado. No ano de 2007, a Austrália acabou por firmar o acordo, restando os Estados Unidos isolado. O governo norte-americano recusou-se a utilizar o *Clean Air Act* para regular os gases de efeito estufa, posição que se manteve mesmo após a Suprema Corte decidir que essa regulação deveria ser efetuada no âmbito da Environmental Protection Agency (EPA)[3].

Obama assumiu e implantou uma política oposta à de George W. Bush. Sob novo comando, a EPA passou a utilizar a sua competência para regular os gases de efeito estufa. No âmbito da House of Representatives, o governo conseguiu a aprovação do *American Clean Energy and Security Act*, conhecido como *Waxman-Markey Bill*, que estabelecia um amplo programa de *cap-and-trade* em nível federal[4]. Entretanto, o projeto de lei foi rejeitado no Senado. Ainda que durante a campanha da reeleição o presidente Obama tenha evitado tocar no tema mudanças climáticas, em junho de 2013, após reeleito, anunciou o *Climate Action Plan*, plano elaborado no âmbito do Poder Executivo. O plano estava focado no poder regulatório da EPA, que emitiu um cronograma com importantes regulações sobre as usinas de queima de carvão[5].

Não existe nos Estados Unidos uma legislação específica para regular os gases de efeito estufa, mas várias leis são aplicadas com tal finalidade. O mais importante diploma legal para regulação desses gases é o *Clean Air Act*. Durante a administração do presidente Bill Clinton, dois sucessivos conselhos-gerais da EPA opinaram que a agência teria autoridade para aplicar a lei e regular os gases de efeito estufa como poluentes do ar. Os conselhos da EPA na administração Bush emitiram pareceres em sentido diametralmente oposto[6]. Essa controvérsia restou resolvida por decisão da Suprema Corte no caso *Epa v. Massachussets*, no ano de 2007, em que, por 5 a 4, a corte decidiu que os estados possuíam *standing* para processar e compelir a EPA para regular os gases de efeito estufa. Na decisão, restou consignado que os gases de efeito estufa podem ser regulados com a aplicação do *Clean Air Act* pela EPA porque são poluentes do ar. Por fim, restou determinado que a EPA deve ou declarar que os gases de efeito estufa são prejudiciais à saúde pública e ao bem-estar e fazer a regulação, ou explicar em detalhes por que essa regulação não será feita com base em permissivos legais[7].

Em dezembro de 2009, a EPA definiu os gases de efeito estufa como perigosos. Após, emitiu regulação das emissões por intermédio da fixação de *standards* e tornou mais rigorosos os níveis de regulação para os veículos automotores. A EPA também adotou medidas de regulação referentes às fontes estacionárias de emissões de gases de efeito estufa, como fábricas e usinas. Mais de cem processos foram ajuizados, impugnando tais regulações pelos mais diversos argumentos, mas todas essas ações foram desconsideradas pela Corte de Apelação do Distrito de Columbia (U.S. Court of Appeals for the Disctrict o Columbia), que sequer apreciou o seu mérito[8].

O National Environmental Policy Act é igualmente invocado em ações judiciais para regular as emissões de gases de efeito estufa, em especial para compelir as agências a elaborarem declarações de impacto ambiental para as ações federais ou submetidas à fiscalização federal de maior vulto e que possam causar danos ao meio ambiente.

Outros argumentam que o *Endangered Species Act* (ESA) também pode ser aplicado para o enfrentamento das mudanças climáticas. Como diz o próprio nome, a lei é utilizada para proteger espécies ameaçadas e em perigo, assim como o seu habitat. Proíbe projetos e ações federais que coloquem em risco as espécies ameaçadas. Em teoria, a lei poderia ser estendida para projetos que emitem gases de efeito estufa, mas na prática é muito difícil de se implementar, já que muitos projetos contribuem relativamente pouco com as emissões de gases de efeito estufa, e os impactos às espécies não podem ser atribuídos diretamente a tais emissões. A importância do estatuto, nos contextos das mudanças climáticas, é primeiramente proteger espécies atingidas indiretamente pelo aquecimento global nos seus habitats, com o objetivo de garantir a sua sobrevivência[9].

Refere Gerrard que as ações ajuizadas nos Estados Unidos as quais discutem causas associadas às mudanças climáticas podem ser divididas, em sua ampla maioria, em duas categorias básicas[10]. A primeira categoria compreende ações que invocam o Direito Administrativo com base nas leis existentes para exigir que as agências federais adotem certas ações regulatórias ou parem de adotá-las. *Massachussets v. EPA* é um clássico exemplo dessa categoria de ações. Centenas de ações têm sido ajuizadas impugnando projetos, ações e omissões regulatórias das agências federais referentes aos gases de efeito estufa. Nesse tipo de caso, as partes pleiteiam que o Poder Judiciário aplique as regras estabelecidas pelo Congresso, pelos Legislativos estaduais e pelas agências administrativas. A segunda categoria envolve ações típicas da *common law*. Nesse tipo de ação judicial, o pedido é endereçado ao juiz para que ele aplique doutrinas criadas pelas cortes através dos séculos para responsabilizar a parte ex-adversa ou para que um provimento cautelar seja expedido contra as emissões.

Com base na doutrina da *common law public nuisance*, foram ajuizadas quatro demandas alegando mudanças climáticas e pedindo a intervenção judicial. Todas foram desconsideradas e não tiveram o mérito apreciado por cortes federais (Federal District Courts), porquanto entenderam que tais demandas estavam embasadas em questões políticas e não eram sujeitas ao escrutínio do Poder Judiciário. Também foi invocada, por grupos sem fins lucrativos, a doutrina da *common law da public trust* em várias ações judiciais que buscavam compelir os estados e o governo federal a adotarem planos para reduzir as emissões de gases de efeito estufa e preservar a atmosfera. Essa doutrina obriga o governo a proteger certos recursos naturais que devem ser preservados em confiança e em nome do público. A doutrina tem sido aplicada para proteger certas águas costeiras, praias e também parques florestais. Até o momento, no entanto, nenhum processo com esse argumento obteve êxito nas cortes[11].

Importante observar que não são incomuns demandas envolvendo as mudanças climáticas e as suas consequências individuais nos Estados Unidos, exemplo de país democrático e de cidadania atuante, a qual está atenta e consciente em relação a essa grave ameaça.

Os Estados Unidos, durante o governo Obama, comprometeram-se com a COP21, com efeitos legais vinculantes, que estipulou como meta reduções nas emissões de gases de efeito estufa, entre outras medidas de resiliência e de adaptação, que possibilitem um aumento da temperatura global abaixo de 2°C, com o objetivo de alcançar 1,5°C até 2100, tendo como marco inicial o período pré-industrial. No mesmo sentido, os Estados Unidos aderiram a COP22, em Marraquexe, como modo de facilitar a concretização dos objetivos da COP21, em especial no cumprimento de um roteiro para o financiamento climático dos países em desenvolvimento pelos países desenvolvidos e investidores privados, absolutamente necessário para adoção de medidas de adaptação e resiliência, no valor de US$ 100 bilhões até 2020, *a fortiori* porque houve queda no financiamento climático entre os anos de 2014 e 2015[12].

O polêmico presidente Trump deu um péssimo exemplo ao mundo ao retirar os Estados Unidos, no último dia 1º, do Acordo de Paris. Era esperado, pois já havia nomeado para diretor da EPA Scott Pruitt, procurador-geral do estado de Oklahoma e advogado da indústria dos combustíveis fósseis. Em suas primeiras medidas, ainda no início do ano, havia desmantelado o Climate Action Plan da administração Obama e expedido dois decretos facilitando a construção dos oleodutos de Keystone e Dakota.

Todavia, a atabalhoada medida do presidente Trump cairá por terra e não terá maiores efeitos práticos ante o comprometimento da maioria dos grandes estados, maiores cidades e mais poderosas corporações americanas (excluídas destas a decadente, mas ainda influente indústria do petróleo e do carvão) com as metas do Acordo de Paris. Como se não bastasse, os maiores escritórios de advocacia americanos especializados em litigância climática já estão ajuizando dezenas de ações contra as medidas da confusa administração Trump.

Se o presidente Trump não mudar os seus rumos, passará vergonha mais uma vez na COP23, a ser realizada em Bonn, no final do ano, ante a completa falta de legitimidade política de suas medidas na área ambiental em plena Era do Antropoceno.

Referências

1 GERRARD, Michael. Introduction and overview. In: GERRARD, Michael; FREEMAN, Jody (Ed.). Global climate change and U.S law. New York: American Bar Association, 2014. p. 24.

2 Ver: ROSENCRANZ, Armin. U.S. climate change under G.W. Bush. Golden Gate University Law Review, San Francisco, v. 32, n. 4, p. 479-491, 2002.

3 UNITED STATES. National Energy Policy Development Group. Reliable, affordable and environmentally sound energy for America's future: report of the National Energy Policy Development Group. Washington, May 2001.

4 LIZZA, Ryan. As the world burns. The New Yorker, New York, 11 out. 2010.

5 GERRARD, Michael. Introduction and overview. In: GERRARD, Michael; FREEMAN, Jody (Ed.). Global climate change and U.S law. New York: American Bar Association, 2014. p. 24.

6 GERRARD, Michael. Introduction and overview. In: GERRARD, Michael; FREEMAN, Jody (Ed.). Global climate change and U.S law. New York: American Bar Association, 2014. p. 24.

7 GERRARD, Michael. Introduction and overview. In: GERRARD, Michael; FREEMAN, Jody (Ed.). Global climate change and U.S law. New York: American Bar Association, 2014. p. 24.

8 GERRARD, Michael. Introduction and overview. In: GERRARD, Michael; FREEMAN, Jody (Ed.). Global climate change and U.S law. New York: American Bar Association, 2014. p. 24.

9 GERRARD, Michael. Introduction and overview. In: GERRARD, Michael; FREEMAN, Jody (Ed.). Global climate change and U.S law. New York: American Bar Association, 2014. p. 26.

10 GERRARD, Michael. Introduction and overview. In: GERRARD, Michael; FREEMAN, Jody (Ed.). Global climate change and U.S law. New York: American Bar Association, 2014. p. 26-27.

11 GERRARD, Michael. Introduction and overview. In: GERRARD, Michael; FREEMAN, Jody (Ed.). Global climate change and U.S law. New York: American Bar Association, 2014. p. 27.

12 UNITED NATIONS CLIMATE CHANGE CONFERENCE 2016. COP22 Marrakech 2016. Disponível em: http://www.cop22-morocco.com. Acesso em: 02 out. 2016. Ao final da COP 22 restou previsto um roteiro, a ser implementado até o ano de 2018, com a intenção de finalizar as regras do Acordo de Paris, assim como outras decisões essenciais para a implementação do referido pacto global. WORLD RESOURCES INSTITUTE. Statement: At COP22 in Marrakech, climate negotiators agree to roadmap to 2018. Marrakech, Nov. 18, 2016. Disponível em: <http://www.wri.org/news/2016/11/ statement-cop22-marrakech-climate-negotiators-agree-roadmap-2018>. Acesso em: 20 nov. 2016.

A LÍNGUA PORTUGUESA COMO PATRIMÔNIO CULTURAL DO BRASIL

17 de junho de 2017

Marcos Paulo de Souza Miranda

Do "Porto Seguro da Ilha de Vera Cruz", numa sexta-feira, primeiro dia de maio de 1500, o escrivão Pero Vaz de Caminha assim começava sua missiva dirigida ao Rei de Portugal, dando conta da nova descoberta feita pelas naus lusitanas, que procuravam as Índias:

> *Senhor: Posto que o Capitão-mor desta vossa frota, e assim os outros capitães escrevam a Vossa Alteza a nova do achamento desta vossa terra nova, que ora nesta navegação se achou, não deixarei também de dar disso minha conta a Vossa Alteza, assim como eu melhor puder, ainda que -- para o bem contar e falar -- o saiba pior que todos fazer. Tome Vossa Alteza, porém, minha ignorância por boa vontade, e creia bem por certo que, para aformosear nem afear, não porei aqui mais do que aquilo que vi e me pareceu.*

O pioneiro texto sobre o Brasil foi lavrado na língua portuguesa, que até os dias atuais, passados mais de cinco séculos, continua sendo a língua oficial do país, ou vernácula, hoje introjetada de contribuições linguísticas de outros povos formadores da nação brasileira, a exemplo dos indígenas e africanos.

Foi em português, por exemplo, que Manoel da Nóbrega, Alvarenga Peixoto, Cláudio Manoel da Costa, Pedro II, Castro Alves, Rui Barbosa, Guimarães Rosa, Carlos Drummond de Andrade, Chico Xavier e Ferreira Gullar, entre tantos outros brasileiros ilustres, deixaram registradas suas produções, entremeadas por palavras como amor, natureza, gratidão, coragem, lealdade, justiça, esperança, honradez, caridade, sabedoria e paciência, todas integrantes do nosso léxico. É majoritariamente em português que brotam as primeiras palavras pronunciadas pelas crianças e que surgem os sussurros derradeiros de nossos entes queridos. Enfim, da alvorada ao crepúsculo, é a língua portuguesa o veículo básico para a comunicação entre todos nós, brasileiros[1].

Diante de tais notas introdutórias, lançamos duas indagações para reflexão: a) a língua portuguesa poderia ser considerada como integrante do patrimônio cultural brasileiro ?; b) A utilização de estrangeirismos como coffe-break, workshop e happy-hour, tão comuns, sobretudo em programações de eventos oficiais das mais diversas repartições públicas brasileiras, e a oferta, por bancos oficiais, de serviços como blackcarde home bakingseria uma prática lícita ou, ao menos, recomendável a nós, brasileiros ?

Quanto à primeira questão, é preciso ressaltar que o ordenamento jurídico brasileiro protege não só os bens culturais materiais (como edificações, documentos e estátuas), como também os imateriais, ou intangíveis, a exemplo dos modos de ser, fazer, além das formas de expressão, sejam elas corporais, escritas ou verbais.

Logo, enquanto genuína forma de expressão do povo brasileiro, a língua portuguesa, para além de deter o caráter de antiguidade, posto que presente em nossa realidade desde o descobrimento do país, reúne ainda outros elementos distintivos que a erigem a elemento identificador de nossa nação, a exemplo da singularidade, da abrangência territorial e da unidade do uso, afinal de contas ela é plenamente inteligível de norte a sul do imenso país, apesar das especificidades e da grande diversidade dos chamados "sotaques" regionais.

Em verdade, a língua matriarca de um povo – em âmbito de todas as culturas - é um dos signos maiores da identidade de uma gente e de seus traços. Não se imagina Shakespeare falando latim, nem tampouco Virgílio escrevendo inglês.

Povo que se valoriza, mantém e cultua sua língua.

Tanto isso é fato que, em 1999, a UNESCO instituiu o dia 21 de fevereiro como o Dia Internacional da Língua Materna, a fim de alertar para a necessidade de proteção das tradições linguísticas fundamentais dos diferentes povos do planeta, posto que a língua constitui o vetor fundamental de comunicação entre os indivíduos e representa uma parte essencial do patrimônio cultural de um país.

Por tudo isso, pensamos que é hora do povo brasileiro despertar maior atenção para sua língua-mãe e refletir sobre medidas para sua salvaguarda, o que não implica, obviamente, em negação ao direito do uso de outros falares tradicionais existentes no país, como já observamos.

Em termos normativos, importante lembrar que a Constituição Federal estabelece que a língua portuguesa é o idioma oficial da República Federativa do Brasil (art. 13). Conquanto sintético, o dispositivo revela um comando normativo absolutamente claro no sentido de determinar que outras línguas não sejam utilizadas para a expressão oficial de tudo o que ocorre no território brasileiro envolvendo o Estado e os cidadãos[2].

Conforme o abalizado ensinamento de José Carlos Barbosa Moreira[3]:

> *Ao idioma oficial deve assegurar-se, em regra, prioridade sobre todos os outros. A qualificação de 'oficial" implica por força posição de supremacia e, por conseguinte, de preferência. O emprego de idioma distinto há de fundar-se em razão especial. O do português dispensa tal justificação.*
>
> ...
>
> *Que os órgãos públicos, ao se comunicarem com a população em geral, estão obrigados a empregar o idioma oficial é ponto que prescinde de demonstração. Pode-se afirmar que essa é a 'consequencia mínima' do fato de existir uma língua a que a Constituição dá o status de oficial. Pensar de outra meneira importaria negar toda e qualquer relevância ao art. 13 – riscá-lo, pura e simplesmente, do texto constitucional.*

Nessa toada, em âmbito jurisdicional, segundo o Código de Processo Civil vigente, em todos os atos e termos do processo é obrigatório o uso da língua portuguesa (artigo 192).

Na formatação dos textos normativos do país, a fim de manter o apuro linguístico e obter precisão na redação, há determinação no sentido de se escolher termos que tenham o mesmo sentido e significado na maior parte do território nacional, evitando o uso de expressões locais ou regionais (Lei Complementar 95/1998, artigo 11, II, d), o que implicitamente veda o uso de expressões estrangeiras, por óbvio e como previsto em nível constitucional (artigo 13).

Nas relações de consumo, toda oferta e apresentação sobre produtos e serviços devem ser feitas em língua nacional (artigo 31 da Lei 8.078/90).

Logo, não encontramos dificuldades para concluir que a língua portuguesa é bem cultural do país, além de estar expressamente protegida em nível constitucional e legal, trazendo resposta conclusiva sobre a primeira indagação acima feita. Ou seja, temos comandos normativos que implicam na imposição do uso do vernáculo, como regra.

Quanto à segunda questão, para além do evidente desdobramento conclusivo acerca da primeira assertiva, que é de ordem normativa, entendemos ser lamentável, sob a ótica antropológica, que o Brasil renda-se a estrangeirismos como o halloween (em vez de conhecer e cultuar elementos da cultura nacional, a exemplo do Saci-Pererê, Boitatá e Curupira) e valer-se de palavras e expressões "enlatadas", como as acima mencionadas, pronunciadas, não raras vezes, automatamente, sem se ter sequer consciência sobre o seu real significado.

Criticando o exagero das expressões e termos estrangeiros em nosso meio, o Professor Eduardo Martins, em seu livro intitulado "Com todas as letras", provoca com perspicácia[4]: *"a livraria chama-se Book in the Box. Ao lado fica sorveteria I Can'tBelieveit'sYogurt. Na frente, poderia haver uma loja anunciando: Sale! 30% off. Responda, então, a este teste: você está em Nova York, Los Angeles, Londres ou Belfast? A alternativa correta é: nenhuma das anteriores. Você está mesmo em São Paulo".*

De nossa parte pensamos que a resposta poderia ser a seguinte: "você está no Brasil", tamanha a presença do estrangeirismo em nosso país, mormente no âmbito das relações comerciais.

Em Minas Gerais, a Lei 12.701, de 23 de dezembro de 1997, dispõe sobre a valorização da língua portuguesa no Estado, e estabelece regras que vedam o uso de expressões estrangeiras nas comunicações oficiais da administração pública, conforme se vê abaixo:

> *Art. 1º - O Estado valorizará e estimulará o uso da língua portuguesa em seu território, nos termos desta lei.*
>
> *Art. 2º - Fica proibido o uso de termos e expressões em língua estrangeira nos textos dos documentos oficiais dos órgãos e entidades da administração direta e indireta do Estado.*
>
> *Parágrafo único - Na falta de equivalente em português, poderá ser usado o termo ou a expressão estrangeira, desde que seguidos de sua tradução.*
>
> *Art. 3º - O disposto no artigo anterior aplica-se também a:*
>
> *I - matéria publicada em órgão oficial de comunicação;*
>
> *II - matéria publicitária ou informativa paga parcial ou integralmente pelo Estado;*
>
> *III - nome de próprio público;*

IV - placa de identificação de obra ou serviço do Estado ou de que ele participe;

V - texto de livro, jornal, revista ou outra publicação, de iniciativa pública.

A norma em comento traz regramentos importantes para se exigir o uso da língua portuguesa por todos os órgãos integrantes da administração pública direta e indireta do Estado, de forma a contribuir para a manutenção e valorização do vernáculo enquanto bem cultural imaterial do Brasil e do povo das alterosas.

Segundo leciona, com absoluta propriedade, Inês Virgínia Prado Soares[5]:

Por meio da língua portuguesa, a grande maioria dos brasileiros tem preservada sua memória e sua identidade. A hegemonia da língua portuguesa serve de base unificadora da nossa cultura e garante a fruição de outros direitos fundamentais. Além de ser o idioma nacional, por força da Constituição, também assume a posição de língua oficial. No art. 13, caput, do texto constitucional é estabelecido que a língua portuguesa é o idioma oficial da República Federativa do Brasil. Pode-se dizer que a língua portuguesa, como idioma oficial, tem prioridade sobre todos os outros idiomas e falares e no território nacional, o português deve ser considerado o i instrumento de comunicação por excelência, devendo a comunicação ser feita prioritariamente nessa língua.

Os Poderes Legislativo, Executivo e Judiciário devem promover e proteger, com a colaboração da comunidade, o bem cultural língua portuguesa, por meio de instrumentos nominados e outras formas de acautelamento e preservação.

Enfim, esperamos que as reflexões acima despertem o interesse de outros cidadãos e operadores do direito a fim de que a língua portuguesa possa ser objeto de maior atenção e de medidas que assegurem a sua utilização hígida, enquanto idioma oficial do Brasil e base unificadora da identidade do país.

Referências

1 Existem outras línguas e falares típicos do Brasil que igualmente podem e devem ser protegidos como expressão do nosso multiculturalismo, mas sem o caráter de oficialidade e obrigatoriedade. Registre-se que o Decreto 7.387/2010 instituiu o Inventário Nacional da Diversidade Linguística, sob gestão do Ministério da Cultura, como instrumento de

identificação, documentação, reconhecimento e valorização das línguas portadoras de referência à identidade, à ação e à memória dos diferentes grupos formadores da sociedade brasileira.

2 Sobre o dispositivo, já decidiu o STF: A petição com que impetrado o habeas corpus deve ser redigida em português, sob pena de não conhecimento do writ constitucional (CPC, artigo 156, c/c CPP, artigo 3º), eis que o conteúdo dessa peça processual deve ser acessível a todos, sendo irrelevante, para esse efeito, que o juiz da causa conheça, eventualmente, o idioma estrangeiro utilizado pelo impetrante. A imprescindibilidade do uso do idioma nacional nos atos processuais, além de corresponder a uma exigência que decorre de razões vinculadas à própria soberania nacional, constitui projeção concretizadora da norma inscrita no artigo 13, caput, da Carta Federal, que proclama ser a língua portuguesa "o idioma oficial da República Federativa do Brasil". [HC 72.391 QO, Rel. Min. Celso de Mello, j. 8-3-1995, P, DJ de 17-3-1995.

3 *A ação civil pública e a Língua Portuguesa*. P. 306-307. In: MILARÉ, Édis. *Ação civil pública*. Lei 7.347/85 – 15 anos. São Paulo: Revista dos Tribunais. 2001.

4 MARTINS, Eduardo. *Com todas as letras*. São Paulo: Editora Moderna, 1999. p. 145.

5 *Direito ao (do) patrimônio cultural brasileiro*. Belo Horizonte: Fórum. 2009. p. 178

A POSSIBILIDADE DE MODIFICAÇÃO OU DE RETIRADA DA LICENÇA AMBIENTAL

24 de junho de 2017

Talden Farias

A licença ambiental tem como uma de suas mais importantes características a possibilidade de modificação ou de retirada em determinadas situações. Tal licença é o ato administrativo resultante de um processo administrativo e poderá sofrer modificações posteriormente caso se descubra algum erro ou omissão relevante ou caso haja algum motivo superior que o justifique.

O inciso IV do artigo 9º da Lei 6.938/81 determina que "o licenciamento e a revisão de atividades efetiva ou potencialmente poluidoras" é um instrumento da Política Nacional do Meio Ambiente. Isso significa que a própria lei que criou o licenciamento já previu a possibilidade de as licenças ambientais serem revistas.

A respeito do tema, não se pode confundir revisão com renovação. Falar em revisão do licenciamento implica adequar, anular, cassar, revogar ou suspender a licença concedida em pleno prazo de validade. Por outro lado, falar em renovar implica em requerer uma nova licença ao órgão ambiental, tendo em vista que o prazo da licença vigente está perto de se esgotar[1].

Como qualquer ato administrativo, a licença ambiental está sujeita à revisão, especialmente se houver um relevante interesse público que o justifique. Se o fundamento máximo do poder de polícia é a supremacia do interesse público sobre o individual, é evidente que a administração pública poderá sempre rever qualquer ato que supervenientemente à sua edição se mostre contrário ao interesse coletivo para revogá-lo em benefício da sociedade. Com efeito, se as condições originais que deram ensejo à concessão da licença ambiental mudarem, esta também pode ser modificada ou até retirada.

Do ponto de vista prático, são basicamente três as razões que levaram o legislador a considerar a possibilidade de revisar uma licença ambiental. A primeira é a velocidade com que a ciência e a tecnologia evoluem, fazendo com que os órgãos ambientais não tenham como se precaver em face dos riscos ambientais. A segunda é que os órgãos ambientais dispõem de estrutura insuficiente em termos de recursos humanos e materiais e são muito suscetíveis a ingerências de ordem pessoal, política e econômica. A terceira é que dados técnicos relevantes podem ser omitidos ou apresentados de forma distorcida ou mesmo falsa, comprometendo no todo ou em parte o entendimento e a decisão dos órgãos administrativos de meio ambiente.

É nesse contexto que os incisos I, II e III do artigo 19 da Resolução 237/97 do Conama determinam que o órgão ambiental competente, mediante decisão motivada, poderá modificar os condicionantes e as medidas de controle e adequação, suspender ou cancelar uma licença expedida, quando ocorrer violação ou inadequação de quaisquer condicionantes ou normas legais, omissão ou falsa descrição de informações relevantes que subsidiaram a expedição da licença e superveniência de graves riscos ambientais e de saúde[2]. Isso significa que a referida resolução determina que a revisão da licença ambiental concedida pode ocorrer em três situações distintas.

Na primeira situação, depois de ter sido regularmente licenciada, o responsável pela atividade passa a desrespeitar a legislação ambiental ou a ignorar os condicionantes do licenciamento ambiental, a exemplo do cumprimento de medidas compensatórias ou mitigadoras. É o caso do industrial que se comprometeu formalmente e com prazo determinado em face do órgão ambiental a instalar filtros antipoluição na sua fábrica e também do piscicultor que se comprometeu formalmente e com prazo determinado a instalar uma estação de tratamento de água nos seus viveiros, que após terem recebido a licença não tomaram nenhuma das providências combinadas. É o caso da empresa que de um momento para outro passa a emitir mais ruído ou mais gases poluentes do que o permitido pela legislação.

Na segunda situação, é descoberto que o licenciamento de uma determinada atividade se embasou em dados ou documentos falsos ou que deixou de levar em consideração informações relevantes e que por isso a licença deve ser revista. É o caso do licenciamento para a construção de um condomínio privado baseado em um laudo técnico que afirma que a área não possui nenhuma importância especial no que diz respeito à diversidade biológica, e depois é descoberto que, na verdade, a área em questão possui remanescentes de mata atlântica que abrigam espécies raras da fauna e da flora e que por isso a licença deve ser revisada.

Na terceira situação, a atividade é devidamente licenciada e passa a cumprir todas as condicionantes da licença ambiental quando, em face de uma nova informação ou de um caso de força maior, a atividade passa a causar graves riscos para o meio ambiente e para a qualidade de vida da coletividade e por isso deve ser revisada. É o caso da descoberta do potencial danoso de uma técnica ou substância utilizada no processo produtivo de uma determinada empresa e cuja adoção tinha sido recomendada pelo próprio órgão ambiental como requisito para a concessão da licença, e também o de um desastre natural a exemplo de um desmoronamento ou de uma tempestade que comprometem o controle de segurança ambiental de uma determinada indústria.

Nessas duas situações, mesmo que o responsável pela atividade potencial ou efetivamente poluidora tenha cumprido à risca a legislação ambiental e as condicionantes do licenciamento, a simples iminência de graves riscos poderem ser causados ao meio ambiente e à saúde da coletividade justifica a revisão da licença.

É claro que falar em revisão de uma licença não significa necessariamente a nulidade do ato administrativo anteriormente proferido, mas um ajustamento das condicionantes e das medidas de controle de adequação, com o intuito de diminuir ou de retirar a possibilidade de ocorrência de danos ambientais. A revisão da licença ambiental pode implicar na perda de validade temporária da mesma, a fim de que possam ser feitas as adequações necessárias, ou na perda de validade definitiva quando não houver possibilidade de adequação ou também na diminuição quantitativa ou qualitativa da atividade.

Mas a revisão também pode ser benéfica ao titular da atividade potencial ou efetivamente poluidora, na medida em que este poderá obter a licença ambiental não conseguida anteriormente ou poderá obter um alargamento do objeto da licença ambiental caso ocorram algumas situações que possam beneficiá-lo. As alíneas II e III do artigo 19 da Resolução 237/97 do Conama falam em omissão ou falsa descrição de informações relevantes que subsidiaram a expedição da licença e superveniência de graves riscos ambientais e de saúde como justificativa para que a licença ambiental seja revista.

É o caso do empreendedor que descobre que o laudo técnico que embasou a negativa da concessão da licença é falso ou que o órgão ambiental não levou em consideração dados essenciais, e que a mesma teria sido concedida se não fosse aquilo. É o caso da negativa da concessão da licença motivada pela existência de forte contaminação e grave risco para o meio ambiente e a saúde pública na área em que a atividade pretendia se instalar, e que, após alguns anos depois do tratamento feito pelo poder público ou por conta da própria recomposição natural, a área volta a ter as características ambientais de antes.

A legislação fala em revisão do licenciamento, e não da licença ambiental, exatamente por causa da possibilidade de não apenas as concessões como as negativas de concessão também poderem ser reavaliadas, até porque a licença é apenas uma consequência do licenciamento. Nessas duas situações, pode ocorrer a revisão do licenciamento em favor do titular da atividade potencial ou efetivamente poluidora, de maneira que a licença possa ser concedida caso não tenha sido antes.

Se por causa da documentação falsa ou da existência da contaminação a licença foi concedida em termos restritos, ela deverá ser revista de maneira a ser reeditada com um conteúdo mais amplo do que o da licença anterior. Como a realidade ambiental e socioeconômica também sofre modificações aceleradas que podem resultar em situações de mudanças a serem ponderadas, podem ocorrer tanto mudanças restritivas quanto liberalizantes na modificação de uma licença ambiental.

Entretanto, é muito mais comum que a revisão do licenciamento ocorra para restringir do que para ampliar direitos, até porque de uma forma geral a deterioração da qualidade ambiental é um fenômeno internacional. Vale lembrar que a licença diz respeito ao direito à livre iniciativa econômica do empreendedor e ao direito à saúde pública e à salubridade ambiental da coletividade, tendo, inclusive, o objetivo de condicionar o primeiro ao segundo.

A possibilidade de modificação ou de retirada da licença ambiental ocorre com maior frequência na licença de operação, já que ao final do seu prazo de validade novos padrões ambientais podem ser exigidos. De qualquer forma, as demais licenças ambientais estão sujeitas a essa possibilidade de modificação também. Todavia, é importante destacar que a regra é que durante aquele tempo pelo qual foi expedida a validade da licença permanece, bem como as condicionantes estabelecidas, sendo os casos de revisão do licenciamento exceção.

Referências

1 O art. 18 da Resolução 237/97 do Conama dispõe sobre os prazos das licenças ambientais.

2 Art. 19 – O órgão ambiental competente, mediante decisão motivada, poderá modificar os condicionantes e as medidas de controle e adequação, suspender ou cancelar uma licença expedida, quando ocorrer: I - Violação ou inadequação de quaisquer condicionantes ou normas legais. II - Omissão ou falsa descrição de informações relevantes que subsidiaram a expedição da licença. III - superveniência de graves riscos ambientais e de saúde.

LIDERANÇA CORPORATIVA SOCIOAMBIENTAL E O APRIMORAMENTO DO DNA CORPORATIVO

1 de julho de 2017,

Eduardo Coral Viegas

Qual é o DNA (cultura empresarial) das empresas que competem entre si por mercados e consumidores? A resposta vem da própria maneira como a pergunta foi formulada. Se elas competem, e praticamente todas o fazem, estão centradas em fornecer produtos ou serviços de qualidade e a custo competitivo.

Quanto mais e melhor fizerem, e a menor preço, estarão em posição superior no mercado. Assim terão condições de elevar o lucro e remunerar mais seus proprietários e/ou acionistas.

Por muito tempo o papel do líder corporativo consistiu em fazer dita sistemática funcionar. Nessa lógica, competia ao gestor exigir dos colaboradores a produção do máximo possível e remunerá-los o menos que desse, assim como extrair da natureza tudo o que ela pudesse gerar.

Usamos o verbo "competir" no passado já que o padrão antes unânime em nosso tempo atinge tão somente uma fatia dos meios de produção – embora ainda significativa. O restante se deu conta de que tal modelagem é insustentável a médio e longo prazo.

De fato, as empresas que não se preocupam com seus funcionários lidam com pessoas insatisfeitas no ambiente de trabalho, as quais acabarão nele permanecendo apenas o tempo necessário para encontrar um local melhor onde laborar. Uma das consequências é a alta rotatividade de mão de obra, sabidamente danosa para o empregador.

Não bastasse, a excessiva carga de trabalho e a falta de preocupação dos gestores com a saúde física e emocional das pessoas fomenta acidentes de trabalho evitáveis, mais licenças-saúde do que a média e falta de comprometimento do colaborador para com a organização. Como se diz habitualmente, o funcionário não tem porquê "vestir a camiseta".

Antes de vender a imagem de uma empresa socialmente responsável, que investe em programas junto ao Terceiro Setor, as corporações devem olhar para o seu espaço de produção, que, *lato senso*, contempla também o de seus fornecedores e a mão de obra terceirizada.

Como exemplo, recordemos que, há 20 anos, a Nike passou a ter sua marca associada à conivência com o emprego de trabalho escravo e infantil da parte de seus fornecedores. Em 1996, a Revista *Life* publicou a foto de um menino paquistanês costurando bolas de futebol com o logotipo da Nike. Desde então, a empresa teve outros problemas similares, embora tenha adotado diversas medidas para reversão do quadro. Dentre elas, reduziu o número de fornecedores e passou a fiscalizá-los sistematicamente.

Ao lado da questão social temos o aspecto ambiental. Espremer o Planeta para dele tirar o possível e o impossível; produzir sem cuidado com a geração excessiva de resíduos poluentes; abusar do consumo de energia, água e combustíveis fósseis; enfim, essas e outras atitudes de irresponsabilidade ambiental também não são compatíveis com a pós-modernidade, com a conduta esperada de um líder comprometido com a sustentabilidade, com uma empresa contemporânea.

A frase "Que venha a poluição, desde que as empresas venham com ela", usada na década de 1970 pelo então Senador José Sarney, seria digna de comoção social nos dias de hoje. Se algo semelhante fosse estampado em alguma campanha de marketing, talvez fosse capaz de levar à falência tanto a agência de publicidade idealizadora quanto a empresa que a veiculasse.

Mudar o DNA de uma corporação é possível e pode ser necessário, conforme suas particularidades e a necessidade de sua adaptação à atualidade. Porém, exige paciência, já que constitui um processo. Sua maior dificuldade é a resistência das pessoas, e isso ocorre por razões psicológicas e sociológicas. Toda mudança gera medo, instabilidade, exige a saída da "zona de conforto".

Uma das reflexões necessárias é: como diminuir a resistência às mudanças, para que as empresas não se mantenham focadas apenas na produção e no lucro, e que passem a ter reais preocupações socioambientais?

O jeito mais eficaz é a escolha de líderes comprometidos com boas práticas ambientais, ocupando posições importantes da empresa. Esses profissionais não podem ser escolhidos aleatoriamente. Suas bases de valores relevantes devem ser bem estruturadas, sendo imprescindível que consiga unir sua visão ética pessoal a práticas corporativas concretas em prol da empresa, dos *stakeholders* e do meio ambiente.

Nesse caso, as iniciativas de mudanças ambientalmente saudáveis devem partir do líder para os liderados, mas com inserção desses no processo de transformação, para que se sintam parte dele.

Pequenas e grandes ações internas precisam ser estimuladas, como a redução do consumo de energia, de copos plásticos, de água, de folhas de papel, até a substituição de materiais usados no processo produtivo, priorizando-se aqueles menos agressivos à natureza, que sejam biodegradáveis, fruto de reuso, reciclagem, etc.

Essas ações serão percebidas pelos consumidores, que estão cada vez mais atentos à necessidade da inclusão de diretrizes ecológicas saudáveis em todas as esferas da sociedade: instituições públicas, mercado e condutas pessoais.

Com essa consciência, os "novos consumidores" preferem adquirir produtos e contratar serviços de corporações não mais preocupadas apenas em auferir lucro, mas também em estar alinhadas aos importantes compromissos socioambientais que a atualidade exige.

Então, ser uma "empresa verde" faz parte da "onda verde" e permite o aproveitamento do "marketing ambiental". Tudo isso não é visto mais como custo pelos que olham à frente, e sim como investimento.

A empresa líder é aquela que pensa adiante. E ela somente pode ser comandada por líderes com tal perfil. Algumas viram e veem a crise ambiental e ficam indiferentes a ela. Outras se preocupam com sua sobrevivência diante das mudanças e adotam providências para se adaptarem aos novos cenários.

Um terceiro grupo pensa em ganhar, e apenas isso, com as necessidades que decorrem dos problemas ambientais. É o caso de empresas que comercializam água mineral engarrafada e que vibram com o agravamento da crise hídrica, por considerá-la fonte de mais e mais vendas.

Porém, há empresas e líderes que assumem o pioneirismo e vão além. Que passam verdadeiramente a incorporar práticas ambientalmente corretas em seu âmbito interno, mudando o DNA corporativo. A partir daí, adquirem autoridade para "vender" uma marca ética, atenta à conservação da natureza e ao bem-estar social.

O elemento-chave em todo esse processo é o líder. Compete a ele induzir a transformação. Como dissemos, ela não vem de baixo para cima; percorre o caminho inverso. Não é resultado de um discurso bonito e vazio, mas de atitudes reais.

Inobstante isso, é fundamental que a pauta ambiental esteja sempre presente nas declarações públicas internas e externas dos executivos da corporação, porquanto a mensagem persistente mostra a importância da temática para a empresa, que aos poucos vai tendo sua cultura organizacional alterada.

O líder ambiental entende que o cliente de hoje busca produtos e serviços adaptados aos valores de seu tempo. E, nos dias atuais, são valorizados bens e serviços saudáveis e sustentáveis, como os produtos orgânicos, livres de agrotóxicos, que não fazem mal à saúde daquele consumidor e, ao mesmo tempo, não agridem a natureza. Por razões lógicas, eis um mercado com grande potencial de ascensão.

Evidentemente que mudanças significativas trazem grandes desafios. O primeiro, insista-se, é a transformação do DNA organizacional. Outro que merece destaque é tornar os novos produtos comercialmente viáveis. De fato, podemos afirmar que plantar e colher alimentos à base de agrotóxicos é "barato" se comparado ao plantio orgânico, que exige mais manejo, mão de obra, enseja mais riscos de perdas.

Como possibilitar que o tomate orgânico chegue à mesa do consumidor com um valor não tão distante do seu irmão carregado de produtos químicos? E vender um carro elétrico a preço minimamente competitivo com o tradicional?

As exigências impostas ao líder ambiental não são poucas. Àqueles que estão se qualificando para o ingresso ou recolocação no mercado de trabalho, sugiro que estejam atentos às oportunidades que a era do *ecobusiness* propicia.

Para exercer liderança ambiental, em qualquer segmento, inclusive na área jurídica, primeiramente é necessário acreditar que não existem outras soluções possíveis para nossa permanência no Planeta a médio ou longo prazo que não a mudança do paradigma antropocêntrico para o ecocêntrico.

A partir de então, a multiplicação da visão sustentável se dá pelo exemplo, pelas atitudes, pela mudança de comportamentos, que no meio empresarial ocorre com a alteração e aprimoramento do DNA corporativo.

O ESTADO, A PROTEÇÃO DO MEIO AMBIENTE E A JURISPRUDÊNCIA

8 de julho de 2017

Álvaro Mirra

A atuação do Estado sempre foi tida como fundamental para a proteção do meio ambiente, seja no que se refere ao controle e à fiscalização das atividades degradadoras, seja no tocante à adoção de providências administrativas relacionadas à implementação de programas de ação e políticas públicas ambientais.

No entanto, o entendimento sobre a natureza, a forma e os meios de atuação do Estado nessa matéria tem se modificado ao longo do tempo, sobretudo no concernente ao exercício de competência discricionária ou vinculada na ação administrativa ambiental.

Relativamente ao poder de polícia ambiental, por exemplo, se, por um lado, não se têm grandes discussões a respeito da imprescindibilidade da atuação do Estado, por outro lado, nunca houve muita clareza a respeito do espaço em que, na esfera do controle e da fiscalização das atividades potencialmente degradadoras, prevalece o exercício de competência discricionária ou vinculada, notadamente quanto aos meios pelos quais se concretiza o exercício do poder de polícia, onde sempre se reconheceu maior liberdade de escolha ao administrador público.

Já no tocante à adoção de providências administrativas destinadas à realização de programas de ação e políticas públicas ambientais, o entendimento que durante muito tempo prevaleceu foi o de que se estaria diante de tarefa privativa do administrador público, o qual, melhor do que ninguém, teria condições de apreciar, à luz da sua competência discricionária, o momento mais adequado para a concretização de medidas protetivas, ante a realidade administrativa e financeira própria de cada esfera de governo, em um determinado momento.

O marco evolutivo que permitiu uma nova visão para a ação estatal no tema foi, sem dúvida, a promulgação da Constituição de 1988, que, no art. 225, *caput*, estabeleceu o *dever* do Poder Público – e também da coletividade – de defender e preservar o meio ambiente para as gerações presentes e futuras, atribuindo ao Estado a incumbência de adotar uma série de ações e programas que, no seu conjunto, constituem a política ambiental do país, incluído o controle do exercício das atividades lesivas. A partir de então, o que se passou a considerar é que, se a defesa do meio ambiente é um dever do Estado, a atividade dos órgãos estatais na sua promoção é de natureza compulsória, podendo a sociedade exigir do Poder Público o exercício das suas competências ambientais.[1]

Essa visão foi reforçada, ainda, pela consagração na CF do direito ao meio ambiente como direito fundamental, incluído entre os direitos de terceira geração ou dimensão[2], considerado, ao mesmo tempo, um direito de defesa e um direito prestacional, que impõe ao Poder Público uma abstenção, ou seja, um não fazer, consistente em não degradar a qualidade ambiental, e, simultaneamente, uma prestação positiva, ou seja, um fazer, no sentido de defesa e recuperação da qualidade ambiental.[3]

A principal consequência desse quadro normativo constitucional, segundo tem sido destacado pela doutrina, foi em alguns casos *retirar* e em outros *limitar* a discricionariedade do Estado na área ambiental.[4] Vale dizer, por força do dever constitucional do Poder Público de proteger o meio ambiente:

(a) não se admite que o Estado opte por não agir em defesa do meio ambiente – o Poder Público deve sempre agir;

(b) não se admite que o Estado atue de maneira insuficiente na proteção do meio ambiente – a proteção estatal deve ser adequada e eficiente;

(c) não se admite que o Estado retroceda no grau de proteção ambiental já alcançado – uma vez obtido um certo grau de proteção ambiental, essa proteção deve ser mantida, não se admitindo retrocessos legislativos e administrativos na matéria (incidência do princípio da não regressão ou da proibição de retrocesso ambiental);

(d) quanto ao momento de agir, não se admite mais que o Estado postergue a adoção das medidas necessárias à proteção do meio ambiente, seja no âmbito do exercício do poder de polícia, seja no âmbito da implementação de políticas públicas ambientais;

(e) quanto ao modo de agir, exige-se do Poder Público que adote sempre a melhor alternativa sob o ponto de vista da preservação da qualidade ambiental – quando concedida certa liberdade de ação ao Poder Público, a escolha do administrador deve ser sempre a que melhor atenda à necessidade de preservação da qualidade ambiental.[5]

Portanto, no sistema jurídico brasileiro, especialmente após a CF/88, passou a haver uma clara limitação à liberdade de conformação dos poderes estatais na adoção das medidas relacionadas à tutela do ambiente[6], do que resultou o aumento das hipóteses em que o agir dos órgãos estatais se torna vinculado.

E essa nova visão foi amplamente encampada e aprofundada pela jurisprudência de muitos dos nossos tribunais e, sobretudo, pelo Supremo Tribunal Federal e pelo Superior Tribunal de Justiça.

Nesse sentido, em termos gerais, tanto o STF, quanto ao STJ já decidiram que a atuação na defesa e na preservação da qualidade ambiental, à luz da CF (art. 225) e da Lei 6938/1981 (art. 2º, I e V), é uma tarefa *irrenunciável* do Estado, da qual este último, consequentemente, não pode abrir mão.[7] Com isso, reconheceu-se que a proteção do meio ambiente é uma autêntica função pública, da qual o Poder Público não pode se desvencilhar, sob pena de ficar descaracterizada a própria existência do Estado.[8]

Mais especificamente no tocante ao cumprimento do dever de controle e fiscalização das atividades potencialmente degradadoras, pelo exercício do poder de polícia ambiental, o STJ, em importante julgado relatado pelo Ministro Herman Benjamin, já decidiu que existe, a cargo dos órgãos administrativas, um "inequívoco dever-poder de controle e fiscalização ambiental, de natureza vinculada, indisponível, irrenunciável e imprescritível", havendo sempre a necessidade de pronta e eficaz atuação do Estado na defesa não só do seu patrimônio como, ainda, dos bens de uso comum do povo, como o meio ambiente.[9] Assim, o dever de fiscalizar o exercício de atividades degradadoras é uma tarefa *irrenunciável* e *vinculada* do Estado, não existindo qualquer liberdade para a Administração no sentido de exercer ou não a fiscalização.

Importante observar que, na orientação firmada pelo STJ, não basta a adoção pelo órgão ambiental de uma ou algumas das providências postas à sua disposição pela lei para o controle e a fiscalização – embargo da obra ou atividade irregular, demolição de construções, multa, apreensão de instrumentos e equipamentos utilizados na infração ou mesmo o desforço imediato. O órgão encarregado da fiscalização deve se valer de todas as medidas que se mostrarem necessárias, a fim de atuar de maneira diligente e eficiente no sentido de impedir as degradações ambientais ou, não sendo mais possível impedi-las, no sentido de minorar e fazer cessar as consequências danosas, de sancionar as condutas e atividades lesivas e de obter a reparação dos danos causados, sob pena de caracterização da responsabilidade civil do Estado, em caráter solidário com o degradador.[10]

Aqui é claramente a ideia de que existe não só o dever da Administração de fiscalizar o exercício das atividades potencialmente degradadoras, mas, também, o dever de atuar de modo diligente e eficiente na proteção do meio ambiente, vedada a atuação insuficiente na matéria.

No que se refere à adoção de medidas administrativas de proteção do meio ambiente, vale mencionar que o TJSP, desde o início dos anos 1990, vem entendendo que o tratamento e o despejo final de resíduos e efluentes líquidos e sólidos em cursos d'água é atividade *vinculada* do Poder Executivo, afastada a discricionariedade administrativa no tema[11], orientação essa chancelada, igualmente, pelo STJ[12] e pelo próprio STF.[13]

O mesmo se pode dizer da implantação de sistema de coleta e tratamento de resíduos sólidos nos Municípios, em que o TJSP já afirmou se tratar, também, de atividade *vinculada* do Poder Público, afastada, mais uma vez, a discricionariedade administrativa nesses casos[14], entendimento adotado, ainda, por diversos outros tribunais e pelo STJ.[15]

Outro exemplo interessante diz respeito à regularização de loteamentos ou desmembramentos irregulares. Embora o art. 40 da Lei n. 6.766/1979 estabeleça que o Município "poderá" promover a regularização do parcelamento do solo irregular, o STJ firmou a orientação de que se trata, na verdade, de um poder-dever do Município, que implica atuação *vinculada*, à luz da norma do art. 30, VII, da CF. E mais: o STJ tem entendido, ainda, que o fato de a municipalidade ter multado os loteadores e embargado as obras realizadas não a exime do dever de realizar a regularização do loteamento, assegurado direito de regresso em face do empreendedor.[16] Mais uma vez, exige-se do Poder Público ação efetiva e adequada, censurando-se a insuficiência na sua atuação.

Por fim, outra hipótese interessante é a da realização de plano de manejo e gestão de unidade de conservação da natureza, em que o STJ decidiu ser essencial para a implantação e a preservação da própria UC, de maneira que a ausência do plano constitui violação do dever fundamental do Poder Público de proteger o meio ambiente. Por essa razão, o STJ, nesse julgado, determinou ao órgão ambiental federal a realização do plano de manejo e gestão da UC e a designação de equipe técnica para a fiscalização da área, impondo, ainda, à União a liberação de recursos suficientes para a elaboração completa do plano.[17] Afastou-se, com isso, como nos exemplos anteriores, qualquer liberdade da Administração no tocante ao momento mais adequado para a implantação do plano de manejo e para a implementação dos meios adequados ao exercício do poder de polícia na área protegida em questão.

Portanto, o que se verifica nessa evolução jurisprudencial é uma mudança significativa na forma de considerar a atuação do Estado na área ambiental.

Se, em um primeiro momento, reconhecia-se a discricionariedade do administrador público, especialmente no tocante ao modo e aos meios pelos quais ele se desincumbe do exercício do poder de polícia e ao momento adequado para a adoção das medidas administrativas de proteção do meio ambiente, e se discutia qual a extensão do controle admitido pela via judicial sobre a discricionariedade administrativa nessa matéria, em um segundo momento, notadamente a partir da promulgação da CF/88, o que se passou a considerar é que nessas situações todas não existe, propriamente, poder discricionário do administrador, sendo a atuação do Estado vinculada.

A consequência disso tudo é que se passou a admitir, na jurisprudência, a ampliação do controle pela via judicial não só das ações como também das omissões do Poder Público em matéria ambiental.

De fato, se se retira ou se se limita a liberdade do Poder Público quanto a agir ou não agir na defesa do meio ambiente, quanto ao momento em que o Poder Público deve agir e quanto ao modo de ação deste último, aumenta, por via de consequência, o espaço de controle da atuação do Estado, inclusive pela via judicial. E é isso que nos últimos anos tem sido reconhecido pelos nossos tribunais e, sobretudo, pelo STF e pelo STJ.

Em suma, essa tem sido, em linhas gerais, a interpretação dada pelas nossas Cortes de Justiça ao dever constitucional e infraconstitucional do Poder Público de defender e preservar o meio ambiente, com a redução e até a eliminação de qualquer margem de liberdade para o administrador quanto a atuar ou não atuar na defesa do meio ambiente e quanto aos meios e ao momento de atuação, seja no exercício do poder de polícia, seja na implementação de medidas específicas de proteção de bens e recursos ambientais. Tal interpretação jurisprudencial tem sido considerada como um avanço importante na matéria, já que reconhece um padrão mínimo de atuação do Poder Público, "como guardião-garantidor do direito fundamental ao meio ambiente"[18] e impede que retrocessos sejam operados na ação estatal.

Essa orientação dos tribunais mostra-se ainda mais importante na atualidade, se se considerarem as propostas mais recentes de alteração da legislação ambiental brasileira - da qual as mudanças no sistema de licenciamento ambiental é o exemplo mais expressivo -, por meio das quais se pretende, no geral, (i) reduzir a atuação do Estado na área ambiental; (ii) reduzir o investimento na estrutura dos órgãos administrativos de controle (órgãos ambientais); (iii) aumentar a discricionariedade administrativa nas atividades de controle e fiscalização; (iv) aumentar a auto-regulamentação das atividades potencialmente degradadoras; e, com isso tudo, (v) reduzir o espaço de controle social sobre as ações e omissões públicas e privadas.[19]

Nesse sentido, o entendimento jurisprudencial hoje prevalente, extraído principalmente dos julgados do STF e do STJ a respeito do tema, pode dar à sociedade e aos seus diversos entes representativos o fundamento jurídico constitucional e infraconstitucional apropriado para o combate aos retrocessos que pretendem ser impostos à atuação do Estado, relativamente ao controle e fiscalização de atividades lesivas e à implementação de programas de ação e políticas públicas ambientais.

Referências

1 KRELL, Andreas Joachim. *Discricionariedade administrativa e proteção ambiental*: o controle dos conceitos jurídicos indeterminados e a competência dos órgãos ambientais: um estudo comparativo. Porto Alegre: Livraria do Advogado Editora, 2004, p. 57 e ss.; GOMES, Luís Roberto. *O Ministério Público e o controle da omissão administrativa*: o controle da omissão estatal no direito ambiental. Rio de Janeiro: Forense Universitária, 2003, p. 79-110; MIRRA, Álvaro Luiz Valery. Limites e controle dos atos administrativos em matéria ambiental. In: MILARÉ, Édis (Coord.). *Ação civil pública – Lei 7.347/85*: reminiscências e reflexões após dez anos de aplicação. São Paulo: Revista dos Tribunais, 1995, p. 39-53.

2 STF – Sessão Plenária – MS 22.164-0/SP – j. 30.10.1995 – rel. Min. Celso de Mello.

3 MIRANDA, Jorge. *Manual de direito constitucional: direitos fundamentais.* 3ª ed. Coimbra: Coimbra Editora, 2000, t. 4, p. 542; BARROSO, Luís Roberto. A proteção do meio ambiente na Constituição brasileira. *Revista Forense*. Rio de Janeiro, vol. 317, p. 61; SARLET, Ingo Wolfgang; FENSTERSEIFER, Tiago. *Direito constitucional ambiental*:

Constituição, direitos fundamentais e proteção do meio ambiente. 2ª ed. São Paulo: Revista dos Tribunais, 2012, p. 56-57.

4 BENJAMIN, Antônio Herman. Constitucionalização do ambiente e ecologização da Constituição brasileira. In: CANOTILHO, José Joaquim Gomes; LEITE, José Rubens Morato (Orgs.). *Direito constitucional ambiental brasileiro*. São Paulo: Saraiva, 2007, p. 75; SARLET, Ingo Wolfgang; FENSTERSEIFER, Tiago, op. cit., p. 188.

5 Sobre todos esses aspectos, SARLET, Ingo Wolfgang; FENSTERSEIFER, Tiago, op. cit., p. 188; MILARÉ, Édis. *Direito do ambiente*. 10ª ed. São Paulo: Revista dos Tribunais, 2015, p. 176, 188, 207-208; LEITE, José Rubens Morato; AYALA, Patryck de Araújo. *Direito ambiental na sociedade de risco*. 2ª ed. Forense Universitária, 2004, p. 262; GAVIÃO FILHO, Anizio Pires. *Direito fundamental ao ambiente*. Porto Alegre: Livraria do Advogado Editora, 2005, p. 92; MIRRA, Álvaro Luiz Valery. *Participação, processo civil e defesa do meio ambiente*. São Paulo: Letras Jurídicas, 2011, p. 463-464.

6 SARLET, Ingo Wolfgang; FENSTERSEIFER, Tiago, op. cit., p. 188.

7 STF – Tribunal Pleno – ADI 3540/DF-MC – rel. Min. Celso de Mello – DJ 03.02.2006; STJ – 2ª T. – REsp 1071741/SP – j. 24.03.2009 – rel. Min. Herman Benjamin.

8 AGUILLAR, Fernando Herren. *Serviços públicos*: doutrina, jurisprudência e legislação. São Paulo: Saraiva, 2011, p. 28.

9 STJ – 2ª T. – REsp 1071741/SP – j. 24.03.2009 – rel. Min. Herman Benjamin.

10 STJ – 2ª T. – REsp 1071741/SP – j. 24.03.2009 – rel. Min. Herman Benjamin. Ainda: STJ – 2ª T. – REsp 604725/PR – j. 21.06.2005 – rel. Min. Castro Meira; STJ – 1ª T. – AgRg no Ag 822.764/MG – j. 05.06.2007 – rel. Min. José Delgado; STJ – 2ª T. – AgRg no Ag 973577/SP – j. 16.09.2008 – rel. Min. Mauro Campbell Marques; STJ – 2ª T. – REsp 1376199/SP – j. 19.08.2014 – rel. Min. Herman Benjamin.

11 TJSP – 2ª Câmara Cível – Ap. Cív. n. 158646-1/0 – j. 26.05.1992 – rel. Des. Cezar Peluso; TJSP – 4ª Câmara de Direito Público – Ap. Cív. n. 241625-1/4 – j. 02.05.1996 – rel. Des. Soares Lima; TJSP – Câmara Reservada ao Meio Ambiente – Ap. Cív. n. 363851-5/0 – j. 12.07.2007 – rel. Des. Jacobina Rabello; TJSP – 1ª Câmara Reservada ao Meio Ambiente – Ap. Cív. n. 9159315-96.2009.8.26.0000 – j. 18.04.2013 – rel. Des. Antonio Celso Aguilar Cortez.

12 STJ – 2ª T. – REsp 1366331/RS – j. 16.12.2014 – rel. Min. Humberto Martins.

13 STF – 1ª T. – AgRg no RE 417408/RJ – j. 20.03.2012 – rel. Min. Dias Toffoli.

14 TJSP – 1ª Câmara Reservada ao Meio Ambiente – Ap. Cív. 0164830-08.2008.8.26.0000 – j. 31.01.2013 – rel. Des. Antonio Celso Aguilar Cortez; TJSP – 8ª Câmara de Direito Público – Ap. Cív. 201.361-5/0-00 – j. 04.06.2003 – rel. Des. Teresa Ramos Marques.

15 STJ – 1ª T. – REsp 575998/MG – j. 07.10.2004 – rel. Min. Luiz Fux; STJ – 2ª T. – REsp 1367549/MG – j. 02.09.2014 – rel. Min. Humberto Martins.

16 STJ – 2ª T. – REsp 1113789/SP – j. 16.06.2009 – rel. Min. Castro Meira; STJ – 2ª T. - REsp 131697/SP – rel. Min. João Otávio de Noronha; STJ – 2ª T. – REsp 259982/SP – rel. Min. Franciulli Netto; STJ – 2ª T. – REsp 292846/SP – rel. Min. Humberto Gomes de Barros.

17 STJ – 2ª T. – REsp 1163524/SC – j. 05.05.2011 – rel. Min. Humberto Martins.

18 STJ – 2ª T. – REsp 1071741/SP – j. 24.03.2009 – rel. Min. Herman Benjamin.

19 Sobre o tema, SILVA, Nilvo Luiz Alves da; CAPPELLI, Sílvia. Lideranças políticas precisam enfrentar a questão do licenciamento ambiental. Conjur, 08.05.2017; NUSDEO, Ana Maria de Oliveira. Desafios atuais do licenciamento ambiental. Jota, 15.04.2017.

Impressão e acabamento
psi7 | book7
psi7.com.br book7.com.br